Financial Markets

金融市场学

付庆华◎编

中国经济出版社
CHINA ECONOMIC PUBLISHING HOUSE
北 京

图书在版编目（CIP）数据

金融市场学／付庆华编．-- 北京：中国经济出版社，2023.6（2025.4 重印）

ISBN 978－7－5136－7314－3

Ⅰ.①金… Ⅱ.①付… Ⅲ.①金融市场－经济理论 Ⅳ.①F830.9

中国国家版本馆 CIP 数据核字（2023）第 080824 号

责任编辑　张利影
责任印制　李　伟
封面设计　久品轩

出版发行　中国经济出版社
印 刷 者　北京艾普海德印刷有限公司
经 销 者　各地新华书店
开　　本　710mm×1000mm　1/16
印　　张　29.25
字　　数　391 千字
版　　次　2023 年 6 月第 1 版
印　　次　2025 年 4 月第 3 次
定　　价　89.00 元
广告经营许可证　京西工商广字第 8179 号

中国经济出版社 **网址** www.economyph.com **社址** 北京市东城区安定门外大街 58 号 **邮编** 100011
本版图书如存在印装质量问题，请与本社销售中心联系调换（联系电话：010－57512564）

前言
PREFACE

金融是国家重要的核心竞争力，金融安全是国家安全的重要组成部分。目前，我国金融业已形成覆盖银行、证券、保险、基金、期货等领域，种类齐全、竞争充分的金融市场和金融机构体系。在过去几年中，我国金融市场不仅发展迅猛，而且改革力度空前。实践领域的改革创新，在给高校教学带来丰富案例的同时，也给传统教学带来了巨大的挑战。

笔者在云南大学经济学院讲授“金融市场学”课程已近20载，在此期间，笔者还给金融学专业本科生和硕士研究生讲授了“货币银行学”“投资银行学”“投资学”“公司金融”“金融市场实务”“金融理论与政策”等专业课程。为不负三尺讲台赋予的使命，20年来，笔者广泛研读了国内外专家、学者出版的相关教材和学术论文，结合多年的教学心得，有了自己编写一本“金融市场学”教材的想法。

实际上，“金融市场学”作为金融学专业本科生和研究生的一门专业基础课程，所涉及的内容基础而广泛，这也造成该课程与其他专业课程的内容有着较多的重叠之处。从笔者多年多门专业课程的教学经验来看，我们可以将“金融市场学”课程的教学内容聚焦在各类金融市场的运行机制和金融市场中交易的各类金融工具的价格形成机制上。由此，本书的内容主要由三部分组成：第一部分是市场篇，重点介绍各类金融市场的运行机制，包括货币市场、资本市场、外汇市场、金融衍生工具市场和资产证券化市场等各类市场的参与主体、交易的金融工具以及交易策略；第二部分是定价篇，重点介绍各类金融工具的价格形成机制，包括利率、投资组合理论、资产定价理论、主要金融工具投资价值分析以及有效市场假说等；第三部分是监管篇，重点介绍金融市场监管的目标和原则、金融市场监管模式、金融市场监管理论的演化以及我国金融市场监管体系的演进历程。

本书的特点主要体现在以下几个方面：一是内容基础而全面，教师可以根据教学计划和教学时数灵活选择章节进行教学安排，而学生通过通读全文可以全面掌握金融市场学的基础理论和研究框架；二是实践性强，本书突出理论在实践中的应用，介绍了金融市场交易者如何利用金融工具来进行套期保值和套利，评估投资价值，制定投资策略；三是内容新、时效性强，本书所展示的基本都是最新数据，并结合了我国金融市场的最新改革实践，反映了金融市场的最新发展动态；四是内容广度与深度并重，在介绍基础理论的基础上，各章通过拓展知识专栏、阅读材料专栏来拓展学生知识面，帮助学生深度了解理论知识在实践中的应用和发展，可满足新时期市场对中高层次金融人才的需求。

在本书撰写过程中，笔者的硕士研究生杨颜萌、刘月、赵柳、李宇琪、田静莹、肖文鑫和冉洋帮助整理讲义，付出了宝贵的时间和精力。中国经济出版社张利影编辑为本书的出版也付出了辛勤的劳动，在此一并表示感谢。本书在编写过程中参考吸收了国内外众多学者在金融市场领域的最新研究成果，在此向相关作者致以诚挚的谢意。

由于编者学识水平有限，书中难免存在错漏和不当之处，敬请各位专家、读者不吝赐教。

付庆华

2023年4月

目录
CONTENTS

第八章

投资组合理论

第九章

资产定价理论

第十章

主要金融工具投资价值分析

第一章

金融市场导论

金融是现代经济的核心，金融市场是整个金融体系的枢纽，在经济运行中发挥着举足轻重的作用，对经济活动的各个方面都有着直接且深刻的影响。本章在介绍金融市场的定义与要素的基础上，分析了金融市场的结构，剖析了金融市场的功能，最后总结了金融市场的形成和发展趋势。

学习目标

1. 掌握金融市场的定义与要素
2. 掌握金融市场的主要结构
3. 掌握金融市场的主要功能
4. 了解金融市场的发展趋势和中国金融市场的发展历程

第一节　金融市场的定义与要素

一、金融市场的定义

金融市场是指以金融工具为交易对象而形成的供求关系及其机制的总和。与其他市场相比，金融市场具有三大特点：第一，金融市场以金融工具为交易对象，通过金融工具的交易实现货币资金的借贷或其他有条件的让渡，并进而转化为资本，实现增值；第二，它反映了金融工具的供给者和需求者之间所形成的供求关系及其价格（包括利率、汇率及各种证券的价格）形成机制；第三，交易场所通常是无形的，随着科技的发展，通过电信及计算机网络等进行交易的方式越来越普遍。

二、金融市场的构成要素

和其他市场一样，金融市场也有交易者、交易对象和交易的具体形式。金融市场上的各种交易者就是金融市场的主体；金融市场上的交易对象就是金融市场的客体或者金融工具；金融市场交易的具体形式就是金融市场的组织方式。金融市场的主体、金融市场的客体以及金融市场的组织方式是现代金融市场的三大构成要素。

（一）金融市场的主体

从参与金融市场交易的动机来看，金融市场的主体主要有投资者、筹资者、中介机构及监管者四大类。投资者是金融市场上的资金供给者，主要是那些有资金盈余的工商企业、家庭或个人以及国外投资者。筹资者是金融市场上的资金需求者，主要是政府部门和工商企业。中介机构则是指商业银行、投资银行和其他非银行金融机构。监管者是指对金融市场实施监管的中央银行和其他金融监管机构。具体地，这四类主体由以下六类参与者构成。

1. 政府部门

一方面，在一国的金融市场上，政府部门通常是资金的需求者。中央政府与地方政府通过发行国债或地方政府债券筹集资金，用于弥补财政赤字或基础设施建设。另一方面，在税款集中收进还没有支出时，政府部门也可以是金融市场上资金的供给者。此外，不少国家的政府还是国际金融市场的积极参与者，例如，中东主要石油输出国的政府就是国际金融市场的资金供给大户，而一些发展中国家的政府则主要是国际金融市场上的资金需求者。总而言之，无论是发达国家还是发展中国家，政府部门都是金融市场上举足轻重的参与者。

2. 工商企业

在许多国家的金融市场上，工商企业是仅次于政府部门的资金需求者。工商企业在通过货币市场筹集短期资金，满足经营活动资金需求的同时，还通过在资本市场发行股票或中长期债券等方式，筹措长期资金用于扩大再生产和经营规模。同时，工商企业也是金融市场上的资金供给者。为了让生产经营过程中暂时闲置的资金保值或获得盈利，工商企业会将其使用权暂时让渡出去，将闲置资金在金融市场上进行投资，以使资金发挥更大效益。此外，工商企业还是金融市场上套期保值的主体，通过套期保值交易来规避利率风险、汇率风险和商品价格波动的风险。

3. 金融机构

金融市场上的金融机构包括存款性金融机构和非存款性金融机构，它们是金融市场上的重要中介机构。

（1）存款性金融机构。存款性金融机构是指通过吸收存款的方式获取资金，并将获取的资金贷给资金需求者或通过有价证券的投资获取收益的金融机构。在金融市场上，存款性金融机构一方面扮演着资金需求者的角色，通过吸收存款、发行大额可转让定期存单、同业拆借、发行股票、发行金融债券等方式筹集资金；另一方面又扮演着资金供给者的角色，通过发放贷款、贴现票据、转贴现、购买有价证券等方式向金融市场提供资金。存款性金融机构主要包括各类商业银行、储蓄机构和信用合作社。

（2）非存款性金融机构。与存款性金融机构不同，非存款性金融机构的资金不是来源于吸收的公众存款，而是通过发行证券或以契约的方式聚集社会闲散资金。非存款性金融机构主要分为以下几类：

保险公司。保险公司主要分为财产与灾害保险公司以及人寿保险公司两大类。两者都通过投保人缴纳的保险费、发行保险单的方式获得资金，同时通过购买存单、股票、政府债券、高级别企业债券的方式进行投资，向市场提供资金。

退休和养老基金。退休和养老基金的资金来源是公众为退休后生活所准备的储蓄金，通常由企业和个人共同缴纳，也有单独由企业缴纳。由于退休和养老基金能较精确地估计未来若干年它们应支付的养老金，因此，规模较大的退休和养老基金往往在证券交易所或资本市场上参与大量交易活动。许多退休和养老基金有权进行广泛投资，有时也经营长期抵押放款，使得退休和养老基金成为金融市场上的主要资金供给者。

投资银行。投资银行是在资本市场上从事证券及相关业务的非银行金融机构。证券发行与承销、证券交易、兼并与收购、风险投资、项目融资、资本管理、企业理财、金融工程等是现代投资银行开展的主要业务。除了通过证券投资直接向金融市场提供资金外，投资银行还是资本市场上最重要的金融中介，既为政府部门和企业提供筹集资金的中介服务，又作为经纪人帮助客户完成证券交易，所以投资银行是金融市场上最重要的非银行金融机构。

投资基金。投资基金也称为互助基金或共同基金，是通过公开发售基金份额募集资金，然后进行股票、债券等法律允许投资的金融中介机构。基金投资人、基金管理人、基金托管人和基金承销人是投资基金的4个最主要的当事人。基金投资人是基金份额的持有者，可以按其持有比例分享基金的投资收益或资产净值；基金管理人负责基金资产的运作；基金托管人负责基金资产的保管，一般由投资银行、信托公司或商业银行等大金融机构充当；基金承销人负责基金份额的销售。

4. 家庭或个人

家庭或个人通常是金融市场上的资金供给者。人们为了满足自身买房买车、储蓄养老等需求，希望通过投资实现资金的保值与增值。因此，家庭或个人在金融市场上购买各种有价证券并组合投资，例如，通过购买债券与股票等方式直接投资，或者以购买投资基金份额、投入保险等方式，通过金融中介机构进行间接投资，在满足日常的流动性需求的同时，又获得资金的增值。家庭或个人有时也有资金需求，如申请住房抵押贷款等消费贷款，但数量一般较小。

5. 中央银行

在金融市场上，中央银行扮演着双重角色，既是金融市场的行为主体，又是金融市场的监管者。一方面，从中央银行参与金融市场交易的角度来看，首先，作为银行的银行，它充当最后贷款人的角色，从而成为金融市场资金的提供者。其次，中央银行通过公开市场操作，在调节货币供应量、执行货币政策的过程中，会影响到金融市场上资金的供求及其他经济主体的行为。此外，一些国家的中央银行还接受政府委托，代理政府债券的还本付息，维持本国货币汇率稳定，参与金融市场的交易。另一方面，从中央银行监管金融市场的角度来看，中央银行要对金融市场和金融机构进行监督和管理，以维护金融稳定，是一家“管理金融活动的银行”。

6. 国外投资者

随着经济全球化和金融自由化的不断深化，金融市场日益向自由化、国际化方向发展。越来越多的投资者在国际金融市场上筹资与投资，国际资本大规模的流入和流出成为一种常态，这不仅影响了一国的国际收支，而且对一国的金融市场也造成很大的影响。

（二）金融市场的客体——金融工具

1. 金融工具的概念

金融工具是指一切代表未来收益或资产合法要求权的契约或凭证，又称金融资产或证券，是资金短缺部门向资金盈余部门融入资金时所出具的契约或凭证。从表面看，金融工具是金融市场交易的对象，但实质上，金融市场交易的是资金本身。

2. 金融工具的种类

金融工具包括基础性金融工具与衍生性金融工具，其中基础性金融工具又包括货币性金融工具、债权性金融工具、股权性金融工具以及契约性金融工具四大类（见表1－1）。

表1－1　金融工具的分类

分类	具体内容	
基础性金融工具	货币性金融工具	存单、回购协议、汇票、本票、支票、商业票据、外汇头寸
	债权性金融工具	政府债券、公司债券、金融债券
	股权性金融工具	优先股、普通股
	契约性金融工具	基金单位、信托契约、保险契约
衍生性金融工具	远期合约、期货合约、互换合约、期权合约、认股权证、可转换债券	

金融工具的发展与信用、货币、金融市场的发展密切相关，商业信用的发展促进了银行信用的发展，进一步促进了金融市场的发展，随着金融市场广度与深度的拓展、金融创新步伐的加快，新的金融工具还会不断涌现。

3. 金融工具的特征

尽管金融工具种类繁多，但金融工具之间也存在一些共同的特征。一般来说，偿还期、流动性、风险性与收益性是金融工具的 4 个基本特征。

（1）偿还期。偿还期是指借款人从拿到借款开始，到借款全部偿还为止所经历的时间。各种金融工具在发行时一般都具有不同的偿还期。例如，2 年后到期的公司债券，其偿还期限就是 2 年。金融工具的到期期限也可以是两个极端，即到期日为零或到期日无穷。例如，到期日为零的活期存款与到期日为无穷的股票、永续债。

（2）流动性。金融工具的流动性是指在不受或较少遭受损失的情况下，金融工具的变现能力。一方面，流动性受变现条件的影响，变现期限短、交易成本低的金融工具流动性强；反之，则流动性差。另一方面，发行者资信程度的高低也会影响流动性。例如，国债、信誉卓著的公司所签发的商业票据、银行发行的大额可转让定期存单等，流动性就较强。

（3）风险性。金融工具的风险性是指购买的金融工具的本息是否有遭受损失的风险。本息遭受损失的风险主要有信用风险（credit risk）和市场风险（market risk）两种。

信用风险又称违约风险，是指债务人不能履行合约按期支付利息、归还本金的风险。这类风险与债务人的信誉、经营状况有关。通常而言，信誉较高、经营状况良好的债务人发行的债券违约风险较小。信用风险也与金融工具的种类有关。例如，由于在股份公司破产清算时，优先股股东比普通股股东有优先要求补偿的权利，使得优先股的信用风险就比普通股低。

市场风险是指由金融工具市场价格下跌所带来的风险。金融工具（如股票、债券）的市场价格是随时变化的，当市场价格下跌时可能会使投资者遭受损失。1987 年 10 月 19 日，纽约股市遭遇“黑色星期一”，股市暴跌风潮席卷美国，6.5 小时内，纽约股指损失 5000 亿美元。

拓展知识[1–1]

熔断机制

熔断机制（circuit breaker），也叫自动停盘机制，是指当股指波幅达到规定的熔断点时，交易所为控制风险采取的暂停交易措施。具体来说是对某一合约在达到涨跌停板之前，设置一个熔断价格，使合约买卖报价在一段时间内只能在这一价格范围内交易的机制。

2015 年 12 月 4 日，上交所、深交所、中金所正式发布指数熔断相关规定，熔断基准指数为沪深 300 指数，采用 5% 和 7% 两档阈值，于 2016 年 1 月 1 日起正式实施，并于 2016 年 1 月 8 日暂停。2016 年 1 月 8 日，经中国证监会批准，上交所决定暂停实施《上海证券交易所交易规则》第四章第五节规定的“指数熔断”机制，以维护市场平稳运行。

在美国交易时段，熔断机制可以分为三级：一级市场熔断是指市场下跌达到 7%；二级市场熔断是指市场下跌达到 13%；三级市场熔断是指市场下跌达到 20%。2020 年 3 月 9 日，新冠疫情在全球蔓延，恐慌情绪引发投资者抛售美股。道指期货开盘下跌 1300 点，标准普尔 500 指数跌超 7%，触发第一层熔断机制。3 月 16 日，纽约股市大幅低开，标准普尔 500 指数跌超 7%，暂停交易 15 分钟。3 月 18 日，纽约股市三大股指早盘大幅低开，午间跌幅扩大并再度触发熔断机制。

（4）收益性。收益性是指金融工具能定期或不定期给持有人带来收益的特性。金融工具收益的高低，可以通过收益率来衡量，具体衡量指标有名义收益率、实际收益率、平均收益率、到期收益率等。

（三）金融市场的组织方式

有了交易双方和交易对象，就有了形成市场的可能性，这时还需要有一种形式把交易双方与交易对象结合起来，使交易双方相互联系，共同确定交易价格，并最终达到交易对象转让的目的。这种形式就是市场的组织方式。目前，金融市场的组织方式主要有拍卖方式与柜台方式两种。

1. 拍卖方式

拍卖方式是指交易双方通过公开竞价的方式来确定交易的成交价格。在以拍卖方式组织的金融市场上，所有的金融交易都以拍卖的方式成交。

金融工具的拍卖是在交易所内进行的，通常由出售人把要出售的金融工具的要价报出，通过购买人之间的激烈竞争，报出买价，最后将金融工具出售给出价最高的购买人。

2. 柜台方式

柜台方式与拍卖方式不同，它不是通过交易所把众多交易者集中起来，以竞价方式确定交易价格，而是通过作为交易中介的金融机构来买卖金融工具。

在以柜台方式组织的金融交易中，金融机构根据市场行情和供求关系报出买卖价格，即宣布其愿以何种价格购买该种金融工具，同时愿以何种价格出售该种金融工具，这种挂牌方式被称为双向报价制。金融工具的买卖双方依据报价与金融机构进行交易，或将金融工具出售给金融机构，或从金融机构买进想要购买的金融工具。通常金融机构报出的价格中买入价格略低于卖出价格，其价差便是金融机构的收益。

第二节　金融市场的结构

金融市场是由许多子市场构成的庞大市场体系，因此，根据不同的标准可以将金融市场划分为诸多具体的子市场。

一、按标的物分类

金融市场的标的物，即金融工具，按标的物的不同，具体可将金融市场划分为货币市场、资本市场、外汇市场和金融衍生工具市场。

（一）货币市场

货币市场又称短期金融市场，是指以期限在1年及1年以内的金融工具为交易标的物的市场。一般来说，货币市场上的资金借贷期限以3~6个月期最为普遍，而债券则以6~9个月期为最多。由于市场上交易的金融工具期限较短，随时可以在发达的二级市场上出售变现，具有很强的流动性，功能近似于货币，故被称为货币市场。

短期资金融通、保持金融资产的流动性是货币市场的主要功能。在货币市场上，不仅可以解决借款者的短期资金需求，还可为闲置资金提供投资机会。早期的货币市场是指对证券经纪商和交易商进行通知放款的市场，随着金融市场的发展与金融工具的创新，现代货币市场涵盖范围扩大，还包括国库券、商业票据、银行承兑汇票、可转让定期存单、回购协议等短期信用工具买卖的市场，许多国家将银行短期贷款也归入货币市场的业务范围。

除流动性较强之外，市场交易量大是货币市场区别于其他市场的重要特征之一，因此货币市场实际上是一个批发市场。此外，货币市场所有交易（尤其是二级市场的交易）几乎都是通过电信联系的方式进行的，一般没有正式的组织，故货币市场又是个公开市场，任何人或机构都可以进入该市场进行交易。

（二）资本市场

资本市场又称中长期金融市场，是指期限在1年以上的中长期金融工具的交易市场。一般来说，资本市场包括两大部分：一是银行中长期存贷款市场；二是有价证券市场。通常资本市场主要是指有价证券市场。

资本市场与货币市场主要有以下区别：第一，两者期限不同。资本市场上交易的金融工具期限均为1年以上，长者可达数十年，有些甚至无到期期限，如股票与永续债等；货币市场上一般交易的是期限为1年以内的金融工具。第二，两者作用不同。在资本市场上，企业将筹集的资金主要用于扩大再生产，政府将筹集到的资金主要用于基础建设项目与维持财政收支平衡；而企业在货币市场融通的资金大多用于短期周转。第三，交易的金融工具特征不同。货币市场交易的金融工具，由于期限短、流动性强，价格一般不会发生剧烈变化，且变现能力较强，故风险较小；资本市场交易的金融工具，由于期限较长、流动性较差，价格变动幅度较大，变现能力较差，故风险相对较高。货币市场与资本市场的比较见表1－2。

表1－2　货币市场与资本市场的比较

分类	货币市场	资本市场
期限	≤1年	>1年
作用	主要满足短期性、临时性资金需求	主要满足中长期资本的需求
主要金融工具	同业拆借协议、可转让定期存单、商业票据、银行承兑汇票、回购协议、短期债券	股票、中长期债券、证券投资基金
金融工具的特性	期限短、流动性强、风险小、收益低	期限长、流动性差、风险高、收益高
市场结构	同业拆借市场、回购市场、票据市场、短期债券市场	中长期信贷市场、股票市场、中长期债券市场、证券投资基金市场

（三）外汇市场

外汇市场是指从事外汇买卖或兑换、调剂外汇供求的交易场所。它的职能是经营货币商品，即不同国家的货币。不同国家间因贸易、投资、旅游等经济往来，不免产生货币收支关系。但各国货币制度不同，要想在国外支付，需先以本国货币购买外币；此外，从国外收到外币支付凭证也必须兑换成本国货币才能在国内流通，这样就发生了本国货币与外国货币的兑换问题，由此产生了外汇市场。

外汇市场有狭义与广义之分。狭义的外汇市场指的是银行间的外汇交易市场，包括同一市场各外汇银行间的交易、中央银行与外汇银行间以及各国中央银行之间的外汇交易活动，通常被称为批发市场；广义的外汇市场是指各国中央银行、外汇银行、外汇经纪人及客户组成的外汇买卖、经营活动的大市场，包括上述的批发市场以及外汇银行同企业、个人间外汇买卖的零售市场。

（四）金融衍生工具市场

金融衍生工具市场是指各种金融衍生工具进行交易的场所。20 世纪 70 年代，伴随着布雷顿森林体系的崩溃和石油危机，资本主义世界出现了严重的通货膨胀和经济衰退，主要资本主义国家的汇率波动频繁，利率上升。在这种动荡不定的环境下，银行和其他金融机构为了在竞争中保持不败，进行了很多金融创新。20 世纪 80 年代以来，西方各国政府纷纷放松金融管制，出现了金融自由化的趋势，再加上计算机和电信技术的发展，金融衍生工具市场迅速发展起来。

金融衍生工具市场的发展对完善金融市场体系、提高金融运作效率、维护金融安全有着重要意义。当然，金融衍生工具市场所蕴含的风险同样不容忽视。

二、按金融工具发行与流通特征分类

按金融工具发行和流通的特征，可将金融市场分为初级市场、二级市场、第三市场和第四市场。

初级市场又称一级市场或发行市场，是筹资者首次将金融工具出售给投资者所形成的交易市场。二级市场又称流通市场或次级市场，是指在证券发行之后，各种证券在不同投资者之间流通所形成的市场。二级市场有场内市场和场外市场两种形态。其中，场内市场即证券交易所，是依照国家有关法律规定，经政府主管机关批准设立的证券集中竞价的有形场所；而场外市场又称柜台市场或店头市场，它是在证券交易所之外进行证券买卖的市场。

二级市场与初级市场关系密切，既相互依存，又相互制约。初级市场所提供的证券及其发行的种类、数量与方式决定着二级市场上流通证券的规模、结构与速度，而二级市场作为证券买卖的场所，对初级市场起着积极的推动作用。组织完善、经营有方、服务良好的二级市场将初级市场上所发行的证券快速有效地分配与转让，使其流通到更需要、更适当的投资者手中，并为证券的变现提供现实的可能。此外，二级市场上的证券供求状况与价格水平等都有力地影响着初级市场上证券的发行。因此，初级市场是二级市场的基础和前提，没有初级市场就没有二级市场；二级市场是初级市场存在与发展的重要条件。

除初级市场与二级市场外，一些国家还存在着第三市场和第四市场，这两类市场实质上属于场外市场。第三市场是原来在证券交易所上市的证券移到场外进行交易所形成的市场。相对于证券交易所交易来说，场外市场交易具有限制更少、成本更低的优点。第四市场是投资者和证券的出售者直接交易形成的市场。其形成的主要原因是机构投资者的交易在证券交易中所占的比例越来越大，由于买卖数额大，因此，机构投资者希望避开经纪人直接交易，以降低交易成本。

三、按成交与定价方式分类

按照成交与定价方式的不同，可将金融市场分为公开市场与议价市场。

公开市场是指金融工具的交易价格通过众多的买主和卖主公开竞价而形成的市场。金融工具在到期偿付之前可以自由交易，并且只卖给出价最高的买者。一般在有组织的证券交易所进行，例如，股票交易所、期货交易所等。

议价市场是指买卖双方直接就买卖价格和数量进行相互协商或讨价还价来达成交易的市场。议价市场没有固定的交易场所，未上市的有价证券和银行信贷等都通过议价市场进行交易。

四、按地域分类

按照地域，可将金融市场分为国内金融市场与国际金融市场。

国内金融市场是指本国居民之间发生金融关系的场所，仅限于有居民身份的法人和自然人参加，经营活动一般只涉及本国货币，既包括全国性的以本币计值的金融交易，也包括地方性金融交易。国际金融市场是指由国际性的资金借贷、结算、汇兑以及有价证券、黄金和外汇的买卖活动所组成的市场，是进行金融工具国际交易的场所。国际金融市场有狭义和广义之分。狭义的国际金融市场是指进行各种国际性长短期资金借贷的场所；广义的国际金融市场是指从事各种国际金融业务活动的场所，包括离岸金融市场。离岸金融市场是指主要为非居民提供境外货币借贷服务的国际金融市场，市场交易以非居民为主，基本不受所在国法规和税制限制。

国内金融市场是国际金融市场形成的基础，国际金融市场是国内金融市场发展到一定阶段的产物，是与实物资本的国际转移、资本的国际流动、金融业以及现代通信网络技术的发展相辅相成的。

第三节　金融市场的功能

现代经济的发展依赖于资源的合理配置，而市场机制则是配置资源的有效途径，金融市场在其中扮演着主导和枢纽的角色，起着至关重要的作用。金融市场作为货币资金交易的渠道，通过特有的运作机制将居民、企业和政府部门的储蓄汇聚成巨大的资金流，维持并推动着商品经济这个巨大的经济机器的运转。在一个有效的金融市场上，金融工具的价格能及时、准确地反映所有公开信息，引导资金迅速、合理地流动。金融市场通过灵敏的信号系统和有力的调控机制，引导经济资源向着合理的方向流动，优化资源配置。因此，金融市场在经济运行过程中发挥了如下功能。

一、资金聚敛功能

金融市场的资金聚敛功能是指金融市场具有聚集社会闲散资金，并将其转化为可以投入社会再生产的资金能力。在这里，金融市场起着资金“蓄水池”的作用。金融市场可以为存在小额闲置资金的经济单位，与另外一些资金紧缺的经济单位搭建起资金融通的桥梁，解决各个经济单位或部门的资金收入与支出失衡的问题。

金融市场资金聚敛的功能，在社会总储蓄向总投资转化的过程中起着至关重要的作用。由于社会资金供求者之间，对资金使用时间、资金的数量等因素通常难以达成一致，通过在金融市场上直接融资或间接融资的方式，利用各种金融工具，跨越资金供求之间时间与空间的障碍，将资金聚集起来，流向资金需求者，并最终达到使社会总储蓄转化为社会总投资的目的。

金融市场能够发挥资金聚敛功能，源于以下两个因素：第一，金融市场创造了金融工具的流动性。现代金融市场功能完备、法律法规健全，在这样的金融市场上，金融工具流动性强，资金短缺方可以通过金融市场向资金盈余方进行融资，资金盈余方也可以通过金融市场找到满意的投资渠道。第二，金融工具的多元化。根据投资者对期限、风险与收益的不同要求，筹资者在金融市场发行各种金融工具，投资者总能找到合适的金融工具进行投资，满足自己对收益风险以及流动性的偏好。

二、信息反映功能

金融市场历来被称为国民经济的“晴雨表”和“气象台”。金融市场的信息反映功能具体体现在以下几个方面：

第一，金融市场是反映微观经济运行状况的指示器。在一个有效的金融市场中，股票价格的升降变化反映了该公司的经营管理状况和盈利状况，而且上市公司都会被要求定期或不定期地公布其经营信息和披露财务报表，投资者可以通过分析公司的财务报表，结合股票的价格，判断上市公司及相关行业、企业的运营情况以及发展前景。第二，金融市场可以反映宏观经济的运行状况。一国货币政策的实施情况、银根的松紧和通货膨胀的程度，均会反映在金融市场之中。政府部门可以根据金融市场反馈的宏观经济运行方面的信息，制定和调整宏观经济政策。第三，随着通信与网络技术的飞速发展，全球经济联系更加紧密，使得金融市场不仅能够反映一国国内的经济运行状况，还可以反映国际经济的变化情况。例如，一国货币的汇率会受到该国综合国力以及该国与其他国家国际经贸和资本往来的影响。

三、资源配置功能

资源配置功能是指在资源供给有限和资源需求无限并存的条件下，金融市场通过将资源从利用效率低的部门转移到利用效率高的部门，从而实现稀缺资源的合理配置和有效利用。

在金融市场上，投资者根据证券价格波动所反映出来的信息及其他公开信息判断整体经济运行情况以及相关行业、企业的发展前景，从而决定其资金及经济资源的投向。一般来说，资金总是流向最有发展前景、能够为投资者带来最高收益的部门和企业，这在客观上就起到了优化资源配置的作用。

四、宏观调控功能

金融市场的宏观调控功能是指金融市场对宏观经济的调节作用。具体有两层含义：

第一，金融市场具有直接调节作用。金融市场在发挥资源配置功能的基础上，通过引导资源的优化配置，对微观经济部门产生影响，进而对宏观经济活动起到调节作用。投资者通常会把资金投入到发展前景较好、收益较高的项目中，而且筹资者在筹集到资金之后，只有保持较高的经济效益与强劲的发展态势，才能继续在金融市场筹资实现进一步扩张。这实际上是金融市场通过其特有的引导资本形成及合理配置的机制使微观经济部门实现优胜劣汰，进而影响到宏观经济活动的一种自发调节机制。

第二，金融市场为政府对宏观经济活动的间接调控创造了条件。货币政策和财政政策是政府对宏观经济进行间接调控的两大工具。首先，从货币政策的角度看，金融市场能为中央银行货币政策的制定提供相关信息，在制定货币政策前，中央银行需要在金融市场上收集宏微观经济信息并进行分析，作为政策的决策依据。在货币政策实施过程中，存款准备金政策、再贴现政策以及公开市场操作的实施，都以金融市场的存在为前提，并且中央银行在金融市场上通过货币政策工具调控货币供应量、传递政策信息，最终会影响到各经济主体的经济活动，从而达到调节整个宏观经济运行的目的。其次，财政政策的实施也越来越离不开金融市场，政府通过国债的发行及运用等方式对各经济主体的行为加以引导和调节，也会对宏观经济活动产生巨大的影响。

第四节　金融市场的形成与发展趋势

一、金融市场的形成

在金融市场形成以前，信用工具便已产生，它是商业信用发展的产物。早在古罗马时代，地中海沿岸的贸易活动就已有相当规模，并开始用各种票据结算，汇票便是这一时期意大利人的一个发明。

但是由于商业信用的局限性，这些信用工具只能存在于商品买卖双方，并不具有广泛的流动性。随着商品经济的进一步发展，在商业信用的基础上，又产生了银行信用和金融市场。14 世纪与 15 世纪之交，是银行产生的年代，标志着金融关系发生了根本的变化。1397 年成立的梅迪西银行和 1407 年成立于热那亚的圣乔治银行，成为新式银行的先驱。此后，欧洲大陆尤其是西欧各国的银行业迅速发展。

银行信用和金融市场的产生和发展反过来又促进了商业信用的发展，使信用工具成为金融市场上的交易工具，激发了信用工具的潜能。17 世纪初，当资本主义还处在原始积累时期时，西欧就出现了证券交易活动。比利时的安特卫普和法国的里昂被认为是最早出现证券交易活动的地区。1608 年，荷兰建立了阿姆斯特丹证券交易所，被认为是世界上最早的证券交易所，标志着金融市场的形成。

金融市场的形成需要满足以下几个条件：商品经济高度发达，社会上存在着庞大的资金需求与供给；拥有完善和健全的金融机构体系；金融交易的工具种类丰富，交易形式多样；有健全的金融法律体系；政府能对金融市场进行合理有效的管理。

二、金融市场的发展趋势

金融市场从形成至今，已有400多年的历史，但其真正快速发展时期，是在20世纪70年代。20世纪70年代以来，国际金融市场发生了重大变化，呈现出明显的金融自由化、金融全球化、金融工程化、资产证券化和金融数字化的趋势。

（一）金融自由化

20世纪70年代中期以来，在西方国家尤其在一些发达国家，兴起了金融自由化思潮，主张逐渐放松甚至取消对金融活动的一些管制。如美国经济学家罗纳德·麦金农和爱德华·肖提出了金融自由化理论，金融自由化理论亦称金融深化论。该理论认为，发展中国家要想使经济得到发展，就应重视金融对国民经济的影响，发挥金融对经济的促进作用，放弃所奉行的“金融压制”政策，实行“金融深化”或“金融自由化”。这就要求政府放弃对金融体系和金融市场的过度行政干预，放开利率和汇率，让其充分反映资金和外汇的实际供求情况，充分发挥市场机制的调节作用，来有效地控制通货膨胀。金融自由化思潮对国际金融市场发展产生了深远的影响。

具体而言，金融自由化主要表现在以下几个方面：

（1）减少或取消国与国之间对金融机构活动范围的限制。国与国之间相互开放本国的金融市场，允许外国银行等金融机构在本国经营和国内金融机构一样的业务。

（2）放松或解除外汇管制。取消外汇管制，加速资本的国际流动。

（3）放宽金融机构业务活动范围的限制，允许金融机构之间的业务适当交叉。各国为了抢占国际金融市场份额，提高本国金融机构在国际金融竞争中的地位，对金融机构业务活动限制都有所放宽。

（4）放宽或取消对银行的利率管制。例如，在美国取消了“Q条例”所规定的银行存款利率上限后，其他国家纷纷效仿，导致银行领域内的自由化的快速发展。

此外，各国鼓励金融创新，对创新型金融工具的政策扶持，实际上也是金融自由化趋势的重要表现。

（二）金融全球化

金融全球化是指因全球范围内金融管制放松和金融业开放加速而使国别资本得以在全球范围内自由流动的趋势，是资本或金融服务在全球范围内迅速、大量和自由流动，最终形成全球统一金融市场、统一货币体系的趋势。

受金融自由化思潮的影响，各国政府纷纷放宽对金融业活动的管制。随着外汇、信贷及利率等方面管制的放松，国际资本流动加快，世界上任何一个局部市场的波动都可能马上传递到全球的其他市场上，使国际金融市场形成一个密切联系的整体市场，金融市场全球化成为当今世界的一个重要趋势。

以下几个主要因素促进了金融全球化趋势的形成：

（1）企业经营国际化，尤其是跨国公司在全球范围的迅速扩张，起了推动作用。

（2）高科技的发展，特别是信息技术发展，为金融全球化奠定了物质技术基础。现代计算机及网络技术的发展，使国际金融交易中信息传递更及时、交易成本更低、手续更简便。

（3）金融管制的放松，各国对金融机构跨国经营限制的减少，对外汇管制政策的放宽，大大促进了国际资本的流动及金融市场的国际化。

（4）20 世纪 70 年代以来的金融创新浪潮产生了许多如利率互换、货币互换等金融衍生工具，它们有的本身就具有国际化性质。再加上国际金融市场的参与者已越来越多样化，一批专为套利而参与买卖的机构投资者出现，他们为了获利，会在国际金融市场频繁进行交易，进一步加强了与国际金融市场的联系。

（三）金融工程化

金融工程是指将工程思维引入金融领域，综合采用各种工程技术方法（主要有数学建模、数值计算、网络图解、仿真模拟等）设计、开发新型的金融工具，创造性地解决金融问题。具体而言，金融工程的概念有狭义和广义之分。狭义的金融工程主要是指利用先进的数学及通信工具，在各种现有基本金融工具的基础上，进行不同形式的组合分解，以设计出符合客户需要的新的金融工具。而广义的金融工程则是指一切利用工程化手段来解决金融问题的技术开发，它不仅包括金融工具设计，还包括金融工具定价、交易策略设计、金融风险管理等各个方面。

金融工程化是一把"双刃剑"，它作为金融市场精良的"装备"，不同的人使用以及不同的用法都会产生不同的结果。一方面，通过将科技与各种工程技术用于金融领域，金融工程不仅为人们化解金融风险提供了新的手段，还使金融市场的效率得到了质的提升。另一方面，在1997年东南亚金融危机中，国际炒家正是利用它来设计精巧的套利和投机策略，从而直接导致这一地区的金融和经济出现动荡。因此，只有提高自身的科技水平，才能更好地驾驭金融工程这个武器，以保卫本国金融和经济的稳定。

（四）资产证券化

资产证券化是指将缺乏流动性但预期能够产生稳定现金流的资产，通过重新组合，转变为可以在资本市场上转让和流通的证券的一种融资过程或融资方法。

资产证券化最早出现于美国。20世纪60年代，持续的通货膨胀和利率管制降低了银行存款的吸引力，加上当时人口激增使房屋需求增加，导致贷款需求急剧增加，多重因素叠加导致发放住房贷款的银行等金融机构陷入了资金短缺的困境。美国金融机构开始主动寻求增强银行资产流动性的方法，以改善资产负债管理、规避风险。1968年美国政府国民抵押贷款协会首次发行以抵押贷款组合为基础资产的抵押支持证券——房贷转付证券。自此以后，资产证券化逐渐成为一种被广泛采用的金融创新工具而迅猛发展。20 世纪 80 年代后，美国取消了长久以来对利率的管制，但金融创新带来了较为严重的“金融脱媒”问题，比如共同基金的出现，使得储蓄资金开始分流，银行的市场份额被进一步瓜分，银行竞争进一步加剧。商业银行为了增加利润来源，提高竞争力，开始纷纷探索业务创新，其中就包括将抵押支持证券标的资产的范围从贷款领域扩展到固定资产等更广阔的领域，更为广义的资产证券化产品资产支持证券开始出现。2000 年以后，在欧美等发达国家和地区，资产证券化趋势已深入金融活动的各个方面。实体资产证券化、信贷资产证券化、证券资产证券化，使资产证券化成为非常重要的融资方法。

资产证券化的影响主要表现在以下三个方面：第一，对投资者来说，资产证券化为投资者提供了更多可供选择的投资对象，投资者可以根据自己的风险收益偏好进行组合投资。第二，对金融机构来说，通过资产证券化可以改善其资产的流动性，同时，资产证券化也为金融机构提供了一个获取低成本资金、增加收入的新渠道。第三，对整个金融市场来说，资产证券化市场的不断创新增加了市场活力，并不断推动金融市场的发展。

在经历了数十年的快速发展后，资产证券化在次贷危机中遭受重创。这场危机深刻地揭示出资产证券化在发展过程中存在的风险。

总之，虽然资产证券化蕴含着诸多风险，但是资产证券化作为一种创新型金融工具有着传统金融工具无法比拟的优势，使其成为推动现代金融市场发展的重要力量。

（五）金融数字化

当前，全球的科技创新正进入空前活跃的时期，人工智能、大数据、云计算、移动通信等现代信息技术不断成熟，通过与金融的跨界融合催生了多种新型数字金融服务，并逐步成为金融服务的主流。金融数字化是指金融机构利用互联网及信息技术，实现支付、融资、投资以及其他业务的一种新型金融业务模式。

中国金融数字化的起点可以从2004年支付宝账户体系上线算起，但业界通常将2013年余额宝的开张视为中国数字金融发展的元年。至今，中国数字金融已成为引领全球数字金融发展的一面旗帜，蚂蚁金服、京东金融、陆金所以及众安保险位居全球五大数字金融公司之列，第三方支付、数字保险、网络贷款以及数字货币等业务的规模也在国际上遥遥领先。在宏观经济形势更加复杂、金融行业竞争持续加剧、技术创新应用不断加快的大环境下，数字化已成为近年来金融业发展的大趋势。

金融数字化对传统金融市场以及实体经济都将产生深远影响。

（1）从对传统金融市场的影响而言，一方面，数字金融将从负债业务、资产业务以及中间业务等多个方面冲击以银行为主体的传统金融市场，加剧银行的风险承担压力；另一方面，数字金融与传统金融相互竞争，将会推动金融市场结构的变革与资源配置效率的提升，使得金融市场更具有普惠性。同时，不断成熟的数字金融技术，也为商业银行服务模式的转变以及技术的转型提供了难得的机遇。

（2）从对实体经济的影响而言，数字金融可以通过场景、数据结合金融创新产品来补足传统金融服务的短板，充分发挥“成本低、速度快、覆盖广”的优势，降低金融服务的门槛与成本，更有效地为普惠金融的主体服务，改善中小微企业的融资环境。此外，研究表明，数字普惠金融的发展能够显著缩小城乡差距，为创新创业提供支持，促进居民消费，对经济的发展有着显著的正向促进作用。

拓展知识[1-2]

DCEP

DCEP（Digital Currency Electronic Payment），是央行的一个数字货币项目，即数字货币和电子支付工具。

近年来，多国央行以各种形式公布了关于央行数字货币的考虑结果和计划，有的已经开始部署，有的甚至完成了初步测试。而我国的数字人民币研发工作不仅取得了可喜进展，还处于全球领先地位。实际上早在2014年，我国央行就开始数字货币的前瞻性研究。2016年，中国人民银行数字货币研究所成立，成为全球最早从事法定央行数字货币研发的官方机构，并在2017年底牵头各商业机构开展数字人民币体系的研发。2019年7月8日，中国人民银行研究局兼货币金银局局长王信在“数字金融开放研究计划启动仪式暨首届学术研讨会”上提出，“央行数字货币在中国被定义为M_0（现金），是现金一定程度上的代替”。根据王信的表述，DCEP是M_0的替代，这意味着它可以像现金那样自由流通、不计息及无限法偿性。

2020年4月，中国人民银行宣布数字人民币先行在深圳、苏州、雄安新区、成都及冬奥场景进行内部封闭试点测试，之后又增加了上海、海南、长沙、西安、青岛、大连6个试点测试地区，形成“10+1”格局。同时，数字人民币试点场景愈加丰富，中国人民银行发布的《中国数字人民币的研发进展白皮书》显示，截至2021年6月30日，数字人民币试点场景已超132万个，覆盖生活缴费、餐饮服务、交通出行、购物消费、政务服务等多个领域。我国目前主要通过数字人民币红包这一惠民方式进行推广，如今已发放总额超2.69亿元的数字人民币红包，此外，各试点地区也在不同场景中推出了创新性测试。

三、中国金融市场的发展历程

在我国历史的长河中，广义的、分散的金融市场，可以追溯到很久远的年代；而集中的金融市场，也可以从关于汉初长安“子钱家”的记载中窥见端倪。历史典籍中有关于唐代长安城西市的记录，描绘出这里不仅有多种形式的金融机构，而且还聚集了大量外国商人，可见，当时的金融市场就有着相当浓厚的国际色彩。至宋、明，金融市场重心东移，南宋在临安，明代则是南北两京。到清代，各商业城市的钱庄、银号、票号等金融机构都相当活跃。

近代，以新式银行为中心的金融市场形成较晚。1897 年，中国创办了自己的第一家银行，即中国通商银行。19 世纪末虽然已出现现代的银行，但力量微弱，不足以与旧式银钱业抗衡。直至“一战”之后，新式银行业才有较大发展。蛰伏十余载，以银行业为主体的新式金融市场才逐渐形成。伴随着资金借贷的发展，债券市场、股票市场也相继形成。在 1949 年后，随着社会主义计划经济体制的迅速建立，高度集中于一家银行的银行信用代替了多种信用形式和多种金融机构的格局，财政拨款代替了企业股票、债券的资金筹集方式。

改革开放以来，随着社会主义市场经济体制的建立，金融市场作为我国市场经济的重要组成部分，也得到迅速发展，具体可分为 3 个阶段：

（1）1978—1992 年是金融市场改革的第一阶段。这一阶段的重心是打破高度集中的金融机构体系，初步形成金融市场体系。1979 年之后，我国陆续恢复或者分设了中国工商银行、中国农业银行、中国银行和中国人民建设银行，逐步建立起一批股份制商业银行以及各类其他金融机构。1984 年中国人民银行开始专门行使中央银行职能，逐步由“大一统”的金融体制转化为中央银行体制。1984 年，我国开始允许金融机构互相拆借资金以调剂余缺，形成同业拆借市场。1985 年，在全国范围内开展了商业汇票承兑贴现业务，并允许商业银行向中央银行进行再贴现，这标志着票据市场的初步形成。20 世纪 90 年代开始，所有国债都可以自由买卖。1990 年上海证券交易所、1991 年深圳证券交易所和 1992 年中国证监会的成立，标志着我国资本市场的初步形成。从 1986 年起，我国开始办理外汇调剂业务，初步建成了外汇调剂市场。

（2）1993—2012 年是金融市场改革的第二阶段。1993 年 12 月 25 日，国务院发布《关于金融体制改革的决定》，明确提出了我国金融市场改革的目标，即将中国人民银行建设成真正的中央银行，实施强有力的宏观调控，逐步改革金融监管体系；完善货币市场与证券市场，建立开放统一、竞争有序、管理严格的金融市场体系。在这一阶段我国颁布了《中华人民共和国中国人民银行法》等相关金融法律法规，形成了“一行三会”金融监管体制，金融市场发展日益完善。1994 年外汇体制改革后，形成了全国统一的外汇市场，票据融资的规模也不断增加。2007 年，中国人民银行在同业拆借市场上推出了作为基准利率的上海银行间同业拆放利率（Shanghai Interbank Offered Rate，Shibor），并公布了《同业拆借管理办法》。资本市场迅速发展，自 2006 年股权分置改革以后，资本市场的融资和资源配置功能得到恢复，一大批公司成功上市。2004 年中小企业板开板、2009 年创业板开板、2010 年中国股指期货正式推出、2012 年新三板成立，标志着我国多层次资本市场的逐步形成。

（3）2013 年至今是金融市场改革的第三阶段。2013 年 10 月 25 日，中国人民银行授权全国银行间同业拆借中心发布贷款基础利率（Loan Prime Rate，LPR），标志着我国利率市场化改革跨出了重要的一步。2015 年国务院颁布《存款保险条例》，酝酿多年的存款保险制度正式实施。2017 年“国务院金融稳定发展委员会”成立；2018 年在中国银监会和中国保监会的基础上，组建中国银行保险监督管理委员会。至此，我国金融监管格局由“一行三会”转变为“一委一行两会”。2019 年 6

月13日，上海证券交易所科创板正式开板；2021年4月19日，广州期货交易所揭牌成立；2021年11月15日，北京证券交易所正式开市交易；2023年2月17日，中国证监会发布《首次公开发行股票注册管理办法》等相关制度规则，中国股票市场全面注册制改革正式落地实施；2023年3月16日，中共中央、国务院印发《党和国家机构改革方案》，我国金融监管体系又迎来新的变革，形成由中央金融委员会和中央金融工作委员会集中统一领导，中国人民银行、国家金融监督管理总局、中国证监会、外汇管理局等部门共同构建的全新金融监管框架。2013年至今，我国不断完善金融市场体系，加速推进利率市场化、全力推动注册制和金融监管改革，标志着我国金融市场进入了快速发展的新阶段。

阅读材料[1-1]

2021年中国金融市场运行情况

2021年，债券市场规模稳定增长，国债收益率整体震荡下行；债券市场高水平对外开放稳步推进，投资者结构进一步多元化；货币市场交易量持续增加，银行间衍生品市场成交量保持增长；股票市场主要股指上涨，两市成交金额增长明显。

一、债券市场规模稳定增长

2021年，债券市场共发行各类债券61.9万亿元，较2020年增长8.0%。其中银行间债券市场发行债券53.1万亿元，同比增长9.2%。交易所市场发行8.7万亿元，同比增长1.0%。2021年，国债发行6.7万亿元，地方政府债券发行7.5万亿元，金融债券发行9.6万亿元，公司信用类债券（包括非金融企业债务融资工具、资产支持票据、企业债券、公司债券、交易所资产支持证券等）发行14.8万亿元，信贷资产支持证券发行8815.3亿元，同业存单发行21.8万亿元。

截至2021年12月末，债券市场托管余额133.5万亿元，同比增长 16.5 万亿元，其中银行间债券市场托管余额 114.7 万亿元，交易所市场托管余额 18.8 万亿元，商业银行柜台债券托管余额 599.9 亿元。

二、债券收益率整体震荡下行

2021 年 12 月末，1 年、3 年、5 年、7 年、10 年期国债收益率分别为 2.24%、2.46%、2.61%、2.78%、2.78%，分别较 2020 年同期下行 23bp、36bp、34bp、39bp、36bp。2021 年末，中债国债总指数收盘价为 206.6，较 2020 年同期上涨 11.4；中债新综合全价指数收盘价为 121.5，较 2020 年同期上涨 2.5。

2021 年 12 月，银行间同业拆借月加权平均利率为 2.02%，较 2020 年同期上行 72 个基点；银行间质押式回购月加权平均利率为 2.09%，较 2020 年同期上行 73 个基点。

三、债券市场对外开放稳步推进

截至 2022 年 2 月末，境外机构在中国债券市场的托管余额为 4.1 万亿元，占中国债券市场托管余额的比重为 3.0%。其中，境外机构在银行间债券市场的托管余额为 4.0 万亿元。分券种看，境外机构持有国债 2.5 万亿元，占比 62.3%；政策性金融债 1.1 万亿元，占比 26.4%。

四、债券市场投资者数量进一步增加

2021 年末，按法人机构（管理人维度）统计，非金融企业债务融资工具（仅统计上清所托管的非金融企业债务融资工具）持有人共计 1885 家。从持债规模看，前 50 名投资者持债占比 56.8%，主要集中在基金公司、股份制商业银行、国有大型商业银行和证券公司；前 200 名投资者持债占比 86.2%。单只非金融企业债务融资工具持有人数量最大值、最小值、平均值和中位值分别为 75 家、1 家、11 家、10 家，持有人 20 家以内的非金融企业债务融资工具只数占比为 93.0%。从交易规模看，2021 年，非金融企业债务融资工具前50名投资者交易占比67.4%，主要集中在证券公司、股份制商业银行、基金公司和城市商业银行；前200名投资者交易占比92.4%。

五、货币市场成交量持续提升

2021年，银行间货币市场成交共计1164.0万亿元，同比增长5.2%。其中，质押式回购成交1040.5万亿元，同比增长9.2%；买断式回购成交4.7万亿元，同比下降32.6%；同业拆借成交118.8万亿元，同比下降19.2%。交易所标准券回购成交350.2万亿元，同比增长21.8%。

2021年，银行间债券市场现券成交214.5万亿元，日均成交8578.0亿元；单笔成交量主要分布在500万~5000万元，单笔平均成交量4995.0万元。交易所债券市场现券成交28.9万亿元，日均成交1190.4亿元。柜台债券市场累计成交170.6万笔，成交金额4988.8亿元。2021年末，开办柜台债券业务的商业银行共27家，较2020年同期增加3家。

六、银行间衍生品市场成交规模平稳增长

2021年，银行间本币衍生品市场共成交21.4万亿元，同比增长6.5%。其中，利率互换名义本金总额21.1万亿元，同比增长7.5%；标准债券远期成交2614.8亿元，信用风险缓释凭证创设名义本金295.2亿元，信用违约互换名义本金36.3亿元。国债期货共成交27.5万亿元，同比增长4.3%。互换利率有所下降，2021年末，1年期FR007互换利率收盘价（均值）为2.21%，较2020年末下降27个基点；5年期FR007互换利率收盘价（均值）为2.56%，较2020年末下降28个基点。

七、股票市场主要指数上涨

2021年末，上证指数收于3639.8点，较2020年末上涨166.7点，涨幅为4.8%；深证成指收于14857.4点，较2020年末上涨

386.7点，涨幅为2.7%。两市全年成交额258.0万亿元，同比增长24.7%。

资料来源：http：//www.pbc.gov.cn/jinrongshichangsi/147160/147171/147173/4463448/index.html.

本章小结

1. 金融市场是指以金融工具为交易对象而形成的供求关系及其机制的总和。

2. 金融市场的主体、金融市场的客体以及金融市场的组织方式是现代金融市场的三大构成要素。

3. 从参与金融市场交易的动机来看，金融市场的主体主要有投资者、筹资者、中介机构及监管者四大类。

4. 金融工具是指一切代表未来收益或资产合法要求权的契约或凭证，又称金融资产或证券，是资金短缺部门向资金盈余部门融入资金时所出具的契约或凭证。偿还期、流动性、风险性与收益性是金融工具的4个基本特征。

5. 金融市场的组织方式主要有拍卖方式与柜台方式两种。

6. 金融市场可以按多种方式进行分类，其中按标的物的不同，可划分为货币市场、资本市场、外汇市场和金融衍生工具市场。

7. 金融市场在经济运行过程中具有资金聚敛功能、信息反映功能、资源配置功能和宏观调控功能。

8. 金融自由化、金融全球化、金融工程化、资产证券化以及金融数字化是金融市场的发展趋势。

关键概念

金融市场　金融工具　货币市场　资本市场　外汇市场　金融衍生工具市场　初级市场　二级市场　第三市场　第四市场　公开市场　议

价市场　金融自由化　金融全球化　金融工程化　资产证券化　金融数字化

习题

1. 非居民之间进行境外货币借贷的市场被称为（　　）。

A. 离岸金融市场　　B. 在岸金融市场

C. 国内金融市场　　D. 国际债券市场

2. 下列选项中在货币市场上进行交易的金融工具是（　　）。

A. 长期债券　　B. 短期债券

C. 普通股　　D. 优先股

3. 下列选项中不属于金融衍生工具的是（　　）。

A. 远期　　B. 期货　　C. 互换　　D. 优先股

4. 金融工具的主要特征有（　　）。

A. 流动性　　B. 风险性　　C. 差异性　　D. 收益性

5. 资本市场的主要特征有（　　）。

A. 期限较短　　B. 期限较长

C. 流动性较差　　D. 流动性较强

6. 金融市场的功能主要有（　　）。

A. 资源配置功能　　B. 资金聚敛功能

C. 宏观调控功能　　D. 信息反映功能

7. 简述金融市场的主要类型。

8. 简述金融市场的主要功能。

9. 简述金融市场的发展趋势。

第二章

货币市场

货币市场是典型的以机构投资者为主体的市场，其活动的主要目的是保持资金的流动性：一方面满足资金需求者的短期资金需要；另一方面为资金充裕者的闲置资金提供盈利机会。本章主要介绍同业拆借市场、回购市场、商业票据市场、银行承兑汇票市场、大额可转让定期存单市场和短期政府债券市场等货币市场子市场，以及货币市场基金、央行票据等货币市场工具。

学习目标

1. 掌握货币市场的定义
2. 掌握同业拆借市场的定义及特点
3. 掌握回购协议的定义、回购市场的交易类型以及回购利率的计算
4. 掌握商业票据的发行方式、评级以及实际利率的确定
5. 掌握银行承兑汇票的一级市场和二级市场交易
6. 掌握大额可转让定期存单的特点以及其发行和转让
7. 掌握国库券收益率的计算
8. 掌握货币市场基金的特点
9. 掌握我国央行票据发行的功能

第一节 货币市场概述

货币市场产生和发展的初始动力是为了保持资金的流动性，它借助于各种短期资金融通工具将资金需求者和资金供给者联系起来，既满足了资金需求者的短期资金需要，又为资金供给者的暂时闲置资金提供了获取盈利的机会。但这只是货币市场的表面功能，将货币市场置于金融市场以至市场经济的大环境中可以发现，货币市场的功能远不止于此。货币市场既从微观上为银行、企业提供了灵活的管理手段，使它们在对资金的安全性、流动性、盈利性相统一的管理上更方便灵活，又为中央银行实施货币政策以调控宏观经济提供了手段，为促进金融市场的发展发挥了巨大作用。

一、货币市场的定义及特点

（一）货币市场的定义

货币市场是指以期限在1年及1年以内的金融工具为交易标的物的市场，它反映了短期金融工具交易所形成的供求关系及运行机制，为短期资金的融通和借贷提供了工具和场所。就市场结构而言，货币市场主要包括同业拆借市场、回购市场、商业票据市场、银行承兑汇票市场、大额可转让定期存单市场、短期政府债券市场、货币市场基金市场等子市场。

（二）货币市场的特点

货币市场一般具有以下特点：

（1）交易对象主要是期限短、流动性强、风险低，与货币差别不大的信用工具，如短期政府债券、大额可转让定期存单、商业票据、银行承兑汇票等。货币市场工具的品种丰富，可以满足交易者的各种需求，而且货币市场工具永远处在不断的金融创新之中，每种工具形成一个市场，各个市场之间有着密切的联系，这些市场的集合就形成了一个整体的货币市场。

（2）货币市场工具多采用贴现方式发行，这是由货币市场工具的短期性所决定的。贴现方式是投资人最喜欢的发行方式，但股票和债券却因期限较长不可能大量采取或根本不可能采取这种发行方式。股票既无期限又无固定利率，当然不可能用贴现方式发行，而期限较长的债券由于利率的变化也不宜采用这种发行方式。

（3）一个有效率的货币市场应该是一个具有广度、深度和弹性的市场，其市场容量大、信息流动迅速、交易成本低、交易活跃且持续，能吸引众多的投资者和投机者参与。

（4）货币市场是典型的以机构投资者为主体的市场，在货币市场上交易的目的主要是解决短期资金的需要，这决定了货币市场是金融市场体系中最活跃的部分。

二、货币市场工具与参与者

（一）货币市场工具

货币市场工具包括所有到期期限在 1 年及 1 年以内的金融工具。表 2－1显示了美国的主要货币市场工具及其发行者、投资者和期限。

表 2－1　美国主要货币市场工具

货币市场工具	发行者	主要投资者	一般期限
国库券	美国政府	金融机构、企业、个人	13 周、26 周、1 年
联邦基金	商业银行	商业银行	1～7 天
回购协议	商业银行	金融机构	1～15 天
大额可转让定期存单	大型银行	企业、金融机构	14～120 天
商业票据	金融公司、企业	企业、金融机构	1～270 天
银行承兑汇票	商业银行、企业	商业银行	30～180 天

（二）货币市场工具的特点

1. 货币性

货币市场工具尽管存在差异，如同业拆借协议、大额可转让定期存单、商业票据、短期国库券、短期贷款等，在收益、风险、期限、发售条件等方面都不完全相同，但它们的共同特点是期限短、流动性强，对利率敏感，货币属性强。正是由于货币市场工具的这一特点，所以它们处于货币供应量的活跃层次。

2. 灵活性

货币市场工具交易方式灵活，如拆借资金既可以在有形市场上交易，也可以在无形市场上交易。货币市场工具交易品种多，在期限、利率、偿还方式、发行条件等方面都具有不同的档次，能充分满足投资者和筹资者短期投融资的需要。

3. 同质性

货币市场工具具有同质性，表现为它们之间的利率差异很小，而且变动方向是相同的。

（三）货币市场的参与者

货币市场是一个开放的金融市场，但能够进入货币市场筹资的仅限于资本雄厚、信誉卓著的借款人，如政府部门、银行和非银行金融机构以及少数著名的大公司。由于货币市场单笔交易数额较大以及监管的需要，个人一般不能直接参与货币市场的交易，主要通过投资货币市场基金、短期政府债券和大额可转让定期存单间接参与货币市场的交易。按照参与货币市场交易的目的，可将货币市场参与者分为以下几类：

1. 资金需求者

货币市场上的资金需求者主要是指由于短期流动性不足或是日常经营需要更多的短期资金并希望通过货币市场交易来满足的主体。这类参与者主要有商业银行、非银行金融机构、政府和政府机构以及企业。

2. 资金供给者

货币市场上的资金供给者主要是指满足了日常经营需要后仍然持有多余闲置资金并希望通过货币市场将这部分资金借出以获得一定收益的主体。这类主体主要有商业银行、非银行金融机构和企业。

3. 交易中介

货币市场上的交易中介是指为货币市场交易中的资金融通双方提供服务从而获得手续费或价差收益的主体。这类参与者主要有商业银行以及一些非银行金融机构。

4. 中央银行

中央银行参与货币市场交易的目的是实施货币政策，调节货币供应量，引导市场利率变化，实现金融宏观调控的目标。

三、中央银行与货币市场

货币市场在中央银行制定和实施货币政策过程中发挥了重要作用。

（一）货币市场利率为中央银行提供了基准利率

货币市场利率包括同业拆借利率、回购利率、商业票据利率、短期国债利率等，由于货币市场利率能够灵敏而准确地反映金融市场资金供求变化状况和利率变动趋势，因此，中央银行往往以货币市场利率水平为依据，监控市场利率水平，预测市场利率走势，制定基准利率。

（二）回购协议、短期政府债券、央行票据等为中央银行的公开市场操作提供了工具

公开市场业务是指中央银行通过买进或卖出有价证券，吞吐基础货币，调节货币供应量的活动。公开市场业务交易的有价证券主要是债券，并且中央银行公开市场业务主要是通过回购协议、短期政府债券和央行票据三类债券来进行。

中央银行通过公开市场业务来调节货币供应量，实现货币政策目标，与调整存款准备金率、再贴现政策和道义劝告等政策工具相比，有以下几个显著特点：

（1）通过公开市场买卖货币市场工具，是一种主动的、直接的调节货币供应量的方式。

（2）调控规模可大可小，调节时间可长可短，能进行经常性的、灵活多变的“微调”。

（3）中央银行经常参与货币市场的交易，可实现对货币供应量的连续调控。

（三）货币市场在货币政策传导过程中起着重要作用

在中央银行货币政策传导过程中，无论是信贷传导机制还是利率传导机制，都离不开货币市场。在中央银行运用公开市场业务、再贴现政

策、法定存款准备金政策等货币政策工具调节货币供应量，影响市场利率，实现宏观经济调控目标的过程中，货币市场都发挥了重要作用。

第二节　同业拆借市场

同业拆借是货币市场上非常普及的交易形式，其期限短、流动性强，能灵敏地反映资金供求关系和货币政策意图，影响货币市场利率。同业拆借市场已成为国内和国际金融市场中最活跃、交易量最大的市场，所以受到中央银行及其他银行和非银行金融机构的极大关注，成为货币市场体系的重要组成部分。

一、同业拆借市场的定义

同业拆借市场，也称为同业拆放市场，是指金融机构之间以货币借贷的方式进行融资活动的短期资金市场，是货币市场的主要子市场和重要组成部分。当今同业拆借市场所进行的资金融通已不仅仅局限于弥补或调剂资金头寸，而是已成为各金融机构特别是各商业银行弥补资金流动性不足、充分运用资金、减少资金闲置的市场，成为商业银行协调流动性与盈利性关系的重要渠道。

二、同业拆借市场的形成与发展

同业拆借市场的形成源于存款准备金制度的实施。为了控制货币流通量和银行的信用扩张，美国于 1913 年制定了《联邦储备法》，规定商业银行必须将存款的一定比例上缴联邦储备银行，作为法定存款准备金，它主要由会员银行的库存现金和存入联储银行的存款构成。会员银行由于清算业务活动和日常收付数额的变化，经常会出现应收款大于应付款而形成资金头寸的盈余，或者出现应收款小于应付款而形成资金头寸的不足，这些最后就会表现为它们在中央银行的存款有时不能弥补法定存款准备金的不足，形成缺口；有时则大大超过法定存款准备金的要求，形成多余的存款准备金。存款准备金多余的银行，一般愿意拆出资金，尽可能地对多余部分加以利用，减少资金的闲置，增加资产的收益，使资金得到最充分、最有效的使用；而存款准备金不足的银行则需要临时拆入资金，按规定补足准备金。这样，在存款准备金多余和不足的银行之间，客观上就存在互相调剂的要求。同业拆借市场也就由此应运而生。

1921 年，在美国纽约首先形成了以调剂联邦储备银行会员银行的准备金头寸为交易标的的市场，以后逐渐发展为较规范的联邦基金市场（federal funds market），成为美国最主要的同业拆借市场。在英国，伦敦同业拆借市场的形成，则是建立在银行间票据交换的基础之上的。各家银行在轧平票据交换的差额时，有的银行头寸不足，从而就需要向头寸多余的银行拆入资金，由此使银行之间出现经常性的资金拆借行为。

在 20 世纪 30 年代的经济危机之后，西方各国普遍强化了中央银行的作用，相继引入法定存款准备金制度作为控制商业银行信用规模的手段。与此相适应，同业拆借市场也得到了较快发展。同业拆借产生之初，主要是为了适应商业银行调整准备金的要求。但是，近年来随着市场参与者由最初的商业银行扩展至所有金融机构，同业拆借市场的交易规模迅速扩张，其功能也发生了巨大变化。同业拆借市场的参与者不再仅限于会员商业银行，其他银行以及非银行金融机构甚至一些外国银行在境内的分支机构、代理机构及外国的中央银行也可以进入同业拆借市场。

总之，同业拆借市场已成为金融机构特别是商业银行进行资产负债管理的重要场所，也成为中央银行检测银根状况、进行金融调控的重要窗口。

三、同业拆借市场的特点

同业拆借市场的特点主要表现在以下方面：

（1）同业拆借市场对进入市场的主体都有严格的限制，即必须都是金融机构或指定的某类金融机构、非金融机构，包括工商企业、政府部门等。有些国家在特定时期，对进入此市场的金融机构也有一定的资格限制，如只允许商业银行进入，非银行金融机构不能进入；只允许存款性金融机构进入，不允许证券、信托、保险机构进入等。在金融市场开放的国家，外国的中央银行和商业银行也可参加。

（2）拆借资金期限较短，最初多为一日或几日的临时资金调剂，是为了解决头寸临时不足或头寸临时多余所进行的资金融通。发展到今天，同业拆借市场已成为各金融机构弥补短期资金不足和进行短期资金运用的市场，成为解决资金流动性与盈利性矛盾的市场。

（3）交易多是通过电话洽商的方式进行，主体上是一种无形市场，交易手段比较先进，交易手续比较简便，因而交易成交的时间也较短。

（4）拆入资金一般不需缴纳保证金。金融机构主要以其信誉参与拆借活动，没有交易额限制，一般也不需要以担保或抵押品作为借贷条件，完全是一种协议和信用交易关系，双方都以自己的信用做担保，都严格遵守交易协议。

（5）市场交易量大且交易频繁，能灵敏地反映资金供求关系。同业拆借市场上的利率可由双方协商，讨价还价，最后议价成交。因此可以说，同业拆借市场上的利率，是一种市场利率，或者说是市场化程度最高的利率，能够充分灵敏地反映市场资金供求的状况及变化。

四、同业拆借市场的参与者

金融机构是同业拆借市场的主要参与者，但各个国家以及各个国家在不同的历史时期，对能参与同业拆借市场交易的金融机构有不同的规定。总体上来看，同业拆借市场的参与者大体可以分为三类，即资金需求者、资金供给者和中介机构。

（一）资金需求者

从大多数国家的情况来看，在同业拆借市场拆入资金的多为大型商业银行。大型商业银行之所以成为同业拆借市场上主要的资金需求者或借款方，主要是因为大型商业银行资产和负债的规模比较大，所需缴存的存款准备金较多，同时资产流动性较强，为了尽可能减少库存现金占用及在中央银行的超额储备存款，提高资金的利用率和盈利性，同时也能够及时足额地弥补资金头寸或流动性的不足，势必要更大程度地依赖于同业拆借市场，经常临时拆入资金，形成对短期资金的需求。当然，在同业拆借市场，大型商业银行的角色不是一成不变的，它有时也会成为资金的供给者。但从总体上讲，大型商业银行多是扮演资金需求者或拆入者的角色。

（二）资金供给者

在同业拆借市场上扮演资金供给者或拆出者角色的，主要是地方中小商业银行、非银行金融机构、境外代理银行及境外银行在境内的分支机构。特别是那些市场份额有限、承受经营风险能力脆弱的中小商业银行，更是把同业拆借市场作为短期资金运用的经常性场所，力图通过该市场提高资产质量，减少资金的闲置，增加利息收入。一些非银行金融机构、境外代理银行及境外银行在境内的分支机构也大多以贷款人的身份出现在同业拆借市场上，当然它们也有需要资金的时候，如券商的短期拆入，但总的来说，它们是同业拆借市场上的重要资金供给者。

（三）中介机构

同业拆借市场上的交易可以由交易双方直接联系交易，也可以通过市场中介机构间接进行交易。市场中介机构主要是指为资金拆入者和资金拆出者之间提供交易可能性以赚取手续费的经纪商。从交易成本来看，供求双方直接联系交易的成本要高于通过市场中介机构使供求双方实现交易的成本。在交易过程中，市场本身就是一种媒体，再加上媒介供求双方的中介机构，大大提高了交易的效率，降低了交易的成本。

同业拆借市场上的中介机构大体上可以分为两类：一类是专门从事拆借市场中介业务的专业性中介机构，这些中介机构在有的国家被称为短资公司（如日本），有的被称为融资公司，有的则被称为拆借经纪商或经营商；另一类是非专门从事拆借市场中介业务的兼营经纪商，多由大型商业银行承担，因为大型商业银行信誉好、资信高，它们无论是作为同业拆借市场上的资金拆入者或拆出者，还是同业拆借市场上的中介机构，都是值得信赖的。

五、同业拆借市场的期限及利率

（一）同业拆借市场的期限

同业拆借市场的拆借期限通常以 1～2 天为限，短至隔夜，多则 1～2周，一般不超过 1 个月，当然也有少数同业拆借交易的期限接近或达到 1 年的。

（二）同业拆借市场的利率

同业拆借利率是同业拆借市场的资金价格，是货币市场的基准利率，也是整个金融市场上具有代表性的利率，它能够及时、灵敏、准确地反映货币市场乃至整个金融市场短期资金供求关系。当同业拆借利率持续上升时，反映资金需求大于资金供给，预示市场流动性可能下降；而当同业拆借利率下降时，情况相反。因此，同业拆借利率被视为观察市场利率趋势变化的风向标，中央银行一般把同业拆借利率的变动作为把握宏观金融动向、调整和实施货币政策的指示器。一般情况下，同业拆借利率低于中央银行的再贴现率。

联邦基金利率（federal funds rate）是美国同业拆借市场的利率，其中最主要的是隔夜拆借利率。由于联邦基金市场的交易量非常大，联邦基金利率是美国金融市场上最重要的短期利率。联邦基金利率的变动能够灵敏地反映银行之间资金的余缺，美联储通过调节联邦基金利率直接影响商业银行的资金成本，将同业拆借市场的资金余缺传递给工商企业，进而影响消费、投资和国民经济，实现货币政策目标。国际货币市场上其他较有代表性的同业拆借利率还有伦敦银行同业拆借利率（London Interbank offered Rate，Libor）、新加坡银行同业拆借利率（Singapore Interbank offered Rate，Sibor）和香港银行同业拆借利率（Hongkong Interbank offered Rate，Hibor）。

上海银行间同业拆放利率，以位于上海的全国银行间同业拆借中心为技术平台计算、发布并命名，是由信用等级较高的银行组成报价团自主报出的人民币同业拆出利率计算确定的算术平均利率，是单利、无担保、批发性利率。目前，对社会公布的 Shibor 品种包括隔夜、1 周、2 周、1 个月、3 个月、6 个月、9 个月及 1 年。表 2－2 列出了 2022 年 6 月 14—27 日 10 个交易日的各品种 Shibor 报价。

表 2－2　2022 年 6 月 14—27 日 10 个交易日 Shibor 值

日期	O/N	1W	2W	1M	3M	6M	9M	1Y
2022－06－27	1.4380	1.9920	2.0430	1.8940	2.0000	2.1390	2.2880	2.3600
2022－06－24	1.4350	1.8500	1.9840	1.8930	2.0000	2.1380	2.2870	2.3640
2022－06－23	1.4370	1.7550	1.9630	1.8930	2.0000	2.1370	2.2910	2.3670
2022－06－22	1.4440	1.7830	1.8480	1.8920	2.0000	2.1370	2.2910	2.3690
2022－06－21	1.4380	1.7960	1.8450	1.8910	2.0000	2.1360	2.2910	2.3720
2022－06－20	1.4180	1.8290	1.7860	1.8910	2.0000	2.1360	2.2910	2.3740
2022－06－17	1.4140	1.7370	1.6640	1.8910	2.0000	2.1400	2.2910	2.3780
2022－06－16	1.4130	1.6880	1.6260	1.8920	2.0000	2.1460	2.2930	2.3810
2022－06－15	1.4130	1.7080	1.6140	1.8930	2.0020	2.1500	2.2920	2.3810
2022－06－14	1.4130	1.6560	1.6070	1.8920	2.0020	2.1500	2.2850	2.3770

资料来源：http：//www.shibor.org.

拓展知识[2-1]

Libor 的退出与 RFR 的推出

伦敦银行同业拆借利率是由英国银行家协会于 1986 年推出的、反映银行间短期资金借贷的利率，一直是国际金融市场最重要的基准利率，广泛用于存贷款、债券、同业拆借、衍生品等产品定价。由于 Libor 价格主要基于专家判断，而非真实交易产生，报价行可能存在出于自身利益操控 Libor 价格的动机，有较大道德风险。2008 年，巴克莱银行、瑞银集团、苏格兰皇家银行等众多银行被曝光在长达数年的时间中存在人为操纵 Libor 定价的行为，极大地影响了市场对于 Libor 作为定价基准的信心，其权威性与市场公信力受到了巨大负面影响。

2017 年，英国金融行为监管局宣布 2021 年底后将不再强制要求 Libor 报价行报价，作为世界主要基准利率的 Libor 将退出历史舞台。自此，各国监管部门积极推进基准利率改革，选定基于隔夜国债回购、隔夜拆借等市场成交价格形成的无风险基准利率（Risk - Free Reference Rates，RFR）作为替代。相比 Libor 报价，新基准利率均基于真实交易产生，更为客观。同时，为了保障利率的有效性，新基准利率选择交易量最大、流动性最高、市场基础最为牢固的隔夜期限交易利率，能更好地反映市场价格水平。

资料来源：彭家文．国际基准利率改革的进展［J］．中国金融，2021（24）：79 - 80.

六、中国的同业拆借市场

中国的同业拆借市场始建于 1984 年。1984 年 10 月，中国人民银行确定了“统一计划、划分资金、实贷实存、相互融通”的信贷资金管理体制，鼓励各地区各银行之间相互拆借资金。于是，一些地区的金融机构开始出现同业拆借活动，但那时拆借量很小，没有形成规模市场。

1986 年 1 月，国务院颁布的《中华人民共和国银行管理暂行条例》第三十九条明确规定，“专业银行的资金可以相互拆借”，为我国拆借市场发展提供了法律依据。从此，同业拆借市场开始在全国迅速发展，并在当年建立了以广州、重庆、武汉、沈阳、成都等城市为中心的有形同业拆借市场。

1990 年 3 月，中国人民银行颁布《同业拆借管理试行办法》，第一次以法规形式对同业拆借市场管理做了比较系统的规定，拆借市场有了一定的规范和发展。

1995 年 9 月，中国人民银行开始建立全国统一的同业拆借市场，同年 11 月中国人民银行下发文件撤销了商业银行组建的融资中心、资金市场和各种中介组织 50 多家，只保留中国人民银行牵头设立的 43 家融资中心。

1996 年 1 月，中国人民银行建立了全国统一的银行间同业拆借市场，同年 6 月放开了对同业拆借利率的管制，拆借利率由拆借双方根据市场资金供求状况自行决定，初步形成了全国统一的同业拆借市场利率（Chibor）。在此基础上，Chibor 开始运行并每天对外发布。Chibor 是由隔夜到 120 天的 8 个期限的拆借成交利率，按交易量取加权平均计算得出，是中国第一个市场化指标利率。由于拆借市场建立初期，交易并不活跃，利率波动较大，影响了 Chibor 的代表性和基准性，运用也较为有限。随着 Shibor 等基准利率的筹备酝酿，Chibor 逐步淡出市场。

全国银行间同业拆借市场，包括金融机构通过全国银行间同业拆借中心提供的交易系统进行的同业拆借市场（称“一级网”），以及通过各地融资中心进行的同业拆借市场（称“二级网”）。截至 2022 年 6 月 27 日，我国拆借市场成员数达到 2398 家，市场成员组成如表 2 - 3 所示。

表 2-3 拆借市场成员统计 单位：家

机构性质	最新成员数	机构性质	最新成员数
政策性银行	3	大型商业银行	19
股份制商业银行	40	城市商业银行	134
民营银行	19	农村商业银行和合作银行	1205
农村信用联社	244	外资银行	123
证券公司	104	保险公司	60
财务公司	244	信托投资公司	66
汽车金融公司	24	金融租赁公司	66
消费金融公司	25	资产管理公司	4
保险公司的资产管理公司	5	境外人民币清算行	10
其他	3		

资料来源：http：//www. chinamoney. com. cn/chinese/mtmemrmb.

第三节 回购市场

回购市场并非一个完全独立的市场形态，往往与国库券市场、同业拆借市场及其他长期债券市场具有十分密切的联系。

一、回购协议、逆回购协议、回购市场的定义

（一）回购协议

回购协议（repurchase agreement）指的是资金需求方在出售金融资产的同时，与金融资产的购买方签订协议，约定在一定期限后按原定价格或约定价格购回所卖金融资产，从而获取即时可用资金的一种交易行为。回购协议中的金融资产主要是有价证券。在发达国家，只要资金供给者接受，任何资产都可进行回购交易。我国回购协议中的金融资产主要为政府债券。

回购协议实质上是一种短期抵押融资方式，借款方先售出后又购回

的金融资产即是融资抵押品或担保品。

（二）逆回购协议

逆回购协议（reverse repurchase agreement）是指买入证券一方同意按照约定期限和价格再卖出证券的协议。它实际上是从买方角度来看同一笔回购协议业务的，每一笔回购交易都是由一方的回购和另一方的逆回购组成的。

（三）回购市场

回购市场是指通过回购协议进行短期资金融通的市场。回购市场没有集中的有形场所，交易以电信方式进行。大多数交易由资金供给方和资金需求方直接进行，但也有少数交易通过市场专营商进行。这些专营商大多为政府证券交易商，它们同获得资金的一方签订回购协议，并同供应资金的另一方签订逆回购协议。

二、回购协议交易原理

如图 2-1 所示，当回购协议签订后，资金需求者（有价证券的卖方）向资金供给者（有价证券的买方）出售证券以换取即时可用的资金。一般来说，回购协议中所交易的证券主要是政府债券，还可以是商业票据、大额可转让定期存单、银行承兑汇票、抵押担保证券等。回购协议期满时，再用即时可用资金做相反的交易。从表面上看，资金需求者通过出售证券获得了资金，而实际上，资金需求者是从短期资金市场上借入了一笔资金。对于资金供给者来说，他获得了一笔短期内有权支配的证券，但到期时这笔证券要按约定的数量如数交回。因此，有价证券的卖方是资金借入者，卖出的证券作为借款的抵押品，而有价证券的买方实际上是资金贷出者，其接受证券作为借款的担保品。

回购交易对交易双方都有好处，对于资金借入者来说，因借款有抵押品，可以仅支付较低的利息；对于资金贷出者而言，如果交易对手违约，贷出者可以凭借抵押品获得补偿，因此，他们既可以从交易对手那

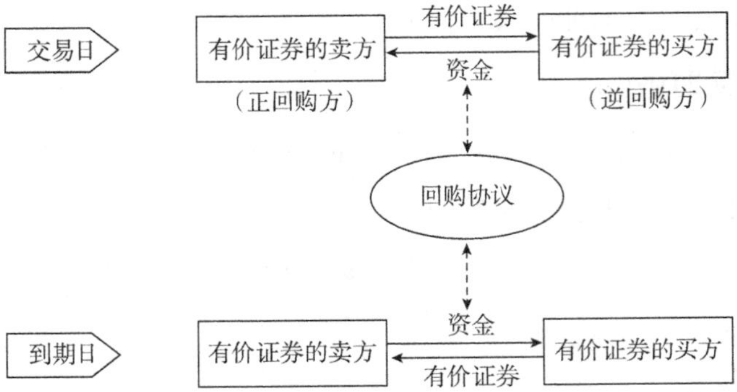

图 2-1　回购协议交易原理

里获得信用保证，也可以从作为抵押品的证券的发行者那里获得信用保证。

三、回购协议的期限

回购协议的期限从一日至数月不等。最常见的是隔夜回购协议，也有期限为几天的回购协议，而较长期限如 1～3 个月的回购协议叫定期回购协议。此外，有的回购协议期限不定，属于开放式的回购协议，协议每天经过交易双方同意后进行展期，利率根据隔夜回购协议的利率每天重新确定一次。

四、回购市场的主要参与者

回购市场的参与者十分广泛，商业银行、证券交易商、投资者和中央银行都是这个市场的重要参与者，在美国等一些国家，甚至地方政府也参与回购市场的交易活动。

（一）商业银行

回购协议为金融机构特别是商业银行提供了一种有效地筹措短期资金的方式。商业银行作为国库券等高等级债券的持有者，在调整资产流动性时，常常会以手中持有的债券进行回购交易，以融入资金满足流动性要求。商业银行通过回购交易取得的资金不属于存款负债，不用缴纳存款准备金。

（二）证券交易商

证券交易商可以通过回购交易融入短期资金，也可以通过逆回购交易获得证券来满足自己或顾客的需要。

（三）投资者

投资者是回购市场上的主要资金供给者。回购交易有助于投资者规避证券价格变动风险从而获得直接购买证券无法得到的收益，同时，回购市场为投资者提供了更加灵活选择债券到期日的机会，可以满足不同投资者的到期日需要。

回购市场上的投资者主要是非银行金融机构、存款机构、地方政府、外国银行及外国政府。它们进行回购交易可以避免对放款的管制，此外，回购协议的期限可长可短，比较灵活，可以满足不同投资者的投资需求。

（四）中央银行

中央银行可以通过回购交易进行公开市场业务操作。中央银行公开市场业务操作可通过直接业务和证券回购业务来吞吐基础货币。如果中央银行希望影响基础货币的长期变化时，往往采取直接买卖证券的方式。而通过回购交易，中央银行可以满足商业银行或证券交易商对短期流动性的需要，为商业银行或证券交易商提供再融资的手段，进而在短期内起到调节市场货币供应量的作用，也可以为货币市场确定一个较为合理的利率，因此，回购市场是中央银行货币政策操作的重要场所。

五、回购市场的交易类型

回购市场上的交易主要有3种类型：证券交易商与投资者之间的回购交易、银行同业之间的回购交易以及中央银行的回购交易。

（一）证券交易商与投资者之间的回购交易

证券交易商可以将自有库存证券以附回购协议的方式出售给投资

者，从而融入短期资金，也可以通过与投资者之间的逆回购交易获得证券，还可作为回购交易的中介媒介投资者之间的回购交易。

（二）银行同业之间的回购交易

由于回购交易中往往有信用级别高的证券做抵押，所以回购利率往往低于同业拆借利率，这也使回购交易成为商业银行等金融机构之间融通短期资金的重要方式。

（三）中央银行的回购交易

回购是中央银行经常使用的公开市场操作手段之一，中央银行利用正回购操作可以达到从市场回笼资金的效果。所以，中央银行的正回购通常是为了紧缩流动性而进行的一项操作，而如果中央银行要向市场上投放流动性的操作，则会采用逆回购的操作。

拓展知识[2-2]

公开市场业务交易公告〔2022〕第123号

为维护半年末流动性平稳，2022年6月27日，人民银行以利率招标的方式开展了1000亿元逆回购操作。具体情况如表2－4所示。

表2－4 逆回购操作情况

期限	中标量	中标利率
7天	1000亿元	2.10%

六、回购利率

（一）回购利率的影响因素

回购利率反映了借款者的借款成本，不同回购协议的利率是不同的，影响回购利率的因素主要有：

1. 回购证券的质地

证券的信用等级越高，流动性越强，回购利率就越低；否则，回购利率就会相对来说高一些。

2. 回购期限的长短

一般来说，期限越长，由于不确定因素越多，因而回购利率也应高一些。回购期限对利率的影响取决于收益率曲线的形状。

3. 交割的条件

如果采用实物交割的方式，回购利率就会较低；如果采用其他交割的方式，则回购利率就会相对高一些。

4. 货币市场其他子市场的利率水平

作为一种重要的货币市场工具，回购协议的利率水平不可能脱离货币市场其他子市场的利率水平而单独决定，否则该市场将失去吸引力。它一般是参照同业拆借利率而确定的。由于回购交易实际上是一种以较高信用的证券特别是政府债券做抵押的融资方式，风险相对较小，因而回购利率通常低于同业拆借利率。

（二）回购利率的计算

回购利率与回购价格、卖出价格之间的关系如下：

$$回购价格 = 卖出价格 + 约定利息 \qquad (2-1)$$

$$约定利息 = 卖出价格 \times 回购利率 \times 距到期日天数/360 \qquad (2-2)$$

$$回购利率 = \frac{回购价格 - 卖出价格}{卖出价格} \times \frac{360}{距到期日天数} \times 100\% \qquad (2-3)$$

【例 2-1】 交易商为筹集隔夜资金，将 100 万元的国库券卖给顾客，卖出价为 999800 元，约定第二天购回，购回价为 100 万元，则其回购交易的利率是多少？

$$约定利息 = 1000000 - 999800 = 200(元)$$

$$回购利率 = \frac{200}{999800} \times \frac{360}{1} \times 100\% = 7.2\%$$

七、回购交易中的信用风险

尽管回购交易中有高质量的证券做抵押品，但是交易双方也会面临信用风险。回购交易中的信用风险是指交易双方不履行回购协议中的买回或卖回义务，而使对方遭受损失的可能性。

信用风险产生的原因可能是卖方到期无力买回，或证券价格大幅度下跌而不愿买回，也可能是买方因证券价格大幅度上升而不愿卖回。

减少信用风险的方法有如下两种：第一种方法是设置保证金。回购协议中的保证金是指证券抵押品的市值高于贷款价值的部分，其大小一般在1%～3%。如果借款者信用等级较低或抵押证券的流动性不高时，差额可达到10%。第二种方法是根据证券抵押品的市值变化重新给回购协议定价，或变动保证金的数额。如在回购协议的条款中规定，当回购协议中的抵押品价值下跌时，贷款人可以要求按新的市值比例追加保证金，或者降低贷款的数额。

回购交易中特别是在期限较短的回购交易中，证券的交付一般不采用实物交付的方式，为了防范资金需求者在回购交易期间将证券卖出或与第三方进行回购交易所带来的风险，一般要求其将证券存在专用的证券保管账户或将证券交到贷款人清算银行的保管账户中，这样不仅可以减少交易成本，还可避免贷款人得不到抵押品的风险。

八、中国的回购市场

中国的国债回购业务始于1991年，时值上海证券交易所和全国证券交易自动报价系统（STAQ系统）成立不久，跨地区、有组织、规范化的国债交易刚刚起步。在此之前，“国债发行难”的问题已十分突出，为提高国债的流动性，经过一段时期的准备，STAQ系统于1991年7月宣布试办国债回购交易。当年9月14日，在两家STAQ系统的会员公司之间，完成了第一笔回购交易。在 STAQ 系统回购交易的带动下，国债交易在有组织的市场中低迷徘徊的局面逐步得到扭转。继 STAQ 系统之后，1992 年武汉证券交易中心也推出了国债回购业务。其后，随着国债发行规模的扩大、国债期货试点的推出以及国债现货市场的日趋活跃，国债回购业务有了长足的发展。当年，中国其他的主要证券交易场所包括上海证券交易所、深圳证券交易所、天津证券交易中心等，都先后开办了国债回购业务。在发展过程中，用于回购的标的物也扩展了范围，它不仅包括国债，还包括金融机构债券以及在各证券交易中心上市的基金凭证。

1995 年 8 月，我国开始对债券回购市场进行规范清理，场外交易基本被遏制，债券回购主要在上海证券交易所进行交易。我国在 1998 年又对债券市场进行了一项重大的改革，将商业银行的债券交易业务从交易所分离出来，组建专门供商业银行之间进行债券回购交易的银行间市场，形成了两个相互平行的债券回购市场。自 2000 年起，证券公司、基金管理公司等，只要满足一定的条件也可以进入这一市场参与回购交易。自此，中国的货币市场与资本市场之间就正式建立了资金流通的正规渠道和机制。

在中国的回购市场上，根据逆回购方对债券是否有处置权，回购可分为质押式回购和买断式回购。质押式回购是指回购交易的买卖双方按照约定的利率、期限，达成交易协议，融资方以相应的债券做质押获得一定期限的资金使用权，融券方则获得相应期限的债券质押权，但不能对该债券进行交易、处置，于回购到期日解除债券质押，向融资方收回本金和利息。质押式回购协议中，不发生所有权的转移。买断式回购指债券卖出方（融资方）卖出债券的同时与该笔债券买入方（融券方）约定在将来某一时间按约定价格买回的交易。在回购期内，该债券归融券方所有，融券方可以自由交易、处置该债券，只要到期有足够的同种债券返还给融资方即可。

简而言之，中国的回购市场虽然才有短短三十几年的历史，但发展却十分迅速。表2－5显示了2022年6月27日我国银行间债券回购市场的交易情况。

表2－5 2022年6月27日我国银行间债券回购市场交易情况

分类	品种	加权利率（%）	成交量（亿元）
质押式回购	R001	1. 4990	53014. 4211
	R007	2. 3592	8694. 0602
	R014	2. 2214	650. 1672
	R021	2. 1837	80. 8805
	R1M	2. 2764	64. 5025
	R2M	2. 0298	20. 1197
	R3M	2. 2000	1. 0000
	R4M	2. 3000	0. 6000
	R6M	2. 1571	10. 5000
买断式回购	OR001	1. 3984	158. 4347
	OR007	2. 0573	83. 5650
	OR014	2. 1588	5. 8743
	OR4M	1. 9498	6. 1476

注：R001表示隔夜回购、R007表示7天回购，其他以此类推。

资料来源：http：//www. chinamoney. com. cn.

拓展知识[2-3]

银行间债券市场推出三方回购交易

为促进银行间债券市场平稳健康发展，强化货币市场风险防控，助力打赢防范化解重大风险攻坚战，2018年中国人民银行发布公告（中国人民银行公告〔2018〕第18号），在银行间债券市场正式推出三方回购交易。

三方回购交易是国际成熟市场常见的一种回购业务模式。交易双方仅需讨论融通资金的金额、利率及期限，而担保品选取、估值等管理由第三方机构根据约定负责执行。

近年来，我国银行间债券市场回购交易参与主体日益多元化，风险与成本效率意识不断提升，对于回购交易担保品精细化管理的需求十分迫切，与此同时，回购市场的风险防控也有待强化。银行间债券市场三方回购交易的推出，有利于市场参与者更加便利地开展回购业务，降低结算失败等风险，也有利于保证回购交易存续期间风险敞口得到有效覆盖，提升风险防控能力。当前，银行间市场债券登记托管结算机构可作为第三方机构提供三方回购服务，未来具备相应能力的大型银行也可提供三方回购服务。

资料来源：http：//www. pbc. gov. cn/goutongjiaoliu/113456/113469/3645588/index. html.

第四节　商业票据、银行承兑汇票市场

一、商业票据市场

（一）商业票据及商业票据市场的定义

商业票据（Commercial Paper，CP）是大公司为了筹措资金，以贴现方式出售给投资者的一种短期无担保承诺凭证。它规定出票人自己承诺或委托付款人在指定日期或见票时必须无条件承兑。由于商业票据没有担保，仅以信用做保证，因此，能够发行商业票据的一般都是规模巨大、信誉卓著的大公司。作为一种结算和信用工具，商业票据体现着债权债务关系。

商业票据市场就是大公司所发行的商业票据的交易市场。

（二）商业票据市场的形成与发展

商业票据是货币市场上历史最悠久的工具，最早可以追溯到 19 世

纪初。早期商业票据发行者主要为纺织品工厂、铁路、烟草公司等非金融性企业。大多数早期的商业票据通过经纪商出售，主要购买者是商业银行。20 世纪 20 年代，美国汽车制造业和其他高档耐用商品业开始兴盛，为刺激销售，美国的一些大公司对这类商品实行赊销、分期付款等方式，因需要大量资金，在银行贷款受到限制的情况下，不少大公司成立消费信贷公司，开始发行商业票据，以满足消费者融资购买的需要。首家发行商业票据的大消费信贷公司是美国通用汽车承兑公司，它发行商业票据主要是为购买通用汽车公司的汽车融资。通用汽车承兑公司越过经纪商将商业票据直接出售给市场上的投资人，筹措巨额资金。20 世纪 60 年代后，商业票据的发行在美国急剧增长。这主要是因为企业发现通过发行商业票据在金融市场筹资要比向银行借款手续简便，发行利率更低，且不受银行干预。1966 年和 1969 年，由于"Q 条例"利率上限的限制，那些过去使用短期贷款的公司发现银行无法贷款给它们，便纷纷转向票据市场寻找替代资金的来源；而银行方面，由于商业票据不作为存款看待而不受"Q 条例"限制，银行纷纷自己发行商业票据以满足资金需求。

20 世纪 80 年代出现了一种新的商业票据——资产支持商业票据（Asset - Backed Commercial Paper，ABCP）。它是以资产为抵押而发行的商业票据，用来支持这种商业票据的资产主要是信用卡应收款、分期付款应收款等。参与市场运作的主要有商业银行、金融公司和零售商。商业票据的创新为发行人开辟了新的低成本的融资渠道，也为投资者提供了新的投资工具。

（三）商业票据市场主要参与者

1. 发行者

商业票据的发行者包括金融性公司和非金融性公司。金融性公司主要有三种：附属性公司、与银行有关的公司及独立的金融公司。附属性公司一般是附属于某些大的制造业公司，如通用汽车承兑公司；与银行有关的公司是银行持股公司的下属子公司；其他则为独立的金融公司。金融性公司发行商业票据主要是为了扩大消费信用。非金融性公司如大企业、公用事业单位等，发行商业票据的频次较金融性公司少，发行所得主要用于解决企业的短期资金需求和季节性开支，如应付工资及缴纳税收等问题。商业票据的发行视经济及市场状况的变化而变化。一般来说，高利率时期发行数量较少，资金来源稳定、市场利率较低的时期发行数量较多。

2. 投资者

历史上，商业银行是商业票据的主要购买者。商业银行购买商业票据通常有两方面的需要：一是为它的信托部门或顾客购买；二是将其作为流动资产的二级准备，在头寸不足时抛出票据补进头寸。自 20 世纪 50 年代以来，由于商业票据风险较低、期限较短、收益较高，许多公司也开始购买商业票据。现在，商业票据的投资者主要是保险公司、非金融公司、银行信托部门、地方政府、养老基金和投资公司等。商业银行在商业票据的市场需求上已经退居次要地位，但银行在商业票据市场上仍具有重要作用，主要是代理商业票据的发行，为发行者提供信用额度支持，以备发行者到期无款支付，或为持有者签发备用信用证，保证到期时若发行者不能付款，由银行负责偿还。在美国，商业票据的投资者包括中央银行、非金融性企业、投资公司、政府部门、私人抚恤基金、基金组织及个人。另外，储蓄贷款协会及互助储蓄银行也获准以其资金的 20% 投资于商业票据。

投资者可以从 3 个渠道购买商业票据：从交易商手中购买、从发行者那里购买、购买投资商业票据的基金份额。

（四）发行商业票据的优点

发行商业票据的优点主要体现在以下几方面：

（1）获取资金的成本较低。一般来说，利用商业票据融资的成本通常低于银行的短期借款成本，一些信誉卓著的大企业发行商业票据的利率，有时甚至低于银行同业拆借利率。因为这些大企业比一般的中小银行的信用更好，而且它是直接从投资者手中获得资金，节省了银行从中赚取的利润。

（2）筹集资金的灵活性强。公司在发行商业票据筹资时，可以根据自己对资金的需求确定发行量、利率和次数，以配合短期资金的灵活需要。

（3）有利于提高发行公司信誉。商业票据在货币市场上是一种标志信誉的工具，公司发行商业票据实际上可达到免费宣传和提高公司信用和形象的效果。

（五）商业票据的期限和面额

商业票据的期限较短，一般不超过 270 天。市场上未到期的商业票据平均期限在 30 天以内，大多数商业票据的期限在 20～40 天。美国 1933 年《证券法》规定：期限不超过 270 天的商业票据可以免于登记，为了避免发行时的登记费用，美国公司很少发行超过 270 天的商业票据。

在美国商业票据市场上，虽然有的商业票据的发行面额只有 25000 美元或 50000 美元，但大多数商业票据的发行面额都在 100000 美元以上。据统计，商业票据市场上每个发行者平均拥有 1.2 亿美元的未到期的商业票据，一些较大的单个发行者拥有的未到期的商业票据达数十亿美元之多。

（六）商业票据的发行和流通

1. 商业票据的发行方式

商业票据的发行，一般采取两种方式：①直接发行。一般由信用等级较高且实力雄厚的企业所设立的专门机构负责进行，这些公司对巨额的短期资金有不断的需求，具有较高的信用等级，发行票据的数额较大，且与主要的机构投资者都建立了业务联系，因而不需要借助交易商发行。

②通过商业票据交易商间接发行。这类票据主要由非金融公司和一些小的银行控股公司、金融公司发行。因为它们的短期信用需求通常具有季节性及临时性特点，建立永久性的商业票据销售队伍不合算。

交易商间接发行的方式通常有 3 种：①代销发行，即商业票据交易商与发行公司议定承销期限，按照发行公司指定的价格代理销售，承销期满未售完部分退回发行公司，交易商不承担发行风险，只按销售金额提取一定比例的手续费。②包销发行，即交易商与发行公司事先商妥发行事项，议定承销期限，然后由交易商进行销售，承销期满未售完部分全部由交易商按约定价格承购。③招标发行，即交易商以受托办理招标方式推销。若标的商业票据不定底价，开标时按标价高低依次得标，直到标售的票据售完为止。若指定底价，所出标价高于底价的才算得标，未能售出部分，由发行公司自行处理，否则发行公司需修正底价。这 3 种间接发行方式，因承担风险、服务范围及发行成本各不相同，交易商收取的承销费用也不同，其中包销发行费用最高，其次为招标发行，代销发行费用最低。

具体采取何种发行方式，主要取决于发行者所能承受的发行成本的高低。

2. 商业票据的流通

尽管在投资者急需资金时，商业票据的交易商和直接发行者都可在到期之前兑现，但商业票据的二级市场并不活跃。一方面是因为商业票据的期限非常短，购买者一般都计划持有到期；另一方面是因为商业票据是高度异质性的票据，不同发行主体发行的商业票据在期限、面额和利率等方面各有不同，其交易难以活跃。

（七）商业票据的评级

所谓商业票据评级，是指对商业票据的信用风险进行评价，并据此进行分级。商业票据评级的主要内容包括发行人的管理质量、经营能力、资金周转速度、竞争能力、流动性、债务结构、经营前景等。信用评级虽然增加了发行的手续和成本，但却能够使市场投资者更加了解发行人的财务状况，有利于提高信息的透明度，从而也能够使信誉高的发行人降低利息成本。

商业票据的等级不同，发行的难易程度及发行利率水平就不同，因此，发行者一般都会主动向评级机构申请评级。目前全球主要有 3 家机构对商业票据进行评级：穆迪投资者服务公司、标准普尔公司、惠誉国际信用评级公司。美国商业票据的发行人至少要获得其中的一个评级，大部分获得两个。美国证券交易委员会认可两种合格的商业票据：一级票据和二级票据。一级票据必须有两家评级机构对所发行的票据给予“1”的评级；二级票据必须有一家评级机构对所发行的票据给予“1”的评级，至少还有一家或两家的评级为“2”。二级票据为中等票据，货币市场基金对其投资会受到限制。

（八）商业票据的发行成本和发行价格

1. 商业票据的发行成本

商业票据的发行成本主要包括：①按规定利率所支付的利息；②交易商代理费用，指支付给交易商代理商业票据发行的费用；③信用评级费用，指发行者支付给信用评级机构的评级费用；④信用额度支持费用。发行者支付给商业银行，一般以补偿余额的方式支付，发行者可在银行账户中保留一定金额的无息资金，也可按信用额度的 0.375% ~ 0.75% 一次性支付。

2. 商业票据的发行价格

商业票据的发行为贴现发行，因而商业票据的利率就是贴现率。商业票据利率主要取决于发行成本、发行人资信等级、有无担保及担保人的资信等级、税收、流动性程度等。商业票据发行价格的计算公式如下：

$$\text{发行价格} = \text{面额} - \text{贴现金额} \tag{2-4}$$

$$实际利率 = \frac{贴现金额}{发行价格} \times \frac{360}{票据期限} \times 100\% \quad (2-5)$$

$$发行价格 = \frac{面额}{1 + 实际利率 \times 票据期限/360} \quad (2-6)$$

【例2-2】 假定有一面值为500000元的商业票据，贴现金额为2860元，期限为30天，发行机构得到的款项为497140元，实际利率为多少？

$$实际利率 = \frac{2860}{497140} \times \frac{360}{30} \times 100\% = 6.9\%$$

二、银行承兑汇票市场

（一）银行承兑汇票及银行承兑汇票市场的定义

银行承兑汇票（Banker's Acceptance，BA）是指出票人开立的远期汇票，命令付款人在未来的某一确定日期支付一定金额给收款人。这张汇票经过付款银行承兑后，承兑银行就承担了到期付款的不可推卸的责任。由于银行承兑汇票由付款银行承诺承担最后付款的责任，实际上是银行将其信用出借给企业，因此，企业必须缴纳一定的手续费。这里，银行是付款的第一责任人，而出票人则只承担第二手责任。

银行承兑汇票通常在国际贸易中使用，这是由于大多数出口商无法确定进口商的信用状况，以及存在国外经济、政治等诸多不确定因素，这时便需要银行信用从中加以担保，由银行提供承兑汇票。

银行承兑汇票市场是以银行承兑汇票为金融工具，通过汇票的发行、承兑、贴现而实现资金融通的市场，也可说是以银行信用为基础的市场。

（二）银行承兑汇票的一级市场

银行承兑汇票的一级市场是指银行承兑汇票的发行市场，由出票和承兑两个环节构成，两者缺一不可。

1. 出票

出票是指出票人签发票据并交付给收款人的票据行为。出票行为由两个步骤组成：一是按照法定格式做成票据；二是将票据交付给收款人。汇票做成后，必须经过交付才算完成出票行为。票据上的权利义务关系都是由出票行为引起的，其他各种票据行为以此为基础，所以出票是基本的票据行为。

作为一种要式凭证，汇票必须具备必要的形式和内容，并决定着票据本身是否有效。因此，各国票据法对汇票出票的款式，即汇票签发时的记载事项都做了严格规定。

《中华人民共和国票据法》第二十二条规定汇票必须记载下列事项：①表明“汇票”的字样；②无条件支付的委托；③确定的金额；④付款人名称；⑤收款人名称；⑥出票日期；⑦出票人签章。汇票上未记载前款规定事项之一的，汇票无效。

2. 承兑

银行对汇票的承兑是指银行对远期汇票的付款人明确表示同意按出票人的指示，于到期日付款给持票人的行为。

承兑包括两个行为：一是在汇票上签字写明“承兑”字样；二是把承兑的汇票交给持票人。

承兑具有十分重要的意义。汇票的付款人并不因出票人的付款委托而成为当然的汇票债务人，在汇票承兑以前，付款人只处于被提示承兑或被提示付款的地位，经过银行承兑，银行对汇票的付款就要承担法律上的责任，承兑人就成为汇票的主债务人。因此，虽然承兑是在汇票签发的基础上所做的一种附属票据行为，但它是确定汇票权利与义务关系的重要步骤。

（三）银行承兑汇票的二级市场

汇票持有人为避免资金积压，很少将银行承兑汇票持有至到期日再收款，大多数情况下会在汇票到期前予以转让，以融通短期资金。而经过银行承兑的汇票，其信用程度显著提高，从而可作为市场交易对象进入流通。

银行承兑汇票在二级市场上的交易主要由背书、贴现、转贴现和再贴现等一系列交易行为组成。

1. 背书

银行承兑汇票的贴现、转贴现和再贴现等票据转让行为都必须以背书为前提。背书是将原票据权利转让给他人的行为。背书有两个行为：一是在汇票背面签名；二是将汇票交给被背书人。经过背书，汇票权利即由背书人转移给被背书人。这时，背书人成为汇票的债务人，要承担保证其后手所持汇票承兑和付款的责任，并证明前手签字的真实性和背书的连续性，以证明票据权利正当。如果汇票被拒绝付款，其后手有权向背书人追索。所以，背书次数越多，汇票的担保性越强，持票人权利越有保障，汇票的流通也就越顺畅。

2. 贴现

贴现是汇票持有人为了获得现款，将未到期的承兑汇票以贴付自贴现日起至汇票到期日止的利息向银行或其他贴现机构所做的票据转让行为。通过贴现，急需资金的持票人以其持有的未到期汇票，经过背书转让给银行，向银行兑取现款，银行扣除利息，持有汇票到期，再向票据付款人按票面金额索回款项。贴现从表面上看是一种票据转让行为，其实质是短期资金的融通。

在票据贴现过程中，实付贴现金额由票面金额、贴现期和贴现率3个因素决定，它们之间的关系如下：

$$\text{贴现金额} = \text{票面金额} - \text{贴现利息} \quad (2-7)$$

$$\text{贴现利息} = \text{票面金额} \times \text{贴现率} \times \text{贴现期} / 360 \quad (2-8)$$

其中：贴现期是贴现银行向申请贴现人支付贴现票款之日起至该贴现汇票到期日为止的期限；汇票贴现时扣除的自贴现日起至汇票到期日止的利息，又称贴息，它与汇票票面金额的比率称为贴现率。

影响贴现率水平的因素主要有4个：①市场利率水平，它与贴现率呈正相关关系；②汇票的信用程度，信用程度高的汇票其贴现率相对较低；③贴现期限，接近到期日的汇票，贴现率较低；④供求关系，它会使贴现率上下浮动。

3. 转贴现

转贴现是办理贴现业务的银行将其贴现收进的未到期汇票，再向其他银行或贴现机构进行贴现的票据转让行为，是金融机构之间相互融通资金的一种形式。对申请转贴现的银行，通过转贴现可提前收回垫付于贴现票据的资金，以解决临时资金需要；对接受转贴现的银行而言，又是运用闲置资金的有效途径。

4. 再贴现

再贴现是指商业银行或其他金融机构将贴现所获得的未到期汇票向中央银行再次贴现的票据转让行为。再贴现是中央银行的一种货币政策工具，通过制定不同的再贴现率，可调节商业银行和其他金融机构向中央银行的融资成本，紧缩或扩张银行信用，实现货币政策目标。

再贴现和转贴现虽然都是票据转让行为，都能起到资金融通的作用，但是，它们对货币供应量的影响却截然不同。转贴现由于是在商业银行之间进行的，因而转贴现资金数量的多少只影响到各银行之间的资金调配量，并不影响货币供应量。而再贴现是在商业银行与中央银行之间进行的，中央银行通过再贴现投放的货币是基础货币，由于基础货币具有乘数效应，因而能引起实际货币供给量的成倍增加，所以再贴现资金数量的多少，会对货币供应量产生影响。

（四）银行承兑汇票市场参与者

（1）出票人。出票人签发的汇票经银行承兑，资金的偿还有银行信用做担保；经过背书，还可提前收回款项。

（2）付款人。银行承兑汇票的付款人是银行承兑汇票的债务人，使用银行承兑汇票对企业来说是一种相对便宜的融资途径。传统的银行贷款，除必须支付一定的利息外，借款者还必须在银行保持超过其正常周转资金余额的补偿性最低存款额，这部分存款没有利息，构成企业的非利息成本。对比而言，使用传统银行贷款的成本比运用银行承兑汇票的成本高。此外，能在商业票据市场上发行商业票据的都是规模大、信誉好的企业，许多企业都没有足够的规模和信誉以竞争性的利率发行商业票据筹资。这部分企业却可以运用银行承兑票据来解决资金上的困难。即使是少数能发行商业票据的企业，其发行费用和手续费加上商业票据利息成本，总筹资成本也高于运用银行承兑汇票的成本。

（3）承兑金融机构。美国和日本的承兑金融机构是商业银行，英国有专门的票据承兑所。承兑金融机构为持票人融通了资金，同时自己也赚取了手续费。

（4）贴现机构。贴现机构主要是商业银行和一些专营机构，如票据贴现所、短期融资公司等。它们根据自身的资金状况和货币市场其他工具的利率，决定买进或卖出汇票，从中赚取价差收益。

（5）中央银行。再贴现政策是中央银行最早拥有的货币政策工具。现代许多国家中央银行通过调整再贴现率，达到调节市场货币供应量和信用规模的目的。

三、新中国成立以来票据市场的发展

新中国成立后的一段时期内，我国经历了金融体制的不断变化与探索过程。在计划经济时期，我国经济实行高度集中的管理制度，为缓解粮食产需、供销矛盾，从根本上解决粮食问题，我国开始定制并发放大米票、马料票等票证。然而，此时期的票据并不是真正意义上的商业汇票，更像是一种货单，是统购统销计划时期的经济管理手段。由于缺乏商业汇票发展的基础条件，票据的功能受到限制。

直到改革开放后，商品经济开始活跃，商品流通下的支付结算工具匮乏成为当时急需解决的问题，为解决“三角债”问题，商业汇票的支付结算功能重新被提及，各种票据业务摸索和试点纷纷进行。在发展商业信用的特殊背景下，票据的融资功能开始显现。1981 年在上海杨浦和黄浦两个区办事处的协作下，试办了第一笔同城商业承兑汇票贴现。此后，多地人民银行分支机构加入票据业务试点。

1984—1990 年是我国商业汇票市场发展的起步时期。该时期，中国人民银行相继颁布了《商业汇票承兑、贴现暂行办法》《再贴现试行办法》《银行结算办法》等规章制度，推动了票据市场的发展。

1995 年《中华人民共和国票据法》出台，开启了我国票据发展史上规范发展与制度化建设的新阶段。此后，中国人民银行相继颁布了《票据管理实施办法》《支付结算办法》《商业汇票承兑、贴现与再贴现管理暂行办法》等一系列制度，加强了对商业汇票的宏观管理和制度建设，商业银行开展票据业务的法律制度基础初步确立。

2000 年中国工商银行票据营业部正式成立，标志着我国票据市场迈入了商业银行票据专营的新时代，票据市场经营模式开始向集约化方向转型。随后，中国工商银行又建立了北京、天津、广州、西安、重庆等多个分部，其他银行如浦发银行、光大银行、上海银行、民生银行等也都相继成立了票据中心。其业务范围主要是票据承兑、担保、承销、经销以及票据贴现、转贴现和回购交易。这些票据专营机构集中办理票据业务，有利于提高经营效率、降低成本和风险。正是这些专营机构的设立，在中央银行再贴现利率提高后，商业银行转而以转贴现、从同业拆借市场和债券回购市场融入资金等方式来解决票据贴现的资金来源，保持了商业汇票业务的持续发展。

2003 年“中国票据网”上线，为金融机构之间的票据转贴现和回购业务提供报价、撮合、查询等服务，解决了票据市场信息传递不畅的问题，提高了市场信息的时效性。

2005 年起部分商业银行推出了基于行内系统的电子票据产品，针对客户的实际情况，量身定制个性化的票据服务模式和票据产品，票据服务实体经济的能力进一步提升，票据融资已成为重要的短期融资渠道。

2009 年 10 月 28 日，中国人民银行电子商业汇票系统（ECDS）正式建成运行，我国票据市场由此迈入电子化时代，步入了快速发展阶段。这一时期市场呈现出票据业务快速增长，票据创新活力不断，票据理财、资管等业务应运而生，票据投资功能开始出现。

2016 年上海票据交易所成立，票据市场基础设施建成。上海票据交易所的成立推动了业务、系统体系建设，加快了业务产品的创新步伐，票付通、贴现通、标准化票据等产品的相继问世，缓解了中小银行以及中小企业的融资困境，票据市场风险防控水平大幅提升，票据的功能作用进一步得到发挥。

2020 年上海票据交易所上线供应链票据平台，建设完成跨境人民币贸易融资转让服务平台，持续推广标准化票据、贴现通和票付通等创新产品，深入推进商业票据信息披露有关工作，并联合会员单位加强市场宣讲和业务拓展，进一步扩大票据市场服务半径，提升了票据市场对企业的覆盖面。全年企业用票金额合计 82.7 万亿元，同比增长 4.27%；用票企业家数合计 270.58 万家，同比增长 11.22%。

总之，随着我国商品经济、市场经济、金融体系、信用体系的发展与完善，票据的汇兑、支付、结算、融资、投资、交易、调控等功能正不断被挖掘并得以发挥，票据服务实体经济的能力正逐渐增强。

第五节 大额可转让定期存单市场

一、大额可转让定期存单的定义及特征

（一）大额可转让定期存单的定义

大额可转让定期存单（Large Negotiable Certificates of Deposits，CDs）是银行发行的有固定面额、可转让流通的存款凭证。大额可转让定期存

单于1961年由美国花旗银行首次在世界上推出。最初是美国商业银行为规避联邦储备委员会"Q条例"中对存款利率上限的限制、稳定银行存款来源而进行的一项金融业务创新，后由于大额可转让定期存单的实用性很强，既有益于银行，又有益于投资者，故很快发展为货币市场上颇受欢迎的金融工具。

与其他证券一样，大额可转让定期存单可以出售和认购，可以转让流通，从而形成了大额可转让定期存单市场。

（二）大额可转让定期存单的特征

大额可转让定期存单实质上是定期存款的一种，但又不同于银行普通定期存款。表2－6显示了大额可转让定期存单与银行普通定期存款的区别。

表2－6 大额可转让定期存单与银行普通定期存款的区别

要素	银行普通定期存款	大额可转让定期存单
记名、流通	记名，不能流通转让	不记名，可流通转让
票面金额	不固定，由存款人决定	固定，起点较高，10万、50万、100万
利息支付	到期支付，可提前支取	到期支付
期限	长期为主，一般1年以上	短期，1个月、3个月、6个月、9个月、1年
利率	大多固定	既有固定，也有浮动

二、大额可转让定期存单的种类

按照发行者的不同，大额可转让定期存单可以分为4类：国内存单、欧洲美元存单、扬基存单和储蓄机构存单。

（一）国内存单

国内存单是4种存单中最重要、历史最悠久的一种，是各国商业银行在本国境内发行的存单。存单上注明存单的金额、到期日、利率及期限。国内存单的期限一般为30天到12个月，也有超过12个月的。与银行的定期存款一样，发行国内存单不仅要提取存款准备金，还要向存款保险机构缴纳存款保险金。

国内存单的利率有固定和浮动之分。在固定利率条件下，期限在1年以内的国内存单的利息到期时偿还本息。期限超过1年的，每半年支付一次利息。如果是浮动利率，则利率每1个月或每3个月调整一次，主要参照同期的二级市场利率水平。国内存单以记名方式或无记名方式发行，大多数以无记名方式发行，便于转让。

（二）欧洲美元存单

欧洲美元存单是美国境外银行（外国银行和美国银行在外的分支机构）发行的一种以美元为面值的可转让定期存单。欧洲美元存单的中心在伦敦，但欧洲美元存单的发行范围不仅仅限于欧洲。与国内存单相比，发行欧洲美元存单不需要提取存款准备金，也无须缴纳存款保险费，对发行银行来说，发行欧洲美元存单的成本更低。

（三）扬基存单

扬基存单是外国银行在美国的分支机构发行的一种以美元为面值的可转让定期存单。其发行者主要是欧洲、日本和加拿大等国的著名国际性银行在美国的分支机构。这类存单的发行目的主要是为其国内总行经营跨国业务的客户提供融资便利。扬基存单的期限一般较短，大多在3个月以内。

（四）储蓄机构存单

储蓄机构存单是由一些非银行金融机构（储蓄贷款协会、互助储蓄银行、信用合作社）发行的一种可转让的定期存单。其中，储蓄贷款协会是主要的发行者。储蓄机构存单因法律上的规定，或因实际操作困难而不能流通转让，因此，其二级市场规模较小。

三、大额可转让定期存单市场参与者

大额可转让定期存单市场主要有三类参与者：发行人、投资者和交易商。

（一）发行人

大额可转让定期存单的发行人通常是实力雄厚的大银行，因为这些机构信誉较高，可以相对降低筹资成本，且发行规模大，容易在二级市场流通。

对发行者来说，发行存单可以增加资金来源，而且，由于这部分资金可视为定期存款，它们能用于中期放款。因此，发行存单不仅增加了商业银行存款，更主要的是发行存单会使商业银行在调整资产的流动性及实施资产负债管理上具有更灵活的手段。

（二）投资者

过去，大企业是大额可转让定期存单的最大买主。对企业来讲，由于大额可转让定期存单由商业银行发行，信誉良好，风险低，利率高于活期存款，并且可随时转让融资等，不失为盈利性、安全性、流动性三者的最佳结合信用工具。

金融机构也是存单的积极投资者。货币市场基金在存单的投资上占据着很大的份额，其次是商业银行和银行信托部门。银行可以购买其他银行发行的存单，但不能购买自己发行的存单。此外，政府机构、外国政府、外国中央银行及个人也是存单的投资者。

对许多投资者来说，大额可转让定期存单既有定期存款利息收入较高的特征，又有活期存款的可随时获得兑现的优点，是追求稳定收益投资者的一种较好选择。

在我国，根据1996年中国人民银行颁布的《大额可转让定期存单管理办法》，大额可转让定期存单的发行单位为各商业银行，其他金融机构不得发行大额可转让定期存单。大额可转让定期存单的发行对象为城乡居民个人和企业、事业单位。各商业银行的储蓄机构只能对个人发行大额可转让定期存单。

（三）交易商

大额可转让定期存单市场在很大程度上是通过存单交易商维持的，存单交易商主要由证券公司和大银行担任。存单交易商主要有两个功能：一是以自己的头寸买进存单后再零售给投资者；二是支持存单的二级市场——为存单的不断买卖创造市场。交易商主要是通过回购协议进行存单交易。由于存单较政府债券的风险要大，因而以存单做抵押进行回购协议交易时，买回存单的价格要高于买回政府债券的价格。在美国，存单交易商的数量一度超过 30 家，但今天只有很少的交易商为存单做市。因此，存单的流动性大为降低。

四、大额可转让定期存单的发行

通常情况下，商业银行在发行大额可转让定期存单时要考虑以下因素。

（一）发行规模和期限

在分析银行资产负债结构的同时，预测负债的增长能否满足临时出现的优良资产项目的资金需要及经常性地调节流动性的需要，要预测负债差额及支付日期，在此基础上决定存单发行数量与期限结构。

（二）市场资金供应状况和利率变动情况

根据市场资金供应状况确定存单发行规模，同时根据市场利率变化情况，判断总的利率走势。一般地，如果预期利率将会上升，那么存单的期限可适当长些；如果预期利率将会下降，那么存单的期限则应短些。

（三）发行人的资信等级

一般可向评级机构申请评级，资信等级愈高，存单利率可定低一些；反之，则高一些。

（四）发行价格

存单发行价格的确定，主要取决于以下几个因素：发行人资信等级、发行时市场利率水平、存单的期限、存单的流动性。一般地，发行人资信等级越高，发行时市场利率越低，存单的期限越短，存单的流动性越强，存单发行价格越高。

（五）发行方式

按发行价格的不同，存单有两种发行方式：一是按面额发行，发行价即票面面值；二是贴现发行，即以票面额扣除贴现利息发行，发行价格低于面额。

按有无中介机构参与，存单可选择直接发行或间接发行方式。

直接发行就是发行人直接在银行网点零售或通过通信网络销售存单。大银行往往地理位置好、分支机构多，直接发行存单能节省成本。事实上直接发行时，发行人多与机构投资者直接协商成交，成本低、效率高。

间接发行就是发行人委托承销商发行存单。通常是发行人先公布发行存单的规模、利率、发行日期、到期日、每张存单面值等，然后选择一家或多家承销商组成承销团。通过承销商发行，发行人需要支付承销佣金、法律费用、文件及存单印刷费用，还要支付一定的广告费用，因而成本较高。

（六）金融法规

发行存单通常要受到金融法规的制约。有些国家对最低的存款金额有限制，因而发行的存单面额必须超过其限制金额；有的国家规定，存单发行人发行存单最高不得超过自有资本和盈余的一定比例；有的国家规定发行存单须报有关部门批准；等等。

五、大额可转让定期存单的流通、转让

大额可转让定期存单的转让市场是指对已发行上市但尚未到期的大

额可转让定期存单买卖的市场。存单的转让流通一般需要交易商作为中介。它们通常买入急需资金者卖出的存单，既可以将这些存单持至到期日，兑取本息，也可以出售。

大额可转让定期存单的转让价格取决于转让时的市场利率，其计算公式为：

$$X = P\frac{1+\frac{R_1 T_1}{360}}{1+\frac{R_2 T_2}{360}} \tag{2-9}$$

其中：X 为二级市场上存单的转让价格；P 为存单本金额；R_1 为存单原定利率；R_2 为存单转让时的市场利率；T_1 为存单原定期限；T_2 为转让日至存单期满日止的天数。

【例 2-3】本金 100 万元，存单原定利率 15%，原定期限 90 天，投资人持有存单 80 天后出售，当时市场利率为 12%，其出售价格应为多少？

$$出售价格 = 1000000 \times \frac{1+\frac{15\% \times 90}{360}}{1+\frac{12\% \times 10}{360}} = 1034088（元）$$

六、我国的大额可转让定期存单市场

我国的大额可转让定期存单市场始于 1986 年 10 月。交通银行上海分行筹备成立之初，面对各专业银行的激烈竞争，经中国人民银行上海市分行批准，设计、推出了大额可转让定期存单这一新型融资工具。由于大额可转让定期存单具有存期短、利率高、转让方便的特点，受到许多企事业单位的普遍欢迎。

1989 年中国人民银行总行制定了《大额可转让定期存单管理办法》，批准在全国推行大额可转让定期存单。但在大额可转让定期存单的业务经营中，某些不法分子与银行内部工作人员勾结，盗开大额存单进行非法融资或伪造存单进行诈骗活动，严重破坏了银行和大额可转让定期存单的管理秩序。

1996年中国人民银行总行重新修改了《大额可转让定期存单管理办法》，对大额存单的审批、发行面额、发行期限、发行利率和发行方式进行了明确。然而，由于没有给大额存单提供一个统一的交易市场，同时由于大额存单出现了很多问题，特别是盗开和伪造银行存单进行诈骗等犯罪活动十分猖獗，中央银行于1997年暂停审批银行的大额可转让定期存单发行申请，大额可转让定期存单业务因而实际上被完全暂停。

2004年中国人民银行在第四季度《中国货币政策执行报告》中正式提出，开展对大额可转让定期存单的研究工作。大额可转让定期存单将为我国利率市场化进程——放开存款利率上限，起到一定推动作用。

2013年8月，中国人民银行发布《同业存单管理暂行办法》，允许银行业存款类金融机构（包括政策性银行、商业银行、农村合作金融机构以及中国人民银行认可的其他金融机构）在银行间市场发行大额可转让同业存单。2015年6月2日，中国人民银行发布《大额存单管理暂行办法》，允许银行业存款类金融机构发行面向非金融机构投资人（包括个人、非金融企业、机关团体和中国人民银行认可的其他单位）的大额存单。大额存单是以人民币计价的记账式大额存款凭证，是银行存款类金融产品，属一般性存款。大额存单发行利率以市场化方式确定，因而其发行是我国利率市场化改革的关键一步。

第六节　短期政府债券市场

政府在金融市场上是一个重要的资金需求者，各国政府为了支持经济发展、平衡预算都发行了大量债券。虽然从广义上看，政府债券不仅包括国家财政部门所发行的债券，还包括地方政府及政府代理机构所发行的债券，但是狭义的短期政府债券仅指国库券。一般来说，短期政府债券市场主要是指国库券市场。

一、短期政府债券的定义及特点

短期政府债券，一般又称国库券（Treasury Bills，T－bills）、短期国债，是一国政府部门（通常是财政部）发行并提供信用担保的期限在 1 年及 1 年以内的债务凭证。值得注意的是，在我国不管是期限在 1 年以内还是 1 年以上的由政府财政部门发行的政府债券，均有称为国库券（国债）的习惯。

短期政府债券市场一般是指国库券发行和流通的市场。

短期政府债券一般期限在 1 年以内，具体又分为 3 个月、6 个月、9 个月和 1 年期等不同种类。各国政府发行短期政府债券，主要是为了满足政府部门短期资金周转的需要以及为中央银行的公开市场业务提供可操作的工具。目前，由于政府短期债券的发行数额增长很快，其在货币政策调控上的意义有时甚至超过了平衡财政收支的目的。

国库券在许多国家尤其在美国已经成为金融市场上十分畅销的投资工具。其之所以被广大投资者接受，根本原因在于其具有如下特点：

（1）高度的流动性。由于国库券是一种在高组织性、高效率和竞争市场上交易的短期同质工具，所以具有高度的流动性。这一特征使得国库券能在交易成本较低及价格风险较低的情况下迅速变现。

（2）风险最低。国库券是由一国政府发行的债券，它有国家信用做担保，故其信用风险很低，几乎为零，通常被誉为“金边债券”。尤其在经济衰退时期，国库券无违约风险的特征增加了其对投资者的吸引力。

（3）收益性。国库券可以给投资者带来一定收益。一些国家对活期存款不支付利息，所以人们不愿意将临时性资金存入活期存款账户，而愿意购买有一定收益、流动性强、风险低的国库券。

（4）面额较小。相对于其他的货币市场工具，国库券的面额比较小。目前美国的国库券面额一般为10000美元，远远低于其他货币市场工具的面额（大多为10万美元）。对许多小投资者来说，国库券是他们能直接从货币市场购买的少数有价证券之一。

（5）收入免税。在美国，免税主要是指免除州及地方所得税。在我国，按照《中华人民共和国个人所得税法》第四条规定，国债利息免征个人所得税。

国库券市场的存在和发展具有积极的经济意义。第一，就政府来说，无须增加税收就可解决预算资金不足的问题，有利于平衡财政收支，促进经济的稳定发展；第二，就商业银行来说，国库券以其极高的流动性为商业银行提供了一种非常理想的二级准备金，有利于商业银行进行流动性管理；第三，就个人投资者来说，投资于国库券不仅安全可靠，而且可以获得稳定的收益，且操作简便易行；第四，就中央银行来说，国库券市场为中央银行进行宏观调控提供了重要场所，国库券是中央银行进行公开市场操作的重要品种，是连接财政政策与货币政策的契合点。

二、短期政府债券的发行与流通

（一）短期政府债券的发行

1. 发行价格的确定

短期政府债券一般以贴现方式发行，即发行时以票面金额减去贴现利息作为发行价格，到期再按票面金额足额偿付，票面金额与发行价格的差额为债券利息。按贴现方法发行短期政府债券，发行价格计算公式如下：

$$\text{发行价格} = \text{面值} \times (1 - \text{贴现率} \times \text{偿还天数}/360) \qquad (2-10)$$

2. 发行数额及发行方式

短期政府债券发行数量主要取决于政府近期内所需支出的款项数额、应付到期债券的数额以及政府财政政策、货币政策的需要，还有市场的利率水平等因素。

国库券的面额，各国规定不一，如美国有1万美元、10万美元、50万美元和100万美元几种。

一些国家的国库券发行相当频繁，并具有连续性。在美国，3个月和6个月的国库券每周发行一次，9个月和1年期的国库券每月发行一次。

国库券的发行一般采用公开招标方式进行。公开招标方式是指财政部（或代理财政部发行国库券的中央银行）向公众公布计划发行国库券的期限、数额等情况，邀请有资格的投资者前来投标。投资者可以两种方式投标：竞争性和非竞争性。

竞争性招标是指投标者报出认购国库券的价格或利率以及数量，发行人则按照一定的顺序（价格从高到低，利率从低到高）将投标者的竞标进行排列和选择，直到募满发行额为止。它又可以分为单一价格（即“荷兰式”）招标方式或多种价格（即“美国式”）招标方式。按单一价格招标时，所有中标者都按最低中标价格（或最高利率）获得国库券。按多种价格招标时，中标者按各自申报价格（或利率）获得国库券。在这种方式下，由于竞争性投标者竞价过高要冒认购价过高的风险，竞价过低又要冒认购不到的风险，从而可以约束投标者合理报价。非竞争性招标就是投资者只报出认购国库券的数量，按照最高价和最低价的平均数购买。非竞争性主要是指投标人在价格上不参与竞争，标书只标明金额而不标明价格。参与者一般是个人及其他小投资者，他们不会因报价太低而冒丧失购买机会的风险，也不会因报价太高冒高成本认购的风险。

招标时，发行人首先将非竞争性投标数量从招标总额中扣除，剩余数额分配给竞争性投标者。发行者从申报价最高（或从利率最低）的竞争性投标开始依次接受，直到售完。当最后中标标位上的投标额大于剩余招标额时，该标位中标额按等比分配原则确定。

（二）短期政府债券的流通、转让

在短期政府债券的流通市场上，买卖的是已发行而尚未到期的国库券，它的转让交易多在场外或柜台市场进行，主要采用委托及自营交易的方式。所谓委托交易，也叫代理买卖，是指债券买卖双方委托各自的经纪人代理进行买卖。债券经纪人按照客户的委托代理买卖债券，并从中收取一定的佣金。自营买卖中交易商先用自己的资金买入债券，然后再以略高于买入时的价格卖出债券，从中赚取价差。

在短期政府债券的流通市场上，由于国库券风险低，流动性和收益高，市场活跃，因此交易量巨大。商业银行把投资国库券作为调整其资产流动性的重要手段，同时也代理客户进行国库券买卖。其他金融机构、企业和个人也把它作为重要的投资对象。债券经纪人的活动拓展了短期政府债券市场的深度。中央银行为了调节货币供应量，实现货币政策目标，也在公开市场业务中买卖国库券，构成了短期政府债券二级市场的重要组成部分。

三、国库券收益率的计算

国库券收益率可采用银行贴现收益率（bank discount yield）、真实年收益率（effective annual rate of return）和债券等价收益率（bond equivalent yield）来衡量。

国库券的收益率一般以银行贴现收益率表示，其计算方法为：

$$Y_{BD} = \frac{F - P}{F} \times \frac{360}{t} \times 100\% \qquad (2-11)$$

其中：Y_{BD} 表示银行贴现收益率；P 表示国库券价格；F 表示国库券面值；t 表示距到期日的天数。

真实年收益率指的是所有资金按实际投资期所赚的相同收益率再投资的话，原有投资资金在一年内的增长率，它考虑了复利因素。其计算方法为：

$$Y_E = \left(1 + \frac{F - P}{P}\right)^{365/t} - 1 \tag{2-12}$$

其中：Y_E 表示真实年收益率。

银行贴现收益率低估了国库券的真实收益率。与真实年收益率相比，银行贴现收益率存在 3 个问题：一是在折算为年率时，银行贴现收益率用的是 360 天而不是 365 天。二是它用单利计算法而不是复利计算法。三是式（2－11）的分母用的是面值而不是投资额。

由于在实践中期限短于 1 年的大多数证券的收益率都是按单利计算的，因此，《华尔街日报》在国库券行情表的最后一栏中所用的收益率既不是银行贴现收益率，也不是真实年收益率，而是债券等价收益率。其计算方法为：

$$Y_{BE} = \frac{F - P}{P} \times \frac{365}{t} \times 100\% \tag{2-13}$$

因此，银行贴现收益率 < 债券等价收益率 < 真实年收益率。

【例 2－4】 投资人以 97.25 元的价格购买一张还有 180 天到期、面值为 100 元的国库券，则

银行贴现收益率为：

$$\frac{100 - 97.25}{100} \times \frac{360}{180} \times 100\% = 5.5\%$$

真实年收益率为：

$$\left[\left(1 + \frac{100 - 97.25}{97.25}\right)^{365/180} - 1\right] \times 100\% = 5.82\%$$

债券等价收益率为：

$$\frac{100 - 97.25}{97.25} \times \frac{365}{180} \times 100\% = 5.73\%$$

四、我国国库券市场

我国的国库券发行最早可以追溯到1950年年初。当时，为了支援人民解放战争，迅速统一中国，安定民生，恢复与发展经济，中央人民政府于1950年开始发行新中国成立后的首只国库券——人民胜利折实公债。接着我国在1954—1958年又发行了“国家经济建设公债”。从1959年起，先是由于国民经济失调，人民生活困难，后是指导思想有误，提倡无债建设，国家停止了国库券的发行。

我国于20世纪80年代初开始实行财政分权，中央财政收支压力较大，客观上需要筹措资金弥补赤字。中央在征求有关方面意见后下决心重新恢复国库券的发行。1981年1月28日，《中华人民共和国国库券条例》（以下简称《条例》）施行，为国库券恢复发行提供了法律依据。《条例》规定：“国库券主要向国营企业、集体所有制企业、企业主管部门和地方政府分配发行。机关、团体、部队、事业单位和农村富裕的社队，可以适当认购。个人也可以自愿认购。”“国库券利率定为年息四厘（4%）。”可见1981年的国库券发行是行政性的，国库券利率也由国家确定，基本没有市场化因素。

1982年以后，财政赤字继续长期存在，因此国库券发行成为常态化工作，这要求国库券发行逐步改变行政摊派的办法。我国的国库券在1985年以前不能流通，不能自由交易，国库券只有发行市场，没有交易转让市场，这给国库券的购买者带来了极大的不便，降低了国库券的声誉，黑市交易猖獗，给新的国库券发行带来很大困难。

经中国人民银行批准，自1988年4月21日起，我国在上海、广州、深圳、武汉、沈阳、重庆和哈尔滨7个大城市，开放国库券转让市场试点。1988年6月，又批准54个城市进行转让试点，国库券交易一跃成为证券转让市场的最大规模品种。到1990年，我国的国库券转让市场全面开放，未到期的各年发行的国库券均可上市交易，一时买卖活跃，成交踊跃，国库券的成交价格稳步上升。1990 年、1991 年上海和深圳两个证券交易所分别开业，虽然是以股票交易为主，但也为国库券的市场化发行奠定了基础。1991—1995 年，我国开始采用承购包销方式发行部分国库券，说明我国的国库券发行市场初步形成。1996 年我国全部采取市场化招标方式发行国库券。通过公开招标，简化承销手续，提高发行效率，同时还体现了公开、公平、公正的原则，为规范国库券市场奠定了基础，并在同年实现了国库券期限品种多样化，有 3 个月、6 个月、1 年、3 年、5 年、7 年和 10 年期 7 个品种。1998 年国库券发行工作继续遵循面向社会、面向个人的原则，满足个人投资者购买国库券的需求。

目前，我国国债品种已由实物国库券发展为无纸化的记账式国债和储蓄国债，从源头上杜绝了假券，对安全高效的国库券交易提供了极大的便利。国库券涵盖 3 个月至 50 年的主要期限，有力地夯实了市场化定价基础。

经过 40 多年的发展，国库券已成为连接我国财政政策与货币政策的中介和桥梁，其宏观调控功能随着经济社会环境的发展演变逐渐完善，其重要性日渐增强。财政部通过调控国库券发行规模和期限结构实现财政扩张或收缩。国库券资金通过财政支出，有效拉动内需，引导产业结构优化，促进区域协调发展，保障经济稳定增长。中央银行通过公开市场买卖国库券，吞吐基础货币，实现对货币供给的调节。当前，国库券已经成为财政政策与货币政策之间协调配合、实现宏观经济管理与调控的必然选择。

第七节　货币市场基金

货币市场基金是美国 20 世纪 70 年代出现的一种新型证券投资基金。当时由于“Q 条例”对美国商业银行存款利率上限的管制，银行存款对许多投资者的吸引力下降，出于满足这些投资者对获取货币市场利率水平收益的需求，货币市场基金应运而生。

一、货币市场基金的定义及特点

（一）货币市场基金的定义

货币市场基金是将众多小额投资者的资金集合起来，由专门的基金管理人在货币市场上进行投资，赚取收益后再按投资者持有的份额进行收益分配的一种证券投资基金。该基金的资产主要投资于短期货币市场工具，如国库券、商业票据、银行承兑汇票、大额可转让定期存单、短期公司债券等。

（二）货币市场基金的特点

货币市场基金属于证券投资基金的一种，因而它首先具有一般证券投资基金的专家理财、分散投资、收益共享、风险共担等特点，但又因为它是专门投资货币市场工具的基金，因而与一般的证券投资基金相比还具有以下特点：

（1）衡量货币市场基金表现好坏的标准是收益率，而其他基金则是以净资产价值的增值来衡量。

（2）货币市场基金的基金单位资产净值是固定不变的，通常是每个基金单位1元。投资该基金后，投资者可利用收益再投资，投资收益就不断累积，增加投资者所拥有的基金份额。比如某投资者以100元投资于某货币市场基金，可拥有100个基金单位，若投资收益率为8%，1年后该投资者就多了8个基金单位，总共108个基金单位，价值108元。

（3）流动性强、风险低。这主要是因为货币市场是一个流动性强、风险低的市场，货币市场工具的到期期限通常很短，货币市场基金投资组合的平均期限一般为4～6个月，同时，投资者可以不受到期日限制，随时可根据需要转让基金单位。由于流动性强、风险低，货币市场基金通常被视为无风险或低风险投资工具，适合资本短期投资生息以备不时之需。

（4）投资成本低。货币市场基金通常不收赎回费用，并且其管理费用也较低。货币市场基金的年管理费用为基金资产净值的 0.25% ~ 1%，比一般的基金年管理费率（1% ~2.5%）低。

（5）货币市场基金均为开放式基金。

二、货币市场基金的发行与交易

货币市场基金属开放式基金，即其基金份额可以随时申购与赎回。当符合条件的基金管理人设立基金的申请经有关部门许可后，就可着手基金份额的募集。投资者一般依据基金的招募说明书来判断是否认购基金份额。基金的发行方式有公募与私募两种。所谓公募，是指基金的发行可采取发行人直接向社会公众招募，由投资银行或证券公司承销或通过银行及保险公司等金融机构进行分销。所谓私募，是指基金的发行人向特定人员或第三者销售基金份额。

基金的初次认购按面额进行，一般不收或收取很少的手续费。由于开放式基金的份额总数是随时变动的，因此，货币市场基金的交易实际上是指基金投资者增加持有或退出基金的选择过程。但货币市场基金与其他投资于股票、债券等证券的开放式基金不同，其申购或赎回价格所依据的基金单位资产净值是不变的，一般是每个基金单位 1 元。同时，对基金所分配的盈利，基金投资者可以选择转换为新的基金份额或领取现金两种方式。一般情况下，投资者用投资收益再投资，增加基金份额。

三、我国的货币市场基金

早在 2002 年年末至 2003 年年初，国内几家基金公司就在酝酿推出货币市场基金。我国货币市场基金的正式成立是以 2003 年 12 月 10 日华安现金富利基金、招商现金增值基金、博时现金收益基金 3 只货币市场基金分别获得中国人民银行和中国证监会的批文为标志的，随后的一段时间内货币市场基金快速发展。

2004 年 8 月，中国证监会和中国人民银行联合发布了《货币市场基金管理暂行规定》，该规定的发布规范了货币市场基金的名称、投资品种和剩余期限，同时也推动了货币市场基金的进一步发展。

《货币市场基金管理暂行规定》第三条规定货币市场基金应当投资于以下金融工具：①现金；②1 年以内（含 1 年）的银行定期存款、大额存单；③剩余期限在 397 天以内（含 397 天）的债券；④期限在 1 年以内（含 1 年）的债券回购；⑤期限在 1 年以内（含 1 年）的中央银行票据；⑥中国证监会、中国人民银行认可的其他具有良好流动性的货币市场工具。

根据中国证券投资基金业协会公布的公募基金行业数据，截至 2022 年 5 月底，我国开放式基金有 8644 只，其中货币市场基金有 343 只，货币市场基金份额为 110277.76 亿份，净值为 110401.67 亿元。

拓展知识[2-4]

博时现金收益证券投资基金（博时现金收益货币 B）

一、产品概况

产品概况见表 2-7。

表 2-7 产品概况

基金简称	博时现金收益货币	基金代码	050003
下属基金简称	博时现金收益货币 B	下属基金代码	000665
基金管理人	博时基金管理有限公司	基金托管人	交通银行股份有限公司
下属基金成立生效日	2014-06-03	交易币种	人民币
基金类型	货币市场基金	开放频率	每个开放日开放申购、赎回
运作方式	普通开放式		

二、基金投资策略

（一）投资目标与投资策略

1. 投资目标。在保持低风险和高流动性的前提下获得高于投资基准的回报。

2. 投资范围。本基金投资于法律法规及监管机构允许投资的金融工具，包括现金，期限在1年以内（含1年）的银行存款、债券回购、中央银行票据、同业存单，剩余期限在397天以内（含397天）的债券、非金融企业债务融资工具、资产支持证券，以及中国证监会及/或中国人民银行认可的其他具有良好流动性的货币市场工具。本基金不得投资信用等级在AAA级以下的企业债券、信用等级在AA+以下的除企业债券外的其他债券与非金融企业债务融资工具。

3. 主要投资策略。现金收益基金的一个重要特点是强调高流动性。为了保证现金收益基金可以随时低成本和无成本地赎回，在资产配置时应首先充分考虑各类资产的收益性、流动性及风险性特征。资产配置的重心是围绕组合的久期进行，通过控制久期在120天以内，使基金的净值保持在1元以上。通过控制同业存单的比例，以保证基金的高流动性。在长期、中期和短期回购资产类属配置层上，强调通过对中长期回购利率波动规律的把握对回购资产进行时间方向上的动态配置策略。同时根据回购利差进行回购品种的配置比例调整。在短期债券的个券选择上利用收益率利差策略、收益率曲线策略以及含权债券价值变动策略选择收益高或价值低估的短期债券，进行投资决策。

4. 业绩比较基准。本基金成立于2004年1月16日，业绩比较基准是一年期定期存款利率（税后）。自2009年7月1日起，本基金的业绩比较基准变更为：活期存款利率（税后）。

5. 风险收益特征。本基金的预期风险低于债券基金，预期收益低于债券基金。本基金属于证券投资基金中的低风险、低收益品种。

（二）投资组合资产配置情况

截至2020年6月30日，博时现金收益货币B的资产配置情况如图2－2所示。

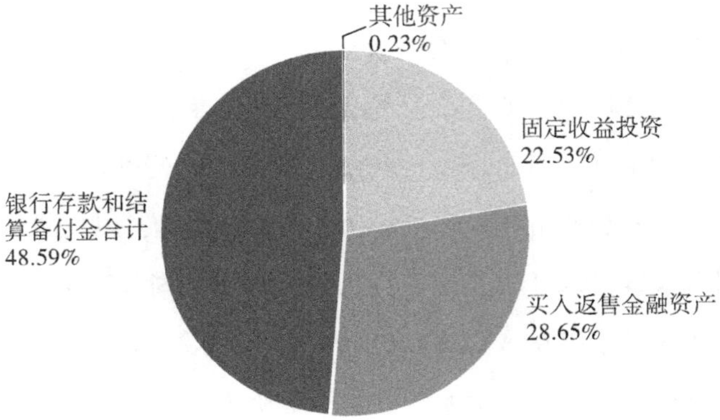

图2－2 博时现金收益货币B资产配置

资料来源：博时现金收益证券投资基金（博时现金收益货币B）基金产品资料概要。

第八节 央行票据

央行票据的发行不仅是推动货币市场发展的重要举措，也丰富了中国人民银行公开市场操作工具箱，使人民银行提高了灵活调节货币供应量的能力，对于活跃我国货币市场、提高货币政策的有效性具有重要意义。

一、央行票据的定义

央行票据即中央银行票据，是中央银行为调节商业银行超额准备金而向商业银行发行的短期债务凭证，其实质是中央银行债券，它由中央银行发行，商业银行持有。

央行票据是中央银行在自身的资产负债表内管理和调节商业银行超额储备的一种形式，是通过负债结构的变化实现货币政策目标的一种手段。

二、央行票据的性质

央行票据与金融市场各发债主体发行的债券具有根本不同的性质。各发债主体发行债券的目的是筹集资金，增加可用资金，如财政部。而中央银行发行央行票据，不是为了扩大其资产运用规模，而在于吸收商业银行部分流动性，减少商业银行可贷资金，实现货币政策目标。

三、央行票据发行的功能

央行票据发行的功能主要体现在以下方面：

（1）央行票据的发行使中央银行回笼货币不再受债券持有量的限制，增加了公开市场操作的灵活性、准确性并加大了操作力度，提高了货币政策的有效性。中央银行发行央行票据对调节商业银行超额准备金水平、向市场准确传递央行货币政策意图发挥了重要作用。

（2）央行票据的滚动发行与连续交易对构建利率基准、完善货币市场利率期限结构起到了积极作用。国际上通常以短期政府债券的收益率作为基准利率，由于我国货币市场短期工具少，短期利率基准缺少依据，央行票据作为无风险的短期金融工具，其收益率可以为利率体系提供利率基准，完善货币市场利率期限结构。

（3）央行票据以其期限短、流动性强、风险低的优势，为金融机构通过央行票据买卖进行流动性管理提供了手段。央行票据以中央银行信誉做担保，属于无风险资产，商业银行通过买卖央行票据不仅能灵活调剂资金余缺，提高自身的资金管理水平，同时还可以获得无风险收益，提高短期资金的运用效益。

四、央行票据的期限和发行对象

央行票据由中国人民银行在银行间市场通过中国人民银行债券发行系统发行，其发行的对象是公开市场业务一级交易商，目前公开市场业务一级交易商有49家，其成员主要为商业银行。

中国人民银行对2021年度公开市场业务一级交易商及申请加入一级交易商的机构进行了综合评估，根据评估结果，确定了2022年度公开市场业务一级交易商，名单如表2－8所示。

表2－8　2022年度公开市场业务一级交易商名单

公开市场业务一级交易商名单（49家）		
中国农业银行股份有限公司	中国工商银行股份有限公司	郑州银行股份有限公司
中国建设银行股份有限公司	交通银行股份有限公司	西安银行股份有限公司
中国银行股份有限公司	中国邮政储蓄银行股份有限公司	上海农村商业银行股份有限公司
国家开发银行	中国进出口银行	广东顺德农村商业银行股份有限公司
招商银行股份有限公司	上海浦东发展银行股份有限公司	广州农村商业银行股份有限公司
兴业银行股份有限公司	平安银行股份有限公司	三菱日联银行（中国）有限公司
中信银行股份有限公司	广发银行股份有限公司	汇丰银行（中国）有限公司
华夏银行股份有限公司	浙商银行股份有限公司	花旗银行（中国）有限公司
中国民生银行股份有限公司	中国光大银行股份有限公司	河北银行股份有限公司
恒丰银行股份有限公司	渤海银行股份有限公司	厦门国际银行股份有限公司
北京银行股份有限公司	宁波银行股份有限公司	重庆农村商业银行股份有限公司
江苏银行股份有限公司	南京银行股份有限公司	北京农村商业银行股份有限公司
上海银行股份有限公司	徽商银行股份有限公司	成都农村商业银行股份有限公司
长沙银行股份有限公司	杭州银行股份有限公司	德意志银行（中国）有限公司
贵阳银行股份有限公司	中原银行股份有限公司	渣打银行（中国）有限公司
广州银行股份有限公司	青岛银行股份有限公司	中信证券股份有限公司
中国国际金融股份有限公司		

资料来源：中国人民银行公开市场业务公告〔2022〕第1号。

拓展知识[2-5]

中央银行票据发行公告〔2022〕第4号

为丰富香港高信用等级人民币金融产品，完善香港人民币收益率曲线，根据中国人民银行与香港金融管理局签署的《关于使用债务工具中央结算系统发行中国人民银行票据的合作备忘录》，2022年6月21日（周二），中国人民银行将通过香港金融管理局债务工具中央结算系统（CMU）债券投标平台，招标发行2022年第六期中央银行票据。

第六期中央银行票据期限6个月（182天），为固定利率附息债券，到期还本付息，发行量为人民币50亿元，起息日为2022年6月23日，到期日为2022年12月22日，到期日遇节假日顺延。

第六期中央银行票据面值为人民币100元，采用荷兰式招标方式发行，招标标的为利率。

资料来源：http：//www. pbc. gov. cn.

本章小结

1. 货币市场是指以期限在1年及1年以内的金融工具为交易标的物的市场，它反映了短期金融工具交易所形成的供求关系及运行机制，为短期资金的融通和借贷提供了工具和场所。

2. 同业拆借市场，也称为同业拆放市场，是指金融机构之间以货币借贷的方式进行融资活动的短期资金市场。

3. 同业拆借利率是同业拆借市场的资金价格，是货币市场的基准利率，中央银行一般把同业拆借利率的变动作为把握宏观金融动向、调整和实施货币政策的指示器。

4. 回购协议指的是资金需求方在出售金融资产的同时，与金融资产的购买方签订协议，约定在一定期限后按原定价格或约定价格购回所卖金融资产，从而获取即时可用资金的一种交易行为。回购协议中的金融资产主要是有价证券。逆回购协议是回购协议的逆进行。

5. 商业票据是大公司为了筹措资金，以贴现方式出售给投资者的一种短期无担保承诺凭证。

6. 银行承兑汇票是指出票人开立的远期汇票，命令付款人在未来的某一确定时刻支付一定金额给收款人。这张汇票经过付款银行承兑后，承兑银行就承担了到期付款的不可撤销的责任。

7. 贴现是汇票持有人为了获得现款，将未到期的承兑汇票以贴付自贴现日起至汇票到期日止的利息向银行或其他贴现机构所做的票据转让行为。转贴现是办理贴现业务的银行将其贴现收进的未到期汇票，再向其他银行或贴现机构进行贴现的票据转让行为，是金融机构之间相互融通资金的一种形式。再贴现是指商业银行或其他金融机构将贴现所获得的未到期汇票向中央银行再次贴现的票据转让行为。

8. 大额可转让定期存单是银行发行的有固定面额、可转让流通的存款凭证。与其他证券一样，大额可转让定期存单可以出售和认购，可以转让流通，从而形成了大额可转让定期存单市场。

9. 短期政府债券，一般又称国库券、短期国债，是一国政府部门（通常是财政部）发行并提供信用担保的期限在 1 年及 1 年以内的债务凭证。

10. 货币市场基金是将众多小额投资者的资金集合起来，由专门的基金管理人在货币市场上进行投资，赚取收益后再按投资者持有的份额进行收益分配的一种证券投资基金。该基金的资产主要投资于短期货币市场工具。

11. 央行票据即中央银行票据，是中央银行为调节商业银行超额准备金而向商业银行发行的短期债务凭证，其实质是中央银行债券，它由中央银行发行，商业银行持有。

12. 回购协议、短期政府债券和央行票据为中央银行的公开市场操作提供了工具。

关键概念

同业拆借市场　回购协议　逆回购协议　商业票据　银行承兑汇票　大额可转让定期存单　短期政府债券　货币市场基金　央行票据

习　题

1. 关于商业票据，下列说法正确的是（　　）。

A. 商业票据是以贴现方式发行的短期无担保承诺凭证

B. 能够发行商业票据的一般是信誉卓著的小公司

C. 首家发行商业票据的企业是花旗银行

D. 以上均正确

2. 下列关于回购交易的表述，正确的是（　　）。

A. 回购协议是指资金需求方在出售金融资产的同时，与金融资产的购买方签订协议，约定在一定期限后按原定价格或约定价格购回所卖金融资产的交易行为

B. 回购协议是一种信用贷款协议

C. 抵押品以企业债券为主

D. 证券的购买方为正回购方，证券的出售方为逆回购方

3. 关于货币市场基金的叙述，正确的是（　　）。

A. 货币市场基金一般属于封闭式基金

B. 货币市场基金只能采取公募方式发行

C. 货币市场基金的单位资产净值是不变的

D. 衡量货币市场基金表现好坏的标准是其净资产值

4. 同业拆借市场的主要参与者包括（　　）。

A. 外国银行的代理机构　　　B. 个人

C. 商业银行　　　　　　　　D. 非银行金融机构

5. 影响回购利率的因素有（　　）。

A. 回购证券的质地　　B. 回购期限的长短

C. 交割的条件　　D. 货币市场其他子市场的利率水平

6. 与传统的定期存款相比，大额可转让定期存单具有（　　）特点。

A. 存单不记名　　B. 存单金额大

C. 存单可提前支取　　D. 存单可采用浮动利率

7. 关于政府短期债券的市场特征，以下叙述正确的是（　　）。

A. 违约风险小　　B. 面额较大

C. 收益免税　　D. 流动性强

8. 假设某回购协议本金为1000000元人民币，回购天数为7天。如果该回购协议的回购价格为1001556元人民币，请计算该回购协议的利率。

9. 有一张面额为10000美元的美国国库券，期限182天，投资者持有92天后卖出，若银行贴现收益率为6%，试求其市场价格，并求出其真实年收益率和债券等价收益率。

10. 简述货币市场在中央银行货币政策实施中的作用。

11. 简述质押式回购与买断式回购的区别。

12. 大额可转让定期存单与传统的定期存款的区别是什么？

13. 货币市场基金的特点是什么？

14. 央行票据发行的功能是什么？

第三章

资本市场

通常，资本市场主要是指由股票市场、债券市场和证券投资基金市场构成的有价证券市场。通过资本市场，企业可以解决中长期资本的需求问题，投资者可以通过持有证券分享公司成长的红利。本章将对资本市场的这3个子市场分别进行介绍。

学习目标

1. 掌握股票的概念、种类
2. 掌握证券发行管理制度及我国证券发行管理制度改革变迁
3. 掌握股票二级市场构成及股票价格指数的编制方法
4. 掌握债券的概念、种类
5. 掌握证券投资基金的概念、特征与种类
6. 掌握证券投资基金的发起设立、转让与赎回

第一节 股票市场

由于在股票市场中交易的金融工具主要是权益工具，所以股票市场也被称为权益市场（equity market）。从市场组织结构来划分，股票市场可分为一级市场和二级市场。

一、股票的定义与种类

（一）股票的定义

股票是股份有限公司发给股东以证明其向公司投资并拥有所有者权益的有价证券。股票包含三层含义：第一，股票是股份有限公司发行的，非股份有限公司不能发行股票；第二，股票是投资者向公司投资入股的凭证；第三，股票是投资者拥有所有者权益并承担相应责任的凭证。

股东对股份有限公司所拥有的所有者权益表现为剩余索取权和剩余控制权。股东的剩余索取权体现在对公司的资产和利润的分配上，表现为股东有权索取公司对其所承担的债务还本付息后的剩余收益。同时，股东只以其出资额为限对公司承担有限责任，即当公司因经营管理不善

而破产时，股东通常一无所获，但是由于其只承担有限责任，股东的个人财产不会用于去清偿公司债务。在“双权分立”的背景下，通常公司管理者享有公司的控制权，而股东享有公司的所有权，同时股东有权通过投票的方式对公司重大经营决策施加影响，例如：重大投资项目的确定、兼并与反兼并等，而日常经营决策通常由管理者做出。换言之，股东对公司的控制权表现为合同所规定的管理者职责范围之外的决策权，称之为剩余控制权。股票一经认购，持有者就不能要求退股，但是投资者可以在二级市场中进行股票交易。

（二）股票的种类

根据股票所代表的股东地位和股东权利的不同，股票有不同的种类。按照股票代表的股东权利划分，股票可分为优先股股票和普通股股票；按照股东对股份有限公司管理是否享有表决权，股票可分为表决权股股票和无表决权股股票；按照股票票面上是否记载股东的姓名，股票可分为记名股票和不记名股票等。本部分主要介绍优先股和普通股。

1. 优先股

优先股（preferred stock）是指在分配公司利润和剩余资产方面拥有优先权的股票。

优先股具有 3 个特点：①优先股股东的优先权主要表现在两个方面：利润分配和剩余资产分配。利润分配方面的优先权表现为在完全支付约定的优先股股息之前，一般不得向普通股股东进行分红。剩余资产分配方面的优先权表现为公司破产清算后的剩余资产，应当优先向优先股股东支付未派发的股息和合同约定的清算金额。②优先股股东一般不出席股东大会，不拥有普通股股东所拥有的表决权和选举权。但在一些特殊情况下，优先股股东可以根据法律或公司章程规定，与普通股股东一样行使权利。如优先股股息多年未发放、公司修改公司章程中与优先股相关的内容，公司一次或累计减少注册资本超过 10%，或者公司发行新的优先股等。③优先股股息通常是固定的，且通常情况下优先股股息是强制支付的，因此优先股投资风险小于普通股，预期收益率也低于普通股。与普通股不同的是，优先股的价格与公司经营状况好坏的联系不如普通股那样紧密，其价格主要受到市场利率的影响。

根据不同的标准，优先股可分为不同的种类。目前世界各国的优先股主要有以下不同种类：

（1）累积优先股与非累积优先股。累积优先股（cumulative preferred stock）是指当前年度的优先股股息可以累积到次年或以后年度进行发放的优先股。它的特点是当公司经营状况不好，盈利不足以分派股息时，可以暂不分配股利，待经营状况好转时，再合并分配。非累积优先股（non - cumulative preferred stock）是指当前年度的优先股股息不可以累积到次年或以后年度进行发放的优先股。它的特点是当公司当年的盈利不足以支付全部优先股股息时，则不足部分不构成公司对股东的欠款，优先股股东也不得要求公司在以后年度予以补足。

（2）参与优先股和非参与优先股。参与优先股（participating preferred stock）是指股东除了可以按固定股息率获得股息外，还可以参与普通股股东分红的优先股。它的特点是股东既有固定的股息收益，又可得到红利收益，可参与两次分红。按参与程度的大小还可以将参与优先股分为无限参与优先股与有限参与优先股。参与优先股的股东有权与普通股股东共同等额分享公司当年的剩余利润。非参与优先股（non - participating preferred stock）是指只能按固定股息率获得股息的优先股。它的特点是股东只能按固定的股息率获得股息，无权参与公司剩余利润的分配。

（3）可转换优先股和不可转换优先股。可转换优先股（convertible preferred stock）是指股东可以按照规定的条件将优先股转换成公司普通股的优先股。它的特点是当公司普通股股票价格大幅上涨，转换可为股东带来更高收益时，或者当优先股股东想要加强对公司的控制时，股东可以选择执行转换权利。不可转换优先股（non - convertible preferred stock）是指在任何条件下，股东都不能将优先股转换为公司普通股的优先股。

（4）可赎回优先股和不可赎回优先股。可赎回优先股（redeemable preferred stock）是指公司按规定可以在股票发行一段时间后以一定价格购回的优先股。如果预期市场利率将下降，发放新的优先股更有利时，公司就有可能赎回之前发行的优先股。不可赎回优先股（non - redeemable preferred stock）是指在任何条件下公司都不能购回的优先股。

按照2014年3月21日中国证监会颁布的《优先股试点管理办法》，优先股是指依照《公司法》，在一般规定的普通种类股份之外，另行规定的其他种类股份，其股份持有人优先于普通股股东分配公司利润和剩余财产，但参与公司决策管理等权利受到限制。上市公司可以发行优先股，非上市公众公司可以非公开发行优先股。

2. 普通股

普通股（common stock）是在公司满足债务人与优先股股东对收益的要求之后才参与公司利润和资产分配的股票。

普通股主要具有四大特点：一是普通股股东是公司资本的所有者，可以行使所有者应有的权利，如出席股东大会、行使表决权和选举权、监督检查权和优先认股权等；二是普通股股利是非固定的，随着公司利润水平的波动而波动；三是当公司破产清算时，普通股股东分配公司剩余资产的次序排在优先股之后；四是普通股股票可以进入证券交易所上市交易。

普通股的价格波动通常没有范围限制，但是在一些市场中监管当局出于“抑制投机，保护中小投资者”的目的设置了涨跌幅度限制。影响普通股价格的因素有很多，比如：公司经营状况、经济政治环境、投资者心理、自然灾害、供求关系等。根据其风险特征，普通股又可分为以下几类：

（1）蓝筹股。“蓝筹”一词源于西方赌场，在西方赌场中，一般有蓝、红和白 3 种颜色的筹码，其中蓝色筹码最为值钱。股票市场上通常将那些经营业绩较好，具有稳定且较高的现金股利支付的公司股票称为蓝筹股。

（2）成长股。发行此类股票的公司，其销售额和利润的增长速度领先行业内其他公司。其特点是分红较低或不分红，公司净利润全部或绝大部分投入再生产，实现公司的高成长，通过股票价格上涨，为投资者带来丰厚的回报。

（3）收入股。收入股是指那些当前支付较高收益的普通股。发行此类股票的公司当前具有很好的盈利能力，但成长性下降，公司净利润没有太多太好的投资渠道，因此将净利润分配给股东，给股东带来丰厚的股息红利收益。

（4）概念股。概念股是指适合某一时代潮流的公司所发行的股票，由于投资者心理的影响，这类股票的价格通常起伏较大。

中国目前发行的股票是记名式普通股，根据发行和上市地区的不同，股票分为人民币普通股票和人民币特种股票。人民币普通股票又称 A 股，是由我国境内公司发行，供境内机构、组织和个人以人民币认购和交易的普通股。人民币特种股票又称境内上市外资股，根据股票上市地区的不同，人民币特种股票分为 B 股、H 股、N 股、S 股和 L 股等。B 股是由人民币标明面值，以外币认购和买卖，在境内证券交易所上市交易的普通股股票。其他的 H 股、N 股、S 股和 L 股分别表示注册地在境内，上市地在中国香港、纽约、新加坡和伦敦的外资股。

二、股票的一级市场

公司将股票通过中介机构或直接向投资者出售所形成的市场就是股票的一级市场或初级市场（primary market），也被称为发行市场（issuance market）。在一级市场上发行的股票包括公司首次公开发行（Initial Public Offering，IPO）和公司通过定增、配股等手段进行股权再融资所发行的股票。围绕股票一级市场，以下主要介绍证券发行管理制度与首次公开发行股票注册程序两方面内容。

（一）证券发行管理制度

一般而言，证券发行管理制度分为注册制和核准制两种。

1. 注册制

发行人在发行新证券前，必须按照有关法规向证券主管机构注册，证券主管机构要求发行人提供关于证券发行本身以及与证券发行有关的一切信息，并对所提供信息的真实性、准确性、完整性和及时性做合规性的形式审查，而将发行公司的质量留给证券中介机构来判断和决定。注册制遵循信息公开原则，适合证券市场发展历史较长、各项法律法规健全、行业自律性较好、投资者素质较高、证券市场成熟的发达国家和地区，是证券发行管理制度的发展方向。

2. 核准制

在核准制下，证券发行人不仅必须公开证券发行的真实情况，而且需要通过证券主管机构对其实质条件进行的审查，经批准后才能发行股票。证券主管机构除了对申报信息的真实性、准确性、完整性和及时性进行审查外，还要对发行人的营业性质、财务状况、发展前景、发行数量和发行价格等要素进行实质性审查，并据此做出发行人是否符合发行条件的判断和是否核准申请的决定。核准制遵循实质管理原则，适合证券市场不成熟、各项法律法规有待健全、行业自律性较差、投资者素质不高的发展中国家和地区。

注册制和核准制的比较如表 3 – 1 所示。

表 3 – 1　注册制和核准制的比较

内容	注册制	核准制
发行指标和额度	无	无
发行上市标准	有	有
保荐人	中介机构	中介机构

续表

内容	注册制	核准制
对发行主体做实质判断的主体	中介机构	证券主管机构和中介机构
发行监管制度	证券主管机构形式审核、中介机构实质性审核	证券主管机构和中介机构分担实质性审核职责
市场化程度	市场化	市场化过渡

3. 我国证券发行管理制度改革变迁

1992 年起我国对证券发行实行额度控制和行政审批的制度，即证券发行审批制。在实行审批制的情况下，国家每年确定证券发行总规模，然后按照条块层层分解。虽然 1998 年《证券法》规定证券发行开始采用核准制，但是那时的核准制并不是真正的核准制，因为仍然存在发行规模的限制，所以更像是从审批制到核准制的过渡阶段。

2000 年以后，随着证券发行规模限制逐步解除，我国证券发行管理制度才正式进入核准制阶段。在核准制下，我国证券发行实行核准制配以发行审核制度和保荐人制度。发行审核制度规定，中国证监会下设发行审核委员会（以下简称发审委），审核发行人股票发行申请和可转换公司债券等中国证监会认可的其他证券的发行申请。上市公司申请公开发行股票或者非公开发行新股，应当由保荐人保荐，并向中国证监会申报。

在我国，股票发行注册制是一个渐进式的改革过程。2015 年 12 月，全国人大常委会对实施股票发行注册制予以授权，科创板试点注册制有了充分的法律依据。2019 年 3 月 1 日，《科创板首次公开发行股票注册管理办法（试行）》经中国证券监督管理委员会第一次主席办公会议审议通过，并自公布之日起施行。科创板采用注册制，发行人申请首次公开发行股票并在科创板上市，应当按照中国证监会有关规定制作申请文件，由保荐人保荐并向交易所申报。交易所设立独立的审核部门，负责审核发行人公开发行和上市申请。中国证监会收到交易所报送的审核意见、发行人注册申请文件及相关审核资料后，履行发行注册程序。

发行注册主要关注交易所发行上市审核内容有无遗漏，审核程序是否符合规定，以及发行人在发行条件和信息披露要求的重大方面是否符合相关规定。

2020 年 3 月 1 日，新《证券法》实施，我国开始全面推行注册制。2020 年 6 月 12 日，中国证监会发布了《创业板首次公开发行股票注册管理办法（试行）》《创业板上市公司证券发行注册管理办法（试行）》，自公布之日起施行，宣告创业板改革和注册制试点开始。2023 年 2 月 17 日，中国证监会发布了《首次公开发行股票注册管理办法》等全面实行股票发行注册制的相关制度规则，意味着我国全面注册制改革正式落地实施。

拓展知识[3-1]

新《证券法》中的注册制改革

2019 年 12 月 28 日，全国人大常委会审议通过了修订后的《证券法》，2020 年 3 月 1 日起施行。新《证券法》按照全面推行注册制的基本定位，对证券发行制度做了系统的修改完善，充分体现了注册制改革的决心与方向。

新《证券法》中涉及注册制改革的相关条款有：

第九条　公开发行证券，必须符合法律、行政法规规定的条件，并依法报经国务院证券监督管理机构或者国务院授权的部门注册。未经依法注册，任何单位和个人不得公开发行证券。

第二十一条　国务院证券监督管理机构或者国务院授权的部门依照法定条件负责证券发行申请的注册。证券公开发行注册的具体办法由国务院规定。按照国务院的规定，证券交易所等可以审核公开发行证券申请，判断发行人是否符合发行条件、信息披露要求，督促发行人完善信息披露内容。

第二十二条　国务院证券监督管理机构或者国务院授权的部门

应当自受理证券发行申请文件之日起三个月内，依照法定条件和法定程序作出予以注册或者不予注册的决定，发行人根据要求补充、修改发行申请文件的时间不计算在内。不予注册的，应当说明理由。

（二）首次公开发行股票注册程序

下面以我国A股市场为例，说明首次公开发行股票的注册程序。

1. 组建首次公开发行小组

IPO小组主要包括承销商、公司的管理人员、律师、会计师、行业专家和公共关系经理等。

2. 保荐人尽职调查与上市辅导

根据2008年中国证监会发布的《证券发行上市保荐业务管理办法》，要求发行人在首次公开发行股票并上市、上市公司发行新股或可转换债券时应聘请具有保荐资格的证券公司履行保荐职责。保荐机构一般由主承销商承担，也可以由其他具有保荐资格的证券公司与主承销商共同承担，但是参与联合保荐的保荐机构不得超过2家。2020年3月1日开始实施的新《证券法》第十条规定："发行人申请公开发行股票、可转换为股票的公司债券，依法采取承销方式的，或者公开发行法律、行政法规规定实行保荐制度的其他证券的，应当聘请证券公司担任保荐人。保荐人应当遵守业务规则和行业规范，诚实守信，勤勉尽责，对发行人的申请文件和信息披露资料进行审慎核查，督导发行人规范运作。"保荐人的主要工作是完成尽职调查和上市辅导。

尽职调查是承销商在进行证券承销之前所做的工作，是指保荐人对发行人的基本情况，一、二级市场状况，发行人主营业务，财务状况等各个方面进行深入调查，其中对发行人生产经营、财务状况、日常管理、发展前景等方面进行重点调查。

为了保证发行人严格按照《公司法》《证券法》等法律法规建立规

范的法人治理结构和完善的运行机制，提高上市公司质量，发行人在提出首次公开发行股票申请前，保荐人（主承销商）应对发行人实施上市辅导。辅导期原则上不少于 3 个月。

3. 准备募股文件

股票发行的实质性工作是准备招股说明书以及作为招股说明书编制依据和附件的专业人员的结论性意见，这些文件统称为募股文件。募股文件主要包括招股说明书、发行保荐书、上市保荐书、资产评估报告、审计报告和法律意见书。

4. 提交发行申请

在相关发行文件准备完毕之后，保荐人将进入正式的发行申报程序，向证券交易所提交发行申请及相关材料。证券交易所受理注册申请文件后，发行人应当按照规定将相关募股文件在证券交易所网站预先披露。

《证券法》第十三条规定，公司公开发行新股，应当报送募股申请、公司营业执照、公司章程、股东大会决议、招股说明书、财务会计报告、代收股款银行的名称及地址、承销机构名称及有关的协议，依照《证券法》规定聘请保荐人的，还应当报送保荐人出具的发行保荐书。

5. 审核与注册

证券交易所按照规定的条件和程序，形成发行人是否符合发行条件和信息披露要求的审核意见。依据证券交易所的审核意见，中国证监会对发行人的发行申请做出予以注册或不予注册的决定。

三、股票的二级市场

股票的二级市场（secondary market）也称股票流通市场或次级市场，是指在股票发行之后，各种股票在不同投资者之间流通所形成的市场。由于它是建立在一级市场的基础上的，因此又被称为二级市场。股票二级市场的存在和发展为发行人创造了有利的筹资环境，投资者可以根据自己的投资计划和市场变动情况买卖股票。股票二级市场的价格是反映经济动向的“晴雨表”，它能灵敏地反映出市场资金供求状况、行业前景、经济形势和政策的变化，是进行经济走势预测和分析的重要指标。

（一）股票二级市场的构成

股票的二级市场有场内市场和场外市场两种形态。其中，场内市场即证券交易所，而场外市场又称柜台市场或店头交易市场，它是在证券交易所之外进行证券买卖的市场。随着各国股票市场的发展，目前还出现了具有混合特性的第三市场（the third market）和第四市场（the fourth market）。

1. 证券交易所

证券交易所（stock exchange）是由证券管理部门批准的、为证券的集中交易提供固定场所和设施，并制定各项规则以形成公正合理的价格和有条不紊的秩序的正式组织，是二级市场的核心。

证券交易所本身并不买卖证券，只为证券买卖双方提供交易场所和各项服务。其职能包括：提供证券交易的场所和设施；制定证券交易的业务规则；审核批准证券的上市申请；组织并监督证券交易活动；提供和管理证券交易的证券市场信息。

世界各国证券交易所的组织形式大致可分为两类，即公司制和会员制。

公司制证券交易所以营利为目的，是由各类出资人共同投资入股建立起来的公司法人。公司制的证券交易所通常以股份有限公司的机制运作，效率比较高，但是因为有盈利动机，所以不能排除交易所为了增加收入而制造利好消息以刺激交易量，即存在道德风险。

会员制证券交易所是由具有会员资格的券商组成，不以营利为目的，会员自治自律、互相约束、共同出资建设和维护交易所的交易体系，其组织结构由会员大会、理事会和专门委员会构成。现在世界上大多数国家的证券交易所都采取这种方式。我国的上海证券交易所和深圳证券交易所的组织形式均为会员制。

2. 场外交易市场

场外交易是相对于证券交易所交易而言的，凡是在证券交易所之外的股票交易活动都可称作场外交易。由于这种交易最初主要是在各券商的柜台上进行的，因而也称为柜台交易（Over - the - Counter，OTC）。

场外交易市场为那些不能或不愿意在交易所上市的证券提供交易的场所，交易中采取议价的方式，只能进行即期证券交易。

证券发行后不在交易所挂牌上市的原因可能是：达不到在交易所挂牌上市的条件；不愿意受到交易所严格的信息披露等制度的限制；场外交易一般手续费低廉而且可以协商，交易的灵活性比较大。

3. 第三市场

第三市场是指原来在证券交易所上市的股票移到场外进行交易而形成的市场，换言之，第三市场交易的是既在证券交易所上市又在场外市场交易的股票。

第三市场最早出现于20世纪60年代的美国。长期以来，美国的证券交易所实行固定佣金制，而且未对大宗交易提供折扣佣金，导致买卖大宗上市股票的机构投资者（养老基金、保险公司、投资基金等）和一些个人投资者通过场外市场交易上市股票以降低交易费用，这种形式的交易随着20世纪60年代机构投资者的比重明显上升以及股票成交额的不断增大而获得迅速的发展，并形成专门的市场。但在1975年5月，美国证券交易委员会宣布取消固定佣金制，由交易所会员自行决定佣金，而且交易所内部积极改革，采用先进技术，提高服务质量，加快成交速度，从而使第三市场不再像以前那样具有吸引力了。

4. 第四市场

第四市场是指投资者直接进行证券交易的市场。在这个市场上，证券交易由买卖双方直接协商办理，不通过任何中介机构。同第三市场一样，第四市场也是为适应机构投资者的需要而产生的。

由于机构投资者进行的股票交易一般都规模很大，为了保密，不致因大笔交易而影响价格，也为了节省经纪人手续费，大机构绕开通常的经纪人，彼此之间利用电子通信网络进行直接证券交易。这些网络允许会员直接将买卖委托挂在网上，并与其他投资者的委托自动配对成交。由于没有买卖中介，其交易费用非常便宜，而且有些电子通信网络允许用户进行匿名交易，从而满足了一些大机构投资者的需要。可以说，第四市场的出现给证券交易所和场外交易市场带来了极大的挑战。

（二）股票交易程序

在我国，投资者参与股票二级市场的交易，大致要经过开户、委托、成交、清算、交割和过户等步骤。

1. 开户

投资者在进行交易之前需要到券商或经纪人处开立账户，开户包括开立证券账户和资金账户。证券账户用来记载投资者所持有的证券种类、数量和相应的变动情况；资金账户用来记载和反映投资者用于交易证券的货币收付和结存数额。

中国证券登记结算有限责任公司设置投资者证券总账户及子账户，因此投资者的证券账户由总账户及相关的子账户共同组成。子账户包括：人民币普通股票账户、人民币特种股票账户、全国中小企业股份转让系统账户、封闭式基金账户、开放式基金账户以及其他证券账户。

2014 年 10 月施行的《中国证券登记结算有限责任公司证券账户管理规则》第二十三条规定：投资者应当以本人名义申请开立证券账户，不得冒用他人名义或使用虚假证件开立证券账户。投资者应当使用以本人名义开立的证券账户，不得违规使用他人证券账户或将本人证券账户违规提供给他人使用。第三十条规定：投资者申请开立证券账户时，开户代理机构应当按规定采集投资者证券账户信息。投资者证券账户信息包括投资者姓名或名称、有效身份证明文件类型及号码等身份信息，出生日期、性别、机构类别、法定代表人等基本信息，联系电话、通信地址、住所信息等联系信息，开户日期、开户方式等账户管理信息以及本公司规定的其他信息。

2. 委托

委托是指投资者向券商或经纪人下达买进或卖出证券的指令。

（1）委托的种类。按委托形式，可分为柜台委托和非柜台委托。柜台委托是指委托人亲自或由其代理人到券商或经纪人交易柜台，根据委托程序采用书面方式表达委托意向，由本人填写委托单并签章的委托形式。非柜台委托主要有人工电话委托或传真委托、自助和电话自动委托、网上委托等方式。

按委托价格，可分为市价委托和限价委托。限价委托是指客户在买进时限定一个最高买进价，卖出时限定一个最低卖出价，券商或经纪人必须在限定的价格范围内代客户交易，超过限价则不再执行委托。市价委托也称为随行就市委托，是指客户委托券商或经纪人按照当时可得到的最好的市场价格购买或售出某种证券。

按委托订单的数量，可分为整数委托和零数委托。证券市场上，证券以一定的数量为交易起点，称为“手”，如股票的一手或其整倍数委托称为整数委托，少于一手的称为零数委托。委托买卖的数量一般是一手或者一手的整数倍。卖出委托的数量可以不是一手的整数倍，但是买入的数量一般是一手的整数倍。

其他的，按买卖证券的方向，可分为买进委托和卖出委托。按委托时效，可分为当日委托、当周委托、当月委托、不定期委托、开市委托和收市委托等。当日委托是指当日完成交易，收盘时委托自动失效的委托形式。当周委托、当月委托的含义依此类推。不定期委托是指从委托起至撤销委托前都是有效委托期的委托形式。开市委托或收市委托要求券商或经纪人在开市或收市时按照市价或限价委托形式执行交易。

（2）委托指令的内容。投资者委托指令的内容包括：证券账户号码、证券代码、买卖方向、委托数量、委托价格、交易所及其会员要求的其他内容。

3. 成交

成交是指股票买卖双方达成交易契约的行为。

券商或经纪人接受客户委托后按“时间优先、客户优先”的原则向证券交易所进行申报竞价。证券交易所内的证券交易按“价格优先、时间优先”原则竞价成交。

目前，我国证券交易所采用两种竞价方式：集合竞价和连续竞价。

集合竞价是指对在规定的一段时间内接受的买卖申报一次性集中撮合的竞价方式。

我国沪深两市开盘价以及收盘价均由集合竞价机制产生，两市的开盘竞价时间是9：15～9：25，收盘竞价时间为14：57～15：00。集合竞价确定成交价的原则为：第一，可实现最大成交量；第二，高于该价格的买入申报与低于该价格的卖出申报全部成交；第三，与该价格相同的买方或卖方至少有一方全部成交。两个以上申报价格符合上述条件的，上海证券交易所规定使未成交量最小的申报价格为成交价格。若仍有两个以上申报价格符合条件，取其中间价为成交价格。深圳证券交易所规定取在该价格以上的买入申报累计数量与在该价格以下的卖出申报累计数量之差最小的价格为成交价；买卖申报累计数量之差仍存在相等情况的，开盘集合竞价时取最接近即时行情显示的前收盘价的价格为成交价，收盘集合竞价时取最接近最近成交价的价格为成交价。集合竞价的所有交易以同一价格成交。

连续竞价是指对买卖申报逐笔连续撮合的竞价方式。每个交易日的9：30～11：30、13：00～14：57为连续竞价时间。连续竞价时，成交价格的确定原则为：第一，最高买入申报与最低卖出申报价位相同，以该价格为成交价；第二，买入申报价格高于即时揭示的最低卖出申报价格时，以即时揭示的最低卖出申报价格为成交价；第三，卖出申报价格低于即时揭示的最高买入申报价格时，以即时揭示的最高买入申报价格为成交价。

凡不能成交者，将等待机会成交；部分成交者，剩余部分将处于等待成交状态。客户的委托如未能全部成交，券商或经纪人在委托有效期内可继续执行，直到有效期满。

4. 清算

清算就是证券交易所将各家券商或经纪人买卖证券的数量和金额分别予以抵消，再通过交易所的清算中心计算净额证券与价款的过程。

在实际证券交割过程中，并不是逐笔地进行清算，一般以每一营业日为一个清算期，通过将券商或经纪人的买卖数额相互抵消，然后对其净差额进行交割。证券清算的目的在于减少实际交割的证券和款项，以节省人力、物力。清算只是一种账面行为。

5. 交割

交割分为券商或经纪人之间的交割以及券商或经纪人和委托人之间的交割两个层次。

清算完成后，券商或经纪人就应在约定的时间内对清算的余额办理交接和转账，同时各券商或经纪人根据委托人的委托成交情况将相应的价款和证券划入（出）投资者的账户。买方交付价款，收到证券；卖方交出证券，收回现金。

按照成交后至交割时间的长短划分，交割可分为：当日交割（T+0）、次日交割（T+1）、第三日交割（T+3）和例行交割（T+5）等。我国沪深证券交易所自1995年起执行“T+1”清算交割制度。

6. 过户

对于不记名证券来说，清算交割完成后，整个交易过程就完成了，但是对于股票和记名证券来说，通过过户确认投资者的证券所有权，是交易过程的最后一个环节。

四、股票价格指数

股票价格指数是表示多种股票平均价格水平及其变动情况并衡量股票市场行情的指标。股票价格指数包括“股价平均数”指标和“股价指数”指标。股价平均数反映了一定时点上多种股票价格的平均水平，通常用算术平均数或修正平均数表示。股价指数反映了报告期的股票价格相对基期股票价格的变动方向及幅度。股价平均数与股价指数的区别是：前者是绝对数，反映了股票价格的平均水平；而后者是相对数，反映了不同时点上股票价格变动的相对水平。

（一）股票价格指数的编制方法

1. 股价平均数的计算

（1）简单算术股价平均数。简单算术股价平均数等于样本股票每日收盘价之和除以样本数，即：

$$I = \frac{1}{n}\sum_{i=1}^{n} P_i \qquad (3-1)$$

其中：I 为简单算术股价平均数；P_i 为样本股票 i 的收盘价；n 为样本股票数。

简单算术股价平均数的优点是计算简单，但它有两个缺点：一是当样本股票发生拆细派发红股、增资等情况时，股价平均数就会失去连续性，使前后期的比较发生困难；二是未考虑各样本股票的权重，从而未能区分重要性不同的样本股票对股价平均数的不同影响。

（2）修正的算术股价平均数。修正的算术股价平均数有两种方法：一是修正股价；二是修正样本股票数。

股价修正法是将发生股票拆细折股等变动后的股价还原为变动前的股价，使股价平均数不会因此而变动，其计算公式为：

$$I = \frac{P_1 + P_2 + \cdots + (1+r)\,P'_m + \cdots + P_n}{n} \qquad (3-2)$$

其中：P'_m 为发生拆细折股后股票的收盘价；r 为新增股票数。

样本股票数修正法是为了保证拆细折股前后股价平均数保持不变，对拆细折股后的样本股票数进行修正，即：

$$\frac{\text{折股前的股价总额}}{n}=\frac{\text{折股后的股价总额}}{n'}$$

$$n'=\frac{\text{折股后的股价总额}}{\text{折股前的股价总额}}\times n$$

$$I=\frac{P_1+P_2+\cdots+P'_m+\cdots+P_n}{n'} \tag{3-3}$$

（3）加权算术股价平均数。加权算术股价平均数是根据各样本股票的相对重要性进行加权平均计算的股价平均数，权数可以是发行量或成交股数，其计算公式为：

$$I=\frac{\sum_{i=1}^{n}P_iQ_i}{\sum_{i=1}^{n}Q_i} \tag{3-4}$$

其中：Q_i 为样本股票 i 的发行量或成交股数。

2. 股价指数的计算

股价指数是一个相对数，是度量报告期股价相对于基期股价的变化幅度。所以编制股价指数先要假定某一时点为基期，基期值通常假定为100或1000，然后用报告期股价与基期股价相比较而得出。股价指数的计算方法主要有两种：简单算术股价指数和加权股价指数。

（1）简单算术股价指数。简单算术股价指数是在计算样本股票的个别价格指数的基础上，再计算其算术平均数，即：

$$I=\frac{\sum_{i=1}^{n}\frac{P_{1i}}{P_{0i}}}{n}\times I_0 \tag{3-5}$$

其中：I 为报告期股价指数；I_0 为基期股价指数；P_{0i} 为第 i 种样本股票在基期的收盘价；P_{1i} 为第 i 种样本股票在报告期的收盘价。

（2）加权股价指数。加权股价指数是根据各样本股票的相对重要性予以加权，其权重可以是发行量或成交股数。

以基期发行量或成交股数为权数计算的股价指数称为拉氏指数，其计算公式为：

$$拉氏指数 I = \frac{\sum_{i=1}^{n} P_{1i} Q_{0i}}{\sum_{i=1}^{n} P_{0i} Q_{0i}} \times I_0 \quad (3-6)$$

以报告期发行量或成交股数为权数计算的股价指数称为派氏指数。其计算公式为：

$$派氏指数 I = \frac{\sum_{i=1}^{n} P_{1i} Q_{1i}}{\sum_{i=1}^{n} P_{0i} Q_{1i}} \times I_0 \quad (3-7)$$

费希尔指数是拉氏指数和派氏指数的几何平均数，即：

$$费希尔指数 I = \sqrt{拉氏指数 \times 派氏指数} \times I_0 \quad (3-8)$$

式（3-6）、式（3-7）中：P_{0i} 和 P_{1i} 分别表示样本股票 i 在基期和报告期的收盘价；Q_{0i} 和 Q_{1i} 分别表示样本股票 i 在基期和报告期的发行量或成交股数。

（二）国内外主要股票价格指数

1. 我国的主要股票价格指数

（1）上证综合指数。上证综合指数简称“上证指数”或“上证综指”，是上海证券交易所编制的反映该所上市股票行情变化的股价指数。从 1991 年 7 月 15 日起编制和公布，以 1990 年 12 月 19 日为基期，基期值为 100，以全部上市股票为样本，以发行量为权数，采用加权平均法编制。上海证券交易所从 1992 年 2 月起分别公布 A 股指数和 B 股指数，从 1993 年 5 月 3 日起开始发布工业、商业、地产业、公用事业和综合五大类分类股价指数。其中，上证 A 股指数以 1990 年 12 月 19

日为基期，上证 B 股指数以 1992 年 2 月 21 日为基期，以全部上市的 A 股和 B 股为样本，以发行量为权数进行加权计算。上证分类指数以 1993 年 5 月 1 日为基期，按同样方法计算。2006 年第一个交易日，上海证券交易所公布了“新上证综合指数”，简称“新综指”，实施股权分置改革的股票在方案实施后的第二个交易日纳入指数。新上证综指以 2005 年 12 月 31 日为基期，以总股本加权计算，以该日所有样本股票的市价总值为基期值，基期指数为 1000 点。

（2）深证综合指数。深圳证券交易所综合指数包括深证综合指数、深证 A 股指数和深证 B 股指数。它们分别以在深圳证券交易所上市的全部股票、全部 A 股和全部 B 股为样本股，以 1991 年 4 月 3 日为综合指数和 A 股指数的基期，以 1992 年 2 月 28 日为 B 股指数的基期，基期指数定为 100，以指数股计算日股份数为权数进行加权平均计算。

（3）上证 180 指数。上证 180 指数是上证 30 指数的延续，上证 30 指数自 2002 年 7 月 1 日不再编制。上证 180 指数的基点为 2002 年 6 月 28 日上证 30 指数的收盘指数 3299.05 点，从 2002 年 7 月 1 日正式发布，采用派氏加权法编制，以样本股的调整股本为权数。调整股本数采用分级靠档的方法对样本股股本进行调整。样本股选择的标准是遵循规模、流动性、行业代表性三项指标，即选取规模较大、流动性较好且具有行业代表性的股票作为样本。

（4）深证成分股股价指数。是由深圳证券交易所于 1995 年 2 月 20 日开始发布，以 1994 年 7 月 20 日为基期，基期值为 1000，以 40 只样本股票为计算对象，以流通股数为权数计算的加权平均股价指数。深证成分股股价指数包括深证成分股指数、成分 A 股指数、成分 B 股指数及深证分类指数。

（5）沪深 300 指数。沪深 300 指数是在上海和深圳股票市场中选取 300 只 A 股作为样本编制而成的成分股指数。沪深 300 指数样本覆盖了沪深市场六成左右的市值，具有良好的市场代表性。沪深 300 指数于

2005年4月8日正式发布，是上海证券交易所、深圳证券交易所第一次联合发布的反映A股市场整体走势的指数。以2004年12月31日为基期，基期指数为1000点。指数以调整股本为权重，采用派氏加权法进行计算。其中，调整股本根据分级靠档方法获得。

2. 国外的主要股票价格指数

（1）道琼斯股票价格平均数。国际上历史最悠久、最有影响力又最为公众所熟悉的股票价格指数，由美国道琼斯公司编制并在《华尔街日报》上公布。以1928年10月1日的收盘价为基数，基期指数为100，是一种调整算术股价平均数。道琼斯指数由4种股价平均数构成：30种工业股票平均指数、20种运输业股票平均指数、15种公用事业平均指数以及由上述65种股票综合计算得出的综合股票平均指数。

（2）标准普尔500指数。由美国标准普尔公司编制和发布，采用加权平均法计算，以1941—1943年的平均市价总额为基期值，基期指数为100，以股票发行数为权数进行计算。采样股票为500种，其中工业股票400种、公用事业股票40种、运输业股票20种、金融业股票40种。

（3）纳斯达克指数。纳斯达克指数是反映美国纳斯达克股票市场的股价指数。纳斯达克市场设立了13种指数，其中纳斯达克综合指数是最重要的指数，该指数是以纳斯达克市场上市的所有本国和外国的上市公司的普通股为基础计算的。该指数按每个公司的市场价值来设权重，这意味着每个公司对指数的影响是由其市场价值决定的。由于纳斯达克的上市公司涵盖所有新技术行业，包括软件和计算机、电信、生物技术、零售和批发贸易等，所以纳斯达克综合指数是代表各工业门类的市场价值变化的“晴雨表”。

（4）伦敦金融时报股价指数。伦敦金融时报股价指数也译为富时指数，是伦敦《金融时报》工商业普通股股票平均价格指数的简称，是由英国《金融时报》于1935年7月1日起编制，用以反映伦敦证券交易所行情变动的一种股票价格指数。以1935年7月1日为基期，基期指数为100，该指数最早以在伦敦证券交易所挂牌上市的30家代表英国工业的大公司的股票为样本，采用几何平均法进行计算，是欧洲最早、最有影响力的股票价格指数。目前的金融时报股价指数由30种、100种和500种等各组股票价格平均数构成，范围涵盖各主要行业。

（5）日经指数。日经指数是《日本经济新闻》社编制的股票价格指数。最早编于1950年9月，根据东京证券交易所第一市场上市的225家公司的股票算出修正平均股价，当时称为东证修正平均股价。1975年5月1日，改称日经道琼斯平均股价。1985年5月1日改为日经平均股价（简称日经指数）。按计算对象的采样数目不同分为两种指数：一种是日经225种平均股价，其所选样本均为在东京证券交易所第一市场上市的股票，样本选定后原则上不再更改，基期为1949年5月16日。该指数从1950年一直延续至今，其连续性及可比性较好，是考察和分析日本股票市场长期演变及动态的最常用和最可靠指标。另一种是日经500种平均股价，1982年1月4日起开始编制，包括500种股票，每年4月要根据上市公司的经营状况、成交量和成交金额、市价总值等因素对样本进行更换。

五、中国多层次资本市场的构建

1990年我国资本市场正式成立，目前场内市场的主板、创业板、科创板和场外市场的新三板、区域性股权交易市场等共同组成了我国多层次的资本市场。

目前，上海证券交易所和深圳证券交易所设有主板、创业板以及科创板。经中国证监会批准，2021年4月6日深圳证券交易所主板和中小板合并。中小板和创业板是我国构建多层次资本市场的初步探索。2018年11月上海证券交易所设立科创板并试点注册制，对支持上海国际金融中心和科技创新中心建设，助推我国多层次资本市场建设具有突破性意义。2021年9月3日，北京证券交易所正式注册成立。北京证券交易所是我国第一家公司制证券交易所，也受中国证监会监督管理。设立北京证券交易所，将进一步增强我国多层次资本市场服务中小企业创新发展的能力。

上海证券交易所、深圳证券交易所作为我国资本市场传统核心的证券交易场所，是我国各类型企业上市融资的主要市场，在促进资源配置和整体经济发展方面起到巨大的作用，我国资本市场正是在此基础上设置了针对各类型中小企业的中小板、创业板、科创板市场，在最大程度上为中小企业融资难提供解决方案。上述 3 个板块的设置是对主板市场的有益补充，也是我国多层次资本市场的有效实践。北京证券交易所是在新三板精选层的基础上建立的，将增强资本市场服务中小企业创新发展的有效性。设立北京证券交易所，是资本市场更好支持中小企业发展壮大的内在需要，是落实国家创新驱动发展战略的必然要求，是新形势下全面深化资本市场改革的重要举措。

我国的场外市场主要分 3 个层次：新三板（全国中小企业股份转让系统）、区域性股权交易中心和券商自建柜台交易市场。新三板于 2012 年 9 月 20 日在国家工商总局注册，2013 年 1 月 16 日正式揭牌运营，注册资本 30 亿元，是我国第一家采用公司制运营的证券交易场所。2016 年新三板完成了基础层、创新层的分层，2020 年 7 月完成了精选层。截至 2021 年 9 月 3 日，新三板共有 7304 家挂牌公司，其中精选层、创新层、基础层分别为 66 家、1250 家、5988 家，总市值共 2.1 万亿元。覆盖主要行业包括制造业，信息传输、软件和信息技术服务业等。2021 年 1—8 月新三板成交金额合计 1387 亿元，日均成交额 8.6 亿元，其中做市交易占比为 25%。

拓展知识[3-2]

科创板

科创板是专为科技型和创新型中小企业服务的板块，是上海建设多层次资本市场和支持创新型、科技型企业的产物之一。设立科创板是为了给科技企业提供更好的融资平台。

2019 年 1 月 30 日证监会发布《关于在上海证券交易所设立科创板并试点注册制的实施意见》，3 月 1 日证监会发布《科创板首次公开发行股票注册管理办法（试行）》和《科创板上市公司持续监管办法（试行）》。

科创板有如下几大鲜明特征：

第一，先于主板市场实施股份发行注册制，上交所审核后，再报证监会注册。科创板将建立以信息披露为中心的挂牌审核机制。由挂牌企业和中介机构保证信息披露的真实性、准确性和完整性，信息披露审核的重点在于所披露信息的齐备性、一致性和可理解性。

第二，科创板的合格投资者制度，主要包括机构投资者和个人投资者。其中，个人投资者在科创板开户需满足：过去 20 个交易日证券账户及资金账户内的资产日均不低于人民币 50 万元（不包括该投资者通过融资融券融入的资金和证券），参与证券交易 24 个月以上。

第三，科创板和新三板一样，同属于主要服务中小企业的专业化市场，但与新三板不同，科创板对上市企业有一定行业限制，支持新一代信息技术、高端装备、新能源、新材料、节能环保以及生物医药等高新技术和战略性新兴产业。

第四，科创板上市主要考虑市值、营业收入等指标。

第五，上市后前 5 个交易日不设涨跌幅，之后每日涨跌幅限 20%。单笔申报数量应不小于 200 股，可以以 1 股为单位递增，卖出时不足 200 股的应一次性申报卖出。

第六，科创板收盘后仍可交易。科创板有盘后固定价格交易，盘后固定价格交易时间为：周一至周五 15：05 ~ 15：30，盘后以收盘价进行交易，低于收盘价的买入申报和高于收盘价的卖出申报无效，按照时间优先的原则进行撮合交易。

第二节 债券市场

债券市场是发行和买卖债券的市场，是资本市场的重要组成部分。按债券到期期限的不同，债券市场分为短期债券市场和中长期债券市场，因短期债券市场属于货币市场，所以本节介绍中长期债券市场。

一、债券的定义与种类

（一）债券的定义和特征

债券是指债务人为筹集资金，依照合法手续向社会发行，承诺按照约定的利率和日期支付利息，并在特定的日期偿还本金的书面债权凭证。

一般而言，债券具有以下特征：

（1）偿还性。债券偿还性是指债券有规定的到期期限，债券在发行时必须明确其还本付息日期，并在到期日按约定条件偿还本金并支付利息。

（2）流动性。虽然债券到期时才偿还本金，但在到期之前，债券一般都可以在二级市场上自由转让，具有很强的流动性。债券流动性的高低取决于债券市场的发达程度、债券的信用级别、债券期限的长短以及利息支付方式等因素。

（3）安全性。与股票相比，债券通常规定有固定的利率，与企业的经营业绩没有直接联系，收益比较稳定，投资风险较小。债券的安全性还体现在当企业破产清算时，相对于股东，债券投资者对企业的剩余资产享有优先分配权。

（4）收益性。债券投资收益来源于两个部分：一是债券的利息收入；二是投资者可以在债券到期前将债券转让，赚取买卖价差收益。

（二）债券的种类

债券的种类繁多，从不同的角度划分，债券有不同的分类。

1. 按发行主体的不同，可分为政府债券、公司债券和金融债券

政府债券是指中央政府、政府机构和地方政府以政府信用为基础向社会发行，承诺到期还本付息的一种债权凭证。政府债券通常无须抵押品即可发行，其风险在各种投资工具中是最小的。中央政府债券是财政部发行的以国家财政收入为保证的债券，也称为国债，一般不存在违约风险，其利息收入可免交所得税。在美国、日本等国家，除了财政部外，一些政府机构也可发行债券。这些债券的收支偿付均不列入政府预算，而是由发行单位自行负责。如美国的政府机构债券主要来自3家：联邦住宅贷款抵押公司（FHLMC）、联邦国民抵押协会（FNMA）和政府国民抵押贷款协会（GNMA）。在多数国家，地方政府都可以发行债券，这些债券也是由政府担保，其信用风险仅次于国债及政府机构债券，同时也享受免税待遇。

公司债券是公司为筹集资金而发行的，约定在一定期限内向债权人还本付息的债权凭证。根据2021年2月26日中国证监会修订并颁布的《公司债券发行与交易管理办法》，公司债券是指公司依照法定程序发行、约定在一定期限还本付息的有价证券。发行人为所有公司制法人（包括股份有限公司和有限责任公司）。在我国还有一类特殊的公司债券，称为企业债券，其发行主体是在中华人民共和国境内具有法人资格的企业，主要是央企和地方国企。

金融债券是金融机构凭借其信用向公众发行的、承诺到期还本付息的一种债权凭证。在美欧等市场经济成熟的国家和地区，金融机构通常都是公司制企业，其发行的债券也属于公司债券，并不单独归类；而在我国和日本等国家，将金融机构发行的债券单列为金融债券。在我国，根据2005年6月1日中国人民银行颁布的《全国银行间债券市场金融债券发行管理办法》，发行金融债券的主体包括政策性银行、商业银

行、企业集团财务公司及其他金融机构。

2. 按偿还期限不同，可分为短期债券、中期债券和长期债券

通常，短期债券是指偿还期限为1年或1年以内的债券，它具有周转期短及流动性强的特点，属于货币市场工具。中期债券是指偿还期限在1年以上、5年以下的债券。长期债券是指偿还期限在5年或5年以上的债券。长期债券主要满足政府和企业的长期融资需求。

3. 按是否支付利息，可分为附息债券和零息债券

附息债券也称息票债券或分期付息债券，是指在发行债券时承诺按规定的利率定期支付利息，到期偿还本金的债券。利息可按年、半年或季定期支付。

零息债券也称无息债券，包括一次性还本付息债券和贴现债券。这里的零息债券是和附息债券相对立的，表示在债券存续期间不定期支付利息。

一次性还本付息债券是指债券在到期时一次性支付所有应付利息和本金。

贴现债券是指按低于债券面额的价格发行而到期时按面额偿还的债券。由于债券发行时，按贴现原理，用贴现的方式从债券面值中扣除利息，所以这种债券的发行价格低于面值，其差额构成债券利息。

4. 按利息是否固定，可分为固定利率债券、浮动利率债券和累进利率债券

固定利率债券就是在偿还期内利率固定的债券。

浮动利率债券是指利率可以变动的债券。这种债券的利率确定与市场利率挂钩，一般高于市场利率的一定百分点。

累进利率债券是指以利率逐年累进的方法计息的债券。其利率随着时间的推移，后期利率将比前期利率更高，呈累进状态。

5. 按有无抵押或担保，可分为信用债券和抵押债券

信用债券是凭借发债者的信用发行的债券，它没有特定的财产作为

债券的抵押。政府发行的债券大多是信用债券，它们的偿还以政府的信用为基础。公司债券中也有不少是信用债券。

抵押债券是指以特定财产为抵押而发行的债券。在发债人不能按期偿还本金和利息的情况下，抵押债券持有者有权处理抵押财产以资抵债。

6. 按是否有转换权，可分为可转换债券和不可转换债券

可转换债券是指发行人依照法定程序发行，债券持有人在一定期限内依据约定的条件可以将所持债券转换成公司股票的债券。实施转换以后，债券持有人就由债权人变为公司的股东。可转换债券兼有债权和股权的双重性质。

不可转换债券是指不能转换为股票的债券，它的持有人只能获得债券的本金和利息，不能享有公司的分红派息。

7. 按是否记名，可分为记名债券和无记名债券

记名债券是指在债券上记有债权人姓名的债券。记名债券通常可以挂失，安全性好，但流动性差。

无记名债券是指债券上不记载债权人姓名的债券，其持有者仅凭债券本身即可按规定领取本金和利息，无须附带其他证件，转让时也无须登记。因此，此类债券的流动性较好。

二、债券信用评级

债券信用评级是指专业化的信用评级机构对发债人所发行的债券到期还本付息能力和信用程度的综合评价。

虽然债券公开发行时会要求发行人公布与债券发行有关的信息，但是由于所公布的信息内容较多、专业性较强，并不是所有投资者都能够根据公布的信息准确判断发行人的偿债能力。为此，债券评级机构通过简单易懂的符号，向投资者提供有关债券风险性的实质信息，以供投资者做出投资决策。多数国家并不强迫债券发行者必须进行债

券评级，但是，由于没有经过评级的债券在市场上往往很难被投资者接受，因此，在市场上公开发行债券的发行人都自愿向债券评级公司申请评级。

目前，国际上主要的信用评级机构有美国的标准普尔公司（S&P）、穆迪投资者服务公司（Moody's）和欧洲的惠誉国际信用评级公司（Fitch Ratings）。信用评级机构一般都是独立的私人企业，不受政府控制，也独立于证券交易所、证券业之外。信用评级机构对投资者负有道义上的义务，但并不承担任何法律上的责任，它们做出的信用评级只是一种客观公正的评价，以帮助投资者做出投资决策。

表 3－2 显示了标准普尔公司和穆迪公司债券信用评级的具体内容。

表 3－2　标准普尔公司和穆迪公司债券信用评级

标准普尔公司	穆迪公司	级别	性质	说明
AAA	Aaa	最高级别	投资级债券	债务人有非常强的还本付息能力
AA	Aa	高级别		债务人有很强的还本付息能力
A	A	中上级别		债务人还本付息能力强，但可能受到经济因素和环境变化的不良影响
BBB	Baa	中级别		债务人有较强的还本付息能力，但受经济因素和环境变化的影响较大
BB	Ba	中下级别	投机性债券	有投机性因素，但投机程度较低
B	B	投机级别		通常不值得正式投资
CCC、CC	Caa	完全投机级别		可能违约
C	Ca	最大投机级别		经常违约
D	C	最低级		不可能偿付本息

标准普尔公司还在各级别后面加上“＋”“－”，表示略高于或略低于该级别，穆迪公司在各级别后面加上“1”“2”“3”，表示同级债券质量的优、中、劣，从而形成很多更小的级别。

虽然国债发行前一般不需要进行信用评级，但标准普尔、穆迪和惠誉等国际信用评级机构也对政府主权债券进行评级。我国《公司债券发行与交易管理办法》第五十五条规定资信评级机构对公开发行公司债券进行信用评级的，应当符合以下规定或约定：将评级信息告知发行人，并及时向市场公布首次评级报告、定期和不定期跟踪评级报告；公司债券的期限为1年以上的，在债券有效存续期间，应当每年至少向市场公布一次定期跟踪评级报告；应充分关注可能影响评级对象信用等级的所有重大因素，及时向市场公布信用等级调整及其他与评级相关的信息变动情况，并向证券交易场所报告。目前，我国比较有影响力的证券评级机构主要有：大公国际资信评估有限公司、中诚信国际信用评级有限责任公司、上海新世纪资信评估投资服务有限公司、联合资信评估股份有限公司等。

三、债券的一级市场

（一）我国债券市场发行管理制度改革

世界各国债券市场的发行管理制度和股票市场的发行管理制度一样，有注册制和核准制两种。目前，我国债券市场的发行管理制度与股票市场一样，正进行着注册制的改革。

根据新《证券法》，2020年3月1日起公开发行公司债券实行注册制，公开发行公司债券由证券交易所负责受理、审核，并报中国证监会履行注册程序。

根据发改财金〔2020〕298号文件，我国企业债券发行由核准制改为注册制，国家发展和改革委员会（以下简称“国家发展改革委”）为企业债券的法定注册机关。企业债券发行结束后，可以申请在证券交易所上市，也可以申请在银行间债券市场上市流通。

根据2023年3月16日中共中央、国务院印发的《党和国家机构改革方案》，公司（企业）债券的发行审核工作由中国证监会统一负责。

（二）债券发行程序

债券的发行必须按照有关法律和规则进行，下面以公司债券为例，说明其发行程序。

（1）准备阶段。这一阶段的主要工作内容包括：制定发债方案（发行金额、期限、偿还方式、票面利率、付息方式、发行价格、收益率、发行费用、有无担保等）、筹资项目可行性研究或经济效益预测、董事会决议、股东大会决议、制作文件、信用评级、发债申请书的申报、发债的注册登记（注册制下）或审核（核准制下）等。

（2）委托阶段。这一阶段的主要工作内容包括：签订承销协议，规定承销者的义务、报酬以及缴款日期等；订立承销团协议，规定承销团各成员分担的份额、报酬以及禁止行为；在发行抵押公司债券时，发行公司必须和受托公司签订信托合同，规定受托人的权利和义务。

（3）发售阶段。这一阶段的主要工作内容包括：发布募集公告，说明公司经营管理状况、财务状况、发行计划、发债目的、发行规模、发行条件、还本付息方式、募集期限等；印制认购申请书，制作债券，发行记名公司债券时还要制作债权人名簿；安排发售网点进行发售，认购者填写认购申请书，在规定日期缴纳价款，领取债券。

（4）资金清算。这一阶段的主要工作内容包括：发债资金的核实、承销费及其他费用的清算、发债资金划入发行人账户、发债报告书的签署、发行人调整财务报表等。

（5）呈报发行情况。债券募足后，公司董事会应在规定时间内向证券监管机构呈报债券发行情况。

四、债券的二级市场

债券的二级市场与股票类似，也可分为场内市场和场外市场。证券交易所是债券二级市场的重要组成部分，在证券交易所申请上市的债券主要是公司债券，国债一般不用申请即可上市，享有上市豁免权。然而，上市债券与非上市债券相比，在债券总量中所占的比重很小，大多数债券的交易是在场外市场进行的，场外交易市场是债券二级市场的主要形态。

我国的债券交易市场分为银行间债券市场、交易所债券市场和柜台债券市场3种，其中银行间债券市场是最为主要的交易市场。

银行间债券市场是以商业银行为主的机构投资者之间互相交易的市场，个人投资者不可以直接参与，交易主要以询价的方式进行，双方协商一致后达成交易。

在交易所债券市场上，个人投资者和机构投资者都可以参与债券交易。个人投资者只能通过交易所的竞价系统进行债券的零售交易；对于机构投资者，则可以进入特设的交易平台进行批发交易。上海证券交易所设立了固定收益证券综合电子平台（简称“固定收益证券平台”）用于机构债券交易，深圳证券交易所则设立了深圳证券交易所综合协议交易平台（简称“综合协议交易平台”）用于机构债券交易。机构投资者可以在这两个交易平台进行交易，也可以在两家交易所的竞价交易系统进行交易。交易所的债券交易价格是由众多投资者共同竞价并由交易所撮合成交形成的，而两个交易平台由做市商提供双边报价。

第三节　证券投资基金市场

证券投资基金自19世纪60年代起源于英国以来，在世界各国得到了很大的发展，是国际金融市场上流行的投资工具之一，证券投资基金市场也成为资本市场的一个重要组成部分。

一、证券投资基金的定义与特征

（一）证券投资基金的定义

证券投资基金（securities investment fund）是通过发行基金单位（基金股份或受益凭证）将投资者分散的资金集中起来，由基金托管人托管，由基金管理人管理和运作，分散投资于股票、债券、货币市场工具等有价证券，是一种投资者收益共享、风险共担的集合证券投资方式。

证券投资基金在不同的国家有不同的称谓，美国将其称为“共同基金”或者“互助基金”，也称为“投资公司”；英国将其称为“单位信托基金”，日本、韩国将其称为“证券投资信托基金”，我国将其称为“证券投资基金”。

（二）证券投资基金的特征

证券投资基金具有以下特征：

1. 规模经营，降低成本

证券投资基金是通过发行基金单位将众多投资者分散的小额资金汇集起来成为一笔大规模的资金，当其进行交易时，一方面，对于投资者来说，由于证券交易佣金随交易量的增加而递减，通过基金买卖证券能相对减少佣金支出，从而降低小额投资者的交易成本；另一方面，对于筹资方来说，也可有效降低其发行费用。

2. 组合投资，分散风险

规模经营使证券投资基金分散投资成为可能，可以将资金分散投资到多种有价证券上，通过构建充分分散的投资组合来最大限度地降低非系统风险。

3. 专业管理，专家理财

证券投资基金募集的资金是交给专业的基金管理人去运作的。他们拥有丰富的专业知识、长期的投资经验，在信息收集、投资决策、专业判断和机会把握上都具有中小投资者所不具有的优势。

4. 收益共享，风险共担

证券投资基金的收益归基金投资者所有，风险也由投资者共担。投资者不论出资多少，持有每份基金单位所享有的权益和承担的义务都是平等的。

5. 独立托管，安全性高

证券投资基金的资产不是由基金管理公司掌管，而是由另外一家独立的基金托管人作为信托人持有和保管，以保证基金资产的安全，保护基金投资者的利益。基金托管人负责保管基金财产，依据基金管理公司指示负责处理基金资产，并对管理人投资计划进行监督。

二、证券投资基金的类型

依据不同的划分标准，证券投资基金主要有以下几种分类：

（1）根据组织形式的不同，可分为公司型基金和契约型基金。

公司型基金（corporate funds）是依据《公司法》成立的、以营利为目的的股份有限公司形式的基金，其特点是基金本身是股份制的投资公司，基金公司通过发行股票筹集资金，并向投资者派发股息和红利，投资者通过购买基金公司股票而成为股东，享有基金收益的索取权。公司与股东的权利义务关系由公司章程规定。在公司型基金中，由股东选举董事会，由董事会选聘基金管理公司和基金托管公司分别负责基金资产的运作和保管。公司型基金在美国十分盛行。

契约型基金（contractual funds）是依据一定的信托契约组织起来的基金，其中作为委托人的基金管理公司通过发行受益凭证筹集资金，并将其交由受托人（基金托管公司）保管，本身则负责基金的投资运营，而投资者则是受益人，凭基金受益凭证索取投资收益。这种基金包括三方面当事人，即基金管理人、基金托管人和基金投资者，信托契约中约定了各方的权利、义务。我国目前的基金均为契约型基金。

（2）按基金单位能否赎回，可分为封闭式基金和开放式基金。

封闭式基金（close - end funds）的基金发行总额有限制，初次发行达到预定发行计划后，基金即宣告成立，并封闭起来，在一定时期内不再追加发行新的基金单位。由于封闭式基金的股票或收益凭证不能被追加认购或赎回，投资者只能通过经纪人在证券交易所或其他公开市场上转让，其价格随市场供求关系变化而变化。

开放式基金（open - end funds）是指基金发行在外的股票或受益凭证总数不固定，可以随时根据市场供求情况发行新份额或赎回的基金。开放式基金的投资者可以在首次发行结束一段时间后，随时向基金管理人或中介机构提出申购或赎回申请。开放式基金价格直接反映其净资产价值，因为投资者可以随时申购或赎回基金单位，故市场供求处于均衡状态，基金单位既不会溢价，也不会折价。

（3）根据投资目标的不同，可分为收入型基金、成长型基金和平衡型基金。

收入型基金（income funds）是以获取最大的当期收入为目标的投资基金，其特点是损失本金的风险小，但长期成长的潜力也相应较小，适合较保守的投资者。收入型基金又可分为固定收入型基金和权益收入型基金两种，前者主要投资于债券和优先股，后者则主要投资于稳定分红的普通股。

成长型基金（growth funds）是以追求资本的长期增值为目标的投资基金，其特点是风险较大，可以获取的收益也较高，适合能承受高风险的投资者。成长型基金又可分为3种：一是积极成长型基金，这类基金通常投资于有高成长潜力的股票或其他证券；二是新兴成长型基金，这类基金通常投资于新兴行业中有成长潜力的小公司或高成长潜力行业（如高科技行业）中的小公司；三是成长收入型基金，这类基金兼顾收入，通常投资于成长潜力大、红利也较丰厚的股票或其他证券。

平衡型基金（balanced funds）是以净资产的稳定、可观的收入及适度的成长为目标的投资基金，其特点是具有双重投资目标，谋求收入和成长的平衡，故风险适中，但成长潜力并不是很大。

（4）按投资对象的不同，可分为股票基金、债券基金、货币市场基金、衍生基金等。

股票基金，即以股票为主要投资对象的基金，这是投资基金中最原始、最基本的品种之一。根据中国证监会对基金类别的分类标准，80%以上的基金资产投资于股票的是股票基金。

债券基金，即以债券为主要投资对象的基金，这是基金市场上规模仅次于股票基金的另一重要品种。根据中国证监会对基金类别的分类标准，80%以上的基金资产投资于债券的是债券基金。

货币市场基金，即以短期政府债券、商业票据、银行承兑汇票、大额可转让定期存单等货币市场工具为主要投资对象的基金。货币市场基金能使投资者实现本金保值、获得定期收入和随时变现，所以它是一种比较保守的投资工具，适合做短期投资或不想让本金承受任何损失的投资者。

衍生基金，即以金融衍生工具（包括期货、期权、互换、认股权证等）为标的并利用其杠杆比率进行交易的基金。

指数基金，即完全按某种股价指数的样本股种类配置其投资组合的基金，其收益与股价指数同步波动。基金因始终保持当期市场平均收益水平，同时风险由于基金本身具有的功能被分散，因此这类基金适合稳健的投资者。

基金中基金（Funds of Funds，FOF），是以其他基金单位为投资对象的基金。基金中基金通过分散投资于本身或不同基金管理人的基金上，使风险得以进一步分散和降低。

（5）其他类型基金。

对冲基金，又称套期保值基金（hedge funds），是在金融市场上进行套期保值交易，利用现货市场和衍生市场对冲的基金，这种基金能最大限度地避免和降低风险，因而也称避险基金。

套利基金（arbitrage funds），是在不同金融市场上利用其价格差异低买高卖进行套利的基金，属低风险、回报稳定的基金。

雨伞基金（umbrella funds），严格说来，雨伞基金并不是一种基金，它只是在一组基金（称为母基金）之下再组成若干个子基金，以方便和吸引投资者在其中自由选择和低成本转换，以此来稳定投资者队伍。

三、证券投资基金的发起设立

证券投资基金由发起人申请设立基金。基金发起人可由基金管理公司、投资银行、信托投资公司担任，发起人可以是一个机构，也可以由多个机构共同组成。

发起人确定基金的性质并制定好相关申报文件后，报送证券主管机构，申请设立基金。这些文件包括：信托契约（契约型基金）、基金公司章程（公司型基金）、基金托管协议、基金招募说明书、经会计师事务所审计的基金管理人和托管人最近 3 年来或成立以来的财务会计报告、律师事务所出具的法律意见书等。这些文件规定了基金管理人、基金托管人和投资者之间的权利义务关系，会计师、律师、承销商的有关情况以及基金的投资政策、收益分配、变更、终止和清算等重大事项。

在很多情况下，基金是由基金管理公司或下设基金管理部的投资银行作为发起人，他们在基金设立后往往成为基金的管理人，如果发起人不能直接管理该基金，则需要专门设立基金管理公司或聘请专业的基金管理公司作为基金管理人。基金托管公司一般由投资银行、商业银行或保险公司等金融机构充当。

基金的设立申请一旦获证券主管机构批准，发起人即可发布基金招募说明书，着手发行基金股份或受益凭证，按照发行对象的不同，发行方式可分公募发行和私募发行两种。

《中华人民共和国证券投资基金法》第五十条规定：公开募集基金，应当经国务院证券监督管理机构注册。未经注册，不得公开或者变相公开募集基金。第五十七条规定：基金管理人应当自收到准予注册文件之日起 6 个月内进行基金募集。第五十八条规定：基金募集期限届满，封闭式基金募集的基金份额总额达到准予注册规模的 80% 以上，开放式基金募集的基金份额总额超过准予注册的最低募集份额总额，并且基金份额持有人人数符合国务院证券监督管理机构规定的，基金管理人应当自募集期限届满之日起10日内聘请法定验资机构验资，自收到验资报告之日起10日内，向国务院证券监督管理机构提交验资报告，办理基金备案手续，并予以公告。

四、证券投资基金的转让与赎回

按照国际惯例，基金在发行结束一段时间内，通常为3～4个月，就应安排基金证券的交易事宜。对于封闭式基金，投资者不能向基金管理公司申请退还基金单位，但可以像转让股票、债券一样，通过经纪人在基金二级市场上随行就市交易。尚未上市的封闭式基金，按有关规定，也可在交易所之外通过柜台交易方式进行转让。封闭式基金转让通过市场竞价完成，所以其交易价格容易受到市场行情的影响。对于开放式基金，投资者可以向基金管理公司申请认购或赎回基金单位，认购或赎回价格按当日每单位基金净资产价值来计算。开放式基金在基金管理机构自设的或委托券商开设的内部柜台进行基金证券的认购和赎回。现在上海证券交易所和深圳证券交易所有一些上市的开放式基金，它们可以同时在场内市场和场外市场进行交易，虽然场内市场交易价格取决于市场行情，场外市场交易价格取决于每单位基金净资产价值，但是在套利行为驱使下，场内市场价格和场外市场价格将趋于一致。

拓展知识[3-3]

上市开放式基金（LOF）和交易所交易基金（ETF）

上市开放式基金（Listed Open－ended Funds，LOF）和交易所交易基金（Exchange Traded Funds，ETF）是我国证券投资基金市场推出的创新产品。

上市开放式基金是指通过深圳证券交易所交易系统发行并上市

交易的开放式基金。LOF 投资者既可以通过基金管理人或其委托的销售机构以基金单位净值在场外进行基金的申购、赎回，也可以通过交易所市场以交易系统的撮合成交价进行基金的买入、卖出。由于采用场内交易和场外交易同时进行的交易机制，所以 LOF 存在基金单位净值和围绕基金单位净值波动的场内交易价格两种价格。基金单位净值是在每日交易所收市后按基金资产当日的净值计算，而场内交易价格以昨日的基金单位净值做参考，以供求关系为基础实时报价。投资者无论是在场内认购、买入或场外申购的基金份额均可以选择卖出或者赎回任何一种变现方式。当场内交易价格与基金单位净值不同时，投资者就存在套利的机会。在套利行为的驱使下，基金场内交易价格将与基金单位净值趋于一致。

交易所交易基金又称交易型开放式指数基金。它是在上海证券交易所交易的一种特殊开放式基金，既吸收了封闭式基金可以当日实时交易的特点，投资者又可以在二级市场买卖 ETF 份额；同时，ETF 也具备了开放式基金可自由申购赎回的特点，投资者可以随时向基金管理公司申购或赎回 ETF 份额。但是 ETF 的申购赎回机制与一般的开放式基金不同，采用的是实物申购赎回机制，即必须以一篮子股票（或有少量现金）换取基金份额或者以基金份额换回一篮子股票（或有少量现金），场内场外同时交易也保证了 ETF 的市场价格与其基金单位净值会基本趋于一致。

阅读材料[3-1]

北京证券交易所

——多层次资本市场建设的里程碑

2021 年 9 月 2 日，国家主席习近平在 2021 年中国国际服务贸易交易会全球服务贸易峰会上致辞时宣布设立北京证券交易所。2021 年 9 月 3 日，北京证券交易所正式注册成立。北京证券交易所的设立是中国多层次资本市场建设的一个重要举措，也是中国多层次资本市场发展的一座里程碑。北京证券交易所的设立对增强资本市场的包容性和精准性具有非常重要的意义。

2021 年 11 月 15 日，北京证券交易所（以下称“北交所”）正式开市交易。北交所开市当天有 81 只股票交易，其中 71 只是新三板精选层挂牌企业平移到北交所上市，10 只为开市时直接上市的新股。

作为我国第一家公司制证券交易所，北交所定位服务创新型中小企业。相比上海证券交易所、深圳证券交易所，北交所突出“更早、更小、更新”，转为上市公司的新三板精选层企业平均市值、平均营业收入、首次平均募集金额等指标明显低于沪深上市公司，企业体量更小，成长性更高，与主板主要服务大型成熟企业，科创板服务“硬科技”，创业板服务“三创四新”形成错位发展格局。北交所的上市公司，不仅包括以制造业为主的“专精特新”中小企业，也包括战略性新兴产业中创新能力突出的中小企业、向专业化和价值链高度延伸的生产性服务业企业、向高品质和多样化升级的生活性服务业企业。同时，北交所实行注册制，这也是中国全市场实施注册制之前的重要一步。

北交所主要交易规则为：

1. 股票交易实行价格涨跌幅限制，涨跌幅限制比例为 30%。

2. 股票上市交易首日不设涨跌幅限制。对无价格涨跌幅限制的股票，盘中交易价格较当日开盘价首次上涨或下跌达到或超过 30% 的；盘中交易价格较当日开盘价首次上涨或下跌达到或超过 60% 的，对其实施盘中临时停牌。单次临时停牌的持续时间为 10 分钟。

3. 通过竞价交易买卖股票，单笔申报数量应当不低于 100 股。卖出股票时，余额不足 100 股的部分应当一次性申报卖出。单笔申报最大数量应当不超过100万股。股票交易的申报价格最小变动单位为0.01元人民币。

4. 连续竞价阶段的限价申报，买入申报价格不高于买入基准价格的105%或买入基准价格以上10个最小价格变动单位（以孰高为准）；卖出申报价格不低于卖出基准价格的95%或卖出基准价格以下10个最小价格变动单位（以孰低为准）。买入（卖出）基准价格为即时揭示的最低卖出（最高买入）申报价格；无即时揭示的最低卖出（最高买入）申报价格的，为即时揭示的最高买入（最低卖出）申报价格；无即时揭示的最高买入（最低卖出）申报价格的，为最近成交价；当日无成交的，为前收盘价。

5. 股票交易单笔申报数量不低于10万股，或者交易金额不低于100万元人民币的，可以采用大宗交易方式。

6. 最近3个有成交的交易日以内收盘价涨跌幅偏离值累计达到±40%为异常波动。最近3个有成交的交易日是指在最长不超过20个交易日的期限以内股票最近3个有成交的交易日。

7. 当日收盘价涨跌幅±20%、价格振幅达到30%、换手率达到20%的前5只股票登上龙虎榜。

作为服务创新型中小企业主阵地的“龙头”，北交所上市公司从新三板精选层“赛马”而出，新三板创新层、基础层是基础，是北交所上市资源的丰富储备。因此，北交所将与沪深交易所、区域性股权市场互联互通，形成层层递进的创新型中小企业成长路径。北交所开市，将有力提升新三板创新层、基础层的投融资功能和市场活力，吸引更多资本来新三板淘金，促使创新资本转起来，促进金融与产业资本“血脉”循环畅通。

资料来源：笔者根据资料自行整理。

本章小结

1. 资本市场主要是指由股票市场、债券市场和证券投资基金市场构成的有价证券市场。

2. 股票是股份有限公司发给股东以证明其向公司投资并拥有所有者权益的有价证券。按照股票代表的股东权利划分，股票可分为优先股和普通股。

3. 公司将股票通过中介机构或直接向投资者出售所形成的市场就是股票的一级市场或初级市场，也被称为发行市场。

4. 证券发行管理制度分为注册制和核准制两种。

5. 股票的二级市场也称股票流通市场或次级市场，是指在股票发行之后，各种股票在不同投资者之间流通所形成的市场。

6. 股票的二级市场有场内市场和场外市场两种形态。其中，场内市场即证券交易所，而场外交易市场又称柜台交易市场或店头交易市场，它是在证券交易所之外进行证券买卖的市场。目前还出现了具有混合特性的第三市场和第四市场。

7. 股票价格指数是表示多种股票平均价格水平及其变动情况并衡量股票市场行情的指标。股票价格指数包括“股价平均数”指标和“股价指数”指标。

8. 债券是指债务人为筹集资金，依照合法手续向社会发行，承诺按照约定的利率和日期支付利息，并在特定的日期偿还本金的书面债权凭证。按发行主体的不同，可分为政府债券、金融债券和公司债券。

9. 债券信用评级是指专业化的信用评级机构对发债人所发行的债券到期还本付息能力和信用程度的综合评价。

10. 目前，我国债券市场的发行管理制度与股票市场一样，正进行着注册制的改革。我国的债券交易市场分为银行间债券市场、交易所债券市场和柜台债券市场3种，其中银行间债券市场是最为主要的交易市场。

11. 证券投资基金是通过发行基金单位（基金股份或受益凭证）将投资者分散的资金集中起来，由基金托管人托管，由基金管理人管理和运作，分散投资于股票、债券、货币市场工具等有价证券，是一种投资者收益共享、风险共担的集合证券投资方式。

关键概念

普通股　蓝筹股　优先股　累积优先股　非累积优先股　一级市场　注册制　核准制　二级市场　市价委托　限价委托　集合竞价　连续竞价　股票价格指数　拉氏指数　派氏指数　费希尔指数　债券　政府债券　公司债券　金融债券　信用债券　抵押债券　可转换债券　无息债券　证券投资基金　开放式基金　封闭式基金　公司型基金　契约型基金　对冲基金　套利基金

习　题

1.（　　）是指当前年度的优先股股息可以累积到次年或以后年度进行发放的优先股。

A. 累积优先股　　B. 可转换优先股

C. 参与优先股　　D. 可赎回优先股

2. 限价委托是指客户在买进时限定一个（　　），卖出时限定一个（　　），经纪人必须在限定的价格范围内代客户交易，超过限价则不再执行委托。

A. 最低买进价，最高卖出价

B. 最高买进价，最低卖出价

C. 最高买进价，最高卖出价

D. 最低买进价，最低卖出价

3. 我国自 1995 年执行（　　）清算交割制度。

A. T+0　　B. T+1

C. T+3　　D. T+5

4. 以基期发行量或成交股数为权数计算的股价指数称为（　　）。

A. 加权算术股价平均数　　B. 拉氏指数

C. 派氏指数　　D. 费希尔指数

5. 根据新《证券法》，2020年3月1日起公开发行公司债券实行（　　），公开发行公司债券由（　　）负责受理、审核。

A. 核准制，证券交易所　　B. 注册制，证券交易所

C. 核准制，中国人民银行　　D. 注册制，国家发展和改革委员会

6.（　　）是我国最为主要的债券交易市场。

A. 柜台债券市场　　B. 上海证券交易所债券市场

C. 深圳证券交易所债券市场　　D. 银行间债券市场

7.（　　）的收益与股票指数同步波动，基金因此始终保持当期市场平均收益水平。

A. 对冲基金　　B. 基金中基金

C. 指数基金　　D. 套利基金

8.（　　）是以其他基金单位为投资对象的基金，因此基金风险被进一步分散和降低。

A. 对冲基金　　B. 雨伞基金

C. 基金中基金　　D. 套利基金

9. 对于（　　），投资者可以向基金管理公司申请认购或赎回基金单位，认购或赎回价格按当日每单位基金净资产价值来计算。

A. 公司型基金　　B. 契约型基金

C. 封闭式基金　　D. 开放式基金

10. 普通股的特点主要有（　　）。

A. 普通股股东是公司资本的所有者，可以行使所有者应有的权利

B. 普通股股利是非固定的，随着公司利润水平的波动而波动

C. 当公司破产清算时，普通股股东分配公司剩余资产的次序排在优先股之前

D. 普通股股票可以进入证券交易所上市交易

11. 以下关于证券交易所的说法，正确的是（　　）。

A. 组织形式上可以分为会员制和公司制两种类型

B. 都是不以营利为目的的组织

C. 我国的上海证券交易所和深圳证券交易所的组织形式均为会员制

D. 我国的北京证券交易所的组织形式为会员制

12. 证券发行后不在证券交易所挂牌上市的原因可能是（　　）。

A. 达不到在证券交易所挂牌上市的条件

B. 不愿意受到证券交易所严格的信息披露等制度的限制

C. 场外交易一般手续费低廉而且可以协商

D. 交易的灵活性比较大

13. 以下关于集合竞价方式确定成交价的原则中，正确的是（　）。

A. 可实现最大成交量

B. 高于该价格的买入申报与低于该价格的卖出申报全部成交

C. 低于该价格的买入申报与高于该价格的卖出申报全部成交

D. 与该价格相同的买方或卖方至少有一方全部成交

14. 债券具有（　　）特征。

A. 偿还性　　B. 流动性

C. 安全性　　D. 收益性

15. 根据《全国银行间债券市场金融债券发行管理办法》，发行金融债券的主体包括（　　）。

A. 中央银行　　B. 政策性银行

C. 商业银行　　D. 企业集团财务公司

16. 简述优先股的特点。

17. 请对注册制和核准制进行比较。

18. 连续竞价时成交价格的确定原则是什么?

19. 我国科创板有哪些特点?

20. 简述证券投资基金的特征。

第四章

外汇市场

外汇市场是国际金融市场的重要组成部分和核心内容。国际主要的外汇市场有伦敦外汇市场、纽约外汇市场、东京外汇市场、香港外汇市场等。外汇市场中的外汇交易存在多种方式，有即期外汇交易、远期外汇交易、套汇交易、套利交易、掉期交易、套期保值交易和外汇期货期权交易。交易者进行外汇交易是为了在国际金融市场上融通资金、套期保值和规避风险。

学习目标

1. 掌握外汇市场的定义、类型和交易层次
2. 掌握外汇与汇率的概念
3. 掌握汇率的种类及报价方法
4. 掌握影响汇率变动的因素
5. 掌握外汇市场的交易方式

第一节 外汇市场概述

一、外汇市场的定义与特点

（一）外汇的定义

外汇的定义有动态和静态之分。动态的外汇是指人们把一种货币兑换成另一种货币以清偿国际债务的金融活动。由此可见，动态的外汇定义描述的是外汇作为一种活动的特征，即外汇是指国际汇兑，早期的外汇概念指的就是这种国际汇兑活动。

静态的外汇是指货币行政当局（中央银行、货币管理机构、外汇平准基金及财政部）以银行存款、财政部库券、长短期政府证券等形式保有的在国际收支逆差时可以使用的债权。《中华人民共和国外汇管理条例》第三条规定，外汇是指下列以外币表示的可以用作国际清偿的支付手段和资产：外币现钞，包括纸币、铸币；外币支付凭证或者支付工具，包括票据、银行存款凭证、银行卡等；外币有价证券，包括债券、股票等；特别提款权；其他外汇资产。通常所说的外汇是指静态的外汇。

静态意义上的外汇有 3 个特点：一是外币性，即外汇必须以本国货

币以外的外国货币来表示；二是可偿性，即这种外币债权保证可以得到偿付；三是可兑换性，即外汇必须能自由兑换为其他货币表示的支付手段。

外汇在国际经济关系中具有十分重要的作用：一是作为国际流通手段和购买手段，利用外汇进行国际结算，具有安全、便利、节省费用和节省时间的特点，因此加速和扩大了国际贸易的发展进程。二是作为国际支付手段，它可以调剂国际资金的余缺，从而推动了国际信贷和国际投资活动，加快了资本流动的速度，扩大了资本流动的规模。三是充当国际储备资产。外汇是衡量一国经济实力的重要标志之一，一个国家有足够的外汇储备，表明它有强大的国际购买潜力和充足的国际清偿能力，因而有利于保持这个国家的资信。

（二）外汇市场的定义

买卖外汇的活动称为外汇交易，各种外汇交易形成的市场就是外汇市场。外汇市场以外汇银行为中心，由外汇需求者、外汇供给者以及买卖中介机构构成，既指外汇买卖的场所，也指外汇买卖的交易网络。外汇市场是一个国际性的大市场，也是国际金融市场的重要组成部分。

（三）外汇市场的特点

20 世纪 80 年代以来，由于国际贸易的迅速发展，电子科技革命的推动，全球外汇市场呈现出以下几个特点：

第一，全球外汇市场从时间和空间上连成一个统一的整体。从时间的持续性来看，分布在全球各地的外汇市场在交易时间上具有继起性，可以实现 24 小时不间断交易。从空间的统一性来看，各国外汇市场已形成一个高效、发达的通信网络，并超越国家界限，形成全球统一的市场。这样，各国外汇市场相互衔接、重叠交合，在时间和空间上连成一个统一的整体。

第二，全球外汇市场交易规模迅速扩大。全球外汇交易量的猛增，是世界经济空前发展并向集团化、区域化、一体化发展的结果。

第三，全球外汇市场动荡不安。20 世纪 80 年代以来，由于世界经济发展不平衡以及国际资本流动的加剧，全球外汇市场上各国货币汇率涨落不定，波动剧烈。如 2020 年受新冠疫情的影响，全球外汇市场发生大幅波动。年初，疫情在全球扩散之际，市场主体对流动性的偏好陡然增加，美元成为市场主体追逐的对象，美元汇率也随之不断攀升。此时，因为国际资本大规模流出新兴市场国家，很多货币都出现了大幅贬值。黎巴嫩发生了实质违约，阿根廷处于违约边缘，其他一些国家如土耳其的形势也岌岌可危。2020 年下半年，随着美元走弱，国际资本的回流，一些新兴市场货币兑美元汇率又出现了反转。

第四，各国中央银行对外汇市场的联合干预日趋频繁。20 世纪 80 年代以来，随着全球外汇市场一体化发展，一国外汇市场汇率的动荡往往波及全球，这时仅靠一国中央银行的力量往往势单力薄、力不从心。因此，各国中央银行对外汇市场的联合干预日趋频繁并成为全球外汇市场的一个重要特征和影响汇率走势的强大力量。

第五，金融创新不断涌现。自 1973 年布雷顿森林体系瓦解，国际货币体系进入浮动汇率制时代后，汇率频繁波动，外汇风险增大，各种防范汇率风险的金融创新工具不断应运而生，如外汇期货、外汇期权、货币互换及其与利率互换相结合的混合互换等金融衍生工具不断推出，以满足交易者规避外汇风险的需要。

拓展知识[4-1]

2020 年的全球外汇市场

回顾2020 年的外汇市场，市场走势跌宕起伏，表现出一些异乎于往年的特点。

第一，风险事件层出不穷，低波动局面被彻底改变。2020 年新年伊始，新冠疫情悄然而至，由此引发的公共卫生危机导致全球范围“大封锁”的局面，实体经济遭受重挫，2019 年外汇市场低波动局面因此被彻底改变，而历史数据表明，极低波动被打破后，往往会伴随几年的高波动现象。

第二，在疫情冲击下，全球央行纷纷采取行动，货币政策与财政政策联手托市，带动主要非美货币在2020年下半年出现反弹。面对年初突如其来的疫情，以美联储为代表，多国央行跟进，全球范围内新一轮的量化宽松政策再度重启。财政政策方面，各国纷纷追加财政预算，以对冲“大封锁”给企业运转和个人生活带来的冲击。货币政策与财政政策的双管齐下，使主要国家的经济指标逐步走出低谷，推动除美元外的主要发达国家货币走势出现反弹。

第三，美联储连续降息，美元利息优势下降，美元开启下行周期。2020年3月，美联储的两次非常规降息，将联邦基金利率下调至0~0.25%，又回到了历史最低水平，随着美联储的降息，美国与德国、日本及澳大利亚的利差较2018年和2019年上了一个大台阶，促使日元出现上涨，欧元、澳大利亚元更是从年内低点反弹。从历史数据看，美联储的降息，往往标志着新一轮美元下跌周期的开始。

资料来源：黄家英.2020年外汇市场回顾［J］. 中国外汇，2020(24)：70.

二、外汇市场的参与者

外汇市场的参与者主要有中央银行、外汇银行、外汇经纪人和客户。

（一）中央银行

各国中央银行是外汇市场上重要的参与者。中央银行出于以下目的，参与外汇市场交易：

（1）通过制定和颁布一系列条例来维持外汇市场的交易秩序；

（2）通过参与外汇买卖来维护对国家有利的汇率；

（3）通过在外汇市场上操作来增减外汇储备、调整外汇储备结构，转移外汇储备风险；

（4）在市场上买进或卖出一些较次要的货币，以满足进出口商对一些冷僻货币的需求。

由于外汇市场上的其他参与者随时都在密切关注中央银行的交易行为，以获取政府宏观经济政策信息，即使中央银行在外汇市场上的交易规模不大，也会产生深远的影响。

（二）外汇银行

外汇银行是指经本国中央银行批准，可以经营外汇业务的商业银行或其他金融机构，是外汇市场上最重要的参与者。它包括专营或兼营外汇业务的本国商业银行，在本国的外国商业银行分行、合资银行以及其他经营外汇业务的本国金融机构，如信托投资公司、财务公司等。

外汇银行从事的外汇交易业务主要分为以下两种类型：

（1）受客户委托从事外汇买卖，其目的是获取代理佣金或交易手续费；

（2）以自己的账户直接进行外汇交易，其目的是获取买卖外汇的差价收入以及调整自己的外汇头寸，保证外汇存量处于合理水平，以减少外汇头寸的风险。

（三）外汇经纪人

外汇经纪人是指介于外汇银行之间，或者外汇银行和外汇市场其他参加者之间，代理外汇买卖业务，并从中赚取佣金的经纪人公司或个人。外汇经纪人自己并不买卖外汇，而是联结外汇买卖双方，促成交易，从中收取佣金。

（四）客户

在外汇市场中，凡是与外汇银行有外汇交易关系的公司或个人，都是外汇银行的客户，他们是外汇市场上的主要供求者。外汇市场上的客户如进出口商、跨国公司、居民个人等，出于交易、投机或保值目的参与外汇市场的交易，从而形成外汇市场的供求。

进出口商是外汇市场上最大的外汇供给者和需求者。出口商出口商品后，取得外币或外汇债权票据，为了保值或取得本币资金，需要售出所取得的外汇；进口商进口商品时，需要支付对方国家的货币或对方愿意接受的第三国货币，需要从外汇市场买进外汇以支付进口货款。

跨国公司的全球经营战略涉及多种货币的收入和支出，为了规避外汇风险，或者为了投机获利，需要经常地进行外汇交易。

居民个人会从工资、劳务、捐赠及亲属汇款等方面取得外汇，为了保值等目的，需要将外汇存入银行或卖出；也会因出国旅游、探亲、留学等需要外汇。

三、外汇市场的交易层次

外汇市场的交易可以分为 3 个层次，即外汇银行与客户之间、外汇银行同业之间以及中央银行与外汇银行或他国中央银行之间的外汇交易。在这些交易中，外汇经纪人起着中介作用。

（一）外汇银行与客户之间的外汇交易

客户出于各种动机向外汇银行买卖外汇。外汇银行在与客户的外汇交易中，一方面从客户手中买入外汇，另一方面又将外汇卖给客户。外汇银行实际是在外汇的最终供给者和最终需求者之间起着中介作用，从中赚取外汇的买卖差价。这类外汇交易是外汇市场交易的第一层次。

（二）外汇银行同业之间的外汇交易

外汇银行同业之间的外汇交易主要是出于弥补外汇银行与客户交易产生的买卖差额的需要。外汇银行在每个营业日，根据客户的需要与其进行外汇交易的结果，难免产生各种外汇头寸的多头或空头，统称敞口头寸。对外汇银行来说，多头表示某种外汇的购入额大于出售额，空头则表示某种外汇的出售额多于购入额。当外汇银行外汇头寸处于不平衡状态时，便要承担外汇风险。外汇银行要规避外汇风险，就需通过外汇银行同业间的交易，“轧平”外汇头寸，即将多头抛出，空头补进，使其对某种货币的出售数量与购进数量相平衡。外汇银行同业之间的外汇交易构成了绝大部分的外汇交易，占外汇市场交易总额的 90% 以上。银行同业市场是外汇市场供求流量的汇集点，因此它决定着外汇汇率的高低。这是外汇市场交易的第二层次。

（三）中央银行与外汇银行或他国中央银行之间的外汇交易

中央银行通过与外汇银行或他国中央银行的外汇交易来干预外汇市场，达到稳定本国货币汇率和调节国际收支的目的。

如果某种外币兑换本币的汇率低于期望值，中央银行就会向外汇银行或他国中央银行购入该种外币，增加市场对该外币的需求量，促使其汇率上升；相反，如果中央银行认为该外币的汇率偏高，就会向外汇银行或他国中央银行出售该种外汇的储备，促使其汇率下降。此类外汇交易形成外汇市场交易的第三层次。

四、外汇市场的类型

按照不同的标准，可对外汇市场进行以下分类：

（1）按照有无固定交易场所，外汇市场可分为无形外汇市场和有形外汇市场。

无形外汇市场是指由电话、电报、电传和计算机终端等现代化通信网络所形成的抽象的市场。这种外汇市场没有固定的交易场所，也没有固定的开盘和收盘时间。这种市场最初流行于英国和美国，故这种组织形式的外汇市场被称为英美式外汇市场。目前，这种组织形式不仅扩展到加拿大、东京等其他国家，而且也渗入欧洲大陆。有形外汇市场是指有固定的交易场所，外汇交易双方在规定的营业时间内按照交易程序在交易所内进行外汇买卖的市场。这种市场最初流行于欧洲大陆，故这种组织形式的外汇市场被称为大陆式外汇市场。目前，除了个别欧洲大陆国家的一部分银行与顾客之间的外汇交易还在外汇交易所进行外，世界各国的外汇交易均通过现代通信网络进行。无形外汇市场已成为外汇市场的主要形式。

（2）按照外汇交易参与者的不同，外汇市场可分为外汇批发市场和外汇零售市场。

外汇批发市场是指由外汇银行同业之间的交易构成的外汇市场，其主要特点是交易规模大。

外汇零售市场是指由外汇银行与个人及公司客户之间的交易构成的外汇市场。外汇银行和客户之间的零售交易大多按外汇银行报出的汇价买卖外汇，少数按客户要求限价交易，即客户要求外汇银行按指定汇价买卖一定数量的外汇，当汇价符合客户要求时进行交易，否则外汇银行不能进行交易。

（3）按照交割期限长短的不同，外汇市场可分为即期外汇市场和远期外汇市场。

即期外汇市场是即期外汇交易的场所，其交割最晚在达成交易后两个营业日内进行。远期外汇市场是远期外汇交易的场所，其交割是在交易后的未来某一特定时期或某一特定日期，而不是限制在当日或两个营业日内。

第二节　外汇市场的价格：汇率

汇率又称汇价，是两国货币的比率或比价，也可以说是用一国货币表示的另一国货币的价格。汇率是进行外汇买卖、实现货币相互兑换的基础和依据。

一、汇率标价方法

由于汇率是两国货币的比率或比价，而要确定两种不同货币之间的比价，需要先确定用哪个国家的货币作为标准。由于确定标准的不同，产生了两种不同的外汇汇率标价方法，即直接标价法和间接标价法。

（一）直接标价法

直接标价法（direct quotation），也称应付标价法，是以一定单位的外国货币为标准，折成若干单位的本国货币来表示汇率，即以本币表示外币的价格。目前，世界上大多数国家都采用直接标价法。

在直接标价法下，外国货币数额固定不变，汇率的涨跌都以本国货币数额的变化来表示。所以，汇率上升，意味着单位外币所能兑换的本币越多，本币的币值越低；反之亦然。

例如：USD 1 = CNY 6.7620（2022 年 7 月 21 日中国人民银行公布的中间价）

USD 1 = CNY 6.7522（2022 年 7 月 22 日中国人民银行公布的中间价）

与 2022 年 7 月 21 日相比，7 月 22 日的单位美元兑换的人民币数额减少，汇率下降，美元贬值，人民币升值。

（二）间接标价法

间接标价法（indirect quotation），也称应收标价法，是以一定单位的本国货币为标准，折成若干单位的外国货币来表示汇率，即以外币表示本币的价格。

在间接标价法下，汇率是以外币表示的单位本币的价格。汇率上升，意味着单位本币兑换的外币越多，本币的币值越高；反之亦然。

国际外汇市场上，美元、英镑、欧元、澳大利亚元、新西兰元都采用间接标价法，但当美元遇到英镑、欧元、澳大利亚元、新西兰元时采用直接标价法，对其他货币采用间接标价法。而人民币对马来西亚林吉特、俄罗斯卢布、韩元、瑞典克朗、泰铢等货币采用间接标价法，对其他货币则采用直接标价法。

综上所述，在谈到外汇汇率上涨或下跌时，先要明确其标价方法，然后才能正确理解其含义。

任何汇率都涉及两种货币：基准货币和标价货币。汇率表现为单位基准货币可以兑换多少单位的标价货币。在任何标价法下，数量固定不变的是基准货币，数量变化的是标价货币。也就是说，在直接标价法下，外国货币是基准货币，本币是标价货币，而间接标价法下则相反。

拓展知识[4-2]

2022 年 7 月 22 日人民币汇率中间价公告

中国人民银行授权中国外汇交易中心公布，2022 年 7 月 22 日，银行间外汇市场人民币汇率中间价为 1 美元对人民币 6.7522 元，1 欧元对人民币 6.8996 元，100 日元对人民币 4.9226 元，1 港元对人民币 0.86029 元，1 英镑对人民币 8.0983 元，1 澳大利亚元对人民币 4.6753 元，1 新西兰元对人民币 4.2154 元，1 新加坡元对人民币 4.8590 元，1 瑞士法郎对人民币 6.9886 元，1 加拿大元对人民币 5.2438 元，人民币 1 元对 0.65954 林吉特，人民币 1 元对 8.5403 俄罗斯卢布，人民币 1 元对 2.5248 南非兰特，人民币 1 元对 193.60 韩元，人民币 1 元对 0.54390 阿联酋迪拉姆，人民币 1 元对 0.55644 沙特里亚尔，人民币 1 元对 57.7116 匈牙利福林，人民币 1 元对 0.69013 波兰兹罗提，人民币 1 元对 1.0787 丹麦克朗，人民币 1 元对 1.5097 瑞典克朗，人民币 1 元对 1.4727 挪威克朗，人民币 1 元对 2.62565 土耳其里拉，人民币 1 元对 3.0604 墨西哥比索，人民币 1 元对 5.4424 泰铢。

资料来源：http：//www. pbc. gov. cn.

二、汇率的种类

汇率按照不同标准可以划分成不同的种类。

（一）买入汇率、卖出汇率和中间汇率

在外汇市场上，外汇银行采用双重报价制，即对一种外汇同时报出买入汇率和卖出汇率。

买入汇率是外汇银行从客户（进出口商等）或其他银行那里买入外汇时所采用的汇率。卖出汇率是指外汇银行向客户或其他银行卖出外汇时所采用的汇率。买入汇率和卖出汇率之间的差额，就是外汇银行办理外汇交易的手续费收益，称为价差。

中间汇率又称挂牌价格，往往是官方汇价。它是外汇买入汇率和卖出汇率的平均数，是市场报价时常使用的汇率，一般在银行间外汇市场使用。

在直接标价法下，本国货币数较少的那个汇率是外汇银行的买入汇率，本国货币数较多的那个汇率是外汇银行的卖出汇率。

在间接标价法下，外国货币多的那个数字是外汇银行的买入汇率，外国货币少的那个数字是外汇银行的卖出汇率。

在任何标价法下，前一个数字是外汇银行向客户或同业买入基准货币，卖出标价货币使用的汇率；后一个数字是外汇银行向客户或同业卖出基准货币，买入标价货币使用的汇率。例如，某日某外汇银行报出的美元对港元的汇率为：

$$USD\ 1 = HKD\ 7.7527 \sim 7.7529$$

在直接标价法下，意味着外汇银行买入单位美元需付出 7.7527 港元，而外汇银行卖出单位美元可获得 7.7529 港元。

在间接标价法下，意味着外汇银行付出单位美元，可买入 7.7529 港元，外汇银行卖出 7.7527 港元可买入单位美元。

可见，无论在何种标价法下，7.7527 都是外汇银行从客户或同业

那里买入美元（基准货币）并向其卖出港元（标价货币）使用的汇率；7.7529 都是外汇银行向客户或同业卖出美元（基准货币）并从其那里买入港元（标价货币）使用的汇率。

拓展知识[4-3]

2022 年 7 月 22 日中国银行外汇牌价

表 4－1 显示了 2022 年 7 月 22 日中国银行外汇牌价。

表 4－1　2022 年 7 月 22 日中国银行外汇牌价

货币名称	现汇买入价	现钞买入价	现汇卖出价	现钞卖出价	中国银行折算价	发布日期	发布时间
欧元	687.67	666.30	692.74	694.97	689.96	2022－07－22	10：59：49
英镑	807.57	782.48	813.52	817.12	809.83	2022－07－22	10：59：49
美元	675.33	669.83	678.19	678.19	675.22	2022－07－22	10：59：49
日元	4.9025	4.7501	4.9385	4.9461	4.9226	2022－07－22	10：59：49

注：本汇率表单位为 100 外币换算的人民币数量。

资料来源：http：//www.boc.cn.

现汇买入价是指中国银行买入外币现汇（由国外汇入或由境外携入、寄入的外币票据和凭证）的汇率；现钞买入价是指中国银行买入外币现钞的汇率；现汇卖出价是指中国银行卖出外币现汇的汇率；现钞卖出价是指中国银行卖出外币现钞的汇率；折算价是中国银行根据央行公布的汇率中间价及自身情况确定的内部使用的中间价。

由于各币种现汇和现钞业务成本不同，如由于外币现钞不能在交易当地流通使用，而且还需要发生包装、运输、安保等成本费用，因此，现钞的买入价要低于现汇的买入价，而现钞卖出价要高于现汇卖出价，在条件允许的前提下，中国银行部分币种现钞卖出价与现汇卖出价保持一致。

（二）基本汇率和套算汇率（交叉汇率）

基本汇率是指本国货币与外国某种关键货币的汇率，关键货币是国际交易中被广泛运用和持有的货币，如美元、英镑、欧元、日元、人民币。大多数国家都会公布本国货币与关键货币之间的基本汇率。

至于其他外国货币与本国货币之间的汇率则可由基本汇率套算出来。套算出来的汇率就是套算汇率，又称交叉汇率。

设有A、B、C 3种货币，C货币是关键货币，通过C货币可以套算出A、B两种货币的汇率：

$$\frac{\text{A 货币对 C 货币的汇率}}{\text{B 货币对 C 货币的汇率}} = \text{A 货币对 B 货币的汇率} \qquad (4-1)$$

在双重报价制下，套算汇率的计算规则为：

（1）如果两个汇率都是以美元作为基准货币，那么套算汇率为**交叉相除**；

（2）如果两个汇率都是以美元作为标价货币，那么套算汇率为**交叉相除**；

（3）如果一个汇率以美元为基准货币，一个汇率以美元为标价货币，那么套算汇率为**同边相乘**。

【例4-1】假设某日外汇市场行情如下：

USD 1 = JPY 105.5100 ~ 105.5200

USD 1 = CAD 1.2814 ~ 1.2819

那么，单位加拿大元对日元的汇价为：

$$\text{CAD } 1 = \text{JPY } \frac{105.5100}{1.2819} \sim \frac{105.5200}{1.2814} = \text{JPY}82.3075 \sim 82.3474$$

即外汇银行买入1加拿大元，支付给客户82.3075日元，外汇银行卖出1加拿大元，向客户收取82.3474日元。换句话说，客户卖出1加拿大元，可得82.3075日元，而买入1加拿大元需支付82.3474日元。

加拿大元对日元的汇价，前一个数字表示外汇银行买入加拿大元（基准货币）卖出日元（标价货币）使用的汇率。外汇银行卖出单位美元，可获得 1.2819 加拿大元，也就是说，外汇银行要买入单位加拿大元，需付出 1/1.2819 美元。因此，外汇银行需以日元换取美元，外汇银行买入单位美元，需付出 105.5100 日元。因此，外汇银行买入单位加拿大元，需付出 82.3075（=105.5100×1/1.2819）日元。同理，后一个数字表示外汇银行卖出加拿大元（基准货币）买入日元（标价货币）使用的汇率。首先，外汇银行买入单位美元需付出 1.2814 加拿大元，也就是说，外汇银行卖出单位加拿大元，可获得 1/1.2814 美元。其次，外汇银行卖出单位美元可以买入 105.5200 日元，因此，外汇银行卖出单位加拿大元可以获得 82.3474（=105.5200×1/1.2814）日元。

【例 4-2】假设某日外汇市场行情如下：

$$\text{AUD } 1 = \text{USD } 0.7677 \sim 0.7679$$

$$\text{GBP } 1 = \text{USD } 1.3734 \sim 1.3739$$

那么，单位英镑对澳大利亚元的汇价为：

$$\text{GBP1} = \text{AUD } \frac{1.3734}{0.7679} \sim \frac{1.3739}{0.7677} = \text{AUD } 1.7885 \sim 1.7896$$

即外汇银行买入 1 英镑，支付给客户 1.7885 澳大利亚元，外汇银行卖出 1 英镑，向客户收取 1.7896 澳大利亚元。换句话说，客户卖出 1 英镑，可得 1.7885 澳大利亚元，而买入 1 英镑需支付 1.7896 澳大利亚元。

如果外汇银行要以澳大利亚元买入英镑，首先，外汇银行需要以澳大利亚元换取美元；其次，以美元买入英镑。外汇银行付出单位澳大利亚元可以获得 0.7679 美元，即外汇银行买入单位美元需付出 1/0.7679 澳大利亚元。外汇银行买入单位英镑需付出 1.3734 美元，所以外汇银行买入单位英镑需付出 1.7885（=1.3734×1/0.7679）澳大利亚元。同理，如果外汇银行要以英镑买入澳大利亚元，首先，外汇银行需要以英镑换取美元；其次，以美元买入澳大利亚元。外汇银行卖出单位英镑可以获得 1.3739 美元，外汇银行买入单位澳大利亚元需付出 0.7677 美元。也就是说，付出单位美元，外汇银行可以获得 1/0.7677 澳大利亚元，所以外汇银行卖出单位英镑可以获得 1.7896（=1.3739 × 1/0.7677）澳大利亚元。

【例 4-3】假设某日外汇市场行情如下：

GBP 1 = USD 1.3734 ~ 1.3739

USD 1 = JPY 105.3600 ~ 105.3900

那么，英镑对日元的汇价为：

GBP 1 = JPY 1.3734 × 105.3600 ~ 1.3739 × 105.3900

= JPY 144.7014 ~ 144.7953

即外汇银行买入 1 英镑，支付给客户 144.7014 日元，外汇银行卖出 1 英镑，向客户收取 144.7953 日元。换句话说，客户卖出 1 英镑，可得 144.7014 日元，而买入 1 英镑需支付 144.7953 日元。

如果外汇银行要以日元买入英镑，首先，需要以日元换取美元；其次，以美元买入英镑。外汇银行买入单位美元需付出 105.3600 日元，换取单位英镑需要 1.3734 美元，因此，外汇银行买入单位英镑需付出 144.7014（=105.3600 × 1.3734）日元。同理，外汇银行要以英镑买入日元，首先，需要以英镑换取美元；其次，以美元买入日元。外汇银行卖出单位英镑可获得 1.3739 美元，外汇银行卖出单位美元可获得 105.3900 日元，因此，外汇银行卖出单位英镑可获得 144.7953（=105.3900 × 1.3739）日元。

（三）开盘汇率和收盘汇率

在交易过程中，外汇银行于营业日开始时挂出的汇率称为开盘汇率，外汇银行于营业日终了时挂出的汇率称为收盘汇率。

（四）即期汇率和远期汇率

根据外汇买卖成交后资金交割期限划分，汇率可以分为即期汇率和远期汇率。

即期汇率（spot rate）又称现汇汇率，是指买卖双方成交后，规定在两个营业日内办理外汇交割时采用的汇率。在外汇市场上，经营外汇的银行通常都直接报出即期汇率。

按照即期外汇市场的报价惯例，通常用五位数字来表示买卖汇率，由于前几位数字只有在外汇市场发生剧烈波动时才会发生变化，一般情况下，只有最后两位数发生变化，所以外汇银行的报价往往只报出最后两位变化了的数值。如 GBP 1 = USD 1.3734 ~ 1.3739，就报 GBP 1 = USD 1.3734/39。

远期汇率（forward rate）又称期汇汇率，是指买卖双方成交时规定在两个营业日以后的未来某个确定日期或某段时间内办理外汇交割时采用的汇率。

远期汇率有两种报价方法：直接报价法和掉期率或远期差价报价法。

1. 直接报价法

与即期汇率的报价法相同，直接报出外汇银行的远期买入汇率和远期卖出汇率。

2. 掉期率（swap rate）或远期差价（forward margin）报价法

在外汇市场上，外汇银行通常只报出即期汇率和升贴水数字（掉期率），掉期率的后面带有升贴水的标志：pm 表示升水，dis 表示贴水。这种报价法不是直接报出远期汇率的买入价和卖出价，而是报出远期汇率高于或低于即期汇率的点数。远期汇率与即期汇率之间的差价被称为掉期率或远期差价。

升水（at premium）表示远期外汇比现汇贵。

贴水（at discount）表示远期外汇比现汇便宜。

平价（at par）表示远期汇率等于即期汇率。

升水和贴水均以基点为计算单位，1 个基点为万分之一。

采用直接标价法时，远期汇率高于即期汇率称为外汇汇率升水，高出部分便是升水；远期汇率低于即期汇率称为外汇汇率贴水，低出部分便是贴水。所以，直接标价法下：

远期汇率 = 即期汇率 + 升水

远期汇率 = 即期汇率 - 贴水

采用间接标价法时，远期汇率高于即期汇率称为外汇汇率贴水，高出的部分便是贴水；远期汇率低于即期汇率称为外汇汇率升水，低出的部分便是升水。所以，间接标价法下：

远期汇率 = 即期汇率 - 升水

远期汇率 = 即期汇率 + 贴水

在远期外汇市场上，有些国家不注明远期差价是升水还是贴水，这时可从掉期率两个数字的排列上识别是升水还是贴水。直接标价法下，前小后大是升水，前大后小是贴水；间接标价法下，前小后大是贴水，前大后小是升水。

所以，无论是直接标价法还是间接标价法，在计算远期汇率时，根据掉期率的两个数字，**前小后大向上加，前大后小向下减。**

【例4-4】若某外汇银行报出的英镑对美元的汇率为：

即期汇率 GBP 1 = USD 1.3734/39

2个月掉期率　　200/190

则英镑对美元两个月的远期汇率为：

GBP 1 = USD (1.3734 - 0.0200) ~ (1.3739 - 0.0190) = USD 1.3534 ~ 1.3549

直接报价法简明易懂，多用于银行向客户报价和一般的市场报道。掉期率报价法直接给出远期汇率是升水还是贴水以及升水或贴水多少的信息，非常直接，多用于外汇银行同业报价和以投机为目的的交易报价。

三、影响汇率变动的经济因素

在外汇市场上，影响汇率变动的因素错综复杂，既有经济因素也有政治因素、心理因素以及一些其他因素，各因素之间相互联系又相互制约，同一因素在不同国家或在同一国家不同时刻所发挥的作用也不尽相同。但事实上，影响汇率变动的因素主要还是一些经济因素，这些经济因素主要通过影响外汇的供求关系来影响汇率的变动。影响汇率变动的经济因素主要包括以下几方面：

（一）国民经济发展状况

国民经济发展状况主要从劳动生产率、经济增长率和经济结构 3 个方面对汇率产生影响。

1. 劳动生产率

国内外劳动生产率的差异会对汇率的变动产生重要的影响。如果一国劳动生产率的增长率在较长时期内持续地高于别国，就会使该国单位货币所包含的价值相对增加，从而使该国货币的对外价值相应上升。不过，劳动生产率对汇率的影响是缓慢而长期的，不易马上被察觉出来。

2. 经济增长率

国内外经济增长率的差异对汇率变动的影响比较复杂。对于发展中国家来说，经济增长率的提高，意味着收入上升，国内需求水平提高，这往往需要增加进口来弥补国内供给的不足，从而导致经常项目逆差，造成本币贬值，外币升值。对于出口导向型国家来说，经济增长是为了生产更多的出口货物，则经济增长率的提高，主要表现为出口增长，经常项目顺差，从而导致本币升值。另外，一国经济增长率提高反映该国经济实力的提高，意味着该国投资利润率也较高，由此吸引国外资金流入本国，进行直接投资，从而增加本国国际收支资本项目的收入，导致国外对该国货币需求旺盛，推动该国货币升值。

3. 经济结构

经济结构主要指产业结构和产品结构，它主要是通过影响国际收支的经常项目来影响汇率。如果一国的经济结构比较合理，能够适应世界市场的需求，并且能随着市场需求的变化及时调整，那么该国的贸易收支乃至经常项目收支就能够保持持续的平衡或维持顺差，该国货币在国际外汇市场上就会保持较强的地位；反之，如果一国的经济结构不合理，该国的贸易收支和经常项目收支就难以保持平衡，该国货币在外汇市场上就会趋于疲软。

综上所述，国民经济发展状况对国际收支的影响具有长期性和持久性，因此，它对汇率的影响也是长期的。因此，要分析一国汇率的长期变化，首先必须分析该国的国民经济发展状况。

（二）通货膨胀率

在纸币流通条件下，两国货币之间的比率，从根本上说是由各自所代表的价值量决定的。物价是一国货币在国内商品市场中的价值体现，通货膨胀就意味着该国货币的价值量下降。因此，国内外通货膨胀率差异是决定汇率长期趋势的主导因素，而且通常是通过国际收支这个中间环节来实现的。如果一国因国内货币供给过多造成较高的物价水平和较高的通货膨胀率，会降低本国出口商品和劳务在国际市场上的价格竞争力，从而导致出口需求减少。同时，国内较高的通货膨胀率和较高的物价水平会导致进口商品的相对价格降低从而刺激进口需求，导致国际收支逆差，外汇供不应求，引起本币相对贬值，外币相对升值。通货膨胀还会影响一国的实际利率。由于实际利率等于名义利率减去通货膨胀率，当名义利率不变，通货膨胀率上升时，将导致实际利率下降。而实际利率的降低又会引起资本的外逃，可能导致资本项目的逆差，导致该国货币贬值。

（三）利率

国内外利率的差异对汇率变动的影响一般是短期性的，主要是通过国际收支的资本项目这一中间环节实现，且表现较为显著。开放经济条件下，不同国家利率水平的差异往往会引起短期资本的流动，利率水平相对较高的国家会吸引更多的资本流入，本国资本流出减少，从而出现国际收支顺差，外汇供大于求，本币相对外币升值；利率水平相对较低的国家会引起资本流出，恶化国际收支的资本项目，外汇供不应求，本币相对外币贬值。

但在考察利率对汇率的影响时，应注意：一是要考虑扣除通货膨胀因素后的实际利率。如果本国利率上升，但其幅度小于国内通货膨胀率的上升幅度，就不可能导致本国货币币值的上升。二是利率差异对汇率的影响一般都是短期的，随着时间的推移，其作用会逐渐减弱，也就是说，利率对长期汇率的影响十分有限。三是在分析利率与汇率的关系时，还要同时考虑远期汇率走势。只有当利率投机的收益足以抵补远期汇率的不利变化时，国际短期资本才会流入。

（四）宏观经济政策

宏观经济政策主要是指一国为实现充分就业、物价稳定、经济增长和国际收支平衡而实施的财政政策与货币政策。财政政策的工具主要有税收、财政支出、国债等。货币政策的工具主要有调整法定存款准备金率、再贴现率和公开市场业务等。扩张性的财政政策和货币政策都会刺激投资需求和消费需求，从而刺激进口需求增加，可能恶化该国国际收支中的经常项目，由此导致本币对外贬值压力。而且扩张性的货币政策还会降低利率，引起国际短期资本的大量流出，抑制短期资本的流入，从而可能引起资本项目的逆差，增加本币贬值的压力。紧缩性的财政政策和货币政策会通过抑制通货膨胀率和利率上升，引起贸易顺差和资本流入，可能导致本币对外升值。

一般来说，宏观经济政策对一国经济的影响要在一段时间后才能显现，但它的调整却可能对市场预期产生巨大的影响，从而迅速引起货币供求和汇率的变化。

（五）国际储备

一国政府持有越多的国际储备，表明政府干预外汇市场、稳定汇率的能力越强，因此，国际储备增加能加强外汇市场对本国货币的信心，从而有助于本国货币币值的上升；反之，国际储备下降则会引起本国货币币值的下跌。

第三节 外汇市场的交易方式

在外汇市场上，由于交易动机、技术手段、政府管制程度的不同，从而形成了不同的交易方式。其中，传统的交易方式有即期外汇交易、远期外汇交易、套汇交易、套利交易、掉期交易以及套期保值交易，新型的交易方式有外汇期货交易以及外汇期权交易。本节主要介绍传统的交易方式，外汇期货交易和外汇期权交易将在第五章中介绍。

一、即期外汇交易

（一）即期外汇交易的定义

即期外汇交易（spot exchange transaction）又称现汇交易，指外汇交易双方买卖成交后，立即或在两个营业日内办理交割的外汇交易。

按照国际惯例，居民和旅客的外币现钞、旅行支票及其他小额交易大多在当日成交，当日交割；而银行间的外汇买卖通常在交易成交后两个营业日内完成交割。

（二）即期外汇交易的作用

即期外汇交易是外汇市场上最普遍的一种交易方式，其作用如下：

（1）通过货币兑换，在最短时间内实现购买力的国际转移。

（2）满足外汇银行、客户调整外汇头寸，保持外汇头寸平衡而避免汇率波动风险的需要。

（3）为投机活动提供便利。投机者可以通过即期外汇交易或即期外汇交易和其他交易的组合来谋取投机利润。

二、远期外汇交易

（一）远期外汇交易的定义

远期外汇交易（forward exchange transaction）又称期汇交易，是指交易双方先签订合同，规定交易的币种、数额、汇率以及交割的时间等，并于将来某个约定的时间进行交割的一种方式。

远期外汇交易的期限一般为1个月、3个月、6个月和9个月，也可以长达12个月，还有期限在1年以上的超远期外汇交易。远期外汇交易的交割日通常是合同到期后的第二个营业日。例如某3个月远期外汇合约订立于1月1日，若4月1日和4月3日是营业日的话，则合约到期日为4月1日，交割日为4月3日。表4-2显示了2022年7月21日中国银行人民币远期外汇牌价。

表4-2　2022年7月21日中国银行人民币远期外汇牌价

单位：人民币/100美元

货币名称	货币代码	交易期限	买入价	卖出价	中间价	汇率日期
美元	USD	1周	674.65715	677.75715	676.20715	2022-07-21
美元	USD	1个月	674.183	677.453	675.818	2022-07-21
美元	USD	2个月	673.671	676.941	675.306	2022-07-21
美元	USD	3个月	672.9905	676.3105	674.6505	2022-07-21
美元	USD	4个月	672.0984	675.4184	673.7584	2022-07-21
美元	USD	5个月	671.407	674.727	673.067	2022-07-21
美元	USD	6个月	670.72	674.04	672.38	2022-07-21
美元	USD	7个月	669.97475	673.49475	671.73475	2022-07-21
美元	USD	8个月	669.3582	672.8782	671.1182	2022-07-21
美元	USD	9个月	668.75	672.27	670.51	2022-07-21
美元	USD	10个月	668.352	671.972	670.162	2022-07-21
美元	USD	11个月	667.97425	671.59425	669.78425	2022-07-21
美元	USD	1年	667.635	671.255	669.445	2022-07-21

资料来源：http：//www.boc.cn.

（二）远期外汇交易的类型

远期外汇交易按照交割日期是否固定，可以分为固定交割日的远期交易和选择交割日的远期交易。

固定交割日的远期交易是指事先具体规定交割日期的远期外汇买卖。

选择交割日的远期交易又称择期交易，其特点是买卖双方在成交远期交易时，事先确定成交价格，规定一个期限，买卖双方可以在这个期限内任何一天进行交割。由于择期交易在交割日上对客户较为有利，因此，银行在择期交易中选择的是对客户相对不利的汇率，也就是说，银行将选择从择期开始到结束期间最不利于客户的汇率作为择期交易的汇率。

（三）远期外汇交易的作用

远期外汇交易为使用者提供了一种简便的保值手段和从汇率变动中获利的机会。远期外汇交易的作用具体体现在以下方面：

（1）进出口商可利用远期外汇交易防范汇率变动的风险，达到保值的目的；

（2）有利于外汇银行平衡外汇头寸，化解由于与客户外汇交易形成的敞口头寸的汇率风险，通过远期外汇交易将不同期限不同货币的敞口头寸补进或抛出，实现头寸的平衡；

（3）有利于投资者规避金融投资活动面临的汇率风险；

（4）为外汇投机活动提供了可能性。

三、套汇交易

（一）套汇交易的定义

套汇交易（arbitrage transaction）是指利用两个或两个以上外汇市场在同一时点某些货币汇率的差异进行外汇买卖，从中套取差价利润的交易方式。

由于空间的分割，不同的外汇市场对影响汇率诸因素的反应速度和反应程度不完全一样，因而在不同外汇市场上，同一种货币汇率有时可能会出现差异，这种短暂的差异为套汇者提供了机会。套汇者会在货币价格较低的外汇市场上买入该种货币，在货币价格较高的市场上卖出该种货币，从中赚取差价利润。在套汇者套汇交易的作用下，同一货币在不同外汇市场的汇率差异会逐渐减少，直至消失。

（二）套汇交易的类型

套汇交易有直接套汇和间接套汇两种形式。

1. 直接套汇

直接套汇又称双边套汇或两地套汇，是指套汇者利用同一时点两个不同地点外汇市场所报出的同样的两种货币汇率之间的差异，同时在这两个市场上贱买贵卖，从中赚取差价利润的交易行为。

【例4-5】假设某时纽约和多伦多外汇市场的行情如下：

纽约外汇市场：USD 1 = CAD 1.2598 ~ 1.2602

多伦多外汇市场：USD 1 = CAD 1.2612 ~ 1.2626

显然，美元在多伦多外汇市场上的汇率高于在纽约外汇市场上的汇率，套汇者可以在纽约外汇市场上买入美元，同时在多伦多外汇市场上售出美元。例如套汇者可以在纽约外汇市场上支付126.02（=100×1.2602）万加拿大元，买入100万美元，同时，在多伦多外汇市场上售出100万美元，获得126.12（=100×1.2612）万加拿大元，若不考虑套汇费用，套汇收益为0.1（=126.12-126.02）万加拿大元。

在进行直接套汇时，如果两个外汇市场均采用同一标价法，要将其中一个市场上的标价法折算成另外一种标价法，有助于快速判断是否存在套汇机会。

2. 间接套汇

间接套汇又称为三角套汇、三地套汇或交叉套汇，是指套汇者利用同一时点3个或3个以上不同地点外汇市场出现的汇率差异在多个市场多种货币之间进行贱买贵卖从中赚取差价利润的行为。

间接套汇的前提是三地市场的汇率不均衡，存在差价。判断是否存在间接套汇机会的方法是汇价积数判断法，其操作步骤为：

（1）将各个外汇市场的标价统一为直接标价法或间接标价法；

（2）将最前面的货币单位设置为1，连乘对应汇率，得到汇价积数；

（3）如果汇价积数为1或接近于1，表明各外汇市场的汇率均衡或无差价，若汇价积数不等于1且与1的偏差较大，表明各市场汇率不均衡或存在差价，可以进行套汇。

【例4－6】若某一时间纽约、伦敦、巴黎3个外汇市场的行情如下：

纽约外汇市场：EUR 1 = USD 0.8313/26

伦敦外汇市场：GBP 1 = USD 1.6980/95

巴黎外汇市场：EUR 1 = GBP 0.5543/47

判断三地是否存在套汇机会，如果存在套汇机会，某套汇者用100万美元进行套汇，他将如何套汇，不考虑其他成本的情况下，获利情况如何？

首先，将各个外汇市场的标价统一为间接标价法，将纽约外汇市场的汇率换成间接标价法：USD 1 = EUR 1.2011/29

汇价积数 $= 1 \times 1.2011 \times 0.5543 \times 1.6980 = 1.1305 \neq 1$

结果表明，3个市场汇率不均衡，可以进行套汇交易。

其次，套汇者可以在纽约外汇市场上卖出100万美元买进欧元，同时在巴黎外汇市场上卖出欧元买进英镑，并在伦敦外汇市场上卖出英镑买回美元。套汇者获得的套汇收入为113.05（$=100 \times 1.2011 \times 0.5543 \times 1.6980$）万美元。若不考虑套汇交易费用，套汇利润为13.05（$=113.05-100$）万美元。

由于通信手段日趋先进，信息高速流动，各地外汇市场之间的汇率差异日趋缩小，外汇市场上汇率之间出现差异总是偶然的、暂时的，通过套汇交易，这种差异很快就会消失，使各种外汇处于供求平衡状态。

四、套利交易

（一）套利交易的定义

套利交易（interest arbitrage transaction）是指利用不同国家或地区短期利率的差异，将资金由利率较低的国家或地区转移到利率较高的国家或地区，以从中获得利息差额收益的一种外汇交易。

（二）套利交易的类型

套利交易根据其操作方式可以分为不抛补套利（uncovered interest arbitrage）和抛补套利（covered interest arbitrage）。

1. 不抛补套利

不抛补套利又称非抵补套利，是单纯地将低利率货币资产替换成高利率货币资产以谋取利息差额的行为。由于套利者在套利的同时没有采用远期外汇交易来保值，因此需要承担汇率变动的风险。

例如，某时美国 3 个月期国库券的年利率为 2%，而英国 3 个月期国库券的年利率为 4%。那么，对于美国投资者而言，就可以做一笔不抛补的套利交易，先在即期外汇市场上买入英镑，然后再购入英国国库券取得 3 个月后国库券到期时 2% 的利息差收益。

不抛补套利的问题在于美国投资者可能要在英国国库券期满后再将投资收益换回美元，这时投资者便要承担汇率变动的风险。

如果投资期满，英镑升值或贬值但贬值导致的损失比利差收益要小时，该投资者最终会获得盈利；如果英镑贬值，且贬值的幅度很大以至于贬值造成的损失比利差收益还要大，那么该投资者最终会遭受损失；如果英镑贬值，且贬值造成的损失正好等于利差收益，那么该投资者既无损失也无利差收益；如果投资期满，英镑对美元的汇率不变，那么该投资者会获得利差收益。

2. 抛补套利

抛补套利又称抵补套利，是指在即期外汇市场上购入利率较高货币资产以获取利息差收益的同时，在远期外汇市场抛出与所购资产币种相同、期限相同且数额相当于所购资产本息的远期外汇以规避汇率风险的行为。

抛补套利与不抛补套利的根本区别是前者规避了汇率风险，而后者要承担汇率风险。

【例 4-7】某日纽约外汇市场报出的行情为：

即期汇率　　GBP 1 = USD 1.4013/21

一年期远期汇率贴水　　200/190

此时伦敦的利率水平为年利率 5%，纽约的年利率为 3%。

如果美国的投资者既想利用这次机会套利，又不愿意承担汇率风险，其可以先在即期外汇市场购入英镑，然后投资于英镑资产，同时在远期外汇市场上抛出最终可收回的全部英镑，也就是做一笔抛补套利。

美国投资者可以先付出 140.21（= 100 × 1.4021）万美元，获得 100 万英镑，并投资于英镑资产，期限一年。同时该投资者在远期外汇市场上抛出 1 年期的英镑期汇，若不考虑套利交易费用，最终可获得套利收益：

100 万 × (1 + 5%) × (1.4013 − 0.02) − 140.21 万 × (1 + 3%) = 6202（美元）

投资者在判断市场是否存在套利机会时，可比较利差和高利率货币相同期限的远期贴水率。高利率货币的远期贴水率为 $(F-S)/S$，式中，F 为高利率货币的远期汇率，S 为高利率货币的即期汇率。

由于高利率货币远期贴水会削减套利收益，因此，当利差大于高利率货币远期贴水率的绝对值时，表明存在抛补套利机会；否则，不存在抛补套利机会。当然，如果高利率货币远期升水，抛补套利机会更是存

在。上例中，高利率货币的远期贴水率为 1.48%（= | 1.4013 - 0.0200 - 1.4021 | /1.4021），小于2%的利差，所以可以进行套利。

五、掉期交易

（一）掉期交易的定义

掉期交易（swap transaction）是指同时买进和卖出同种货币、同额度但不同交割期的外汇交易。掉期交易的特点是买卖同时进行、买卖同种货币、买卖数额基本相同，只是交割期不同。交易者进行掉期交易的目的主要是规避汇率风险。

（二）掉期交易的类型

掉期交易可以分为即期对远期掉期交易（spot - forward swaps）和远期对远期掉期交易（forward - forward swaps）。

1. 即期对远期掉期交易

即期对远期掉期交易是掉期交易中最常见的形式，是指在即期外汇市场上买进（或卖出）一种货币的同时，在远期外汇市场上卖出（或买进）数额基本相同的同种货币。

在实际操作中，常见的即期对远期的掉期交易有以下 3 种：

（1）即期对次日掉期（Spot/Next，S/N）：前者交割日在即期，后者交割日安排在次日的掉期交易。

（2）即期对一周掉期（Spot/Week，S/W）：前者交割日在即期，后者交割日安排在一周后的掉期交易。

（3）即期对整数月掉期：前者交割日在即期，后者交割日安排在 1 个月、2 个月、3 个月或 6 个月等整数月的掉期交易。

【例 4 -8】中国香港某投资商欲向美国进行 1 个月投资，投资额为 100 万美元。当时中国香港外汇市场的行情如下：

即期汇率　　USD 1 = HKD 7.7536/58

1 个月远期汇率　　　　　　40/30

此投资商在即期外汇市场上付了 775.58（=100×7.7558）万港元购入 100 万美元，同时此投资商为了保证本金的安全，在远期外汇市场上卖出 1 个月的 100 万美元的远期外汇合约，做了一笔即期对远期的掉期交易来规避汇率风险。该投资者在进行掉期交易时的损失为：

775.58 万 - 100 万 ×（7.7536 - 0.0040）= 6200（港元）

上述这笔掉期交易的净结果为亏损，但当我们考虑到此投资者的投资收益时，综合核算下来不一定亏损，这样，该投资者以确定的较小代价保证了预计投资收益不因汇率波动而遭受损失。

2. 远期对远期掉期交易

远期对远期掉期交易是指在远期外汇市场上同时买进和卖出同种货币、相同金额、不同交割期限的远期外汇。

【例 4-9】 某美国公司从英国进口设备，3 个月后将支付 100 万英镑，同时该公司向英国出口产品，1 个月后收入 100 万英镑。目前，该公司面对的汇率如下：

即期汇率	GBP 1 = USD 1.4073/86
1 个月远期汇率	GBP 1 = USD 1.4053/71
3 个月远期汇率	GBP 1 = USD 1.4028/46

如果该美国公司想通过远期对远期的掉期交易来规避汇率风险，其可购入 3 个月期的 100 万远期英镑，同时出售 1 个月期的 100 万远期英镑。

1 个月后该美国公司卖出 100 万英镑，可获得 140.53（=100×1.4053）万美元，3 个月后该美国公司买入 100 万英镑，需支付 140.46（=100×1.4046）万美元，在这笔远期对远期的掉期交易中，该美国公司获得的收益为 700（=140.53 万 - 140.46 万）美元，同时还锁定了 1 个月期和 3 个月期远期英镑的汇率，避免了汇率波动的风险。

六、套期保值交易

套期保值交易（hedging transaction）是指为了对预期的外汇收入或支出、外币资产或负债保值而进行的交易。也就是在有预期外汇收入或外币资产时卖出一笔金额相等的同一外币的远期，或者在有预期外汇支出或外币债务时买入一笔金额相等的同一外币的远期，以达到保值的目的。

套期保值的原则是交易方向相反，货币种类相同、数量相等、月份相同或相近。

【例4－10】 中国某出口商向英国出口300万英镑的货物，预计3个月后收回英镑货款。假设当天的外汇市场行情为：

即期汇率　　　　GBP 1 ＝ CNY 9.0287～9.0952

3个月远期汇率　　GBP 1 ＝ CNY 8.9536～9.0468

现在300万英镑可以兑换成2708.61万（300万×9.0287）元人民币。

假设3个月后英镑对人民币的汇率下跌为GBP 1 ＝ CNY 8.9210～8.9624。

如果中国出口商不进行套期保值，3个月后收到300万英镑，按3个月的即期汇率，可以收回2676.3（＝300×8.9210）万元人民币。由于汇率波动，中国出口商损失32.31（＝2708.61－2676.3）万元人民币。

如果中国出口商通过远期外汇交易来进行套期保值，在外汇市场上卖出3个月期的300万远期英镑。3个月后收到的300万英镑可以兑换成2686.08（＝300×8.9536）万元人民币，比不采取套期保值多获得9.78（＝2686.08－2676.3）万元人民币，达到了降低汇率波动带来的损失的目的。

除了可以利用远期外汇交易达到套期保值的目的外，交易者还可以利用外汇期货合约达到套期保值的目的。

拓展知识[4-4]

2020 年境内人民币外汇交易

我国境内银行间外汇市场交易主体逐步丰富，截至2020年末，共有人民币外汇即期会员735家，远期、外汇掉期、货币掉期和期权会员分别为266家、259家、213家和163家，人民币外汇即期做市商30家，远掉期市场做市商27家。境内银行间外汇市场平稳运行，产品结构总体稳定，全年人民币外汇成交折合25.40万亿美元，同比增长1.6%，日均成交折合1045.26亿美元。其中，人民币外汇即期成交折合8.38万亿美元，同比增长5.6%；人民币外汇掉期交易成交折合16.32万亿美元，同比下降0.2%，其中隔夜美元掉期成交折合9.45万亿美元，占掉期总成交额的57.9%；货币掉期成交202.04亿美元，同比下降60.6%；人民币外汇远期成交折合1043.57亿美元，同比增长37.4%；人民币外汇期权成交5666.57亿美元，同比下降2.5%。

资料来源：中国人民银行.2021年人民币国际化报告[R/OL].[2021-09-18] http://www.pbc.gov.cn/goutongjiaoliu/113456/113469/4344602/2021091818083774334.pdf.

阅读材料[4-1]

2021 年我国外汇收支情况

2021年我国外汇市场运行总体平稳，人民币汇率在合理均衡水平上保持基本稳定，全年表现相对稳健。

2021年，在我国经济持续稳定恢复的支撑下，国际收支延续基本平衡格局。2021年经常账户保持合理均衡的顺差格局。2021年，经常账户顺差3173亿美元，与GDP之比为1.8%，处于合理均衡区间。我国经常账户运行稳健主要得益于两方面因素：一是国内产业链供应链优势继续发挥作用，外贸提质增效成果显现。当前，我国贸易伙伴日趋多元化、出口商品结构不断优化、外贸经营主体活力增强，是推动货物贸易平稳增长的内在动力。二是全球疫情对服务贸易进口的抑制作用仍在持续。2021 年，境外疫情反复，跨境人员流动受阻，决定服务贸易状况的旅行等消费支出继续下降，服务贸易逆差维持低位。2021 年，跨境双向投融资持续活跃。从来华各类投资看，2021 年合计净增加 6616 亿美元，主要源自外商来华直接投资和外资购买人民币资产。其中，来华直接投资较 2020 年增长 32%，创历史新高，说明我国良好的经济发展前景对境外长期资本具有较强吸引力。从对外各类投资看，2021 年合计净增加 6234 亿美元，主要是在境内外汇流动性较充裕的情况下，境内主体增加了在境外的投资和存款等活动。在国际收支总体平衡的情况下，外汇储备规模稳定在 3.2 万亿美元左右。

人民币汇率继续保持弹性。2021 年末，人民币对美元汇率中间价为 6.3757 元/美元，较 2020 年末升值 2.3%，境内市场（CNY）和境外市场（CNH）即期交易价分别累计升值 2.7% 和 2.2%。境内外市场维持窄幅价差，日均价差 58 个基点，低于 2020 年全年日均价差（94 个基点）。2021 年年内汇率双向波动明显，1—3 月区间震荡，4—5 月升值，6—8 月贬值，此后在波动中总体有所升值。2021 年全年，人民币对美元汇率在合理均衡水平上保持基本稳定，成为对美元保持稳健的少数货币。与此同时，人民币汇率继续保持弹性。人民币汇率以市场供求为基础，市场预期总体平稳，继续保持双向浮动。2021 年末，境内、外市场人民币对美元汇率 1 年期历史波动率分别为 2.8% 和 3.6%，期权市场隐含波动率分别为 4.8% 和 5.0%，均较 2020 年有所下降。

总的来看，一个更有韧性、更加成熟的外汇市场已经渐渐形成，未来外汇市场将进一步巩固和呈现总体平衡、双向波动的特征。

资料来源：国家外汇管理局. 2021 年中国国际收支报告[R/OL]. [2022-03-25]. http://www.safe.gov.cn/safe/2022/0325/20772.html.

本章小结

1. 外汇市场以外汇银行为中心，由外汇需求者、外汇供给者以及买卖中介机构构成，既指外汇买卖的场所，也指外汇买卖的交易网络，是国际金融市场的重要组成部分。

2. 外汇市场的交易可以分为3个层次：外汇银行与客户之间的外汇交易；外汇银行同业之间的外汇交易；中央银行与外汇银行或他国中央银行之间的外汇交易。

3. 按照交割期限长短的不同，外汇市场可分为即期外汇市场和远期外汇市场。

4. 由于确定标准的不同，产生了两种不同的外汇汇率标价方法，即直接标价法和间接标价法。

5. 基本汇率是指本国货币与外国某种关键货币的汇率，关键货币是国际交易中被广泛运用和持有的货币。至于其他外国货币与本国货币之间的汇率则可由基本汇率套算出来。套算出来的汇率就是套算汇率，又称交叉汇率。

6. 即期外汇交易又称现汇交易，指外汇交易双方买卖成交后，立即或在两个营业日内办理交割的外汇交易。

7. 远期外汇交易又称期汇交易，是指交易双方先签订合同，规定交易的币种、数额、汇率以及交割的时间等，并于将来某个约定的时间进行交割的一种方式。

8. 套汇交易是指利用两个或两个以上外汇市场在同一时点某些货币汇率的差异进行外汇买卖，从中套取差价利润的交易方式。

9. 套利交易是指利用不同国家或地区短期利率的差异，将资金由利率较低的国家或地区转移到利率较高的国家或地区，以从中获得利息差额收益的一种外汇交易。套利交易根据其操作方式可以分为不抛补套利和抛补套利。

10. 掉期交易是指同时买进和卖出同种货币、同额度但不同交割期的外汇交易。掉期交易可以分为即期对远期掉期交易和远期对远期掉期交易。

11. 套期保值交易是指为了对预期的外汇收入或支出、外币资产或负债保值而进行的交易。也就是在有预期外汇收入或外币资产时卖出一笔金额相等的同一外币的远期，或者在有预期外汇支出或外币债务时买入一笔金额相等的同一外币的远期，以达到保值的目的。

关键概念

汇率　直接标价法　间接标价法　基本汇率　套算汇率　即期外汇交易　远期外汇交易　套汇交易　套利交易　掉期交易　套期保值交易

习　题

1. 采用直接标价法时，远期汇率高于即期汇率称为外汇汇率（　　）。

A. 升水　　　　B. 贴水

C. 平价　　　　D. 不能确定

2. 下列关于远期汇率的计算方法，正确的是（　　）。

A. 在直接标价法下，升水时的远期汇率等于即期汇率减去升水额

B. 在直接标价法下，升水时的远期汇率等于即期汇率加上升水额

C. 在间接标价法下，升水时的远期汇率等于即期汇率加上升水额

D. 在间接标价法下，贴水时的远期汇率等于即期汇率减去贴水额

3. 利率对汇率变动的影响是（　　）。

A. 国内利率上升，则本国汇率上升

B. 国内利率下降，则本国汇率下降

C. 需比较国内外的利率和通货膨胀率后确定

D. 利率对汇率的影响是长期的

4. 即期汇率 GBP 1 = USD 1.3540/50，3 个月掉期率 60/85，则

GBP/USD 3 个月期远期汇率为（　　）。

A. 1.3560/85　　B. 1.3465/80

C. 1.3600/35　　D. 1.3614/20

5. 外汇市场上，当交易者既想获得高利率资产收益，又不想承担汇率风险时，他可以做（　　）。

A. 不抛补套利交易　　B. 抛补套利交易

C. 套期保值交易　　D. 套汇交易

6. 外汇市场的参与者包括（　　）。

A. 中央银行　　B. 持有外汇的个人

C. 外汇银行　　D. 外汇经纪人

7. 套汇者如何判断外汇市场上是否存在间接套汇的机会？

8. 影响汇率变动的主要经济因素有哪些？

9. 如果中国某投机商预期美元将大幅升值，于是买入了 3 个月的 200 万美元期汇，现在 3 个月期美元远期外汇合约的汇率为 USD 1 = CNY 6.2175 ~ 6.2547。

（1）如果该投机商预测正确，3 个月后美元的即期汇率为 USD 1 = CNY 6.3977 ~ 6.4233，则该投机商可以获得多少利润？

（2）如果该投机商预测错误，3 个月后美元的即期汇率为 USD 1 = CNY 6.2082 ~ 6.2233，则该投机商的盈亏状况如何？

10. 假设纽约市场上年利率为 4%，伦敦市场上年利率为 2%，即期汇率为 GBP 1 = USD 1.6025/35，3 个月掉期率为 30/50。若一位投资者拥有 100 万英镑，应投放在哪个市场上较有利？请说明投资、避险的操作过程及获利情况。

11. 某个中国香港进口商从日本进口一批商品，日本厂商要求中国香港进口商在 3 个月后支付 1 亿日元的货款。当时外汇市场的行情为：

即期汇率	HKD 1 = JPY 13.570 ~ 13.573
3 个月远期汇率	160/120

(1) 若中国香港进口商现在不采取保值措施，而是到3个月后支付1亿日元，则到时需要支付多少港元？假如3个月后港元对日元的即期汇率为 HKD 1 = JPY 13.550 ~ 13.553。

(2) 若中国香港进口商现在采取套期保值措施，应该如何进行？3个月后其实际支付多少港元？

第五章

金融衍生工具市场

随着金融自由化、金融全球化以及信息技术的不断发展，传统的金融工具已经不能满足人们的投资及避险需要。由此，种类繁多的金融衍生工具相继产生。实际上，自衍生工具诞生以来，其内涵和外延就无时无刻不处在动态的变化和发展中，尤其是在20世纪80年代之后，金融创新使得衍生工具市场得以通过进一步的衍生、分解和组合，形成无数新的产品或工具。

学习目标

1. 掌握金融衍生工具的定义、特征及分类
2. 掌握远期利率协议结算金额的计算
3. 掌握金融期货的定义、种类及套期保值交易策略
4. 掌握金融期权的定义、种类及交易策略
5. 掌握金融互换的定义、种类及交易过程

第一节　金融衍生工具市场概述

一、金融衍生工具市场的定义

金融衍生工具（financial derivative instrument）是指以杠杆或信用交易为特征，以货币、债券、股票等传统金融工具为基础而衍生的金融工具或金融商品。它既指一类特定的交易方式，也指由这种交易方式形成的一系列合约。金融衍生工具市场是以货币市场、外汇市场、证券市场为基础派生出来的金融市场，其交易对象是各类金融衍生工具。

金融衍生工具市场是实现风险转移、价值发现及投机等功能的重要场所，其主要参与者可分为套期保值者（通过把现货市场和金融衍生工具市场的交易结合起来，规避现货市场的价格风险）、投机者（通过对金融衍生工具价格的未来走势进行判断和分析，采取相应的交易行为，若预测正确则获利，否则亏损）以及套利者（利用同种金融衍生工具在不同市场之间、不同交割期之间，或者同一市场、同一交割期的不同合约之间暂时不合理的价格关系，通过买进或卖出合约赚取差价收益）。

二、金融衍生工具的特征

与传统金融工具相比，金融衍生工具具有以下特征。

（一）依存于传统金融工具

金融衍生工具是货币、债券、股票等传统金融工具发展到一定阶段的产物，它总是以某种或某几种传统金融工具作为基础，传统金融工具的价格支配着金融衍生工具价格的变化。

（二）杠杆式的信用交易

大多数金融衍生工具的交易并不真正进行现货的交割与结算，通常以缴纳保证金的方式来获取某项基础资产的所有权。这样，交易双方在缴纳少量保证金的前提下就可实现大笔金融资产权利与义务的转让。高杠杆能够放大投资收益，也会放大投资损失，也就是说会增加投资风险。

（三）产品结构的复杂性

金融衍生工具的设计初衷是规避交易的不确定性，降低投资风险，风险的多样性决定了金融衍生工具的多样性。每种金融衍生工具使用者的风险敞口和风险承受能力均不一致，导致金融衍生工具在设计层面上丰富的组合变化。复杂的金融衍生结构让投资者模糊了收益与风险的界限，使得投资者不明就里地成为高风险的承担者。

三、金融衍生工具的种类

随着金融创新的发展，越来越多的金融衍生工具相继出现，我们可以按照不同的标准对其进行分类。其中，最常见的两种分类方法为按衍生的基础工具分类以及按交易方式分类。

（一）按衍生的基础工具分类

根据金融衍生工具所依附的基础工具，金融衍生工具可以分为以下

3 种类型：

1. 货币衍生工具

货币衍生工具是以各种货币为基础工具的金融衍生工具，主要包括远期外汇合约、外汇期货、外汇期权、货币互换以及上述合约的混合交易方式。

2. 利率衍生工具

利率衍生工具是以利率或利率的载体为基础工具的金融衍生工具，主要包括远期利率协议、利率期货、利率期权、利率互换以及上述合约的混合交易方式。

3. 股权衍生工具

股权衍生工具是以股票或股票指数为基础工具的金融衍生工具，主要包括股票期货、股票期权、股票指数期货、股票指数期权以及上述合约的混合交易方式。

（二）按交易方式分类

国际清算银行（BIS）按照金融衍生工具的交易方式，将其分为金融远期、金融期货、金融期权以及金融互换 4 种，这也是金融衍生工具最基本、最常见的分类方式。

1. 金融远期

金融远期是最为简单的金融衍生工具，主要包括远期利率协议和远期外汇合约。

2. 金融期货

金融期货主要包括外汇期货、利率期货和股票指数期货。

3. 金融期权

金融期权是期权的一种，是以金融工具为标的物的期权交易方式。金融期权可分为现货期权和期货期权。

4. 金融互换

金融互换主要分为货币互换和利率互换。

拓展知识[5-1]

中国金融衍生品市场步入"期权时代"

2019年，在股指期货交易起步近10年后，中国金融衍生品市场步入"期权时代"。12月23日，沪深300股指期权合约在中国金融期货交易所上市交易，沪深两大交易所也同时上线沪深300ETF期权交易，标志着中国资本市场期权产品创新呈现"加速"状态。

中国证监会副主席方星海表示，推出股指期权交易，对健全资本市场基础制度和产品布局具有深远意义。股指期权功能充分发挥后，能够反映标的指数波动率，帮助投资者灵活调整投资组合的风险收益结构，丰富交易策略，有助于为股票市场引入不同风险偏好的投资者。

截至12月23日，3770多家上市公司登陆A股，总市值超过57万亿元人民币，流通市值超过46万亿元。体量庞大的现货市场，要求配置制度完善的风险管理体系和品种丰富的期货、期权市场。自2010年沪深300股指期货上市开创中国金融衍生品市场以来，近10年间，内地唯一的金融期货交易所已陆续上市中证500、5年期国债等6个金融期货产品，为投资者提供了规范、透明、高效的风险对冲手段。

在此基础上，全新亮相的股票股指期权为中国资本市场投资者提供了新的风险管理工具选择。

中国金融期货交易所期权事业部负责人王琦表示，期权本质上是资产价格保险，买方支付权利金相当于支付"保险费"，可以规避市场波动对其资产组合的不利影响，同时不放弃资产组合获得收益的可能。

方星海说，借鉴国际成熟市场经验，结合中国实际，近年来中国衍生品市场正着力做好“一个扩面、两个加深”：扩大期货和衍生品对基础资产的覆盖面，加大产品的供给；深化产品类型，每一类的基础资产既要有期货，也要有期权；深化投资者参与，既培育和发展国内产业和机构投资者，也吸引境外投资者广泛参与中国境内期货市场。

资料来源：http：//www.xinhuanet.com/fortune/2020－01/10/c_1125 446820.htm.

第二节 金融远期市场

金融远期（financial forwards）全称金融远期合约，简称远期，是指交易双方达成的，在将来某一特定日期按照事先商定的价格，以预先确定的方式买卖某种金融资产的合约。金融远期合约主要包括远期利率协议和远期外汇合约。金融远期市场就是签署金融远期合约并进行结算或交割的市场。

金融远期交易通常发生在两个金融机构或金融机构与其客户之间，是一种场外交易，交易的基础资产（underlying asset）、交割日期（delivery date）、交割价格（delivery price）由买卖双方直接商定，因而是一种非标准化的合约。

一、远期利率协议

远期利率协议（Forward Rate Agreements，FRAs）最早于1983年由伦敦的银行推出，目前，伦敦市场仍然是FRAs的交易中心。

（一）远期利率协议的定义

远期利率协议是一种利率的远期合约，买卖双方商定将来一定时间的协议利率并规定以何种利率为参照利率，在将来的结算日，按照规定的期限和本金额，由一方向另一方支付参照利率和协议利率利息差额的贴现金额。

远期利率协议是为了避免利率波动的风险而设计的。远期利率协议的买方为名义借款人，其订立远期利率协议的主要目标是规避利率上升的风险；远期利率协议的卖方为名义贷款人，其订立远期利率协议的主要目标是防范利率下跌的风险。之所以称为“名义”，是因为借贷双方不必交换本金，只是在结算日根据协议利率和参照利率之间的差额以及名义本金额，由一方向另一方支付一定数量现金。

（二）远期利率协议的重要术语

为了规范远期利率协议，英国银行家协会（BBA）于1985年颁布了远期利率协议标准化文件（FRABBA），这一文件除建立规范的法律文本外，还对远期利率协议所涉及的基本术语进行了规范，主要包括以下条款：

1. 合同金额（contract amount）

合同金额是指借贷的名义本金额，是双方约定要交易的金额。该金额不必真实交换，只是双方计算利差的基础。

2. 合同货币（contract currency）

合同货币是指合同金额的货币币种。

3. 交易日（dealing date）

交易日是指签订远期利率协议的日期。

4. 起算日（commencement date）

起算日是指签订协议后，正式开始计算时间的日期，是交易日2天之后的日期。

5. 结算日（settlement date）

结算日又称交割日、起息日，是交易一方向另一方交付结算金额的日期，也是名义借贷开始的日期。

6. 确定日（fixing date）

确定日又称基准日（以该日的利率为参照利率），是结算日前两天的工作日，若遇非工作日，则向前延伸。

7. 到期日（maturity date）

到期日是指远期利率协议所规定的名义借贷到期的日期。

8. 协议期限（contract period）

协议期限是指名义借贷的期限。

9. 协议利率（contract rate）

协议利率是交易双方商定的对合同金额的计息基础，交易双方使用这一利率进行保值。

10. 参照利率（reference rate）

参照利率又称结算利率，是指在确定日确定的协议期限内的市场实际利率。

11. 结算金额（settlement sum）

结算金额是指在结算日，根据协议利率和参照利率之间的差额计算出来，由交易一方付给另一方的金额。

远期利率协议在实际交易过程中，交易日、确定日、结算日、到期日如遇法定节假日需前移或后移。远期利率协议中涉及的各个时间点之间的关系如图 5－1 所示。

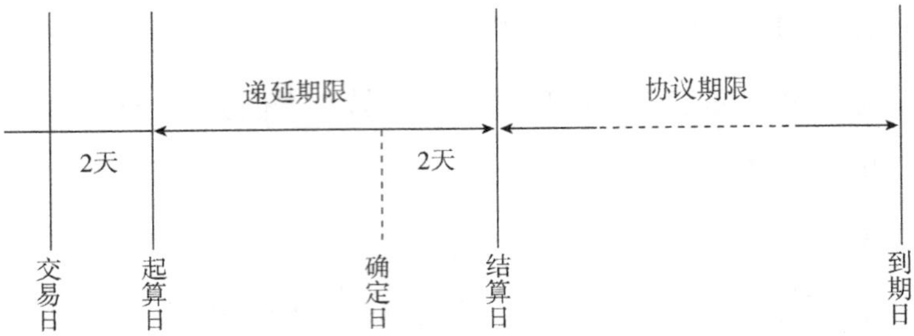

图 5－1　远期利率协议的各个时间点

（三）远期利率协议的标价方法

远期利率协议的标价针对不同期限、不同参照利率标出不同的收益率作为买卖价格。

例如银行报价“FRAs 1 ×4 Libor 4. 35”，表示的是一份 1 个月对 4 个月的远期利率协议。该协议期限从起算日后的第一个月开始，到起算日后的第四个月结束，也就是期限为 3 个月，参照利率为 Libor，协议利率为 4. 35%。若该份协议于 2016 年 4 月 5 日成交，则当天为该协议的交易日，该协议的起算日为 2016 年 4 月 7 日。2016 年 4 月 7 日后的 1 个月，即 2016 年 5 月 9 日为该协议的结算日（2016 年 5 月 7 日是星期六），2016 年 5 月 6 日为该协议的确定日，以该日 3 个月 Libor 为参照利率。2016 年 8 月 8 日为该协议的到期日（2016 年 8 月 7 日是星期日）。协议期限为 92 天。远期利率协议与其他合约的结算方法不同，其在期初就进行结算，也就是在结算日就要交付利差。

通常银行会采用双重报价制，前边是银行较低的买价，后边是银行较高的卖价。例如银行报出“FRAs 美元 1 ×4 Libor 4. 30 ~4. 35”，表示这一份美元远期利率协议将于 1 个月后起息，4 个月后结束，以 Libor 为参照利率，银行愿以 4. 30% 的利率买进，以 4. 35% 的利率卖出。

（四）远期利率协议的结算

一般来说，实际借款利息是在贷款到期时支付的，但是在远期利率协议交易中，结算金额会在结算日（起息日）支付，因此，结算金额等于利息差额在结算日的贴现值。

$$\text{结算金额} = \frac{A \times (L - R) \times \dfrac{D}{B}}{1 + L \times \dfrac{D}{B}} \tag{5-1}$$

其中：A 为合同金额或名义本金额；L 为参照利率；R 为协议利率；D 为合约期限的天数；B 为年计息天数（美元为 360 天，英镑为 365 天）。

若 $L>R$，结算金额 >0，表示合约买方（多头）将从合约卖方（空头）那里收到结算金额，以弥补多头因利率上升遭受的损失。

若 $L<R$，结算金额 <0，表示合约买方（多头）将支付结算金额给合约卖方（空头），以弥补空头因利率下降而遭受的损失。

因此，在合约到期时，不管市场利率水平如何变动，远期利率协议都可以将多头和空头的成本和收益固定在协议利率水平上，从而规避利率波动的风险。

【例 5-1】2016 年某公司的财务经理有一笔 A 银行的 1000 万英镑的 Libor 关联贷款，3 个月后（6 月 1 日）需要展期 3 个月。由于担心到时贷款利率上升，贷款成本增加，他可以利用远期利率协议将贷款成本固定下来。

假设当时 A 银行报出的 3 个月对 6 个月远期利率协议的价格为 4.10% ~4.50%，公司财务经理从银行买入一份 1000 万英镑的 3 个月对 6 个月远期利率协议，买入价为 4.50%。假定 5 月 30 日（协议确定日）3 个月英镑的 Libor 为 4.80%，则该公司可以从购入的远期利率协议中得到 30 个基点的补偿。

若公司不购入远期利率协议，而是在 6 月 1 日直接向银行借入 1000 万英镑，则其将向银行支付利息：$10000000 \times 4.8\% / 4 = 120000$（英镑）。

但由于公司购买了远期利率协议，协议期限从 6 月 1 日至 9 月 1

日，则在6月1日，公司可收到银行支付的结算金额：

$$\frac{10000000 \times (4.80\% - 4.50\%) \times \frac{93}{365}}{1 + 4.80\% \times \frac{93}{365}} = 7551.48\ (\text{英镑})$$

结算金额在协议期限开始时收到，公司按4.80%的利率存3个月，则在9月1日可收到利息90.62（=7551.48×4.8%/4）英镑。这样公司向银行支付的实际利息为112357.9（=120000－7551.48－90.62）英镑，公司实际借款利率为4.5%（$=\frac{112357.9}{10000000}\times 4$），与远期利率协议的协议利率相同。

因此，由于公司担心未来利率上升使自己的贷款成本上升，通过购入远期利率协议，将贷款成本固定在了协议利率4.5%的水平上，规避了利率上升的风险。

（五）远期利率协议交易的优点

1. 可以规避利率风险

远期利率协议最重要的功能在于通过固定将来实际支付的利率而规避利率波动的风险。签订远期利率协议后，不管市场利率如何波动，协议双方将来收付的成本或收益总是固定在协议利率水平上。因此，当市场参与者预期利率会向不利的方向变动、希望确定未来利率或者希望对自己的部分金融头寸进行保值时可以进行远期利率协议交易。

2. 灵活性强

与金融期货、期权相比，远期利率协议具有简便、灵活、不需支付保证金等特点。而且远期利率协议无须在交易所成交，由交易双方直接签订，所以能满足交易双方的各种特殊需求，特别是对于没有利率期货合约的货币来说，远期利率协议非常具有吸引力。

3. 交易便利

由于远期利率协议交易的本金不用支付，利息按差额结算，资金流动量较小，可以减少商业银行同业账面往来金额。同时，远期利率协议也为银行提供了一种管理利率风险而无须通过大规模的同业拆借来改变其资产负债结构的有效工具。

二、远期外汇合约

远期外汇合约（forward foreign exchange contracts）是汇率的远期合约。交易双方在签订合约的时候，就确定好将来进行交割时的远期汇率，到期无论汇率如何变化，都应按此汇率交割。

进口商从签订进口合同到实际付汇，出口商从签订出口合同到实际收汇，要经历一段时间，在此期间，外汇汇率有发生变化的可能性，签订远期外汇合约，可以锁定远期外汇汇率，避免汇率波动的风险。

对于如何利用远期外汇合约规避汇率风险，参考本书第四章外汇市场相关内容。

第三节 金融期货市场

一、概述

（一）金融期货和金融期货市场的定义

期货合约（futures）是一种由期货交易所制定的标准化合约，是买卖双方分别向对方承诺在合约规定的未来某时间按约定价格买进或卖出一定数量某种资产的书面协议。绝大多数期货合约在到期前都通过一个反向交易实现对冲，只有极少数期货合约会持有到期进行实际交割。

期货合约根据其基础资产的不同被分为商品期货和金融期货。其中，商品期货是指标的物为实物商品的期货合约。商品期货历史悠久，种类繁多，主要包括农副产品、金属产品、能源产品等几大类。而金融期货（financial futures）是指以金融工具为标的资产的期货合约，主要有利率期货合约、外汇期货合约和股票指数期货合约3种。

金融期货市场是专门进行金融期货合约交易的场所，一般是指有组织、有严密规章制度的金融期货交易所，如芝加哥商品交易所、中国金融期货交易所等。

（二）期货合约与远期合约的主要区别

期货合约和远期合约虽然都是在交易时约定在将来某一时间按约定的条件买卖一定数量的某种标的资产的合约，但它们之间存在显著区别，归纳如表5－1所示。

表5－1　远期合约与期货合约的主要区别

区别	远期合约	期货合约
标准化程度不同	远期合约遵循契约自由的原则，合同中的相关条件由交易双方自行商定，因此，远期合约具有灵活性的优点。但由于交易者的需要千差万别，给远期合约的流通和转让带来困难，其二级市场不发达	期货合约是一种由期货交易所制定的标准化合约，对于交易资产的品种、质量等级、交易单位、交割时间等均有明确的标准，因此其灵活性稍显不足，但标准化却大大便利了期货合约的订立和转让，使期货合约有极强的流动性
交易场所不同	远期合约是双方谈判后自行签订的场外交易产品。因此，远期市场是一个无组织、分散、效率较低的市场	期货合约是一种集中在交易所内通过公开竞价进行交易的场内交易产品，一般不允许场外交易。因此，期货市场是一个有组织、有秩序、统一的市场
结算方式不同	远期合约绝大部分在到期时进行实际交割，在此期间均不进行结算	期货合约的结算有一套特定的制度，由结算公司集中结算。绝大部分期货合约在到期前平仓，不进行实物交割
违约风险不同	远期合约的履行仅以签约双方的信誉为担保，一旦对方无力或不愿履约时，另一方将承受损失，因此违约风险较大	期货合约的履行由期货交易所或清算公司提供担保。交易双方直接面对的都是交易所，即使一方违约，另一方也不会受到影响，因此，违约风险很小

续表

区别	远期合约	期货合约
合约双方关系不同	由于远期合约的违约风险主要取决于对方的信用程度，因此签约前必须对对方的信誉和实力等方面进行充分了解	期货合约的履行不取决于对方，而只取决于交易所或清算公司，因此不必了解对方的资信情况

（三）金融期货市场的主要功能

金融期货市场主要具有如下功能：

1. 转移价格风险功能

通过期货交易可以实现套期保值，使风险由套期保值者向投机者转移。期货的套期保值是指期货市场的交易者将期货交易与现货交易结合起来进行的一种交易策略，其目的是规避现货市场的价格风险。期货交易之所以具有套期保值功能，其根本原因在于期货价格和现货价格的趋同规律。套期保值者在期货市场和现货市场上持有数量相等、方向相反的头寸，当价格发生波动时，一个市场上的亏损会被另一个市场上的盈利对冲，从而规避了现货市场上的价格风险。

当套期保值者预测正确时，可规避风险，降低损失，用期货市场的盈利来弥补现货市场的亏损；但当套期保值者预测错误时，会丧失盈利机会，期货市场的亏损会减少现货市场的盈利。

2. 价格发现功能

首先，期货市场上会集了众多的买者和卖者，他们依据自己对市场的看法，做出买卖委托，并通过公开竞价进行交易，形成的价格反映了此瞬间市场对未来某一特定时间现货价格的平均看法，所以，期货价格是人们对现货价格未来走势的预期，通过期货价格的变化，人们可以判断现货价格的未来走势，这就是期货市场的价格发现功能。其次，严格的市场管理、迅捷的信息通信和国际化发展趋势，保证了期货市场能及时反映全球范围内的交易信息，充分发挥其价格发现功能。

3. 投机功能

期货市场上的投机者可以根据对期货价格变动趋势的预测，通过买入期货或者卖出期货进行投机。当投机者预测未来期货合约的价格将上升，便可先行买入期货合约做多；否则便做空。由于期货交易实行保证金制度，使得投机者仅用少量资金便可进行全额交易，杠杆效应在给投机者带来高收益的同时也带来了高风险。

二、利率期货市场

（一）利率期货合约的定义

利率期货合约（interest rate futures）是有利息的有价证券期货合约，利率期货交易指买卖双方按照事先约定的价格在期货交易所买进或卖出某种有息资产，而在未来一定时间内进行交割的一种金融业务。进行利率期货交易主要是为了固定资金的价格，得到预先确定的利率或收益。利率期货合约的基础资产可以是国库券、中长期国债、商业票据、定期存单等。

（二）利率期货合约的报价

1. 短期利率期货合约的报价

对于短期利率期货合约，如欧洲美元期货合约、美国短期国库券期货合约，采用的是指数式报价方法，即：

$$报价 = 100 - 利率的读数 \tag{5-2}$$

可见利率越低，报价越高；利率越高，报价越低。所以短期利率期货合约的价格并不是通常意义上的价格，它只不过是利率的另一种表达方式。

对于期限 90 天，面值 100 万美元的欧洲美元期货合约，报价每波动 1 个基点（1 个基点为年利率 1 个百分点的 1%，即 0.01%），则期货合约的价值变动 25（$=1000000\times0.01\%\times90/360$）美元，即每个基点价值 25 美元。

2. 中长期利率期货合约的报价

对于中长期利率期货合约，如美国中长期国债期货合约以及在中国金融期货交易所交易的国债期货合约，采用的是百元净价报价法，即按照百元面值国债的净价（不含持有期利息）报价。如某国债期货合约的报价为 97.335，表示面值为 100 元的国债价格为 97.335 元，为不含持有期利息的交易价格。

（三）利率期货的套期保值交易策略

套期保值者可以通过买卖利率期货合约来规避利率波动带来的风险。利率期货套期保值原理同其他期货一样，通过期货买卖抵消利率变动对现货交易可能造成的损失，即在现货市场和期货市场上同时对同一数额的有息金融资产进行方向相反的交易。由于当有息金融资产利率发生变动时，期货和现货利率一般同方向变动，因此在两个市场进行相反交易，盈亏可以互相抵消，从而起到保值和防范风险的作用。套期保值可以分为多头套期保值和空头套期保值。

1. 多头套期保值

如果投资者考虑在将来某个时候购买固定收益证券，却又担心到时利率下降，固定收益证券价格上升；或在将来某个时候有一笔收入要存入银行，担心到时利率下跌，收益减少，那么，该投资者可在期货市场上买进利率期货合约进行套期保值，即做多头套期保值交易，把收益固定在目前较高的水平上。

【例 5－2】 3 月 1 日时，某投资经理预计 3 个月后会有 500 万美元的资金流入并打算存入银行，但他预测利率将进一步下跌，于是买入 3 个月期的面值 100 万美元的欧洲美元期货合约，想把收益先固定下来，这次交易的盈亏分析如表 5－2 所示。

表 5－2　利率期货多头套期保值交易盈亏分析

现货市场	期货市场
3月1日：3个月期存款利率为2.5%	买入5张（5×100万美元）6月到期的欧洲美元期货合约，报价97.55点（利率2.45%）
6月1日：把500万美元存入银行，此时3个月期存款利率为2%	卖出之前购买的5张欧洲美元期货合约，此时报价98点（利率2%）
利息损失： 5000000×（2.5%－2%）×90/360＝6250（美元）	盈利： 5×25×（98－97.55）/0.01＝5625（美元） 或 5000000×（98－97.55）×0.01×90/360＝5625（美元）
净亏损：625（美元）	

由【例5－2】可以看出，在期货市场上该投资经理利用欧洲美元期货合约对500万美元的资金进行套期保值，1张欧洲美元期货合约价值100万美元，所以要交易5张期货合约，每张期货合约盈利了45（$=\frac{98-97.55}{0.01}$）个基点，价值1125美元，5张期货合约共盈利5625美元。如果该投资经理不做套期保值交易，他将损失6250美元的利息，做了套期保值交易后，他的损失只有625美元，多头套期保值交易大大减少了其利息损失。

因此，利率期货的多头套期保值操作可以为特定投资者减少利率下跌造成的损失。如果期货交易的收益比现货市场的损失高，则投资者可从套期保值中获利；如果期货交易的收益比现货市场的损失低，则投资者在期货市场实现的收益无法完全弥补在现货市场的损失。同时，若利率不降反升，则投资者在期货市场的亏损会减少其在现货市场上的盈利。

2. 空头套期保值

如果投资者考虑在将来某个时候出售固定收益证券，却又担心到时利率上升，固定收益证券价格下降；或在将来某个时候要借入一笔款项，担心利率上升，筹资成本提高，那么，该投资者可通过出售利率期货合约进行套期保值，即做空头套期保值交易，把收益固定在目前较高的水平上。

【**例 5 – 3**】假设 1 月 1 日时 6 个月贷款利率为 12%，某公司将在 6 个月后向银行借款 200 万美元，并预期利率将要上升，为了使 6 个月后贷款利率固定在现行水平上，该公司通过做空欧洲美元期货合约达到套期保值的目的。假设该公司以 89 的价格售出 400 万美元、9 月到期的 3 个月期的面值 100 万美元的欧洲美元期货合约。7 月 1 日公司与银行商定借款 200 万美元，利率为 16%，同时，公司在期货市场上以 85 的价格购买 400 万美元 9 月到期的欧洲美元期货合约。这次交易的盈亏分析如表 5 – 3 所示。

表 5 – 3　利率期货空头套期保值交易盈亏分析

现货市场	期货市场
1 月 1 日：6 个月贷款利率为 12%	卖出 4 张 9 月到期的欧洲美元期货合约，报价 89 点（利率 11%）
7 月 1 日：公司借入 200 万美元，此时 6 个月贷款利率为 16%	买入 4 张 9 月到期的欧洲美元期货合约，报价 85 点（利率 15%）
利息损失： 2000000 ×（16% – 12%）× 180 / 360 = 40000（美元）	盈利： 4 × 25 ×（89 – 85）/ 0.01 = 40000（美元） 或 4000000 ×（89 – 85）× 0.01 × 90 / 360 = 40000（美元）
净收益：0 美元	

在【例 5 – 3】中，该公司需要在期货市场上买卖 4 张欧洲美元期货合约，是因为从保值数量上看，要对 200 万美元的贷款成本进行保值，至少需要交易 2 张面值 100 万美元的欧洲美元期货合约，同时由于贷款期限是 6 个月，是欧洲美元期货合约期限的 2 倍，为了达到最优的套期保值效果，所以需要利用 4 张欧洲美元期货合约来进行套期保值交易。在期货市场上，该公司每张期货合约盈利了 400（$=\frac{89-85}{0.01}$）个基点，价值 10000 美元，4 张期货合约共盈利 40000 美元。从交易结果

来看，期货市场的盈利完全弥补了现货市场的亏损，达到了完全套期保值的效果。

由【例5－3】可以看出，利率期货的空头套期保值交易可以为特定投资者降低利率上涨造成的损失。如果期货合约的收益比现货市场损失更高，则投资者可从套期保值交易中获利；如果期货合约的收益比现货市场损失更低，则投资者在期货市场上实现的收益无法完全弥补在现货市场的损失。同时，若利率不升反降，则投资者在期货市场的亏损会减少其在现货市场的盈利。

三、外汇期货市场

（一）外汇期货合约的定义

外汇期货合约（foreign exchange futures）是指在未来的某个时间，按双方约定的汇率以一定数量的某种货币换取另一种货币的合约。外汇期货合约是标准化的远期外汇合约，交易币种、交易单位、交割时间和地点都是统一规定的，只有价格是变动的。表5－4显示了芝加哥商品交易所（CME）交易的主要外汇期货合约一览表。

表5－4　芝加哥商品交易所（CME）主要外汇期货合约一览表

币种	欧元	日元	澳大利亚元	加拿大元	瑞士法郎	英镑
交易单位	125000	12500000	100000	100000	125000	62500
合约月份	3个最近的连续月份合约，以及20个季月合约（3月、6月、9月、12月）；瑞士法郎期货为20个季月合约（3月、6月、9月、12月）					
交易时间	周日至周五，美东时间下午6：00至次日下午5：00（下午5：00至次日下午4：00，芝加哥时间/美中时间），每天从美东时间下午5：00（美中时间下午4：00）开始有60分钟短暂休市时间					
最后交易日	合约月份的第三个星期三之前的第二个营业日（通常是周一）上午9：16（美中时间）；加拿大元期货为合约月份的第三个星期三之前的一个营业日（通常是周二）上午9：16（美中时间）					
交割日期	合约月份的第三个星期三					
交割方法	实物交割					

资料来源：https：//www.cmegroup.com/cn－s/trading/fx.html.

（二）外汇期货合约的套期保值交易策略

拥有外汇债权（资产）、债务的进出口商、跨国公司、银行，可通过外汇期货套期保值交易来规避外汇汇率波动所带来的风险。

1. 多头套期保值

拥有外币债务或即将拥有外币债务者，为防止外汇汇率上升而增加筹资成本，可以在期货市场上买进外汇期货合约，做多头套期保值交易。

【例5－4】3月初，美国某进口商从加拿大进口一批农产品，价值500000加拿大元，约定3个月后支付货款，为防止3个月后加拿大元升值，美国进口商在期货市场上买进5份6月到期的加拿大元期货合约来规避汇率风险，若3个月后，加拿大元升值，该进口商套期保值交易的盈亏分析如表5－5所示。

表5－5　外汇期货多头套期保值交易盈亏分析

现汇市场	期货市场
3月1日：有500000加拿大元的货款需3个月后支付，现汇汇率为0.8400美元/加拿大元，折合420000美元	买进5份面值100000加拿大元的6月到期的加拿大元期货合约，价格为0.84100美元/加拿大元，价值420500美元
6月1日：支付货款，现汇汇率为0.8500美元/加拿大元，500000加拿大元折合425000美元	卖出5份面值100000加拿大元的6月到期的加拿大元期货合约，价格为0.8550美元/加拿大元，价值427500美元
损失： 5000美元	盈利： 7000美元
净收益：2000美元	

在【例5－4】中，若美国进口商不进行套期保值交易，因加拿大元升值将损失5000美元，而当其做了套期保值交易后，期货市场的盈利不仅弥补了现汇市场的亏损，还为其带来了2000美元的净收益。

2. 空头套期保值

拥有外币债权或资产者，为防止外汇汇率下降而遭受损失，可以在期货市场上卖出外汇期货合约，做空头套期保值交易。

【例5-5】1月15日，美国母公司在瑞士的分公司急需资金50万瑞士法郎，预计3个月后能收回全部资金。美国母公司在现汇市场上买进50万瑞士法郎拨给其子公司，为防止3个月后瑞士法郎贬值，该公司在期货市场上卖出4份3个月后到期的瑞士法郎期货合约。3个月后当子公司归还贷款时，瑞士法郎果然贬值，美国母公司套期保值交易的盈亏分析如表5-6所示。

表5-6　外汇期货空头套期保值交易盈亏分析

现汇市场	期货市场
1月15日：买进50万瑞士法郎，汇率1美元=1.5425瑞士法郎，付出324149美元	卖出4份4月到期的瑞士法郎期货合约，每份合约125000瑞士法郎，汇率1美元=1.5415瑞士法郎，价值324359美元
4月15日：卖出50万瑞士法郎，汇率1美元=1.6255瑞士法郎，可收回307598美元	买回4份4月到期的瑞士法郎期货合约，汇率1美元 =1.6055瑞士法郎，价值311429美元
损失： 16551美元	盈利： 12930美元
净亏损：3621美元	

在【例5-5】中，若美国母公司不进行套期保值交易，因瑞士法郎贬值将损失16551美元，而当其做了套期保值交易后，期货市场的盈利弥补了现汇市场的大部分亏损，只亏损了3621美元。

拓展知识[5-2]

CME的人民币期货交易

2006年8月27日，全球最大的商品交易所——芝加哥商品交易所（CME）集团开始在其Globex电子交易系统上推出人民币外汇期货、期权交易。当时推出了3个人民币期货交易品种，分别是人民币对欧元、美元及日元。由于当时人民币尚未自由兑换，并且始终呈现单边升值的趋势，几乎没有投资者看空人民币，直接导致

2006 年 CME 推出人民币期货交易后交投清淡的状况。2011 年 7 月 11 日 CME 宣布，为了满足全球客户对于人民币产品越来越大的需求，CME 将推出新的人民币外汇期货合约，这些新合约将成为 CME 集团于 2006 年推出的人民币/美元期货合约的一部分，将在 CME Globex 进行交易，也可通过 CME ClearPort 用于大宗交易和期货转现货。表 5 -7 是 CME 美元/离岸人民币期货合约表。

表 5 -7　CME 美元/离岸人民币期货合约表

合约规模	100000 美元	
交易时间	CME Globex 电子交易	周日，下午 5：00 到次日下午 4：00（美中时间） 周一至周五，下午 5：00 到次日下午 4：00（美中时间） 周五在美中时间下午 4：00 休市，并在周日美中时间下午 5：00再开盘
	CME ClearPort	周日至周五，下午 5：00 到次日下午 4：00（美中时间），每天从美中时间下午 4：00 起有 60 分钟短暂休市时间
产品代码	CME Globex 电子交易：CNH；CNHCME ClearPort：CNH； CNH 清算所（Clearing）：CNH	
合约月份	13 个连续月份合约（1 月、2 月、3 月、4 月、5 月、6 月、7 月、8 月、9 月、10 月、11 月、12 月），以及 8 个季月合约（3 年到期范围）	
结算方法	现金结算	
最后交易日	合约月份第三个周三之前的第二个香港地区营业日上午 11：00（香港地区时间）	

资料来源：https：//www. cmegroup. com/cn – s/trading/fx. html.

四、股票指数期货市场

（一）股票指数期货合约的定义

股票指数期货合约（stock index futures），简称股指期货，是以股票市场的股票价格指数为买卖对象的期货合约。股指期货交易就是买卖股票指数期货合约的交易。

股指期货的标的资产是股票价格指数，是一个相对指标，投资对象没有对应的实物，因此，在到期交割时，只能采用现金交割。

1982 年 2 月，美国堪萨斯期货交易所（KCBT）推出了全球第一份股指期货合约——堪萨斯价值线股指期货合约，该合约上市当年的交易量就突破了35万手，取得了巨大成功。随后，1982年4月，CME推出了标准普尔（S&P500）股指期货合约；同年5月，纽约期货交易所（NYFE）推出了纽约证券交易所综合指数期货合约。由于股指期货的推出符合金融市场发展的必然趋势，同时也迎合了股票投资者规避系统性风险的需求，因此，股指期货在美国及世界各国的发展都非常迅速。目前，股指期货交易已成为所有期货交易品种中的第一大品种。

（二）股指期货的报价

股指期货的价格不能用货币单位来表示，而是用标的指数的“点”表示，在计算合约金额时要把“点”货币化，即交易所要规定标的指数的一个点代表多少货币单位，称为合约乘数。

$$\text{股指期货的价格} = \text{股票价格指数} \times \text{合约乘数} \tag{5-3}$$

不同品种的股指期货拥有不同的合约乘数。例如：美国标准普尔500指数每点价值250美元，纽约证券交易所综合指数每点价值500美元；中国香港恒生指数每点价值50港元，沪深300指数每点价值300元人民币，上证50指数每点价值300元人民币，中证500指数每点价值200元人民币，中证1000指数每点价值200元人民币。

（三）股指期货的套期保值交易策略

投资者可以通过股指期货套期保值交易来规避股票市场价格波动所带来的风险。[①]

1. 多头套期保值

当股票持有者卖出股票组合后担心股市上涨，或投资者将收到一笔资金，但在资金到手之前，担心股价会在短期内急剧上升增加购股成本，则其可以在期货市场买入股指期货，做多头套期保值交易，来规避

① 由于股票价格指数的涨跌反映的是整个股票市场的价格走势，因此，如果投资者手中只是持有几只股票，那么利用股指期货交易来规避股价波动风险，套期保值的效果可能会不太好。

股市波动的风险。

【例 5－6】 一名投资者 3 月初卖出了价值 1200000 港元的股票组合，由于担心卖出股票后股市上涨收益受损，他在期货市场上买入 4 月到期恒生指数期货合约。若股市确实上涨，该投资者套期保值交易的盈亏分析如表 5－8 所示。

表 5－8 股指期货多头套期保值交易盈亏分析

股票市场	期货市场
3 月 1 日：卖出价值 1200000 港元的股票组合	购入 1 张 4 月到期恒生指数期货合约，当日指数为 23200 点
4 月 1 日：股市上涨，股票组合价值增加到 1207700 港元	卖出恒生指数期货合约，当日指数为 23348 点
损失： 7700 港元	盈利： （23348 － 23200）× 50 ＝ 7400（港元）
净亏损：300 港元	

【例 5－6】中，该投资者对价值 1200000 港元的股票组合进行套期保值，需交易 1.03（$=\dfrac{1200000}{23200\times50}$）张恒生指数期货合约，由于交易份数只能取整数，故取 1 张。若不进行套期保值交易，因股市上涨将损失 7700 港元，而当其做了套期保值交易后，期货市场的盈利弥补了部分股票市场的亏损，最后净损失 300 港元。

2. 空头套期保值

如果投资者手中持有股票组合头寸，但担心股市下跌遭受损失，投资者可以卖出股指期货合约，做空头套期保值交易，来规避股市波动的风险。

【例 5－7】 一名投资者在 1 月 1 日持有价值 2400000 港元的股票组合，由于担心股市下跌收益受损，他在期货市场上卖出两张 2 月到期的恒生指数期货合约。若股市确实下跌，该投资者套期保值交易的盈亏分析如表 5－9 所示。

表 5－9　股指期货空头套期保值交易盈亏分析

股票市场	期货市场
1 月 1 日：股票组合市值 2400000 港元	卖出 2 张 2 月到期的恒生指数期货合约，当日指数为 23440 点
2 月 1 日：股票组合市值 2352000 港元	买入 2 张 2 月到期的恒生指数期货合约，当日指数为 22940 点
损失： 48000 港元	盈利： 2 × 500 × 50 ＝ 50000（港元）
净收益：2000 港元	

【例 5－7】中，该投资者对价值 2400000 港元的股票组合进行套期保值，需交易 2.05（$=\frac{2400000}{23440\times 50}$）张恒生指数期货合约，由于交易份数只能取整数，故取 2 张。该投资者若不进行套期保值交易，因股市下跌将损失 48000 港元，而当其做了套期保值交易后，期货市场的盈利弥补了股票市场的亏损，并获得净收益 2000 港元。

五、我国的股指期货、国债期货交易品种

我国期货市场发展至今，主要的交易场所有 6 个，分别为郑州商品交易所、大连商品交易所、上海期货交易所、上海国际能源交易中心、广州期货交易所和中国金融期货交易所。不同期货交易所的交易品种不同，交易标准也各有差异。其中，前 5 家期货交易所以商品期货和期权交易为主，中国金融期货交易所主要交易金融期货和期权。表 5－10 显示了目前我国的主要期货交易品种。

表 5－10　目前我国主要期货交易品种

交易所	主要交易品种
郑州商品交易所 （http：//www. czce. com. cn）	菜籽油、花生、棉花、白糖、精对苯二甲酸（PTA）、玻璃等
大连商品交易所 （http：//www. dce. com. cn）	玉米、黄大豆 1 号、黄大豆 2 号、豆粕、豆油、棕榈油、聚乙烯等

续表

交易所	主要交易品种
上海期货交易所（http：//www. shfe. com. cn）	铜、铝、锌、黄金、燃料油、天然橡胶等
上海国际能源交易中心 https：//www. ine. cn	原油、20号胶、低硫燃料油、铜
广州期货交易所 http：//www. gfex. com. cn	工业硅
中国金融期货交易所（http：//www. cffex. com. cn）	沪深300股指期货（IF）、上证50股指期货（IH）、中证500股指期货（IC）、中证1000股指期货（IM）、2年期国债期货（TS）、5年期国债期货（TF）、10年期国债期货（T）、30年期国债期货（TL）

中国金融期货交易所于2006年9月8日在上海期货大厦内挂牌，截至目前，中国金融期货交易所推出了数种股指期货和国债期货交易品种。

（一）我国的股指期货种类

目前，中国金融期货交易所交易的各种股指期货的合约如表5－11至表5－14所示。

表5－11　沪深300股指期货合约表

合约标的	沪深300指数	每日价格最大波动限制	上一个交易日结算价的±10%
合约乘数	每点300元	最低交易保证金	合约价值的8%
报价单位	指数点	最后交易日	合约到期月份的第三个周五，遇国家法定节假日顺延
最小变动价位	0.2点	交割日期	同最后交易日
合约月份	当月、下月及随后两个季月	交割方式	现金交割
交易时间	上午：9：30～11：30 下午：13：00～15：00	交易代码	IF
上市交易所	中国金融期货交易所		

资料来源：http：//www. cffex. com. cn.

表 5-12　上证 50 股指期货合约表

合约标的	上证 50 指数	每日价格最大波动限制	上一个交易日结算价的 ±10%
合约乘数	每点 300 元	最低交易保证金	合约价值的 8%
报价单位	指数点	最后交易日	合约到期月份的第三个周五，遇国家法定节假日顺延
最小变动价位	0.2 点	交割日期	同最后交易日
合约月份	当月、下月及随后两个季月	交割方式	现金交割
交易时间	上午：9：30～11：30 下午：13：00～15：00	交易代码	IH
上市交易所	中国金融期货交易所		

资料来源：http：//www.cffex.com.cn.

表 5-13　中证 500 股指期货合约表

合约标的	中证 500 指数	每日价格最大波动限制	上一个交易日结算价的 ±10%
合约乘数	每点 200 元	最低交易保证金	合约价值的 8%
报价单位	指数点	最后交易日	合约到期月份的第三个周五，遇国家法定节假日顺延
最小变动价位	0.2 点	交割日期	同最后交易日
合约月份	当月、下月及随后两个季月	交割方式	现金交割
交易时间	上午：9：30～11：30 下午：13：00～15：00	交易代码	IC
上市交易所	中国金融期货交易所		

资料来源：http：//www.cffex.com.cn.

表 5-14　中证 1000 股指期货合约表

合约标的	中证 1000 指数	每日价格最大波动限制	上一个交易日结算价的 ±10%
合约乘数	每点人民币 200 元	最低交易保证金	合约价值的 8%

续表

报价单位	指数点	最后交易日	合约到期月份的第三个星期五，遇国家法定节假日顺延
最小变动价位	0.2 点	交割日期	同最后交易日
合约月份	当月、下月及随后两个季月	交割方式	现金交割
交易时间	9：30～11：30 13：00～15：00	交易代码	IM
上市交易所	中国金融期货交易所		

资料来源：http：//www. cffex. com. cn.

（二）我国的国债期货种类

目前，中国金融期货交易所交易的 2 年期、5 年期以及 10 年期国债期货的合约如表 5－15 至表 5－17 所示。

表 5－15　2 年期国债期货合约表

合约标的	面值为 200 万元人民币、票面利率为 3% 的名义中短期国债	每日价格最大波动限制	上一个交易日结算价的 ±0.5%
可交割国债	发行期限不高于 5 年，合约到期月份首日剩余期限为 1.5～2.25 年的记账式附息国债	最低交易保证金	合约价值的 0.5%
报价方式	百元净价报价	最后交易日	合约到期月份的第二个星期五
最小变动价位	0.005 元	最后交割日	最后交易日后的第三个交易日
合约月份	最近的三个季月（3 月、6 月、9 月、12 月中的最近三个月循环）	交割方式	实物交割
交易时间	9：30～11：30 13：00～15：15	交易代码	TS
最后交易日交易时间	9：30～11：30	上市交易所	中国金融期货交易所

资料来源：http：//www. cffex. com. cn.

表 5-16　5 年期国债期货合约表

合约标的	面值为 100 万元人民币、票面利率为 3% 的名义中期国债	每日价格最大波动限制	上一个交易日结算价的 ±1.2%
可交割国债	发行期限不高于 7 年、合约到期月份首日剩余期限为 4~5.25 年的记账式附息国债	最低交易保证金	合约价值的 1%
报价方式	百元净价报价	最后交易日	合约到期月份的第二个星期五
最小变动价位	0.005 元	最后交割日	最后交易日后的第三个交易日
合约月份	最近的三个季月（3 月、6 月、9 月、12 月中的最近三个月循环）	交割方式	实物交割
交易时间	9：30~11：30 13：00~15：15	交易代码	TF
最后交易日交易时间	9：30~11：30	上市交易所	中国金融期货交易所

资料来源：http：//www.cffex.com.cn.

表 5-17　10 年期国债期货合约表

合约标的	面值为 100 万元人民币、票面利率为 3% 的名义长期国债	每日价格最大波动限制	上一个交易日结算价的 ±2%
可交割国债	发行期限不高于 10 年、合约到期月份首日剩余期限不低于 6.5 年的记账式附息国债	最低交易保证金	合约价值的 2%
报价方式	百元净价报价	最后交易日	合约到期月份的第二个星期五
最小变动价位	0.005 元	最后交割日期	最后交易日后的第三个交易日
合约月份	最近的三个季月（3 月、6 月、9 月、12 月中的最近三个月循环）	交割方式	实物交割

续表

交易时间	9：30～11：30 13：00～15：15	交易代码	T
最后交易日交易时间	9：30～11：30	上市交易所	中国金融期货交易所

资料来源：http：//www. cffex. com. cn.

拓展知识[5-3]

广州期货交易所

2021 年 4 月 19 日，广州期货交易所在广州揭牌成立。广州期货交易所是经国务院同意、证监会批准设立的华南首家期货交易所。广州期货交易所具有三大关键发展定位，即“创新性、市场化、国际化”。“创新性”意味着广州期货交易所有望在未来几年内顺利打造绿色金融工具生态链，将先后推出碳排放权期货、电力期货等绿色衍生品系列，满足各产业各环节的气候环境风险管理需求，并加强与其他城市碳排放权交易所之间的金融联系，与碳债券、碳指数等金融工具进行组合创新。“市场化”定位则要求广州期货交易所广泛引进各类金融资本、外汇、机构、人才等，尤其是需要率先抢占和集中碳金融领域的优势资源，带动第三方可持续金融服务业务发展，最终扩大我国多层次资本市场体系的外延。“国际化”需要广州期货交易所在碳金融产品上吸引海外投资者与跨国高污染型高能耗型企业，通过人民币结算提升人民币国际化地位，并带动粤港澳大湾区和“一带一路”沿线国家参与交易所的市场合作。

据了解，目前我国有世界上规模最大的碳市场，2021 年生态环境部发放的免费碳配额大约为 43 亿吨。广州期货交易所成立及其碳期货等绿色衍生品上市后，我国将有潜力成为全球最大的碳衍生品市场，未来我国绿色衍生品市场将迎来更大的增长空间与更多的发展机遇。

资料来源：王文，刘锦涛．“碳中和”逻辑下的中国绿色金融发展：现状与未来［J］．当代金融研究，2021（2）：18－26.

第四节　金融期权市场

一、金融期权合约的定义与类型

（一）金融期权的定义

期权（options）是一种能在未来某特定时间内或特定时点以特定价格买进或卖出一定数量某种特定商品的权利。金融期权（financial options）是期权的一种，是指以金融工具为标的资产的期权合约或交易方式。

对期权的购买者而言，购买期权之后就拥有在规定时间内按约定价格购买或出售标的资产的权利，而且他只有权利而没有义务；而对期权的出售者而言，如果购买者行使权利，他就必须承担相应的义务。因此，期权的购买者为了获得期权所赋予的权利，必须向出售者支付期权费。

（二）金融期权的类型

金融期权市场是当今最活跃的金融衍生工具市场之一，按照不同的划分标准，金融期权有不同的分类。

1. 按权利不同划分

按权利不同划分，金融期权可分为买入期权和卖出期权，这是最常见的期权分类方法。

买入期权（call options）又称看涨期权，指期权购买者可在约定的未来日期以执行价格向期权出售者买进一定数量的某种金融资产或金融期货合约的权利。

卖出期权（put options）又称看跌期权，指期权购买者可在约定的未来日期以执行价格向期权出售者卖出一定数量的某种金融资产或金融期货合约的权利。

每一份期权都有买卖双方，即多头和空头，因此，基于不同的交易动机，期权共有 4 类交易者：

买权多头：买入期权的购买者（看涨）。

买权空头：买入期权的出售者（看跌）。

卖权多头：卖出期权的购买者（看跌）。

卖权空头：卖出期权的出售者（看涨）。

2. 按履约时间的不同划分

按履约时间的不同划分，金融期权可分为欧式期权和美式期权。欧式期权是指期权购买者只能在期权到期日这一天行使其权利；美式期权是指期权购买者既可在期权到期日这一天行使其权利，也可在期权到期日之前的任何一个营业日行使其权利。

3. 按标的资产的不同划分

按标的资产的不同，金融期权可分为外汇期权、利率期权和股票指数期权。

二、金融期权合约的内容

金融期权合约由交易所制定，一般而言，一份标准的期权合约会包括以下内容：

（1）期权合约的类型。规定期权合约的基本类型，如该期权合约为买入期权还是卖出期权。

（2）标的资产的种类及数量。期权合约中约定的、买方行使权力时购买或出售的资产。标的资产可以是现货资产，也可以是期货资产。

每份金融期权合约不仅需要指明以何种金融资产作为标的资产，同时还要规定买卖该种资产的数量。

（3）期权的到期日。期权合约所规定的有效期限的最后日期，也是期权买方可以执行期权的最后日期。

（4）期权的执行价格。期权的执行价格也称协定价格，是指期权合约中规定的期权购买者向期权出售者买进或卖出一定数量的某种金融资产的价格。

（5）期权费。期权费也称权利金，是指期权购买者为获得期权合约所赋予的权利而向期权出售者支付的费用。

另外，一份完整的金融期权合约还要规定最小变动价格、每日最高波动幅度、合约月份、交割方式等内容。

三、期权的内在价值

期权的内在价值（intrinsic value）是指期权合约本身所具有的价值，即期权购买者立即执行期权所能获得的收益。若设 E 为期权执行价格，S_T为到期日标的资产的价格，则期权的内在价值为：

$$IV_c = \max\{0, S_T - E\} \tag{5-4}$$

$$\max IV_c \rightarrow \infty$$

其中：IV_c 为买入期权的内在价值。

$$IV_p = \max\{0, E - S_T\} \tag{5-5}$$

$$\max IV_p = E$$

其中：IV_p 为卖出期权的内在价值。

图 5－2 和图 5－3 显示了买入期权和卖出期权的内在价值。

根据内在价值计算结果的不同，期权可分为实值期权（内在价值 >0）、虚值期权（内在价值 <0）和平值期权（内在价值 =0）。实值期权、虚值期权与平值期权的标的资产的市场价格与期权执行价格的关系如表 5－18 所示。

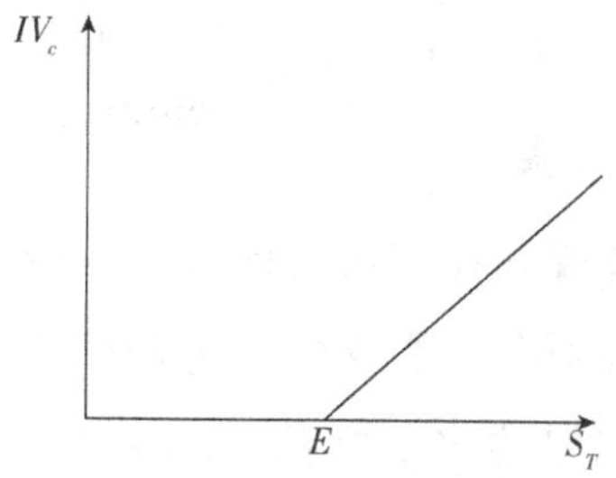

图 5-2 买入期权的内在价值

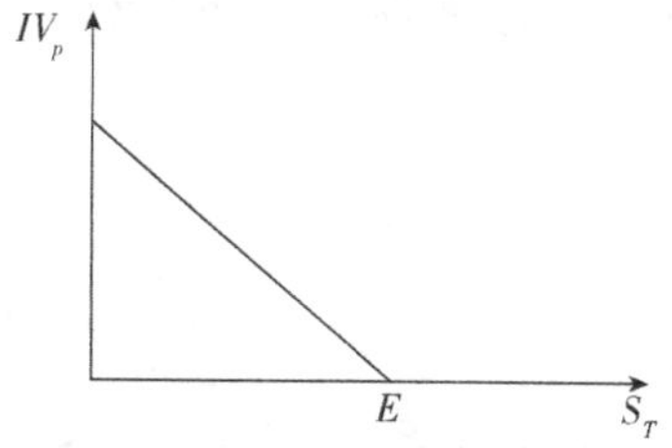

图 5-3 卖出期权的内在价值

表 5-18 实值期权、虚值期权与平值期权

类型	看涨期权	看跌期权
实值期权	$E < S_T$	$E > S_T$
虚值期权	$E > S_T$	$E < S_T$
平值期权	$E = S_T$	$E = S_T$

除内在价值外，期权还存在时间价值，是指期权购买者为购买期权而实际付出的期权费超过其内在价值的那部分价值，可看作标的资产在有效期内的价格波动为期权购买者带来收益的可能性所隐含的价值。所以，期权的价值、内在价值和时间价值之间存在如下关系：

$$期权的价值（期权费）= 内在价值 + 时间价值 \qquad (5-6)$$

四、期权的利润与损失

期权市场的交易者可以分为买入期权的多头、买入期权的空头、卖出期权的多头和卖出期权的空头四大类，设 S_T 表示 T 时刻的标的资产的价格，E 表示执行价格，c 表示买入期权的价格，p 表示卖出期权的价格，π 表示盈亏额，下面将逐一分析每一类交易者的盈亏状况。

（一）买入期权的多头

买入期权的多头有权利在期权到期日以执行价格买入标的资产，为取得该项权利，多头必须向空头支付一笔期权费。

一般而言，买入期权的多头在执行价格低于市场价格时会选择行权，此时他的盈利为 $S_T - E - c$；买入期权的多头在执行价格高于市场价格时会放弃行权，此时其最大损失为期权费。因此，买入期权多头的盈亏情况如图 5－4 所示。

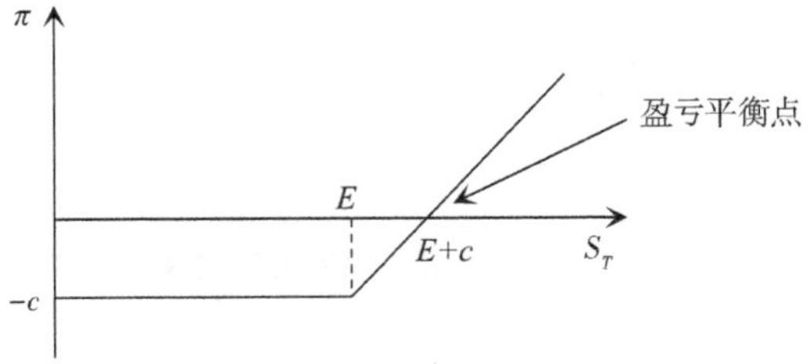

图 5－4　买入期权多头盈亏图

（二）买入期权的空头

买入期权的空头有义务在多头行使权力时，以执行价格卖出规定的标的资产，因承担这份义务，买入期权的空头会获得一笔期权费。

一般而言，当执行价格低于市场价格时，买入期权的空头必须以执行价格卖出标的资产，此时他的盈亏额为 $E + c - S_T$；当执行价格高于市场价格时，多头一般会放弃行权，此时其最大盈利为期权费。因此，买入期权空头的盈亏情况如图 5－5 所示。

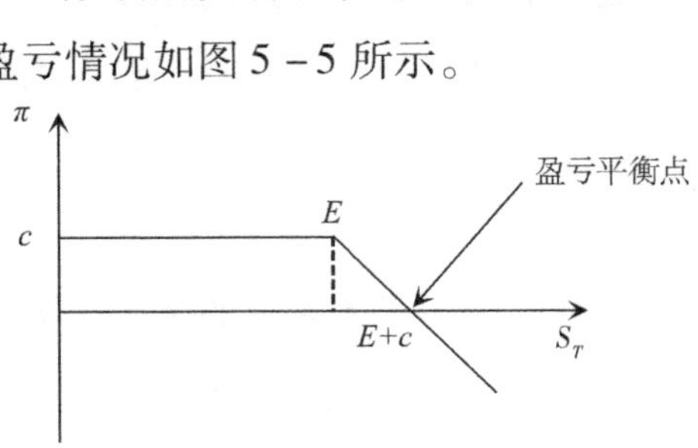

图 5－5　买入期权空头盈亏图

（三）卖出期权的多头

卖出期权的多头有权利在到期日以执行价格卖出规定的标的资产，为取得该项权利，卖出期权的多头必须向空头支付一笔期权费。

一般而言，卖出期权的多头在执行价格高于市场价格时会选择行权，此时他的盈利为 $E-S_T-p$；卖出期权的多头在执行价格低于市场价格时会放弃行权，此时其最大损失为期权费。因此，卖出期权多头的盈亏情况如图 5－6 所示。

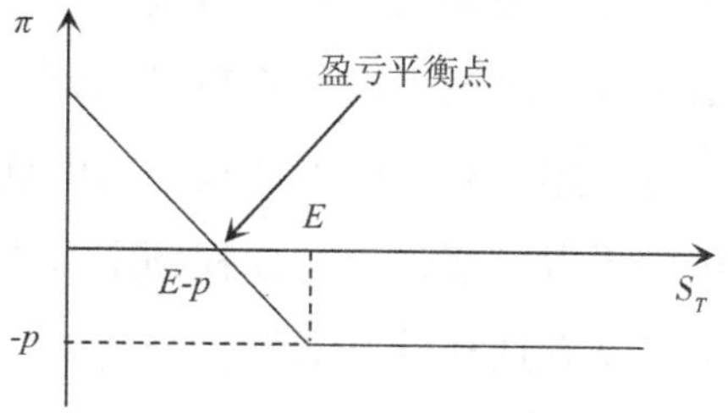

图 5－6　卖出期权多头盈亏图

（四）卖出期权的空头

卖出期权的空头有义务在多头行使权力时，以执行价格买入规定的标的资产，因承担这份义务，卖出期权的空头会获得一笔期权费。

一般而言，当执行价格高于市场价格时，卖权空头必须以执行价格买入标的资产，此时他的盈亏额为 S_T+p-E；当执行价格低于市场价格时，多头一般会放弃行权，此时空头的最大盈利为期权费。因此，卖出期权空头的盈亏情况如图 5－7 所示。

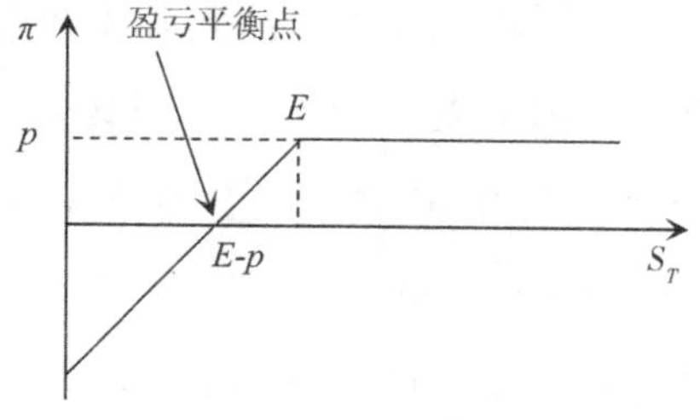

图 5－7　卖出期权空头盈亏图

五、金融期权的市场交易策略

（一）外汇期权

1. 外汇期权的定义

外汇期权（foreign exchange options）的购买者享有在期权到期或之前以规定的汇率购买或出售一定数量某种外汇资产的权利。

外汇期权的购买者在支付期权费后，有权在未来的一定时间内按约定的汇率向期权的出售者买进或卖出约定数量的外汇；当然，外汇期权的购买者也有权不执行上述权利。外汇期权交易的优点就在于当汇率发生不利变化时，期权购买者可通过执行期权锁定未来汇率，达到保值的目的，同时期权购买者又有选择的灵活性，当汇率发生有利变化时，通过放弃执行期权来抓住其中的盈利机会。

2. 外汇期权的交易

（1）外汇期权的保值交易。在进出口贸易中，进出口商为了减少汇率波动带来的不利影响，可利用外汇期权交易规避汇率风险。

当进口商需要将手中的本币兑换成外币支付货款，并预期外汇汇率将上升时，可购进外汇看涨期权；当出口商需要在未来某一时间将收进的外币货款兑换成本币，并预期外汇汇率将下跌时，可购进外汇看跌期权。

【例5-8】美国某公司从英国进口机器设备，须3个月后向英国出口商支付125万英镑。为了避免3个月后实际支付时汇率变动可能造成损失，需要将进口成本固定下来。为此，美国某公司提前购入1份英镑看涨期权，期权费为每英镑0.01美元，1份英镑看涨期权需支付1.25万美元，协议汇率1英镑=1.7美元。这样美国进口公司以1.25万美元购得一项权利，允许该公司在有效期内随时按协议汇率购买125万英镑。

3 个月后可能出现下列 3 种情形中的任何一种：

英镑升值，1 英镑 = 1.75 美元；英镑贬值，1 英镑 = 1.65 美元；汇率不变，1 英镑 = 1.7 美元。

该美国进口公司的盈亏分析如表 5 – 19 所示。

表 5 – 19 外汇看涨期权保值交易盈亏分析

情形	不购买看涨期权	购买看涨期权
英镑升值： 1 英镑 = 1.75 美元	3 个月后需支付： 125 × 1.75 = 218.75（万美元）	3 个月后执行期权，支付： 125 × 1.7 + 1.25 = 213.75（万美元）
英镑贬值： 1 英镑 = 1.65 美元	3 个月后需支付： 125 × 1.65 = 206.25（万美元）	3 个月后放弃执行期权，支付： 125 × 1.65 + 1.25 = 207.5（万美元）
汇率不变： 1 英镑 = 1.7 美元	3 个月后需支付： 125 × 1.7 = 212.5（万美元）	3 个月后无论行权与否，支付： 125 × 1.7 + 1.25 = 213.75（万美元）

由【例 5 – 8】可以看出，3 个月后当英镑升值，外汇汇率发生不利变化时，该公司选择执行期权，购买期权比没有购买期权少支付 5 万美元；当英镑贬值，外汇汇率发生有利变化时，该公司选择放弃执行期权，比执行期权可少支付 6.25 万美元，比没有购买期权多付了 1.25 万美元期权费；当外汇汇率不变时，该公司无论行权与否，比没有购买期权多付了 1.25 万美元期权费。

【例 5 – 9】瑞士某出口商向美国出口一批商品，双方约定 3 个月后以美元收付货款，货款金额为 100 万美元，为防止收进货款时美元贬值遭受损失，该瑞士出口商决定购买 3 个月期的美元看跌期权，以将未来收益固定下来。于是，该出口商以 1 美元 = 1.55 瑞士法郎的协议汇率，每美元 0.02 瑞士法郎的期权费购进 100 万美元的看跌期权。这样该出口商支付 2 万瑞士法郎购得一项权利，在有效期内可随时按协议汇率出售 100 万美元。

3 个月后，可能出现下面 3 种情形中的任何一种：

美元升值，1 美元 = 1.60 瑞士法郎；美元贬值，1 美元 = 1.50 瑞士法郎；美元汇率不变，1 美元 = 1.55 瑞士法郎。

该瑞士出口商的盈亏分析如表 5 - 20 所示。

表 5 - 20　外汇看跌期权保值交易盈亏分析

情形	不购买看跌期权	购买看跌期权
美元升值： 1 美元 = 1.60 瑞士法郎	3 个月后可得： 100 × 1.6 = 160（万瑞士法郎）	放弃执行期权，3 个月后可得： 100 × 1.60 - 2 = 158（万瑞士法郎）
美元贬值： 1 美元 = 1.50 瑞士法郎	3 个月后可得： 100 × 1.50 = 150（万瑞士法郎）	执行期权，3 个月后可得： 100 × 1.55 - 2 = 153（万瑞士法郎）
美元汇率不变： 1 美元 = 1.55 瑞士法郎	3 个月后可得： 100 × 1.55 = 155（万瑞士法郎）	无论行权与否，3 个月后可得： 100 × 1.55 - 2 = 153（万瑞士法郎）

由【例 5 - 9】可以看出，3 个月后当美元升值，外汇汇率发生有利变化时，该公司选择放弃执行期权，比执行期权可多得 5 万瑞士法郎，比没有购买期权少得 2 万瑞士法郎；当美元贬值，外汇汇率发生不利变化时，该公司选择执行期权，购买期权比没有购买期权多得 3 万瑞士法郎；当外汇汇率不变时，该公司无论行权与否，比没有购买期权多付了 2 万瑞士法郎的期权费。

【例 5 - 8】和【例 5 - 9】说明，进出口商可通过支付一笔期权费，在汇率发生不利变化时选择执行期权，可避免损失并达到远期外汇合约以及外汇期货合约保值的目的；而在汇率发生有利变化时放弃执行期权，又可有效克服远期外汇合约以及外汇期货合约保值的局限性，追逐汇率有利变化带来的收益。

拓展知识[5-4]

应用期货合约、期权合约避险的比较

利用期货合约，交易者可把未来购买或出售资产的价格锁定为当前的期货价格，规避了价格不利变动的风险，但也失去了价格有利变动带来的好处，这正好是风险管理的成本（期货合约的双方都不用付费）。

利用期权市场，通过购买买入期权或者卖出期权，可以保证交

易者未来购买资产的价格不会高于期权合约中的执行价格，或者保证交易者未来出售资产的价格不会低于期权合约中的执行价格。交易者既可以规避价格不利变动的风险，也可以享受有利变动带来的好处，当然购买期权是要付费的。

（2）投机性外汇期权交易。外汇期权合约除了可作为避险保值的工具外，还可为投资者提供投机机会。具体来说，当预期外汇汇率趋涨时，投资者可购买外汇看涨期权或出售外汇看跌期权来获益；当预期外汇汇率趋跌时，投资者可购买外汇看跌期权或出售外汇看涨期权来获益。

【例 5-10】某投资者预期两个月后美元对英镑汇率将上升，于是按协议汇率 1 英镑 = 1.7 美元购买美元看涨期权（金额共计 12.5 万美元）。这样，他获得在未来两个月内随时以协议汇率购买美元的权利，期权费为 1 美元 0.01 英镑，共支付 1250 英镑期权费。两个月后，如果美元汇率走势如该投资者所预期，升值到 1 英镑 = 1.6 美元，他即执行美元看涨期权，以 1 英镑 = 1.7 美元的协议汇率购买 12.5 万美元，支付 7.3529（= 12.5/1.7）万英镑；然后再按美元市场汇率卖出美元，收入 7.8125（= 12.5/1.6）万英镑，扣除期权费，净获利 3346（= 7.8125 万 - 7.3529 万 - 0.1250 万）英镑。如果两个月后，美元汇率没有变化或美元贬值，该投资者则可放弃执行期权，损失的仅为期权费 1250 英镑。

（二）利率期权

1. 利率期权的定义

利率期权（interest rate options）是指以将来的利率作为对象进行权利的买卖，利率期权交易中交易双方买卖的是在指定的未来日期购进或售出利率期货合约的权利。

投资者可以利用利率期权来规避利率变动带来的风险，或者进行投机交易。

2. 利率期权的交易——保值交易

保值者可通过利率期权交易来规避利率波动的风险。

若投资者考虑在将来某个时候购买固定收益证券，或在将来某个时候有一笔收入要存入银行，却又担心利率下降，可以购入利率看涨期权进行保值。

若投资者考虑在将来某个时候出售固定收益证券，或在将来某个时候要借入一笔款项，却又担心利率上升，可通过购入利率看跌期权进行保值。

【例5-11】某年3月，一公司欲于6月借入100万美元，期限3个月，虽然3月时3个月贷款利率为6%，但该公司预期未来3个月内利率将上涨到9%左右。为了在利率上升时能固定借入资金成本，同时在利率下降时又能从低成本中获利，该公司购入1份6月到期的短期利率期货看跌期权，协议价格为94.00点，期权费250美元。

若3个月后，利率上升到9%。该公司以91.00点的市场价格买进1份6月到期的利率期货合约，并执行期权，以94.00点的协议价格卖出。此时该公司：

支付的3个月期借款利息：$1000000 \times 9\% \times 90/360 = 22500$（美元）

利率期货期权交易的收益：$(94-91) \times 100 \times 25 = 7500$（美元）

实际借款成本：$22500 + 250 - 7500 = 15250$（美元）

实际借款利率：$\frac{15250}{1000000} \times \frac{360}{90} = 6.1\%$

通过执行期权，该公司达到了固定筹资成本的目的。

若3个月后，利率下跌到5%。该公司放弃执行期权。此时该公司：

支付的3个月期借款利息：$1000000 \times 5\% \times 90/360 = 12500$

（美元）

实际借款成本：12500 + 250 = 12750（美元）

实际借款利率：$\frac{12750}{1000000} \times \frac{360}{90} = 5.1\%$

通过放弃执行期权，该公司享受了利率下降带来的好处。

（三）股票指数期权

1. 股票指数期权的定义

股票指数期权（stock index options），简称股指期权，其允许期权购买者在一定时期内按执行价格向期权出售者购买或出售特定的股指期货合约。

第一份股指期权合约于 1983 年 3 月在芝加哥期权交易所出现。该期权的标的指数是标准普尔 100 指数。随后，美国证券交易所和纽约证券交易所迅速引进了股指期权交易。股指期权以普通股股票价格指数作为标的，其价值取决于作为标的的股票价格指数的价值及其变化。

2. 股指期权的交易——保值交易

保值者可通过股指期权交易来规避股市波动的风险。

当股票持有者卖出股票后担心股市上升，或投资者将收到一笔资金，但在资金到手之前，担心股价会在短期内急剧上升增加购股成本，则他可以购入股指看涨期权来规避股市波动的风险。

手中持有股票的投资者若担心股市下跌遭受损失，则可通过购入股指看跌期权来规避股市波动的风险。

【例 5－12】 某投资者持有 45000 美元的证券组合（$\beta = 1$），担心行情下跌遭受损失，于是买入 3 个月后到期的纽约证券交易所综合指数看跌期权予以保值，当时指数为 90 点，所以其需购买 1（$= \frac{45000}{90 \times 500}$）张股指期货看跌期权，期权费的点数为 3，其需支付 1500（$= 3 \times 500$）美元的期权费。该投资者的盈亏情况如表 5－21 所示。

表 5－21　股票指数看跌期权保值交易盈亏分析

指数变动	－10%（执行）	0（执行或放弃执行）	10%（放弃执行）
指数水平	81	90	99
资产组合价值	40500	45000	49500
资产组合收益	－4500	0	4500
看跌期权的收益	4500	0	0
看跌期权费用	1500	1500	1500
净盈利	－1500	－1500	3000

由表 5－21 可知，当股市下跌 10% 时，该投资者持有的证券组合损失了 4500 美元，该投资者选择执行期权，以 81 点的价格买入，以 90 点的执行价格卖出，盈利 4500（＝9×500）美元，扣除支付的期权费，该投资者净亏损 1500 美元。当股市上涨 10% 时，该投资者持有的证券组合收益 4500 美元，此时该投资者放弃执行期权，扣除支付的期权费，该投资者净盈利 3000 美元。当股市没有发生波动时，该投资者持有的证券组合收益为 0，执行或放弃执行期权的收益都为 0，扣除支付的期权费，该投资者净亏损 1500 美元。所以，当股市下跌发生不利变化时，该投资者通过执行期权大大降低了组合的损失，而当股市发生有利变化时，该投资者通过放弃执行期权，又获得了股市有利变化带来的好处。

六、我国的主要上市交易金融期权品种

随着期权市场的快速发展，我国的金融期权交易品种日益丰富。目前，我国主要有两类金融期权在中国金融期货交易所和沪深证券交易所上市交易：股指期权和 ETF 期权。表 5－22 至表 5－25 显示了在中国金融期货交易所上市交易的 2 只股指期权的合约和在上海证券交易所上市交易的 2 只 ETF 期权的合约。

表 5-22 沪深 300 股指期权合约表

合约标的	沪深 300 指数
合约乘数	每点人民币 100 元
合约类型	看涨期权、看跌期权
报价单位	指数点
最小变动价位	0.2 点
每日价格最大波动限制	上一交易日沪深 300 指数收盘价的 ±10%
合约月份	当月、下 2 个月及随后 3 个季月
行权价格	行权价格覆盖沪深 300 指数上一交易日收盘价上下浮动 10% 对应的价格范围。 对当月与下 2 个月合约：行权价格 ≤2500 点时，行权价格间距为 25 点；2500 点 < 行权价格 ≤5000 点时，行权价格间距为 50 点；5000 点 < 行权价格 ≤ 10000 点时，行权价格间距为 100 点；行权价格 > 10000 点时，行权价格间距为 200 点。 对随后 3 个季月合约：行权价格 ≤2500 点时，行权价格间距为 50 点；2500 点 < 行权价格 ≤5000 点时，行权价格间距为 100 点；5000 点 < 行权价格 ≤10000 点时，行权价格间距为 200 点；行权价格 > 10000 点时，行权价格间距为 400 点
行权方式	欧式
交易时间	9：30～11：30，13：00～15：00
最后交易日	合约到期月份的第三个星期五，遇国家法定节假日顺延
到期日	同最后交易日
交割方式	现金交割
交易代码	看涨期权：IO 合约月份 - C - 行权价格 看跌期权：IO 合约月份 - P - 行权价格
上市交易所	中国金融期货交易所

资料来源：http：//www.cffex.com.cn/hs300gzqq/.

表 5-23 中证 1000 股指期权合约表

合约标的	中证 1000 指数
合约乘数	每点人民币 100 元
合约类型	看涨期权、看跌期权
报价单位	指数点
最小变动价位	0.2 点
每日价格最大波动限制	上一交易日中证 1000 指数收盘价的 ±10%

续表

合约月份	当月、下2个月及随后3个季月
行权价格	行权价格覆盖中证1000指数上一交易日收盘价上下浮动10%对应的价格范围。 对当月与下2个月合约：行权价格≤2500点时，行权价格间距为25点；2500点<行权价格≤5000点时，行权价格间距为50点；5000点<行权价格≤10000点时，行权价格间距为100点；行权价格>10000点时，行权价格间距为200点。 对随后3个季月合约：行权价格≤2500点时，行权价格间距为50点；2500点<行权价格≤5000点时，行权价格间距为100点；5000点<行权价格≤10000点时，行权价格间距为200点；行权价格>10000点时，行权价格间距为400点
行权方式	欧式
交易时间	9：30～11：30，13：00～15：00
最后交易日	合约到期月份的第三个星期五，遇国家法定节假日顺延
到期日	同最后交易日
交割方式	现金交割
交易代码	看涨期权：MO合约月份－C－行权价格 看跌期权：MO合约月份－P－行权价格
上市交易所	中国金融期货交易所

资料来源：http：//www.cffex.com.cn/zz1000gzqq/.

表5－24　上证50ETF期权合约表

合约标的	上证50交易型开放式指数证券投资基金（“50ETF”）
合约类型	认购期权和认沽期权
合约单位	10000份
合约到期月份	当月、下月及随后两个季月
行权价格	9个（1个平值合约、4个虚值合约、4个实值合约）
行权方式	到期日行权（欧式）
交割方式	实物交割（业务规则另有规定的除外）
到期日	到期月份的第四个星期三（遇法定节假日顺延）
行权日	同合约到期日，行权指令提交时间为9：15～9：25，9：30～11：30，13：00～15：30
交收日	行权日次一交易日

续表

交易时间	上午：9：15~9：25，9：30~11：30（9：15~9：25为开盘集合竞价时间）；下午：13：00~15：00（14：57~15：00为收盘集合竞价时间）
最小报价单位	0.0001元
申报单位	1张或其整数倍
上市交易所	上海证券交易所

资料来源：http：//www.sse.com.cn/assortment/options/contract/.

表5－25　沪深300ETF期权合约表

合约标的	华泰柏瑞沪深300交易型开放式指数证券投资基金（“沪深300ETF”，代码为510300）
合约类型	认购期权和认沽期权
合约单位	10000份
合约到期月份	当月、下月及随后两个季月
行权价格	9个（1个平值合约、4个虚值合约、4个实值合约）
行权方式	到期日行权（欧式）
交割方式	实物交割（业务规则另有规定的除外）
到期日	到期月份的第四个星期三（遇法定节假日顺延）
行权日	同合约到期日，行权指令提交时间为9：15~9：25，9：30~11：30，13：00~15：30
交收日	行权日次一交易日
交易时间	上午：9：15~9：25，9：30~11：30（9：15~9：25为开盘集合竞价时间）；下午：13：00~15：00（14：57~15：00为收盘集合竞价时间）
最小报价单位	0.0001元
申报单位	1张或其整数倍
上市交易所	上海证券交易所

资料来源：http：//www.sse.com.cn/assortment/options/contract/.

第五节 金融互换市场

金融互换（financial swaps）是于20世纪70年代中期兴起的国际金融创新，也是迄今为止最成功的场外交易金融衍生工具。

一、金融互换的定义及理论基础

（一）金融互换的定义

金融互换是指交易双方依据预先约定的规则，在一段时间内交换一系列付款的交易。金融互换主要有两种类型：货币互换和利率互换。

（二）金融互换的理论基础

互换交易的基础主要是比较优势和分享利益，所以互换业务的本质在于分配由比较优势而产生的全部经济利益。

英国古典经济学家亚当·斯密于1776年在其《国民财富的性质和原因的研究》中提出了绝对优势理论（theory of absolute advantage）。他认为，每一个国家都具有生产某些特定产品的绝对有利生产条件，各国都应按照本国的绝对优势进行专业化生产，然后彼此进行交换，则对所有交换国家都有利。该理论解释了产生国际贸易的部分原因，但不能解释在各种产品生产上都具有绝对优势的国家与不具有绝对优势的国家之间的贸易往来。

1817年英国著名经济学家大卫·李嘉图在其出版的《政治经济学及赋税原理》中提出了比较优势理论（theory of comparative advantage）。他认为，在两国都能生产两种产品，且一国在这两种产品的生产上均处于有利地位，而另一国均处于不利地位的条件下，如果前者专门生产优势较大的产品，后者专门生产劣势较小（即具有比较优势）的产品，那么通过专业化分工和国际贸易，双方均能从中获益。比较优势理论在更普遍的基础上解释了贸易产生的基础和贸易收益，大大发展了绝对优势理论。

实际上，这两个基础理论不仅适用于国际贸易，而且适用于所有的经济活动。根据比较优势理论，只要满足以下两个条件，就可以进行金融互换：首先，双方对对方的资产或负债均有需求；其次，双方在两种资产或负债上各自存在比较优势。

二、货币互换

在所有金融互换交易中，最常见的是货币互换。

（一）货币互换的定义

货币互换（currency swaps）是指交易一方拥有一定数量的资本和由此产生的利息支付，另一方拥有另一种货币相应的资本以及因此承担的利息支付义务，交易双方将各自拥有的资本和付息义务进行交换。

实现货币互换的前提是：交易双方分别需要对方所拥有的币种，而且交易双方所持的资本数额、期限相同。通过货币互换可以降低融资成本，预先锁定汇率和利率，规避汇率风险和利率风险。

（二）货币互换的类型

货币互换主要有以下3种类型：

1. 定息—定息货币互换

定息—定息货币互换是指互换交易双方在整个交易期间，均按固定利率相互交换支付利息。定息—定息货币互换是货币互换业务中最重要的一种形式。固定利率货币互换的合约较为简单，在互换开始时，交易双方按即期汇率互换本金，并且决定互换期间需要交换支付的利率和利息，以及将来到期日重新将本金交换回来的汇率。接下来就是一系列的利息互换，在到期日，再将本金按照事先确定的汇率互换回来。

2. 定息—浮息货币互换

定息—浮息货币互换是指互换过程中一方承担按固定利率支付利息的义务，另一方承担按浮动利率支付利息的义务。

3. 浮息—浮息货币互换

浮息—浮息货币互换是指互换双方彼此承担向对方按浮动利率支付利息的义务。这一互换形式是各国银行、投资公司及跨国企业为了消除汇率和利率的变动风险，发挥各自融资比较优势而衍生出的货币互换类型。

（三）货币互换交易的过程

一般而言，一个完整的货币互换交易过程可以分为三步：交换本金—利息互换—再次交换本金。

1. 确定和交换本金

期初交易双方按协定的汇率交换两种不同币种的本金，本金的交换既可以是名义上的交换，也可以是实际的转手。

2. 利息的互换

交易双方按协定利率以未偿本金为基础，支付交易利息。

3. 本金的再次互换

在合约到期时，交易双方换回交易开始时所确定的本金。

（四）货币互换的收益分析

货币互换能够利用交易双方在不同币种金融市场上的比较优势，并且通过分享收益，使得双方都能以较低的成本获得所需币种的资金。

【例 5-13】 中国某银行和美国某银行在美元市场和瑞士法郎市场上的借款成本如表 5-26 所示，且中国银行需要 2 亿瑞士法郎，而美国银行需要 1 亿美元。假设现汇汇率 1 美元 =2 瑞士法郎。

表 5－26　中国银行与美国银行面临的市场利率

市场	中国银行	美国银行	差额
美元市场	10.0%	14.0%	4%
瑞士法郎市场	4.0%	6.0%	2%

表5－26显示，中国银行在美元市场和瑞士法郎市场都拥有绝对优势，能以较低的利率借入资金，但是相对而言，中国银行在美元市场上优势更大（有比较优势），而美国银行在瑞士法郎市场上劣势较小（有比较优势）。因此，双方存在货币互换的动机。

此时，若两家银行不进行货币互换，而是在相应的市场上直接借款，则双方的借款成本分别为：中国银行为4%，美国银行为14%。

但若两家银行先各自在自己具有比较优势的市场上借款，然后进行货币互换交易，则可总共节约2%（=4%－2%）的借款成本。具体互换步骤及收益分析如下：

首先，中国银行借入1亿美元，美国银行借入2亿瑞士法郎，双方以现汇汇率1美元=2瑞士法郎交换本金，此时本金交换可以是实际交换，也可以是名义上的交换（见图5－8）。

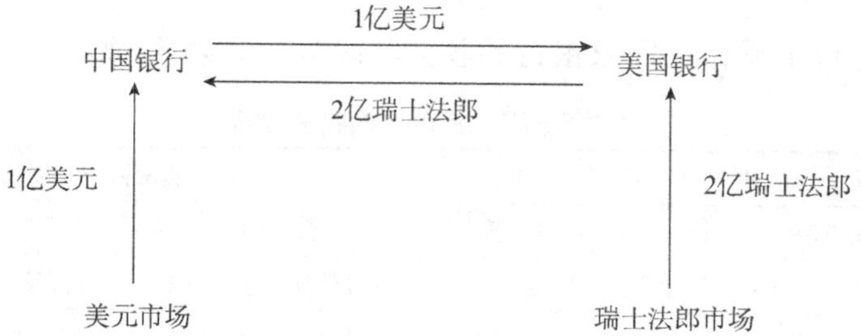

图5－8　期初现金流量图（本金交换）

其次，假设互换双方商议平分互换收益。中国银行向美国银行以5.5%的利率支付瑞士法郎利息，同时，美国银行向中国银行以12.5%的利率支付美元利息（见图5－9）。

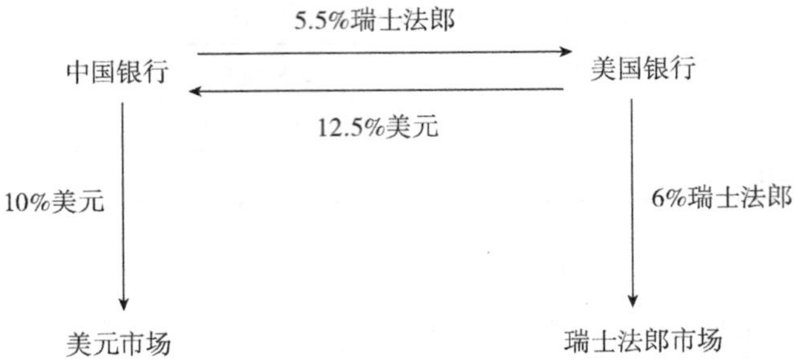

图 5－9　期中现金流量图（利息互换）

最后，到期时假设汇率没有发生变化，交易双方再次互换本金（见图 5－10）。

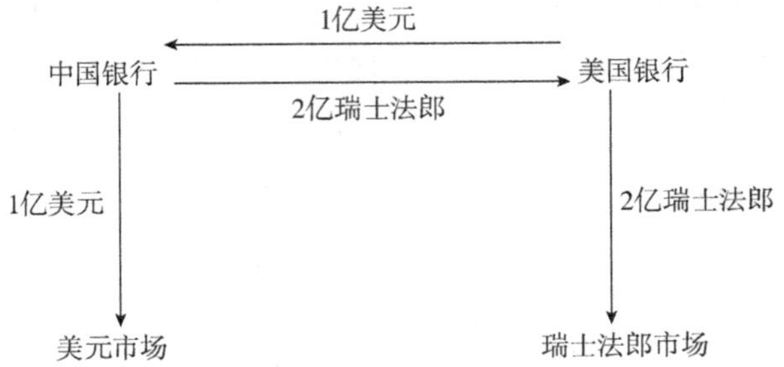

图 5－10　期末现金流量图（本金再次互换）

经过以上操作，两家银行的收益状况分析如表 5－27 所示。

表 5－27　货币互换收益分析

中国银行		美国银行	
美元市场	瑞士法郎市场	美元市场	瑞士法郎市场
收到利率：12.5%	直接借款利率：4%	直接借款利率：14%	收到利率：5.5%
支付利率：10%	支付利率：5.5%	支付利率：12.5%	支付利率：6%
收益：2.5%	亏损：1.5%	收益：1.5%	亏损：0.5%
净收益：1%		净收益：1%	

由此可见，通过货币互换，中国银行比直接在市场上借入瑞士法郎节约了 1% 的融资成本，美国银行比直接在市场上借入美元也节约了 1% 的融资成本，双方总共节约了 2% 的融资成本。因此，货币互换可以降低交易双方的融资成本。

三、利率互换

另一种常见的金融互换交易为利率互换，它于 1981 年左右诞生。

（一）利率互换的定义

利率互换（interest rate swaps）是指交易双方按照事先商定的规则，以同一种货币、相同金额的本金为基础，在相同的期限内，相互交换以不同利率计算的现金流。

在利率互换中，期初或到期日都没有实际本金的交换，交易双方只是按照事先商定的本金交换支付利息。

利率互换最基本最常见的交易方式是固定利率与浮动汇率互换。在互换中，一方向另一方支付固定利率利息，同时收取另一方支付的浮动利率利息；而另一方相应地收取固定利率利息，支付浮动利率利息，双方不交换名义的本金流。交易双方进行利率互换的主要原因是双方在固定利率和浮动利率市场上分别具有比较优势。

（二）利率互换的过程

相对于货币互换而言，利率互换的交易过程较为简单，可以理解为省略货币互换的第一步和第三步，只进行第二步的利息互换。交易双方按协定利率以未偿本金为基础，交换支付利息。

（三）利率互换的收益分析

利率互换能够利用交易双方在不同利率市场上的比较优势，并且通过分享收益，使得双方都能以较低的成本获得所需资金。

【例 5 - 14】 两家银行 A 和 B，有相同的融资需求，A 银行需要 1000 万元 5 年期的资金，愿意支付浮动利率，B 银行也需要 1000 万元 5 年期的资金，愿意支付固定利率。两家银行借款成本如表 5 - 28 所示。

表 5-28　A 银行和 B 银行面临的市场利率

市场	A 银行	B 银行	差额
固定利率市场	5%	6.5%	1.5%
浮动利率市场	Shibor_ 3M	Shibor_ 3M +0.5%	0.5%

注：Shibor_ 3M 表示 3 个月期的上海银行间同业拆借利率。

表 5-28 显示，A 银行在固定利率市场上优势更大（有比较优势），B 银行在浮动利率市场上劣势较小（有比较优势）。因此，双方存在利率互换的动机。

此时，若两家银行不进行利率互换，而是在相应的市场上直接借款，则双方借款成本为：A 银行为 Shibor_ 3M，B 银行为 6.5%。

但若两家银行进行利率互换交易，则可总共节约 1%（=1.5% -0.5%）的借款成本。

假设两家银行商议平分互换收益，并按图 5-11 所示方案进行利率互换。

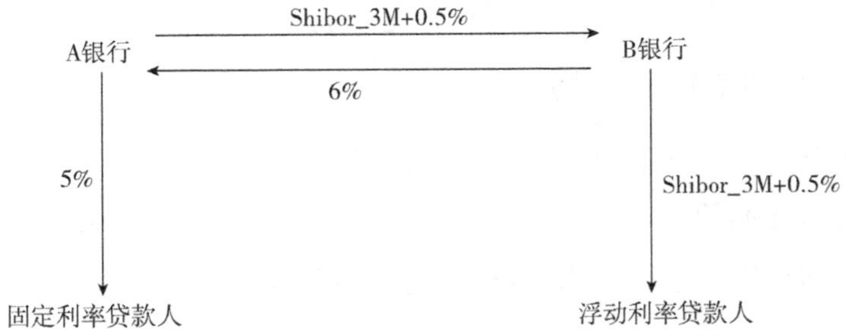

图 5-11　利率互换现金流量图

通过利率互换，两家银行的收益状况分析如表 5-29 所示。

表 5-29　利率互换的收益分析

A 银行		B 银行	
固定利率市场	浮动利率市场	固定利率市场	浮动利率市场
收到利率：6%	直接借款利率：Shibor_ 3M	直接借款利率：6.5%	收到利率：Shibor_ 3M +0.5%
支付利率：5%	支付利率：Shibor_ 3M +0.5%	支付利率：6%	支付利率：Shibor_ 3M +0.5%

续表

A银行		B银行	
固定利率市场	浮动利率市场	固定利率市场	浮动利率市场
收益：1%	亏损：0.5%	收益：0.5%	收益：0
净收益：0.5%		净收益：0.5%	

由此可见，通过利率互换，A银行比在浮动利率市场上直接借入资金节约了0.5%的融资成本，B银行比在固定利率市场上直接借入资金也节约了0.5%的融资成本，双方总共节约了1%的融资成本。所以，利率互换可以降低交易双方的融资成本。

四、金融互换的作用

（一）降低融资成本

从前述货币互换和利率互换的实例中可以看出，筹资者通过金融互换交易可以充分利用双方的比较优势，大幅降低融资成本。

（二）加强资产负债管理

交易者利用货币互换可以匹配资产与负债的货币结构，利用利率互换可以使存款机构将资产或负债的现金流量特征从以固定利率为基础转变为以浮动利率为基础或相反。总之，通过金融互换，可以优化资产与负债的货币与利率结构，转移和防范汇率风险和利率风险，实现资产负债的最佳匹配。

（三）逃避各类管制

金融互换属于表外业务，不计入资产负债表，因此可以规避外汇管制、利率管制及税收管制等方面的限制。

本章小结

1. 金融衍生工具是指以杠杆或信用交易为特征，以货币、债券、股票等传统金融工具为基础而衍生的金融工具或金融商品。它既指一类特定的交易方式，也指由这种交易方式形成的一系列合约。金融衍生工具市场是以货币市场、外汇市场、证券市场为基础派生出来的金融市场，其交易对象是各类金融衍生工具。

2. 金融远期全称金融远期合约，简称远期，是指交易双方达成的，在将来某一特定日期按照事先商定的价格，以预先确定的方式买卖某种金融资产的合约。金融远期合约主要包括远期利率协议和远期外汇合约。

3. 远期利率协议是一种利率的远期合约，买卖双方商定将来一定时间的协议利率并规定以何种利率为参照利率，在将来的结算日，按照规定的期限和本金额，由一方向另一方支付参照利率和协议利率利息差额的贴现金额。利用远期利率协议可以规避利率波动风险。

4. 期货合约是一种由期货交易所制定的标准化合约，是买卖双方分别向对方承诺在合约规定的未来某时间按约定价格买进或卖出一定数量某种资产的书面协议。金融期货是指以金融工具为标的资产的期货合约，主要有利率期货合约、外汇期货合约和股票指数期货合约3种。金融期货市场具有转移价格风险、价格发现和投机三大功能。

5. 期权是一种能在未来某特定时间内或特定时点以特定价格买进或卖出一定数量某种特定商品的权利。金融期权是期权的一种，是指以金融工具为标的资产的期权合约或交易方式。按权利不同划分，金融期权可分为买入期权（看涨期权）和卖出期权（看跌期权）；按履约时间的不同划分，金融期权可分为欧式期权和美式期权；按标的资产的不同划分，金融期权可分为外汇期权、利率期权和股票指数期权。

6. 金融互换是指交易双方依据预先约定的规则，在一段时间内交换一系列付款的交易，其理论基础是比较优势和分享利益。金融互换主要分为货币互换和利率互换。金融互换可以帮助交易者降低融资成本、加强资产负债管理、逃避各类管制。

关键概念

金融衍生工具　金融远期　远期利率协议　金融期货　外汇期货

利率期货　股指期货　金融期权　看涨期权　看跌期权　金融互换
货币互换　利率互换

习 题

1. 运用金融衍生工具进行套期保值是为了（　　）。

A. 消除风险　　B. 转移风险

C. 发现价格　　D. 获取利润

2. 期货合约是由（　　）制定的标准化合约，是买卖双方分别向对方承诺在合约规定的未来某时间按约定价格买进或卖出一定数量某种资产的书面协议。

A. 中国证监会　　B. 期货交易所

C. 期货业协会　　D. 期货经纪公司

3. 我国国债利率期货产品在（　　）上市交易。

A. 上海期货交易所　　B. 郑州商品交易所

C. 中国金融期货交易所　　D. 大连商品交易所

4. 投资者以 10 点的权利金（每点 250 元）买进一份 6 月到期的标准普尔 500 指数的看跌期权，执行价格为 240 点，则该投资者的盈亏平衡点为（　　）。

A. 230　　B. 240　　C. 260　　D. 270

5. 投资者考虑在将来某个时点购买固定收益证券，却又担心到时利率可能下降，其可（　　），规避利率风险。

A. 买进利率期货合约　　B. 卖出利率期货合约

C. 买入利率看涨期权　　D. 买入利率看跌期权

6. 外汇期货合约的多头套期保值交易适用于（　　）。

A. 持有外汇资产者，担心未来外汇贬值

B. 持有外汇负债者，担心未来外汇升值

C. 规避进口商在未来付汇时外汇升值造成损失的风险

D. 规避出口商在未来收汇时外汇贬值造成损失的风险

7. 金融互换的主要形式有（　　）。

A. 远期互换　　B. 利率互换

C. 商品互换　　D. 货币互换

8. 货币互换的步骤包括（　　）。

A. 确定和交换本金　　B. 利息的互换

C. 本金的再次互换　　D. 保证金缴纳

9. 简述远期利率协议交易的优点。

10. 简述期货合约与远期合约的区别。

11. 金融期货市场的功能是什么？

12. 简述利用金融衍生工具进行套期保值交易与投机交易的区别。

13. 与金融期货相比，金融期权有何优势？

14. 金融互换的作用是什么？

15. 3月1日时3个月期存款利率为2.3%，某投资经理预计3个月后会有1000万美元的资金流入并打算存入银行3个月，但他预测利率将进一步下跌，于是以97.8点的报价买入6月交割的3个月期的欧洲美元期货合约。若3个月后，利率果然下跌至1.8%，同时，期货市场上6月交割的欧洲美元期货合约的报价为98.3点。试分析此操作的盈亏情况。

16. 假定欧元和美元汇率为1欧元=1.25美元。A公司需要借入2年期1000万欧元，B公司需要借入2年期1250万美元。两公司面临的借款利率如下：

	美元	欧元
A公司	8.0%	9.6%
B公司	9.8%	10.0%

请为银行设计一份互换协议，使银行每年可以赚0.2%，同时使A、B双方平等获益，汇率风险由银行承担。

第六章

资产证券化市场

本章首先介绍了资产证券化的基本概念、参与者、一般程序以及意义；其次介绍了资产证券化的主要类型，重点分析了资产证券化的特别风险及其规避措施；最后介绍了中国资产证券化市场的发展历程。

学习目标

1. 掌握资产证券化的定义及意义
2. 了解资产证券化的一般程序
3. 掌握资产证券化的主要类型
4. 掌握资产证券化的特别风险及规避措施
5. 了解中国资产证券化市场的发展历程

第一节 资产证券化概述

美国华尔街投资银行界有一句名言："如果你有稳定的现金流，那就将它证券化。"资产证券化起源于20世纪60年代末的美国住房抵押贷款市场，受"二战"后"婴儿潮"的影响，当时美国住房抵押贷款业务激增，金融机构出现了流动性不足、经营状况严重恶化等问题。为解决上述问题，1968年美国政府国民抵押贷款协会首次公开发行"过手证券"，由此开了全球资产证券化的先河。目前，资产证券化业务已成为金融市场上发展最快的金融创新业务。20世纪90年代，我国也开始了资产证券化业务的探索。受2008年国际金融危机的影响，中国人民银行不得不紧急暂停了我国的资产证券化业务，直到2012年，资产证券化业务方得以重启，之后，资产证券化业务在我国呈现井喷式发展，对我国金融市场的影响日益显著。

一、资产证券化的定义

关于资产证券化，其实很难下一个全面、准确的定义。被称为"证券化之父"的美国耶鲁大学教授弗兰克·J. 法博齐（Frank J. Fabozzi）认为：资产证券化可以被广泛地定义为一个过程，通过这个过程，将具有共同特征的贷款、消费者分期付款合同、租约、应收账款和其他不流动的资产包装成为可以市场化的、具有投资特征的带息证券。[①] 杜克大学教授斯蒂文·L. 西瓦兹（Steven L. Schwarz）则认为：在证券化中，公司部分地分解自己，把不具有流动性的资产从公司整体风险中隔离出来，随后以该资产为信用基础在资本市场上融资。[②] 美国证券交易委员会（SEC）对资产证券化的定义是通过对资产证券的界定来进行的，“资产证券是指这样一种证券，它们主要是由一个特定的应收款资产池或者其他金融资产池来支持，保证偿付。这些金融资产的期限可以是固定的，也可以是循环周转的。根据资产的条款，在特定的时期内可以产生现金流和其他权利，或者资产证券也可以由其他资产来保证服务或保证按期向证券持有人分配权益”。因此，资产证券化就是将原有资产变为证券进行融资的过程。

在我国，一般认为资产证券化是指将那些缺乏流动性，但能够产生可预见现金收入的资产（如住房贷款、学生贷款、信用卡应收款等）出售给特定发行人，通过创设一种以该资产产生的现金流为支持的金融工具或权利凭证，进而将这些不流动的资产转换成可以在金融市场上出售和流通的证券的一种融资过程或融资方法。它是以特定的资产组合或特定现金流为支持来发行可交易证券，因此资产证券化最重要的条件是资产能够产生现金流。

综合以上的定义，不难发现，未来现金流以及证券化的形式对资产证券化至关重要。首先，未来现金流是未来还款的保证，是可交易证券定价、发行、交易的基础，也就是资产证券化产品价值的基础；其次，证券化的形式保证了产品的流动性，因而使资产证券化成为市场化融资的重要手段。

---

① 法博齐. 固定收益证券手册：第8版［M］. 范舟，王新荣，等，译. 北京：中国人民大学出版社，2018.

② 西瓦兹. 结构金融：资产证券化原理指南（第3版）［M］. 李传全，龚磊，杨明秋，译. 北京：清华大学出版社，2003.

二、资产证券化的参与者

通常，资产证券化的参与者包括原始债务人、原始债权人（发起人）、特别目的机构（发行人）、投资者以及专门服务人、信托机构、担保机构、信用评级机构和证券承销商等中介机构。

（一）原始债务人

原始债务人（obligators）是指在与原始债权人签订的债权债务合同中承担债务的一方。原始债务人依照合约按时缴纳本金及利息，是证券化资产的现金流来源。

（二）原始债权人（发起人）

原始债权人（originators）是资产证券化的发起人，是证券化基础资产的原始所有者，是在与原始债务人签订的债权债务合同中享有债权的一方，通常是金融机构或大型工商企业，如抵押贷款的放款银行。

在资产证券化过程中，原始债权人把需要证券化的资产出售给特别目的机构，实现资产风险与收益的重组。

（三）特别目的机构（发行人）

特别目的机构（Special Purpose Vehicle，SPV）是出于资产证券化结构处理的需要而专门设立的机构。其职能是从发起人那里购买可证券化的资产，以购得的资产组建资产池，并以资产池所产生的未来现金流为支持发行可交易证券。它是资产证券化的中心环节，是整个资产证券化能够顺利进行的保证，各个参与者都围绕着它来展开工作。

SPV在资产证券化过程中的主要职责为：按照真实销售的标准从发起人处购买基础资产；通过一系列技术手段对基础资产进行信用增级；聘请信用评级机构对信用增级后的资产进行信用评级；选择承销商，发行证券；选择服务商，委托其从债务人处收取偿付金，并存入信托机构账户；选择信托机构，委托其向投资者按照约定方式进行偿付。

SPV 的核心作用在于隔离风险，即通过 SPV，保证被证券化的资产取得独立地位，并实现与出售方的破产隔离，由此，隔离出售方的法律风险、财务风险等向证券化资产的传递，以达到保护证券投资者利益的目的。

（四）投资者

投资者是指在资本市场上购买特别目的机构发行的可交易证券的机构或个人。这些投资者主要是机构投资者，例如商业银行、保险公司、共同基金、养老基金等。

（五）专门服务人

专门服务人（servicer）是指负责按期收取证券化资产所产生的现金流，并将其转移给 SPV 或 SPV 指定的信托机构的实体。由于发起人对证券化资产比较熟悉，所以专门服务人一般由发起人兼任。在资产证券化过程中，除了发起人自身可充当专门服务人以外，其附属公司或专业的金融机构也可以充当专门服务人。

（六）信托机构

信托机构（trust organization）是指由特别目的机构指定的负责对专门服务人收取的现金流进行管理，并向证券投资者按时支付的机构。

（七）担保机构

担保机构（guarantors）是指为特别目的机构发行证券提供担保的机构，其目的是对可交易证券进行信用增级。担保机构可以是政府型的担保机构，也可以是私人担保公司。

（八）信用评级机构

信用评级机构（rating agency）是指通过对资产证券化各个环节进行风险评估而给出可交易证券的信用等级的机构。信用评级的对象并非发行债券的主体，而是整个证券化的偿付能力，不仅包括对资产池的评价，还包括对信用增级等各方面内容的评价，其作用是减少信息不对称，进而维护投资者的利益。

（九）证券承销商

证券承销商（underwriters）是指为特别目的机构所发行的可交易证券进行承销的实体，其目的是确保证券的销售成功。通常而言，投资银行会在证券化过程中扮演承销商这一角色。

三、资产证券化的程序

一般而言，资产证券化的基本运作程序为：资产证券化的发起人将自己拥有的资产（比如长期贷款、应收账款、基础设施收费权等）真实出售（true sale）给特别目的机构（SPV），特别目的机构将购得的资产组成资产池（asset pool），以资产池预期产生的现金流为基础，发行证券，最后，用资产池产生的现金流来清偿证券。

具体地，资产证券化的运作过程为：

（一）发起人选择拟证券化的基础资产组建资产池

资产证券化的发起人（即资产的原始权益人）根据自身的融资需求，通过发起程序确定进行证券化的资产。尽管证券化是以基础资产所产生的现金流为基础，但并不是所有能产生现金流的资产都可以证券化。通常拟进行证券化的基础资产要具有以下特征：

（1）资产可以产生稳定的、可预测的现金流收入。

（2）原始权益人持有该资产已有一段时间，且债务人信用表现记录良好，说明债权人承担的信用风险较小。

（3）资产应具有标准化的合约文件，即资产具有很高的同质性。基础资产基本属于同一大类，如住房贷款类、汽车贷款类等。

（4）资产抵押物比较易于变现，且变现价值较高。

（5）债务人的地域和人口统计分布广泛，这样有利于分散风险。

（6）资产的历史记录良好，即违约率和损失率较低。

（7）资产的相关数据容易获得。

一般来说，那些现金流不稳定、同质性低、信用质量较差且很难获得相关统计数据的资产，不宜于被直接证券化。

（二）设立特别目的机构（SPV）

特别目的机构是专门为资产证券化而设立的一个特别法律实体，在法律上具有独立的地位。SPV 可以是证券化发起人设立的一个附属机构，也可以由信托机构或专门成立的资产管理公司担任。

SPV 作为发起人与投资者之间的中介机构，是证券化结构设计中最为关键的因素。设立 SPV 的目的在于使它从法律角度完全独立于证券化资产的原始权益人（即发起人），使资产证券化以后不会受到原始权益人破产的影响，从而达到“风险隔离”目的。

（三）发起人将资产转移给 SPV

发起人将拟证券化资产转移给 SPV 是资产证券化过程中非常重要的一个环节。这个环节会涉及一些法律、税收和会计处理等方面的问题，其中一个关键问题是：一般都要求这种转移必须是真实出售，其目的是实现证券化资产与发起人之间的破产隔离，即发起人的其他债权人在发起人破产时对已转移的证券化资产没有追索权。

以真实出售方式转移资产要求做到以下两个方面：第一，证券化资产必须完全转移到 SPV 手中，这既保证了发起人的债权人对已转移的证券化资产没有追索权，也保证了 SPV 的债权人对发起人的其他资产没有追索权；第二，由于资产控制权已经从发起人手中转移到了 SPV，因此应将这些资产从发起人的资产负债表上剔除，使资产证券化成为一种表外融资方式。

（四）信用增级

由于证券化资产大多流动性较差，信用程度也难以评价，如果仅仅以这些资产为支撑发行证券，往往不能保证顺利发行，所以除以证券化资产的权益作担保外，特别目的机构往往需要担保机构对它们提供额外的信用支撑，来提高证券的流动性和降低融资成本。信用增级可以提高所发行证券的信用级别，使证券在信用质量、偿付的时间性与确定性等方面能更好地满足投资者的需要，同时满足发行人在会计、监管和融资目标方面的需求。

信用增级可以分为内部信用增级和外部信用增级两类。

1. 内部信用增级

常见的内部信用增级的方式有：

（1）建立备付基金。备付基金通常采取两种形式：现金备付账户和付息剩余账户。现金备付账户是指在证券发行收入中留出一定比例的现金建立备付账户用于保障证券的还本付息。付息剩余账户与现金备付账户的区别在于资金来源的不同：付息剩余账户的资金来源于从证券化资产中获得的利息收入在支付证券利息和其他费用后的剩余部分。

（2）超额抵押。超额抵押是指用于发行证券的基础资产的评估价值超过发行证券所代表的债务价值。超额抵押是发行不良资产抵押证券时经常采用的内部信用增级手法。

（3）划分优先/次级结构（senior/subordinate structure）。通过优先/次级结构设计可以形成受益顺序有所分别的两种类型的证券：优先级证券和次级证券。优先级证券向投资者发行，并从资产池产生的现金流中优先得到偿还；发起人持有次级证券，在证券化资产获得的现金流完全支付优先级证券后得到偿还。证券级别随偿付顺序的先后由高到低排列，这样可以用下一级证券的现金流来为上一级证券的本金利息偿付提供信用增级。同时发起人持有次级证券，相当于发起人为优先级证券的投资人提供偿付保证。

2. 外部信用增级

常见的外部信用增级的方式有：

（1）发起人担保，是指证券发起人对证券的特定部分提供担保。

（2）信用证（Letter Of Credit，LOC），是由金融机构发行的保险单，当损失发生时，金融机构必须按某一指定的数额提供补偿。

（3）商业保险，发行人通过购买履约保险也可以为证券持有人的损失提供保护。

（五）信用评级

在资产证券化过程中，信用评级机构将对资产组合未来产生现金流量的能力以及拟发行的证券进行评级。通常要进行两次评级：初评与发行评级。初评的目的是确定达到所需要的信用级别必须进行的信用增级水平。在按评级机构的要求进行完信用增级之后，评级机构将进行正式的发行评级，并向投资者公布最终评级结果。

信用评级机构通过审查各种合同和文件的合法性及有效性，给出评级结果。因此通过剥离出相对优质的资产项目，再配上一定的信用增级措施，就可获得远高于自身的资信等级。信用等级越高，表明证券的风险越低，从而使发行证券筹集资金的成本越低。

（六）证券销售

信用评级完成并公布结果后，特别目的机构作为发行人将证券交给证券承销商去销售，可以采取公开发售或私募的方式来进行。

（七）现金流管理及偿付

在资产证券化过程中，特别目的机构要聘请专门服务人来对资产池进行管理。专门服务人一般由发起人担任，也可以是独立于发起人的第三方，此时，发起人必须把与证券化资产相关的全部文件移交给新服务商，以便新服务商掌握资产池的全部资料。

资产证券化过程中的现金流偿付方向是原始债务人到期偿付本金和利息给专门服务人，专门服务人将其存入特别目的机构指定的信托机构账户，然后信托机构再把本金和利息支付给投资人。利息通常是定期支付，而本金的偿还日期及顺序因证券化资产和所发行证券的偿还顺序安排有所差异。

资产证券化的一般程序如图 6－1 所示。

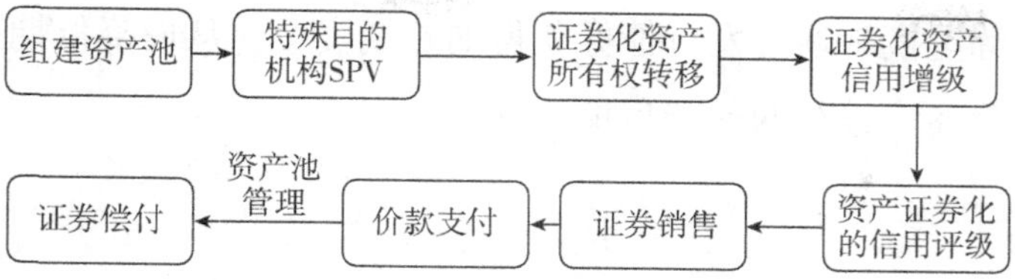

图 6－1　资产证券化的一般程序

四、资产证券化的意义

资产证券化自 20 世纪 70 年代在美国出现以来，应用领域不断扩大，对金融市场有着广泛而深远的意义。

（一）增强了资产的流动性

资产证券化提供了将缺乏流动性的资产转变成流动性强、可在资本市场上交易的证券的手段，通过资产证券化，发起者可补充资金，进行另外的投资。

（二）降低了融资成本

资产证券化有助于拓宽融资渠道，获得低成本融资。资产池中的资产与发起人风险隔离，通过信用增级，资产的信用等级得到大幅提升，一些信用等级比较低的企业通过资产证券化可以获得和高信用级别企业一样的融资成本。通常，通过资产证券化市场筹资比通过商业银行或其他资本市场筹资的成本要低许多。

（三）减少了风险资产

资产证券化有利于发起者将风险资产从资产负债表中剔除，有助于发起者特别是商业银行改善各种财务比率，满足风险资本指标的要求。

（四）便于商业银行进行资产负债管理

商业银行短借长贷的特点使商业银行承担了资产负债期限不匹配的风险，通过资产证券化市场，商业银行可以售出部分期限较长、流动性较差的资产，将所得投资于高流动性的金融资产，也可以将长期贷款的短期资金来源置换为通过发行债券获得的长期资金，从而降低期限错配的风险，改善商业银行的资产负债管理。

第二节　资产证券化的类型及风险

近年来，资产证券化在世界各国得到迅猛发展，被证券化的资产包括住房抵押贷款、汽车消费贷款、信用卡应收款等。但总体上，证券化产品可分为抵押支持证券（Mortgage - Backed Securities，MBS）和资产支持证券（Asset - Backed Securities，ABS）两大类。

一、抵押支持证券

抵押支持证券是指以住房抵押贷款作为资产池而发行的证券。它体现了以住房抵押贷款为基础，以借款人对贷款进行偿付所产生的现金流为支撑，通过金融市场发行证券（大多是债券）来进行融资的技术或过程。

抵押支持证券最早产生于20世纪60年代，主要由美国住房专业银行及储蓄机构利用其贷出的住房抵押贷款而发行，是最早的资产证券化品种，也是目前存量最大的证券化品种。

抵押支持证券的早期形式是过手证券（pass - through securities）。过手证券是指证券发行人将抵押贷款资产进行组合，经信用增级后，以该资产组合为基础发行的抵押贷款支持证券，并将基础资产产生的本金与利息原封不动地转移支付给抵押支持证券的投资者。美国的过手证券主要由以下机构担保发行：政府国民抵押贷款协会（GNMA）、联邦住宅贷款抵押公司（FHLMC）和联邦国民抵押协会（FNMA）。

此后，随着金融创新的不断发展，抵押支持证券形式逐渐多元化，又出现了转付证券（pay - through securities）、剥离式抵押支持证券（stripped mortgage - backed securities）和抵押担保证券（Collateralized Mortgage Obligations，CMO）等。

转付证券的偿付现金流同样来自基础抵押贷款债务人归还的本息，但其与转手证券的显著区别在于，它对基础抵押贷款组合产生的现金流重新进行了组合，使证券本息的偿付机制发生变化，以满足对风险、收益、期限等具有不同偏好的投资者。其实，现金流是否经过技术处理只是转付证券和过手证券的表面区别，两者的内在区别在于基础支持资产的所有权归属不同。过手证券的投资者是支持资产的所有者，而转付证券中支持资产只是抵押品，保证现金流的偿付，投资者并不拥有支持资产的所有权，所以转付证券资产池产生的现金流不一定与投资者的所得相一致。投资者当期所得可以高于资产池所产生的当期现金流，也可以低于资产池所产生的当期现金流。因此，为了保障投资者稳定的收益，往往是发行人自己持有一部分支付不稳定的证券。

剥离式抵押支持证券是将抵押贷款组合中的本金和利息收入流进行拆分，并以本金收入流和利息收入流为基础分别发行本金证券和利息证券的抵押支持证券。抵押担保证券是以抵押贷款组合、过手证券、剥离式抵押支持证券等为担保，发行人将来源于担保资产的现金流分配给不同“档”（tranches）债券的抵押担保证券，又称多级抵押支持债券。

二、资产支持证券

资产证券化在住房抵押贷款上的成功运作，促进了资产证券化在其他资产领域的推广，资产支持证券随之出现了。资产支持证券是以非住房抵押贷款资产为支撑的证券化融资工具。

按照美国证券业和金融市场协会（Security Industry and Financial Market Association，SIFMA）的划分，资产支持证券的主要类型包括汽车贷款支持证券、信用卡债权支持证券、学生贷款支持证券、工商企业应收账款支持证券和债务抵押债券（Collateralized Debt Obligations，CDO）等。其中CDO是市场流通债券的再证券化，CDO背后的支撑是一些债务工具，如高收益的债券、新兴市场公司债或国家债券，亦可包含传统的MBS、ABS等资产证券化产品，所以，CDO是在证券化基础上的再证券化，使得其风险管理变得非常复杂和困难，并使其在2008年国际金融危机中成为主要元凶之一。

随着资产证券化市场的不断发展与完善，越来越多的资产进入资产证券化市场，拓宽了企业的融资渠道。例如知识产权版税收入的证券化。

拓展知识[6-1]

欧洲资产证券化主要产品

欧洲资产证券化实践与美国市场不完全相同。除了常见的MBS、ABS和CDO产品外，欧洲资产证券化特色产品为整体业务证券化（Whole Business Securitization，WBS）和中小企业证券化（Small and Medium Entrepreneur Securitization，SMES）。

WBS由野村国际发明于1986年，是指以某项业务产生的未来现金流为支撑的证券化。能够产生持续的现金流是整体业务证券化能够成功的关键所在。与一般证券化产品相比，WBS的特点在于，一般证券化产品对资产实行破产隔离管理，且只有被隔离资产所产生的现金流才可用于偿付证券化债务；而WBS产品的对象主要是正在运营的资产，而且并没有采取有效措施对资产进行破产隔离，只是单纯地将其产生的运营收益进行债务偿付。由此可见，WBS产品从某种意义上来说可以被看作是一种公司债券，但又与传统的公司债券有所不同。例如，WBS产品的限期一般为20~30年，相对来说发行年限较长。除此之外，WBS产品由于存在严格的业务运作管理体系，因此相对于一般公司而言，WBS信用评级水平要平均高出1~4级，因此WBS的融资成本较低。

SMES 指对中小企业的资产证券化，其将中小企业向银行等金融机构的贷款作为证券化的基础，以贷款偿还的现金流作为收益支撑。针对普遍的中小企业融资难问题，欧洲利用资产证券化来对其提供融资支持。2012 年，欧洲 SMES 的发行量高达 570 亿欧元，资产证券化已经逐渐成为欧洲中小企业的主要融资方式之一。

资料来源：高蓓，张明，邹晓梅．美、欧、日资产证券化比较：历程、产品、模式及监管［J］．国际经济评论，2016（7）：140－155.

拓展知识[6–2]

知识产权 ABS 在我国的发展

2020 年 4 月，财政部办公厅、知识产权局办公室发布《关于做好 2020 年知识产权运营服务体系建设工作的通知》（财办建〔2020〕40 号），明确依法依规推进知识产权证券化。

在政策支持和市场推动下，多只知识产权 ABS 在 2021 年上半年发行，知识产权类型进一步丰富，助力盘活知识产权，解决中小科创企业融资难题。2021 年 1 月，“业达智融—烟台开发区知识产权（人力资本）资产支持专项计划”发行，是国内首单人力资本资产支持专项计划，为烟台开发区内 16 家科技型中小企业实现知识产权中长期融资 3 亿元。2021 年 2 月，“福田区—平安证券—高新投知识产权 2 号资产支持专项计划（战略新兴）”发行，是国内首单战略性新兴产业专项知识产权 ABS 产品，入池企业覆盖了新一代信息技术、高端装备制造、绿色低碳等战略性新兴产业。同月“罗湖—平安证券—高新投版权资产支持专项计划”发行，是全国首单以版权为主的知识产权 ABS 项目，以助力罗湖区内轻资产、重创意、强服务的文创企业拓宽融资渠道，缓解资金压力。

资料来源：李波．2021 年上半年资产证券化发展报告［J］．债券，2021（7）：47－53.

三、资产证券化的风险

资产证券化的风险可分为普通风险和特别风险两种类型。由于资产证券化后所产生的证券基本是固定收益证券，故其风险跟一般债券所具有的风险是相似的，如利率风险、购买力风险、汇率风险、流动性风险、主体信用风险、再投资风险、赎回风险等，这类风险称为普通风险。除此之外，作为一种创新型融资方式，资产证券化还有着区别于一般债券的特别风险，这种特有的风险主要来源于资产证券化过程中信用链的加长以及特殊的结构性特点。本节重点分析这些特别风险。

资产证券化的特别风险主要包括提前偿付风险、资金不匹配风险、第三方风险和法律风险等。

（一）提前偿付风险

资产证券化过程中，投资者面临的一个突出的风险是提前偿付风险。提前偿付风险是指因为借款人提前偿还贷款，导致贷款人提前收回现金、资金回报降低的可能性。提前还款这种不确定时间、不确定还款数额的行为使证券化基础资产的现金流出现了较大的不确定性，从而引起抵押支持证券和资产支持证券现金流的波动，给证券持有人带来风险。如果发行条款中规定发行人拥有提前偿付权力，对证券投资者来说就有可能产生提前偿付风险。

导致提前偿付风险发生的原因主要有以下几个方面：借款人卖掉抵押品后取得现金偿还了全部贷款；当前的市场利率降低，使得借款人能够以低利率进行再融资来还款；借款人因无法按期偿还贷款而导致抵押品被拍卖，得到的收入被用来偿还贷款；有保险的抵押品由于火灾和其他灾害而损坏，保险公司对抵押品的赔偿导致了提前还款的发生。

提前偿付风险对资产证券化过程影响重大，提前偿付不仅会增加现金流的不确定性，还会增加再投资风险。具体而言，首先，就现金流不确定风险而言，MBS、ABS 每期的现金流主要有利息、计划偿还本金、提前偿付本金等。提前偿付本金是借款者额外支付的不定时间、金额的本金，双重的不确定性使得对于 MBS、ABS 的定价变得复杂。其次，就再投资风险而言，如果借款人是由于市场利率下降而进行提前偿还，投资者不仅要面对现金流的波动，还要面对再投资风险，这时证券的到期时间提前，投资者只能将资金投入到更低的市场利率中，收益将大幅降低。

因此，在提前偿付发生时，往往需要发行人做出必要的补偿。证券化产品由过手证券发展到转付证券，其初衷就是为了防范现金流的不稳定。除此之外，证券化的分档处理、建立备付基金也可以降低提前偿付的风险。

（二）资金不匹配风险

由于证券化资产偿还的基础是特别目的机构从发起人那里购得的资产，故当资产池所产生的现金流与证券偿付所要求的现金流不吻合时就会产生匹配风险。资金不匹配的风险具体可分为以下两种：

（1）利率不匹配风险。资产池是按照固定利率产生现金流，而证券偿付是浮动利率，或者相反，这就是利率不匹配风险。这种风险可以通过利率互换，或者在设计证券利率时直接采用与资产池现金流相一致的利率标价等方式来解决。

（2）货币（汇率）不匹配风险。资产池所产生的现金流的货币种类和偿付现金流货币种类不同，就会产生货币（汇率）不匹配风险。在各国证券化市场上，国外投资者都是重要的投资人，故汇率方面的风险是常见的风险。与利率不匹配风险规避方式相似，通过货币互换等手段，可以降低货币（汇率）不匹配风险。

（三）第三方风险

资产证券化的信用链较长，涉及参与方众多，包括 SPV、服务机构、信托机构、担保机构等，使得影响证券的因素增多。资产证券化过程中的信用风险不同于普通债券那样集中于证券发行人，在良好的风险隔离结构下，证券发行人基本只作为壳载体，发行主体信用风险对证券化资产的影响非常小，反而与该证券有关的第三方的信用状况是影响证券信用风险的关键因素。在资产证券化的过程中，参与证券化的每一方都对证券的发行质量有影响。例如在证券的动态评级中，如果担保机构的信用级别降低，就可能会使证券的级别受到牵连，导致证券的信用评级降低。

（四）法律风险

资产证券化这一创新型融资工具能够得到市场的青睐，其原因在于，资产证券化通过让更多的专业性机构参与进来，加之真实出售、资产重组、破产隔离等技术的运用，可以盘活存量资产、拓宽融资渠道。但是，随着信用链的增长、参与方的增多，必然伴随着契约合同的增多，新型合同的出现，法律风险也会不断地加大。因此，良好的法律服务是资产证券化能否成功的重要保障。

第三节　中国资产证券化市场发展历程

中国资产证券化市场可分为银行间资产证券化市场以及交易所资产证券化市场两大类。其中，银行间资产证券化市场指商业银行（或资产管理公司）以所持有的信贷资产作为基础资产，委托信托公司在银行间债券市场发行、流通的资产证券化产品市场；交易所资产证券化市场是指在沪深证券交易所发行、流通的资产证券化产品市场。

相比美国等发达国家，我国资产证券化市场的发展起步较晚，于20世纪90年代开始资产证券化的探索。1992年海南省三亚市开发建设总公司发行总额2亿元人民币的“三亚地产投资券”，开启了中国资产证券化的序幕。2004年《国务院关于推进资本市场改革开放和稳定发展的若干意见》首次提出“积极探索并开发资产证券化品种”，这为证券化业务发展奠定了坚实的政策基础。学界通常将2005年定义为我国资产证券化业务开展的元年。自2005年以来，我国资产证券化市场的发展经历了试点、暂停、重启和快速发展等四个阶段。

一、试点阶段（2005—2008年）

2005年4月，中国人民银行、银监会颁布了《信贷资产证券化试点管理办法》，正式启动了我国资产证券化试点。同年12月，国家开发银行和中国建设银行作为试点单位，先后发行两款信贷资产证券化产品，即开元信贷资产支持证券（05开元）和建元个人住房抵押贷款证券化信托优先级资产支持证券（06建元），成为我国试点发行的首批信贷资产证券化产品。2007年4月，国务院批准同意扩大信贷资产证券化试点的工作。2008年1月，中国建设银行成功发行了首只不良资产支持证券。同期，上汽通用汽车金融公司发行了首只汽车抵押贷款支持证券。

随着试点的增加和产品的丰富，我国信贷资产证券化市场进一步拓宽。资产证券化为实体经济提供了新的融资渠道，优化了商业银行的资本配置，丰富了金融市场投资产品，提高了金融市场资源配置效率。

二、暂停阶段（2009—2011年）

2008年美国次贷危机爆发，我国监管当局从维护资本市场稳定和风险控制角度出发，暂停了资产证券化的审批。2009年、2010年两年中并无资产证券化产品发行上市，我国资产证券化市场发展停滞不前。

三、重启阶段（2012—2013年）

2012年5月，中国人民银行、银监会、财政部下发《关于进一步扩大信贷资产证券化试点有关事项的通知》，正式重启信贷资产证券化。该通知规定只要有稳定收益和现金流、符合国家产业政策的项目都可以资产证券化，放宽了对投资人的限制，公募基金、私募基金、保险、社保等机构都可以投资资产证券化产品，几乎包括了所有类型的机构投资者。对发行的资产证券化产品新增了双评级与风险自留两大审慎性监管政策。具体而言，首先，双评级要求聘请两家具有评级资质的资信评级机构，进行持续信用评级，并在申请发行资产支持证券时向金融监管部门提交两家评级机构的评级报告，以避免评级机构恶性竞争，丧失公信力；其次，风险自留要求发起机构应持有不低于发行规模的5%，而且持有期不低于最低档次证券的存续期限，以防范发起人和证券化机构存在的道德风险。证监会2013年3月15日发布《证券公司资产证券化业务管理规定》，允许具备证券资产管理业务资格的证券公司申请设立专项计划，发行资产支持证券。资产证券化迎来新一轮发展的契机。

据统计，2012年我国共发行5单资产证券化产品，共计规模192.62亿元；2013年发行6单产品，共计规模157亿元。

四、快速发展阶段（2014年至今）

2014年11月，银监会发布《关于信贷资产证券化备案登记工作流程的通知》，将信贷资产支持证券发行由审批制改为备案制。2015年3月，中国人民银行发布《关于信贷资产支持证券发行管理有关事宜的公告》，标志着信贷资产支持证券发行注册制在我国正式落地。备案制和注册制的实施大大提高了金融机构，特别是商业银行开展资产证券化业务的积极性。

2015年8月，保监会印发了《资产支持计划业务管理暂行办法》，以推动旗下ABS业务由试点转为常规化发展，同时也便于进一步规范业务操作。2016年，人民银行、国家发展改革委等八部委联合发文，进一步明确了资产证券化市场发展方向，如：不良资产证券化试点和扩大不良资产证券化试点机构范围、鼓励住房租赁企业发行ABS、大力推进绿色资产证券化、积极推动“PPP+资产证券化”。

2014年我国共发行55单资产证券化产品，共计规模2284.95亿元。自此，资产证券化在我国进入快速发展阶段。

拓展知识[6-3]

美国资产证券化发展历程

美国是资产证券化的发源地，并且资产证券化发展规模最大，可以说，三次大危机贯穿了美国资产证券化的发展历程。

第一次危机的爆发。1930年大萧条后，房价下跌和失业率剧增导致银行陷入危机，为化解危机并促进房地产市场发展，联邦政府为放贷机构提供资金和保险支持，巩固完善了住房抵押贷款的一级市场。但进入1960年后，美国住房抵押贷款市场受战后“婴儿潮”成年的冲击，对住房抵押贷款的需求激增，资金来源非常紧张，与此同时，高通货膨胀和利率市场化压缩了银行的盈利空间。为解决上述问题，在联邦政府的引导下，资产证券化市场逐渐形成。

第二次危机的爆发。虽然资产证券化产生初期是为了解决银行流动性不足问题，但随着储贷危机在20世纪70年代末80年代初的爆发，资产证券化的功能与之前相比出现转变，规避资本充足率监管要求和优化资产负债结构成为其主要功能。为应对危机冲击并改善银行资产负债结构，抵押支持证券开始大行其道。储贷危机之后，美国联邦政府开始对金融机构的自有资本比率设限，而银行为了满足资本充足率要求，开始将资产证券化的基础资产从住房抵押贷款扩展至其他金融资产，于是资产支持证券应运而生。

第三次危机的爆发。20世纪90年代的金融创新不断推动资产证券化发展，使其完全背离了创立初衷，将套利作为主要目的，导致债务抵押债券CDO快速发展，继而引致次贷危机的爆发。虽然在2008年之前接近40年的时间里，美国资产证券化市场的发展基本平稳，没有受到重大挫折，但2008年次贷危机的爆发却不可避免地导致整个市场规模萎缩。

从上述美国资产证券化的发展历程来看，其发展的主要推动力量是金融市场的发展需要，而政府的监管和立法都是为了顺应市场需要。两者通过有机结合，促成了美国资产证券化市场的快速发展。

资料来源：高蓓，张明，邹晓梅．美、欧、日资产证券化比较：历程、产品、模式及监管［J］．国际经济评论，2016（7）：140－155.

阅读材料[6-1]

2021年中国资产证券化市场的运行情况

2021年我国资产证券化市场规模延续增长态势，对加快盘活存量资产、支持绿色发展、助力中小科创企业融资、服务实体经济发挥了积极作用。2021年我国资产证券化市场运行具体情况如下：

（1）发行规模继续增长。2021年，我国共发行资产证券化产品30999.32亿元，同比增长8%；年末市场存量为59280.95亿元，同比增长14%。信贷资产支持证券（信贷ABS）全年发行8815.33亿元，同比增长10%，占发行总量的28%；年末存量为26067.53亿元，同比增长17%，占市场总量的44%。企业资产支持证券（企业ABS）发行15750.43亿元，同比增长1%，占发行总量的51%；年末存量为24056.38亿元，同比增长6%，占市场总量的41%。非金融企业资产支持票据（ABN）发行6454.36亿元，同比增长26%，占发行总量的21%；年末存量为9158.14亿元，同比增长31%，占市场总量的15%。

（2）发行利率震荡下行。其中，信贷ABS优先A档证券最高发行利率为6.00%，最低发行利率为2.50%，平均发行利率为3.33%，全年累计下行59 BP；优先B档证券最高发行利率为6.50%，最低发行利率为2.73%，平均发行利率为3.66%，全年累计下行64BP。企业ABS优先A档证券最高发行利率为13.00%，最低发行利率为0.10%，平均发行利率为3.83%，全年累计下行260BP；优先B档证券最高发行利率为13.00%，最低发行利率为3.20%，平均发行利率为5.62%，全年累计下行133BP。

（3）市场整体上行，信用利差小幅缩窄。从全市场回报来看，以表征ABS市场的中债—资产支持证券指数作为观测指标，其2021年投资回报率约为4.38%，较2020年增长0.67%。2021年资产证券化产品与国债的信用利差整体呈缩窄走势。

（4）评级公司评级与中债市场隐含评级存在差异。从评级公司给出的发行时评级和估值首日中债市场隐含评级对比来看，企业ABS的评级分布差异更加明显。具体来看，在同时具有两种评级的信贷ABS产品中，评级公司评级与中债市场隐含评级在AA+及以上的产品占比分别为99.73%和96.32%，AAA评级产品占比分别为99.18%和91.73%；在企业ABS产品中，评级公司评级与中债市场隐含评级在AA+及以上的产品占比分别为99.13%和81.82%，AAA评级产品占比分别为94.37%和26.04%。

（5）流动性同比提升。2021年资产证券化二级市场流动性较2020年明显提升。以中央结算公司托管的信贷ABS为例，全年现券结算量为10457.10亿元，较2020年大幅增长120%；换手率为40.67%，较2020年增长19个百分点，交易活跃度有所提高。

资料来源：李波.2021年资产证券化发展报告［J］.债券，2022（2）：57-64.

阅读材料[6-2]

美国次贷危机与资产证券化

美国次贷危机（subprime crisis）也称为次级房贷危机、次债危机。美国次贷危机从2006年春季开始逐步显现，2007年8月开始席卷美国、欧盟和日本等世界主要金融市场，升级成为全球范围内的一场金融危机。这场危机原本只是发端于美国的住房信贷市场，但其影响和范围却借助资产证券化，辐射到了全世界。

一、美国次贷危机发展历程

1. 次贷危机酝酿阶段

在2000年美国股市互联网泡沫破裂与2001年“9·11”事件的双重打击下，为了避免美国经济陷入衰退，美联储持续降息，自2001年1月到6月，美联储连续13次降息，将联邦基金利率从6.5%一路降到1%的最低点。2001—2004年，美联储低利率政策刺激了房地产业发展，美国人的购房热情急升，由于易得性，次级房贷市场[①]空前火爆。

由于美国以资产证券化为代表的金融创新，为美国的金融体系释放了巨大的流动性，同时又可以使信贷机构的风险得到转移，因此使美国房屋信贷机构敢于也乐于将次级贷款发放给还款能力较差的借款人，人为地派生了大量的住房需求，促使房价不断升高。加之，大量的次级抵押贷款经过拆分、打包、信用增级等手段，许多资产以AAA级的债券形式，卖给了包括商业银行或养老基金等在内的大型机构，并且行销全球。同时，金融创新的复杂性使金融监管当局和信用评级机构也无法识别各种证券化产品中所隐藏的风险。于是，风险大量地在市场中聚集。

到2006年，次级住房抵押贷款占整个住房抵押贷款的市场份额达到了20%，比2001年的规模增长了两倍。而且到2006年，在利用次级住房抵押贷款购买的住房合同中，贷款与房价之比已经达到96%，

① 美国的抵押贷款市场大致可以分为3个层次：优质贷款市场（prime market）、“ALT－A”贷款市场和次级贷款市场（subprime market）。优质贷款市场面向信用等级高（信用分数在660分以上），收入稳定可靠，债务负担合理的优良客户。次级贷款市场面向信用分数低于620分，收入证明缺失，负债较重的人。而“ALT－A”贷款市场则是介于二者之间的庞大灰色地带，它既包括信用分数在620分到660分之间的主流阶层，又包括分数高于660分的高信用度客户中的相当一部分人。

这意味着平均首付的比例仅为4%。总体来看，到2006年次级贷款和ALT－A贷款占到了美国住房抵押贷款市场约40%的份额。[①]

2. 次贷危机爆发阶段

由于经济的强劲增长，自2004年6月至2006年6月，美联储17次加息以避免出现经济过热和通货膨胀。在此期间，联邦基金利率从1%提至5.25%，结果导致房价从2005年10月开始持续下跌，与此同时，提高的利率加大了低收入贷款人的还款压力。在不断下降的房屋价格和不断上涨的还款压力之下，借款人违约现象日益严重。美国抵押贷款银行家协会公布的报告显示，2006年第四季度美国住房抵押贷款违约率（逾期30天或30天以上的未偿贷款的比率）达到4.95%，较前一季度上扬了0.28个百分点，创下2003年第二季度以来的新高。其中次级抵押贷款违约率高达13.33%，为最近4年来的最高水平。而借款人如果不能按期还款，那么以住房抵押贷款为基础的一系列资产证券化产品的资金链条就会出现中断。由于房地产消费市场的萧条和萎缩，再加上大量因为违约而被收回的抵押房屋被抛售，增加了原本就空置率很高的房屋市场的供给，进一步降低了市场价格，随着违约借款人的增多，更多的金融机构相继陷入财务困境。

2007年3月13日，美国第二大次级抵押贷款企业——新世纪金融公司（New Century Financial Corp）因现金流断裂被纽约证券交易所停牌，掀开了美国次贷危机的序幕。2007年8月6日，另一家大型抵押贷款机构——美国住房抵押贷款投资公司（American Home Mortgage Investment，AHMI）正式向法院申请破产保护。在这场由次贷危机引发的连锁反应中，即使有政府背景，美国最大的两家抵押贷款机构——联邦住宅贷款抵押公司（FHLMC）和联邦国

① 资料来源：瑞士信贷。

民抵押协会（FNMA）也无法置身事外。据花旗集团发布的报告，次级抵押贷款相关债券资产缩水会给二者造成47亿美元的潜在损失，相当于两家企业总股本的约6%。

3. 次贷危机蔓延阶段

随着危机的进一步深化，受到冲击的不仅仅是住房抵押贷款的发放机构和房地产开发商，越来越多的参与者被卷进来。资产证券化发起人和打包方的投资银行也无法幸免于难。2008年1月美国最大的银行——花旗银行宣布，由于出现了高达180亿美元的与次级抵押贷相关的损失，公司在上年第四季度净亏损98.3亿美元，为该公司有史以来的最大季度亏损。3月14日美国第五大投资银行与第二大按揭贷款债券承销商贝尔斯登由于流动性急剧枯竭，不得不要求美联储紧急援助300亿美元。3月16日摩根大通宣布将以每股2美元，总计2.4亿美元的低价收购贝尔斯登。4月1日瑞士最大也是欧洲最大的银行——瑞士银行（瑞银）宣布，由于受到高达190亿美元的资产冲减拖累，该行2008年第一季度出现120亿瑞士法郎（约合121亿美元）的亏损，为连续第二个季度亏损。就在瑞银发布上述声明后不久，德国最大的银行——德意志银行也宣布，受美国次贷危机影响，该行第一季度可能必须计提25亿欧元的资产减损准备。

二、资产证券化不是次贷危机爆发的根源

在本次危机中，可以说资产证券化发挥了风险累积和传导的重要载体的作用，经证券化后，抵押贷款的风险被转移和扩散给了众多的证券化参与各方，从而导致系统性风险的积累和扩大。一旦这种共享利益模式的基础资金链断裂，次贷危机的爆发就不可避免了。

但是，即使在这种情况下，金融体系的不稳定性从根本上讲也不能归罪于资产证券化。20世纪80年代以来，美国社会的收入差距一直没有得到实质性的改善，中低收入家庭收入和债务的不对

等，加深了美国社会金融体系的内在不稳定性。2006年以后，全国大范围的贷款违约率使金融系统的不稳定性开始显现。到后来随着形势的发展，大量的房屋所有人发现已很难偿还住房贷款，并通过资产证券化，金融系统的风险进一步叠加、扩散和转移到市场的每个角落，次贷危机的发生就是不可避免的了。因此，美国次贷危机爆发的根源是美国收入差距过大加大了社会金融系统的不稳定，而不是资产证券化。

资料来源：根据相关资料整理。

阅读材料[6-3]

农银二期信贷资产证券化

"农银二期"的全称为"2014年第二期农银信贷资产证券化信托"，发起机构是中国农业银行，受托机构为中信信托有限责任公司，信托资产规模为80.028亿元。

一、参与机构

"农银二期"信贷资产证券化产品的参与机构众多，中国农业银行通过公开招标方式组织有意愿的参与机构投标，并组织相关的部门和权威专家进行资料审核和综合评分，最终选定了在相关领域具有专业水准，并且被国际和国内认可的参与机构。"农银二期"产品的参与机构如表6-1所示。

表6-1 "农银二期"参与机构

参与方	参与机构名称
委托人/发起机构/贷款服务机构	中国农业银行股份有限公司
受托人/受托机构/发行人	中信信托有限责任公司
资金保管机构	国家开发银行股份有限公司
主承销商	中信证券股份有限公司
联席主承销商	中国国际金融有限公司
登记托管机构/代理兑付机构	中央国债登记结算有限责任公司

续表

参与方	参与机构名称
评级机构	中诚信国际信用评级有限责任公司、 中债资信评估有限责任公司
审计师	普华永道中天会计师事务所（特殊普通合伙）
法律顾问	北京市君合律师事务所
财务顾问	国泰君安证券股份有限公司、 农银国际（中国）投资有限公司

二、“农银二期”产品证券化程序

2012 年中国农业银行启动了信贷资产证券化的中介机构招标工作，随后委托人（中国农业银行）同时作为发起机构组建资产池，通过与受托人（中信信托有限责任公司）签订信托合同将选定好的信贷资产委托给中信信托有限责任公司，除了作为受托人，中信信托有限责任公司同时也是发行人。信托合同签署后，即开始由中信信托有限责任公司负责“2014 年第二期农银信贷资产证券化信托”的设立、根据投资者偏好对产品结构进行设计和资产支持证券的发行工作。

然后，发起机构（中国农业银行）与主承销商（中信证券股份有限公司）和联席主承销商（中国国际金融有限公司）签订《主承销协议》。接着，中信证券股份有限公司和中国国际金融有限公司与承销团签署《承销团协议》，证券的具体承销工作由承销团负责。

最后，中信信托有限责任公司发行证券，吸引投资者进行投资，并与资金保管机构（国家开发银行股份有限公司）签署资金保管合同，与登记托管机构（中央国债登记结算有限责任公司）签订《发行人服务协议》，登记托管机构兼具代理兑付的功能。国家开发银行股份有限公司负责根据资产支持证券的到期期限计算出证券本息，然后通过中央国债登记结算有限责任公司向投资者合理分配收益和本金。

三、资产池

"农银二期"产品的资产池由110笔正常类工商企业贷款构成，涉及52户借款人，均为中国农业银行的优质客户。计息方式包含浮动利率计息和固定利率计息两种，分别为66笔和44笔。从付款节奏来看，其中82笔贷款为按月度付息，28笔贷款为按季度付息。单笔贷款平均本金金额为7275万元，最高金额达3亿元，加权平均贷款年利率为6.37%，加权平均贷款账龄为1.02年，加权平均贷款剩余期限为1.78年，加权平均贷款合同期限为2.79年。"农银二期"产品的基础资产贷款人分布于电力、热力生产和供应业，水上运输业，汽车制造业等26个行业。从地域分布来看，共涉及山东省、江苏省、广东省等18个省。

四、结构设计

"农银二期"信贷资产证券化产品在结构设计上采用分层设计，将产品档次由高到低依次分为"优先A－1档""优先A－2档""优先B档"和"次级档"。其中信用等级为AAA级的"优先A－2档"占比最高，达53.48%。"农银二期"产品的具体结构设计情况如表6－2所示。

表6－2　"农银二期"证券结构

证券分档	优先A－1档	优先A－2档	优先B档	次级档
金额	23.000亿元	42.800亿元	4.625亿元	9.603亿元
规模占比	28.74%	53.48%	5.78%	12.00%
信用等级	AAA	AAA	AA/AA＋	不评级
预计到期日	2015－01－26	2016－07－26	2017－01－26	2017－07－26
加权平均期限	0.28年	1.16年	2.07年	
利率类型	浮动利率	浮动利率	浮动利率	
票面利率	4.95%	5.30%	5.90%	
付息频率	按季支付	按季支付	按季支付	

采取分层设计主要体现在支付顺序和流通方式上。在本金和收益的支付顺序上，优先档证券总是优先于次级档证券。优先档证券和次级档证券的流通方式也有差别，优先档证券都是通过全国银行间债券市场进行交易，而次级档证券只能通过中国人民银行规定的其他方式进行交易。

五、信用增级

在信用增级方面，“农银二期”不考虑外部信用增级措施，只采取了内部信用增级措施。采取的内部信用增级方式有两种：一是优先/次级安排，即将产品分层设计为优先档和次级档，优先档又细分为“优先 A-1 档”“优先 A-2 档”和“优先 B 档”，在本息偿付顺序上，根据级别由高到低依次偿付，在承担损失上，由低到高依次承担，从而实现内部信用的提升。二是信用触发机制，是把信用事件的发生与否作为改变标的资产现金流支付顺序的标准。“农银二期”交易设置了两种触发机制：第一种是加速清偿事件触发机制，这种信用触发机制与参与机构履行约定的能力有直接关系，该事件一旦被触发，首先受到影响的是次级档证券。第二种是违约事件触发机制，这种机制与证券的兑付相关联，这种事件一旦被触发，将会把信托项下的所有资金根据优先/次级的顺序依次偿付持有者。

资料来源：2014 年第二期农银信贷资产支持证券发行说明书。

本章小结

1. 资产证券化是指将那些缺乏流动性，但能够产生可预见现金收入的资产（如住房贷款、学生贷款、信用卡应收款等）出售给特定发行人，通过创设一种以该资产产生的现金流为支持的金融工具或权利凭证，进而将这些不流动的资产转换成可以在金融市场上出售和流通的证券的一种融资过程或融资方法。

2. 资产证券化的参与者包括原始债务人、原始债权人（发起人）、特别目的机构（发行人）、投资者以及专门服务人、信托机构、担保机构、信用评级机构和证券承销商等中介机构。其中，特别目的机构是核心。

3. 一般而言，资产证券化的基本运作程序为：资产证券化的发起人将自己拥有的资产（比如长期贷款、应收账款、基础设施收费权等）真实出售给特别目的机构，特别目的机构将购得的资产组成资产池，以资产池预期产生的现金流为基础，发行证券，最后，用资产池产生的现金流来清偿证券。

4. 资产证券化的意义体现在：增强了资产的流动性、降低了融资成本、减少了风险资产以及便于商业银行进行资产负债管理。

5. 总体上，证券化产品可分为抵押支持证券 MBS 和资产支持证券 ABS 两大类。

6. 抵押支持证券是指以住房抵押贷款作为资产池而发行的证券。它体现了以住房抵押贷款为基础，以借款人对贷款进行偿付所产生的现金流为支撑，通过金融市场发行证券（大多是债券）来进行融资的技术或过程。抵押支持证券包括过手证券、转付证券、剥离式抵押支持证券和抵押担保证券等。

7. 资产支持证券是以非住房抵押贷款资产为支撑的证券化融资工具。资产支持证券的主要类型包括汽车贷款支持证券、信用卡债权支持证券、学生贷款支持证券、工商企业应收账款支持证券和债务抵押债券等。

8. 根据资产证券化的特点，资产证券化的风险可分为普通风险和特别风险两种类型。资产证券化的普通风险主要包括利率风险、购买力风险、汇率风险、流动性风险、主体信用风险、再投资风险、赎回风险等。资产证券化的特别风险主要包括提前偿付风险、资金不匹配风险、第三方风险和法律风险等。

9. 我国资产证券化市场的发展经历了试点、暂停、重启和快速发展4个阶段。

关键概念

资产证券化　SPV　抵押支持证券　资产支持证券　过手证券　转付证券　剥离式抵押支持证券　抵押担保证券　债务抵押债券

习　题

1. （　　）是资产证券化过程的核心，各个参与者都围绕它来展开工作。

A. 原始债务人　　B. 原始债权人

C. 投资者　　D. 特别目的机构 SPV

2. （　　）是以非住房抵押贷款资产为支撑的证券化融资工具。

A. 过手证券　　B. 剥离式抵押支持证券

C. 抵押担保证券　　D. 资产支持证券

3. 以下属于资产证券化过程中内部信用增级措施的是（　　）。

A. 发起人担保　　B. 备付基金

C. 超额抵押　　D. 优先级/次级结构

4. 以下属于资产证券化过程中外部信用增级措施的是（　　）。

A. 发起人担保　　B. 超额抵押

C. 由金融机构发行信用证　　D. 商业保险

5. 资产证券化的意义是什么？

6. 资产证券化过程中有哪些特别风险？如何规避？

第七章

利率

利率问题是金融市场最基础、最核心的问题之一。日常生活中，利率会影响居民的储蓄、投资行为，也会影响企业和政府部门的经济决策。本章在介绍货币的时间价值和利率主要类型的基础上，将根据债券市场的供求来分析均衡利率水平的决定以及利率的期限结构等问题。只有弄清这些问题，我们才能理解利率在经济生活中的应用和影响。

学习目标

1. 掌握现值和终值的含义及计算
2. 掌握利率的主要类型
3. 掌握均衡利率决定理论
4. 掌握利率期限结构的含义及其假说

第一节 利率概述

本节介绍利率在投资决策中的运用以及利率的主要类型。

一、货币的时间价值

我们在进行投资决策时，都必须考虑货币的时间价值。货币具有时间价值是因为使用货币按照某种利率进行投资的机会是有价值的。

货币的时间价值主要有两种表现形式，即终值和现值。

（一）终值

终值（future value）是指今天的一笔投资在未来某个时点上的价值。计算公式为：

$$FV = P_0 \times (1 + r)^n \tag{7-1}$$

其中：FV 为终值；P_0 为初始本金；r 为每期的利率；n 为计息期数。

【例 7-1】 假如你现在将 1000 元存入银行，利率为 10%，5 年后你的储蓄账户将拥有多少元？

$$FV = 1000 \times (1 + 10\%)^5 = 1610.51 \text{（元）}$$

若一年计息 m 次，终值为：

$$FV = P_0 \left(1 + \frac{r}{m}\right)^{nm} \tag{7-2}$$

在初始本金、利率、期限一定的条件下，计息频率越快，终值越大，但有一极限值。

$$\lim_{m \to \infty} FV = P_0 e^{rn} \tag{7-3}$$

这时 r 为连续复利年利率，表示付息频率快至极限时的利率。

（二）现值

现值（present value）是终值的逆运算。

$$PV = \frac{FV}{(1+r)^n} \tag{7-4}$$

其中：r 为贴现率。

【例 7 -2】 假如你 5 年后会有一笔 1000 元的收入，当前利率水平为 8%，那么它的现值是多少？

$$PV = 1000/(1+8\%)^5 = 680.58 \text{（元）}$$

现值公式是计算金融资产价值的主要公式，是时间价值在金融资产价值形成中的集中体现。

若一年计息 m 次，现值为：

$$PV = \frac{FV}{(1+\frac{r}{m})^{nm}} \tag{7-5}$$

在终值、利率、期限一定的条件下，计息频率越快，现值越小，但有一极限值。

$$\lim_{m \to \infty} PV = \frac{FV}{e^{rn}} \tag{7-6}$$

【例 7 -3】 若 $r = 12\%$，每年付息 1 次，2 年后可获得的 1000 元收入的现值为：

$$PV = \frac{1000}{(1+12\%)^2} = 797.19 \text{（元）}$$

若每年付息 4 次，则现值为：

$$PV = \frac{1000}{(1+\frac{12\%}{4})^{2\times 4}} = 789.41 \text{（元）}$$

若计息次数趋于无穷大，则现值为：

$$PV = \frac{1000}{e^{12\% \times 2}} = 786.63\text{（元）}$$

（三）年金的现值和终值

当收入流量的时间单位是年，而每年的收入额相等时，这种收入流量称为“年金”（annuity）。如果每年的收入都发生在期末，这样的年金称为普通年金。

普通年金的现值计算公式为：

$$PV = \sum_{t=1}^{n} \frac{A}{(1+r)^t} = A\left[\frac{1}{r} - \frac{1}{r(1+r)^n}\right] = A\,P_r^n \qquad (7-7)$$

$$P_r^n = \frac{1}{r} - \frac{1}{r(1+r)^n} \qquad (7-8)$$

其中：A 为年金额；P_r^n 为年金现值系数，表示在利率为 r 的情况下，n 年内每年获得 1 元的年金的现值，可查年金现值系数表得到。

【例 7－4】若某人每年年末都会得到一笔 10 万元的津贴，并存入银行，若市场年利率为 10%，10 年后其银行储蓄账户余额的现值是多少？

$$PV = 10 \times \left(\frac{1}{0.1} - \frac{1}{0.1 \times 1.1^{10}}\right) = 10 \times 6.1446 = 61.446\text{（万元）}$$

当 n 趋于无穷大时，普通年金就变成普通永续年金（perpetuity），普通永续年金是没有到期期限的，每期相等的收入流量系列。其现值计算公式为：

$$PV = \frac{A}{r} \qquad (7-9)$$

实际上，n 期普通年金相当于普通永续年金减去从 $n+1$ 期开始支付的永续年金。因此，n 期普通年金的现值就等于普通永续年金的现值 (A/r) 减去从 $n+1$ 期开始支付的永续年金的现值 $\left(\frac{A}{r(1+r)^n}\right)$，式（7－7）就是由此而来。

普通年金的终值计算公式为：

$$FV = \sum_{t=1}^{n} A(1+r)^{t-1} = A\frac{(1+r)^n - 1}{r} = A F_r^n \quad (7-10)$$

$$F_r^n = \frac{(1+r)^n - 1}{r} \quad (7-11)$$

其中：F_r^n 为年金终值系数，表示在利率为 r 的情况下，n 年内每年获得 1 元的年金的终值，可查年金终值系数表得到。

在上面的例子中，这笔 10 年期的津贴在 10 年后的终值为：

$$10 \times (1.1^{10} - 1) / 0.1 = 10 \times 15.937 = 159.37 \text{（万元）}$$

（四）净现值

净现值（Net Present Value，NPV）是指一个投资项目或一种金融资产在整个经济寿命期内现金流量的总现值与期初投资成本之间的差额。

净现值的计算公式为：

$$NPV = GPV - C = \sum_{t=1}^{n} \frac{CF_t}{(1+r)^t} - C \quad (7-12)$$

其中：NPV 表示净现值；GPV 表示项目或金融资产未来现金流量总现值；C 表示期初投资成本；CF_t 表示项目或金融资产在第 t 期产生的现金流；n 表示期数；r 表示贴现率。

根据净现值进行投资决策时遵循的原则为：$NPV > 0$。如果一个项目或金融资产的 NPV 大于 0，则说明该项目或金融资产在未来产生的现金流不仅可以收回期初的投资，而且还可以向投资者提供超出他们要求之外的收益。因此，基于净现值的投资法则可以归纳为：NPV 大于 0 的项目或金融资产值得投资；应拒绝净现值小于 0 的项目或金融资产。这个法则称为净现值法则。

【例 7-5】 某资产预计在未来 10 年内每年可带来 10000 元的收入流量，该资产期初的投资成本为 40000 元，假定市场平均收益率为 12%，那么该资产值得投资吗？

$$NPV = \sum_{t=1}^{10} \frac{10000}{(1+12\%)^t} - 40000 = 16502\text{（元）}$$

由于该资产的净现值大于0，说明投资于该资产在未来获得的收益要大于投资的成本，因此值得投资该资产。

（五）内部收益率

内部收益率（Internal Rate of Return，IRR）是使一个投资项目或一种金融资产在整个经济寿命期内净现值为0的贴现率。

$$NPV = GPV - C = \sum_{t=1}^{n} \frac{CF_t}{(1+IRR)^t} - C = 0 \qquad (7-13)$$

一个投资项目或一种金融资产净现值的大小取决于现金流的大小、贴现时间的长短、贴现率的高低以及投资成本。在现金流、贴现时间、投资成本一定的条件下，净现值的大小取决于贴现率的高低。贴现率越低，净现值越高；贴现率越高，净现值越低，因此必然存在一个贴现率，该贴现率使得净现值为0，这个贴现率就是内部收益率。

根据内部收益率进行投资决策时遵循的原则为：

（1）由于内部收益率显示了项目能承担的最高借款利率，所以当内部收益率 > 实际借款利率时，项目将有收益；反之，项目将没有收益。

（2）一种金融资产内部收益率越是高于市场收益率或其他金融资产的内部收益率，其投资价值越高。

【例7-6】假设A公司投资一个项目，期初投资额为100万美元，该项目只在第一期获得110万美元的现金流量，没有其他收入，那么该项目的内部收益率为多少？

项目的净现值可以表示为：$NPV = 110/(1+r) - 100$

令 $NPV=0$，则 $r=10\%$

所以该项目的内部收益率为10%。如果该项目的资金是通过贷款得到，若贷款利率为8%，则该项目能为公司带来正的收益，值得投资。

当然，由于这个项目的现金流比较简单，其内部收益率可以直接计算出来，对于一些现金流复杂的项目，很难直接算出其内部收益率，这种情况就必须运用专业的金融计算工具或试错法来计算。

二、利率的几种主要类型

（一）单利和复利

单利是指在计算利息时不论金融资产期限长短，只按面值或本金计算利息。其计算公式为：

$$r = \frac{\frac{P_n}{P_0} - 1}{n} \times 100\% \qquad (7-14)$$

其中：P_n 表示金融资产期末价格，P_0 表示金融资产期初价格，n 表示金融资产的持有期限。

复利认为利息也可以生息。复利是把上一期的本金和利息作为下一期的本金来计算利息。其计算公式为：

$$r = \left[\left(\frac{P_n}{P_0}\right)^{\frac{1}{n}} - 1\right] \times 100\% \qquad (7-15)$$

【例 7－7】 有一张 6 年期债券，期限 6 年，债券的发行价格为 100 元，6 年后到期偿还额为 140 元，则该债券按单利和复利计算的利率分别为多少？

单利：$r = (140/100 - 1)/6 \times 100\% = 6.67\%$

复利：$r = [(140/100)^{1/6} - 1] \times 100\% = 5.77\%$

（二）名义利率和实际利率

如果考虑通货膨胀对投资收益的影响，那么名义利率（nominal interest rate）并不能反映投资者所获得的实际收益率水平，这时需要考虑实际利率（real interest rate）。实际利率是针对预期价格水平变动调整过的利率，它能够更好地反映实际投资收益率。

名义利率与实际利率的关系可由以著名经济学家埃尔文·费雪（Irving Fisher）名字命名的费雪方程式表示：

$$r = r_r + \pi^e \tag{7-16}$$

费雪方程式表示名义利率 r 等于实际利率 r_r 加上预期通货膨胀率 π^e。①

对式（7－16）进行变换，可得实际利率等于名义利率减去预期通货膨胀率，即：

$$r_r = r - \pi^e \tag{7-17}$$

准确地说，这里的实际利率是事前实际利率，因为它是根据预期价格水平的变动进行调整。这个实际利率是经济决策中最重要的利率，通常当经济学家提到实际利率的时候，指的就是这个利率。根据实际价格水平变动调整的利率称为事后实际利率，它主要用来描述贷款者以不变价计量的收益。

【例7－8】若一年期的名义利率为6%，预期通货膨胀率为8%，则一年期的实际利率为多少？

实际利率：$r_r = r - \pi^e = 6\% - 8\% = -2\%$

作为放贷人，显然会不愿意按上例中的条件来发放贷款，因为在该项交易中，获得的实际收益率将是－2%。相反，作为借款人，将会很高兴接受这样一笔贷款，因为在考虑通货膨胀影响后，其实际偿还金额要比名义借款额少2%。所以，当实际利率很低的时候，借款的动机会强于放贷的动机。

（三）到期收益率

到期收益率（yield to maturity）是指来自某种金融资产的现金流的现值总和与其当前市场价格相等时的贴现率水平。它可以从

① 费雪方程式一个更精确的表达式为：$r = r_r + \pi^e + r_r \times \pi^e$，这是因为：$1 + r = (1 + r_r)(1 + \pi^e) = 1 + r_r + \pi^e + r_r \times \pi^e$ 在等式两边消去1，就得到前面的等式。由于 r_r 和 π^e 都很小，因此 $r_r \times \pi^e$ 非常小，可以忽略不计。由此就可得到文中的等式。

式（7－18）中求出：

$$P_0 = \frac{CF_1}{1+y} + \frac{CF_2}{(1+y)^2} + \frac{CF_3}{(1+y)^3} + \cdots + \frac{CF_n}{(1+y)^n} = \sum_{t=1}^{n} \frac{CF_t}{(1+y)^t} \tag{7-18}$$

其中：P_0 表示金融资产当前市场价格；CF_t 表示金融资产在第 t 期的现金流；n 表示时期数；y 表示到期收益率。

由于到期收益率表示以当前市场价格买入金融资产并持有到期后投资者的收益率水平，其具有严格的经济含义，因此，经济学家认为到期收益率是最精确衡量利率水平的指标。

下面将分别计算几种主要金融资产的到期收益率：

1. 年金的到期收益率

对于年金，如果 P_0 代表年金当前的市场价格，A 代表每期的现金流，n 代表期限，y 代表到期收益率，那么可以得到下列计算公式：

$$P_0 = \frac{A}{1+y} + \frac{A}{(1+y)^2} + \frac{A}{(1+y)^3} + \cdots + \frac{A}{(1+y)^n} \tag{7-19}$$

2. 附息债券的到期收益率

附息债券到期收益率是使附息债券当前的市场价格等于所有息票利息的现值总和再加上最终支付的债券面值的现值的贴现率水平。

$$P_0 = \frac{C}{1+y} + \frac{C}{(1+y)^2} + \cdots + \frac{C}{(1+y)^n} + \frac{F}{(1+y)^n} \tag{7-20}$$

其中：P_0 代表附息债券当前的市场价格；C 代表每期的利息流；F 代表到期支付的面值；n 代表距到期日的期数；y 代表到期收益率。

式（7－20）表示附息债券的市场价格与到期收益率是负相关的。附息债券当前的市场价格越高，投资者所获得的到期收益率越低；附息债券当前的市场价格越低，投资者所获得的到期收益率越高。

同时，当投资者以附息债券的面值买入债券并持有到期时，投资者的到期收益率就是附息债券的票面利率。因为此时投资者从债券投资中获得的资本利得（买卖价差）为0，收益只是来源于利息，所以其到期收益率就是票面利率。由于附息债券的市场价格与到期收益率负相关，当附息债券的市场价格低于面值时，投资者的到期收益率必然高于票面利率；而当附息债券的市场价格高于面值时，投资者的到期收益率必然低于票面利率。

若附息债券每年付息 m 次，还有 n 年到期，则到期收益率 y 为：

$$P_0 = \sum_{t=1}^{mn} \frac{C/m}{(1+\frac{y}{m})^t} + \frac{F}{(1+\frac{y}{m})^{mn}} \quad (7-21)$$

【例 7-9】 有一 3 年以后到期的债券，面值为 1000 元，每年支付利息 50 元，若其当前的市场价格为 923 元，该债券的到期收益率为多少？若该债券合理的到期收益率为 6%，那么该债券目前的定价如何？

$$923 = \frac{50}{1+y} + \frac{50}{(1+y)^2} + \frac{50}{(1+y)^3} + \frac{1000}{(1+y)^3}$$

$$y = 8\%$$

该债券的到期收益率为 8%，如果该债券合理的到期收益率为 6%，根据附息债券的市场价格与到期收益率负相关的规律，说明该债券合理的市场价格要高于 923 元，债券当前的市场价格偏低。

3. 贴现债券的到期收益率

投资者投资于贴现债券，到期只会收到一笔现金流，即债券到期时按面值偿还的本金，所以其到期收益率为：

$$P_0 = \frac{F}{(1+y)^n} \quad (7-22)$$

4. 一次性还本付息债券的到期收益率

投资者投资于一次性还本付息债券，到期也只会收到一笔现金流，即债券到期时一次性偿还的本金和利息，所以其到期收益率为：

$$P_0 = \frac{F(1+r)^n}{(1+y)^m} \quad (7-23)$$

其中：r 表示债券的票面利率；m 表示买入债券时距到期日的期限，其可以与 n 相等，也可以小于 n。

（四）即期利率和远期利率

即期利率是指当前时点上无息债券的到期收益率。这里的无息债券是和附息债券相对立的，表示在债券存续的期中不定期支付利息，所以贴现债券和一次性还本付息债券都属于无息债券。

如果投资者以 P 的价格购买期限为 n 年的无息债券，在债券到期后可以从发行人那里获得的一次性现金支付为 M_n，那么 n 年期即期利率 s_n 的计算公式如下：

$$P = \frac{M_n}{(1+s_n)^n} \quad (7-24)$$

对于 1 年期附息债券以及任何期限的无息债券来说，其到期收益率与即期利率是相同的，但是，对于 2 年期或期限更长的附息债券，其到期收益率与即期利率是不同的。

例如，如果投资者以 P 的价格购买了期限为 2 年，面值为 F，每年支付的利息额为 C 的附息债券。这张 2 年期的附息债券我们可以把它看成是两张无息债券的组合：一张 1 年期的无息债券，到期支付的现金流为 C；一张 2 年期的无息债券，到期支付的现金流为（$C+F$），这时有下式成立：

$$P = \frac{C}{1+y} + \frac{C+F}{(1+y)^2} = \frac{C}{1+s_1} + \frac{C+F}{(1+s_2)^2} \quad (7-25)$$

从式（7-25）中可以看出，2 年期附息债券的到期收益率是 1 年期即期利率和 2 年期即期利率的函数。

远期利率是指未来两个时点之间的利率水平，是从将来某个时点开始的一定期限的利率。

如果已知 1 年期即期利率为 s_1，2 年期即期利率为 s_2，那么第二年的远期利率 f_2 应满足：

$$(1+s_1)(1+f_2)=(1+s_2)^2$$

则远期利率f_2可以表示为：

$$f_2=\frac{(1+s_2)^2}{1+s_1}-1$$

更一般地，如果$t-1$期即期利率s_{t-1}及t期即期利率s_t已知，则第t期的远期利率f_t可以表示为：

$$f_t=\frac{(1+s_t)^t}{(1+s_{t-1})^{t-1}}-1 \tag{7-26}$$

【例7-10】若目前1年期国债的即期利率为4%，2年期国债的即期利率为5%，则第2年的远期利率为多少？

根据式（7-26）得到：

$$f_2=\frac{(1+5\%)^2}{1+4\%}-1=6\%$$

第二节 均衡利率决定理论

本节根据债券市场的供求来分析均衡利率水平的决定。

由于债券价格与按照到期收益率衡量的利率水平负相关，因此，我们可以建立债券需求量和债券供给量与利率水平之间的关系，进而描述出债券市场的供求曲线及其均衡点。

在图7-1中，在其他变量不变的前提下，债券需求量随着利率水平的上升（债券价格的下降）而增加，债券需求曲线向上倾斜；在其他变量不变的前提下，债券供给量随着利率水平的上升（债券价格的下降）而减少，债券供给曲线向下倾斜。

图7-1显示，债券市场在需求曲线和供给曲线的交点实现均衡，E点为均衡点，r_0为均衡利率，Q_0为均衡债券数量。如果利率低于均衡利率，即$r_1<r_0$时，此时A点的债券需求量为OQ_1，而B点的债券供给量

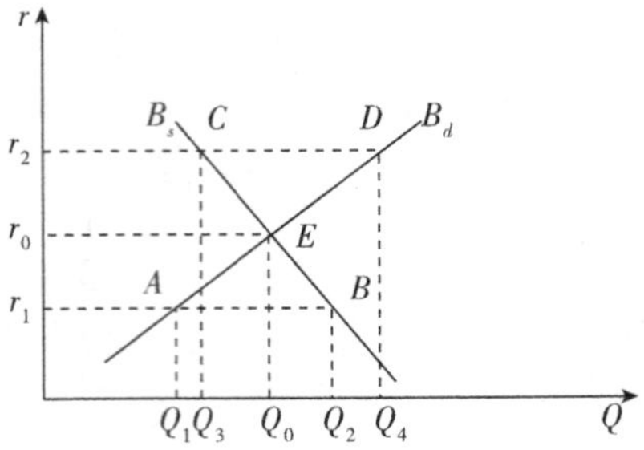

图 7－1　利率与债券市场的供求

为 OQ_2，在这一利率水平上，$OQ_2>OQ_1$，即存在债券的超额供给，人们希望抛售的债券数量多于人们愿意购买的债券数量，因此债券价格将会下跌，而利率则会上升；反之，如果利率高于均衡利率，即 $r_2>r_0$ 时，C 点的债券供给量为 OQ_3，而 D 点的债券需求量为 OQ_4，在这一利率水平上，$OQ_4>OQ_3$，即存在债券的超额需求，人们愿意购买的债券数量多于人们希望抛售的债券数量，因此债券价格将会上升，而利率则会下降。无论在哪种情形下，随着利率水平从 r_1（或 r_2）趋向 r_0，债券的超额供给（或超额需求）将会逐步减少，直至利率回到均衡水平，债券供给量与债券需求量相等，债券市场实现均衡。

由于在图 7－1 中，债券需求曲线向上倾斜，而债券供给曲线向下倾斜，与传统的供求曲线不同，为了解决这个问题，我们可以在上述分析中，引入可贷资金这个概念。债券的发行人之所以发行债券，是想要从债券的购买者那里融通资金，即债券供给等价于可贷资金需求，因而债券供给曲线描述了利率水平与可贷资金需求量之间的关系；同理，债券的购买者之所以购买债券，愿意提供闲置资金，是想从债券投资中获取收益，所以债券需求等价于可贷资金供给，债券需求曲线描述了利率水平与可贷资金供给量之间的关系。如果我们以横轴表示可贷资金量，纵轴表示利率水平，那么，使用可贷资金也可描述债券市场的均衡，因此，上述分析也被称为可贷资金模型。

当市场上债券的供给和需求发生变化时，由市场供求决定的均衡利率也会随之发生变化。但是，债券供求的变化有两种类型：一种是沿着需求（或供给）曲线的移动，另一种是需求（或供给）曲线的位移。当债券价格（利率）变动引起需求（或供给）变动时，就产生了沿着需求（或供给）曲线的移动，而在每个给定的债券价格（利率）水平上，当其他因素发生变化引起需求（或供给）变动时，就产生了需求（或供给）曲线的位移。当这些其他影响因素发生变动而引起债券的需求或供给曲线发生位移时，就会形成新的均衡利率。

下面我们将考察有哪些主要影响因素会造成债券供求曲线发生位移以及这些变动对均衡利率的影响。

一、债券需求曲线的位移及其主要影响因素

影响债券需求的因素主要有收入或财富、预期利率、预期通货膨胀率、风险和流动性。在每个给定的债券价格（利率）水平上，上述每个因素的变化都会导致债券需求量的变化，从而使债券的需求曲线发生位移。

（一）收入或财富

在经济周期的扩张期，随着人们收入或财富的增加，人们的投资需求增加，对债券的投资需求增加，债券的需求曲线向右位移；相反，在经济衰退期，随着人们收入或财富的减少，人们的投资需求减少，对债券的投资需求减少，债券的需求曲线向左位移。

（二）预期利率

如果预期未来利率上升，投资者会预期债券未来的市场价格将下降，债券预期投资收益率将下降，对债券的投资需求下降，债券的需求曲线向左位移；相反，如果预期未来利率下降，投资者会预期债券未来的市场价格将上升，债券预期投资收益率将上升，对债券的投资需求增加，债券的需求曲线向右位移。

（三）预期通货膨胀率

由于实际利率等于名义利率减去预期通货膨胀率，当预期通货膨胀率上升时，意味着投资者的实际投资收益率将下降，投资者对债券的投资需求减少，因此债券的需求曲线将会向左位移；相反，当预期通货膨胀率下降时，投资者的实际投资收益率将上升，投资者对债券的投资需求增加，因此债券的需求曲线将会向右位移。

（四）风险

债券风险的提高会引起对债券的投资需求减少，因此债券的需求曲线会向左位移。相反，替代性资产的风险提高会引起对债券的投资需求增加，因此，债券的需求曲线会向右位移。

（五）流动性

债券流动性提高会引起对债券的投资需求增加，因此债券的需求曲线会向右位移。相反，替代性资产的流动性提高会引起对债券的投资需求减少，因此，债券的需求曲线会向左位移。

二、债券供给曲线的位移及其主要影响因素

在每个给定的债券价格（或利率水平）上，投资机会的预期盈利能力、预期通货膨胀率以及政府活动等因素的变化会使债券供给量发生变化，进而导致债券供给曲线发生位移。

（一）投资机会的预期盈利能力

在经济周期的扩张期，投资机会的预期盈利能力提高，发行人有动力发行更多的债券来为这些机会筹集资金，债券的供给会增加，债券的供给曲线会向右位移；相反，在经济周期的衰退期，投资机会的预期盈利能力下降，债券的供给减少，债券的供给曲线将向左位移。

（二）预期通货膨胀率

预期通货膨胀率提高，发债人预期实际筹资成本将会下降，会刺激

其发行更多的债券，债券的供给增加，债券供给曲线将向右位移；相反，预期通货膨胀率降低，发债人预期实际筹资成本将会上升，债券的供给减少，债券供给曲线将向左位移。

（三）政府活动

当政府财政赤字较高时，为弥补财政赤字，政府会发行更多的债券，提高债券供给数量，因此债券的供给曲线将向右位移；相反，政府财政盈余会减少债券的供给数量，并使债券供给曲线向左位移。

三、均衡利率的决定

将影响债券供求曲线位移的因素结合起来，就可以分析均衡利率的决定。

（一）预期通货膨胀率的变动

假定债券需求曲线 B_{d1} 与债券供给曲线 B_{s1} 最初相交于 E_1 点，均衡利率水平为 r_1，均衡债券数量为 Q_1。在图 7－2 中，如果预期通货膨胀率上升，那么从债券需求曲线的位移来看，债券预期实际投资收益率下降，债券投资需求下降，债券需求曲线从 B_{d1} 向左移动到 B_{d2}。对于债券的供给曲线，如果预期通货膨胀率上升，那么债券发行人预期实际筹资成本将下降，债券供给增加，债券供给曲线从 B_{s1} 向右移动到 B_{s2}。B_{d2} 与 B_{s2} 相交于新的均衡点 E_2，均衡利率水平从 r_1 上升至 r_2，而均衡债券数量是增加还是减少则取决于供给曲线和需求曲线位移的相对大小。这个结论就是费雪效应（fisher effect）：名义利率会随着预期通货膨胀率的上升而上升。

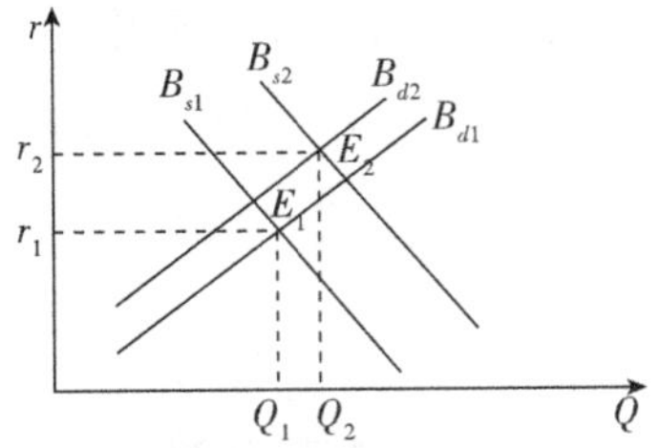

图 7-2　预期通货膨胀率与均衡利率的决定

（二）经济周期性波动

假定债券需求曲线 B_{d1} 与债券供给曲线 B_{s1} 最初相交于 E_1 点，均衡利率水平为 r_1，均衡债券数量为 Q_1。如果经济周期处于扩张阶段，在图 7-3 中，随着人们收入或财富增加，对债券的投资需求增加，债券需求曲线从 B_{d1} 向右移动到 B_{d2}。对于债券的供给曲线，在经济扩张期，投资机会的预期盈利能力提高，债券的供给增加，使债券供给曲线从 B_{s1} 向右移动到 B_{s2}。B_{d2} 与 B_{s2} 相交于新的均衡点 E_2，均衡利率水平从 r_1 上升至 r_2，均衡债券数量从 Q_1 增加到 Q_2。虽然理论上，均衡利率水平是上升还是下降取决于供给曲线和需求曲线位移的相对大小，如在图 7-3中，由于债券供给曲线的位移大于债券需求曲线的位移，所以均衡利率水平上升了，然而现实表明利率总是顺周期变动的，即在经济扩张阶段上升，而在经济衰退时期下降，这是通常见到的实际情况。

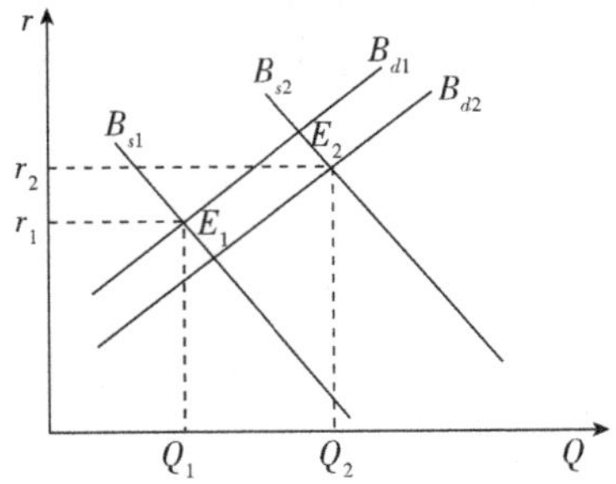

图 7-3　经济周期与均衡利率的决定

第三节　收益率曲线与利率期限结构

一、收益率曲线

收益率曲线（yield curve）也称为利率期限结构（term structure of interest rates），表示了无息债券的到期收益率与到期期限之间的关系，也即收益率曲线描绘的是即期利率与到期期限之间的关系。

我们知道，期限相同，面值相同，票面利率不同的附息债券，其到期收益率是不同的，也即同一期限可能对应着不同的到期收益率。为了解决这个问题，我们在绘制附息债券的收益率曲线时，必须先将附息债券的到期收益率换算成即期利率，而后再绘制即期利率—到期期限的收益率曲线。

图7－4表示的是收益率曲线的基本形状，图中的横坐标表示到期期限，纵坐标表示收益率。收益率曲线的基本形状有：图7－4（a）为向上倾斜的收益率曲线，此时长期债券的利率要高于短期债券的利率；图7－4（b）为水平的收益率曲线，此时长期债券的利率与短期债券的利率相等；图7－4（c）为向下倾斜的收益率曲线，此时长期债券的利率低于短期债券的利率，也称倒挂的收益率曲线；图7－4（d）为不规则的收益率曲线，此时收益率曲线表现为不规则的复杂形状，可以先向上倾斜再向下倾斜或正好相反。

收益率曲线（利率期限结构）反映了不同期限资金的供求关系，揭示了市场利率的总体水平和变化方向，为投资者从事债券投资和政府有关部门加强债券管理提供了可参考的依据。

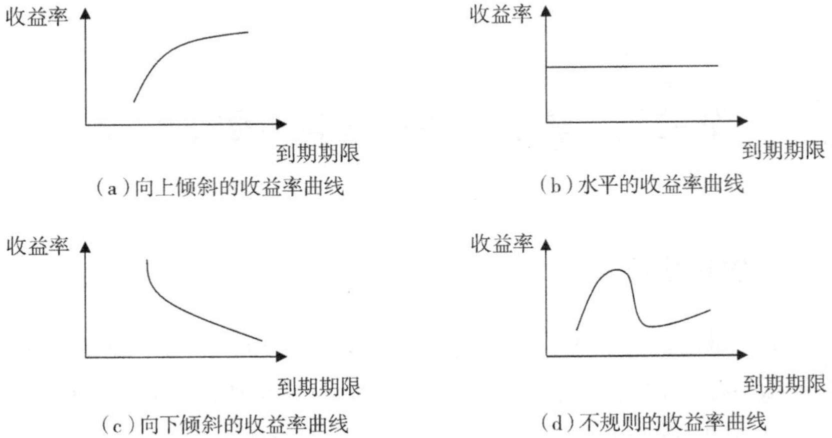

图 7－4　收益率曲线的形状

二、利率期限结构理论

为了解释不同形状的利率期限结构，学者提出了各种利率期限结构理论，又称利率期限结构形成假说，主要是纯预期假说、市场分割假说与流动性偏好假说。

一个完善的利率期限结构理论体系除了要解释收益率曲线在不同时间具有不同形状的原因外，还需对下面 3 个重要的事实给予合理解释：

（1）不同期限债券的利率会趋于同步变动。

（2）当短期利率较低时，收益率曲线更有可能向上倾斜；当短期利率较高时，收益率曲线更有可能向下倾斜（倒挂）。

（3）大多数的收益率曲线都是向上倾斜的。

由于纯预期假说和市场分割假说都不能对上面 3 个重要的事实全部给予合理的解释，而流动性偏好假说在吸收前两个假说合理之处的基础上，完美解释了 3 个重要的事实，因而成为目前最合理、最科学的利率期限结构理论。

拓展知识[7-1]

“格林斯潘之谜”

根据数据统计，从1983年到2018年的35年间，美联储共经历了5轮完整的加息周期。在美国，通常将2年期国债利率作为短端利率的代表，而将10年期国债利率作为长端利率的典型代表。按照传统的货币政策传导机制，美联储若提高联邦基金利率，意味着短端利率上升，正常来说，长端利率也会在一定程度内上行。因为短端利率受资金流动性影响较大，对于美联储上调联邦基金利率的反应最为敏感，短端利率跟随联邦基金利率上升，相对应地也会传导至长端利率。但从历史加息周期来看，长端利率与加息的关系并不稳定，其中最著名的是2004—2006年的加息周期。为遏制经济过热，美联储将联邦基金利率由1%上调至5.25%，市场却出现了短端利率上升，而10年期国债收益率却下降的情况，反映在图形上，就意味着美国国债收益率曲线的平坦化，即美联储加息无法有效地从短端利率传导至长端利率。由于时任美联储主席是格林斯潘，短端利率上行而长端利率下行的这一现象也被称为“格林斯潘之谜”。格林斯潘认为造成这一现象的原因可能是：市场对未来的投资前景看淡；各国央行对美国长期债券的需求旺盛；全球储蓄过剩；未来经济前景的可预测性增强；长期债券的风险溢价下降；等等。

（一）纯预期假说

纯预期假说（pure expectations hypothesis）的观点是长期利率相当于在该期限内人们预期的所有短期利率的平均数，因而收益率曲线反映了所有金融市场参与者的综合预期。

纯预期假说建立在以下假设基础之上：

（1）所有市场参与者都有相同的预期。

（2）投资者对债券的期限没有偏好，其行为取决于预期收益的变动。债券的投资者并不偏好某种期限的债券，如果一种债券的预期收益率低于另一种期限的债券，那么，投资者将会选择购买后者。

（3）期限不同的债券是完全替代品，完全替代的债券具有相等的预期收益率。

（4）金融市场是完全竞争的市场，所有投资者都是价格的接受者，金融市场也是无摩擦的市场，不存在交易成本。

为了论证纯预期假说的观点，假设某投资者面临两种不同的投资策略：

策略1：投资于1周期债券，到期后，再投入1周期债券。

策略2：投资于2周期债券并持有到期。

第一种投资策略的预期收益率为：

$$(1+r_t)(1+r_{t+1}^e)-1=1+r_t+r_{t+1}^e+r_t(r_{t+1}^e)-1\approx r_t+r_{t+1}^e$$

其中：r_t 表示时刻 t 时1周期债券的利率；r_{t+1}^e 表示时刻 $t+1$ 时1周期债券的预期利率；$r_t(r_{t+1}^e)$ 表示两个微小量的乘积，因此忽略不计。

第二种投资策略的预期收益率为：

$$(1+r_{2t})(1+r_{2t})-1=1+2r_{2t}+(r_{2t})^2-1\approx 2r_{2t}$$

其中：r_{2t} 表示时刻 t 时2周期债券的利率；$(r_{2t})^2$ 是一个微小量，因此忽略不计。

如果这两种投资策略对投资者来说是无差异的，那么这两种不同期限债券就是完全替代品，两种投资策略的预期收益率应相等。即

$$2r_{2t}=r_t+r_{t+1}^e$$

$$r_{2t}=\frac{r_t+r_{t+1}^e}{2} \tag{7-27}$$

式（7-27）表示2周期债券的利率等于两个1周期债券利率的平均值。同理，我们可以推导出 n 周期债券的利率 r_{nt} 等于 n 周期内 n 个1周期债券利率的平均值，即

$$r_{nt} = \frac{r_t + r_{t+1}^e + r_{t+2}^e + \cdots + r_{t+(n-1)}^e}{n} \qquad (7-28)$$

【例 7－11】 预计今后 5 年内，1 年期债券利率分别为 3%、4%、5%、6% 和 7%，据此计算 1 年期到 5 年期债券的利率分别为多少？并对收益率曲线的变化进行解释。

$$r_1 = 3\%$$

$$r_2 = \frac{3\% + 4\%}{2} = 3.5\%$$

$$r_3 = \frac{3\% + 4\% + 5\%}{3} = 4\%$$

$$r_4 = \frac{3\% + 4\% + 5\% + 6\%}{4} = 4.5\%$$

$$r_5 = \frac{3\% + 4\% + 5\% + 6\% + 7\%}{5} = 5\%$$

1 年期到 5 年期债券的利率分别为 3%、3.5%、4%、4.5% 和 5%。由于预期未来短期利率呈上升趋势使得收益率曲线向上倾斜，且期限越长，利率水平越高。

纯预期假说对不同形状收益率曲线的解释是：当预期未来短期利率上升时，预期未来短期利率的平均值 r_{nt} 也会趋于上升，所以收益率曲线向上倾斜；当预期未来短期利率不变时，预期未来短期利率的平均值 r_{nt} 也会保持不变，所以收益率曲线是水平的；当预期未来短期利率下降时，预期未来短期利率的平均值 r_{nt} 也会趋于下降，所以收益率曲线向下倾斜。

对于 3 个重要的事实，纯预期假说可以解释第一个事实：因为今天短期利率的提高会提高人们对未来短期利率的预期，由于长期利率等于预期未来短期利率的平均值，因此短期利率的提高也会提高长期利率，使得短期利率和长期利率同步变化。

纯预期假说也可以解释第二个事实：因为当短期利率水平较低时，人们普遍预期它们在未来会提高，回到正常的水平，因此预期未来短期利率的平均值将高于当期短期利率，也就是长期利率将高于当期短期利率，收益率曲线将向上倾斜。反之，当短期利率水平较高时，人们普遍预期它们在未来会下降，回到正常的水平，因此预期未来短期利率的平均值将低于当期短期利率，也就是长期利率将低于当期短期利率，收益率曲线将向下倾斜。

但是，纯预期假说不能解释第三个事实：因为人们预期未来短期利率既有可能上升也有可能下降，所以预期未来短期利率的平均值也就是长期利率既有可能上升也有可能下降，所以收益率曲线并不总是趋于上升。

（二）市场分割假说

市场分割假说（market segmentation hypothesis）的观点是：期限不同的债券市场是完全分离的或独立的，每一种期限债券的利率水平是在各自的市场上，由该债券的供给和需求所决定的，不受其他不同期限债券预期收益变动的影响。

市场分割假说建立在以下假设基础之上：

（1）投资者对不同期限的债券有不同的偏好。投资者一般偏好期限较短、利率风险较小的债券。由于投资者对一种期限的债券具有强烈的偏好，因此，他们只会关注他们偏好期限债券的预期收益率。

（2）期限不同的债券不能相互替代。由于投资者有期限偏好，期限不同的债券不能相互替代，所以一种期限债券的预期收益率不会对另一种期限债券的需求产生影响。

（3）在期限相同的债券之间，投资者将根据预期收益水平的高低决定取舍，即投资者是理性的。

可以看出市场分割假说与纯预期假说的假设正好截然相反。

市场分割假说对不同形状收益率曲线的解释是：当长期债券市场供求决定的均衡利率高于短期债券市场的均衡利率时，收益率曲线向上倾斜；当短期债券市场供求决定的均衡利率高于长期债券市场的均衡利率时，收益率曲线向下倾斜；当短期债券市场供求决定的均衡利率和长期债券市场的均衡利率相等时，收益率曲线就是水平的。

对于3个重要的事实，市场分割假说不能解释第一个事实和第二个事实，因为它认为不同到期期限的债券市场是完全分割的，因此无法解释一种期限债券的利率水平如何影响另一种期限债券的利率水平，但是市场分割假说可以解释第三个事实，因为投资者一般都偏好期限较短的债券，所以通常情况下，对长期债券的需求要小于对短期债券的需求，长期债券的价格较低而利率较高，故收益率曲线通常向上倾斜。

（三）流动性偏好假说

流动性偏好假说（liquidity preferred hypothesis）是对纯预期假说和市场分割假说的进一步发展。虽然纯预期假说和市场分割假说都能对各种收益率曲线给出貌似合理的解释，但是对于3个重要的事实，纯预期假说不能解释第三个事实，而市场分割假说不能解释第一个和第二个事实，说明这两个假说都存在重大的缺陷。流动性偏好假说是对纯预期假说和市场分割假说的进一步完善。

流动性偏好假说的观点是：长期利率r_{nt}等于在该期限内预计出现的所有短期利率的平均数再加上一个正的流动性溢价。

$$r_{nt} = \frac{r_t + r_{t+1}^e + r_{t+2}^e + \cdots + r_{t+(n-1)}^e}{n} + l_{nt} \qquad (7-29)$$

其中：l_{nt}为时刻t时n期债券的流动性溢价。

由于投资者偏好短期债券，只有加上一个正的流动性溢价作为补偿时，投资者才会愿意持有长期债券，因此，流动性溢价总是正值，并随期限的延长而增加。

流动性偏好假说建立在以下假设基础之上：

（1）投资者对不同期限的债券具有不同的偏好。投资者一般偏好期限较短、利率风险较小的债券。

（2）投资人只有能获得一个正的流动性溢价，才愿意转而持有长期债券。

(3) 投资者决策的主要依据是债券的预期收益率，而不是他偏好的某种债券的期限。

(4) 期限不同的债券之间是互相替代的，一种债券的预期收益率确实会影响其他不同期限债券的利率水平。

从假设基础看，流动性偏好假说承认投资者具有期限偏好，也承认不同期限的债券之间具有替代性，否定了市场分割假说认为的不同期限的债券完全不能相互替代，也否定了纯预期假说认为的不同期限的债券能完全相互替代，因为投资者有期限偏好。

流动性偏好假说对不同形状收益率曲线的解释是：当预期未来短期利率上升时，预期未来短期利率的平均值也会趋于上升，加上一个正的流动性溢价，所以收益率曲线会更加陡峭地向上倾斜；当预期未来短期利率不变时，预期未来短期利率的平均值也会保持不变，加上一个正的流动性溢价，所以收益率曲线还是向上倾斜；当预期未来短期利率下降时，预期未来短期利率的平均值也会趋于下降，根据与流动性溢价的比较，收益率曲线可能向上倾斜也可能向下倾斜。

对于3个重要事实，流动性偏好假说可以解释第一个事实：因为今天短期利率的提高会提高人们对未来短期利率的预期，由于长期利率等于预期未来短期利率的平均值加上流动性溢价，因此短期利率的提高也会提高长期利率，使得短期利率和长期利率同步变化。

流动性偏好假说可以解释第二个事实：因为当短期利率水平较低时，人们普遍预期它们在未来会提高，回到正常的水平，因此预期未来短期利率的平均值将高于当期短期利率，再加上一个正的流动性溢价，长期利率将远高于当期短期利率，收益率曲线将更明显向上倾斜。反之，当短期利率水平较高时，人们普遍预期它们在未来会下降，回到正常的水平，因此预期未来短期利率的平均值将低于当期短期利率，即使加上一个正的流动性溢价，长期利率也可能低于当期短期利率，收益率曲线将向下倾斜。

流动性偏好假说可以解释第三个事实：即使预期未来短期利率不变或下降，由于投资者偏好短期债券，随着债券期限的延长，流动性溢价也会相应地增加，使得长期债券利率大于短期债券利率，因此收益率曲线总是趋于上升。

因此，流动性偏好假说不仅对收益率曲线在不同时间具有不同形状的原因给予了合理的解释，而且对 3 个重要的事实也都给出了合理的解释。

【例 7－12】 预计今后 5 年内，1 年期债券利率分别为 3%、4%、5%、6% 和 7%，投资者偏好持有短期债券，1～5 年的流动性溢价分别为 0%、0.25%、0.5%、0.75% 和 1.0%。据此计算 1 年期到 5 年期债券的利率分别为多少？

$$r_1 = 3\%$$

$$r_2 = \frac{3\% + 4\%}{2} + 0.25\% = 3.75\%$$

$$r_3 = \frac{3\% + 4\% + 5\%}{3} + 0.5\% = 4.5\%$$

$$r_4 = \frac{3\% + 4\% + 5\% + 6\%}{4} + 0.75\% = 5.25\%$$

$$r_5 = \frac{3\% + 4\% + 5\% + 6\% + 7\%}{5} + 1\% = 6\%$$

所以，1 年期到 5 年期债券的利率分别为 3%、3.75%、4.5%、5.25% 和 6%。

拓展知识[7-2]

收益率曲线与未来短期利率的预期

根据流动性偏好假说，我们可以通过观察收益率曲线的斜率来判断市场对未来短期利率的预期。

如图7－5（a）中收益率曲线陡峭上升，表明市场预期未来短期利率上升；图7－5（b）中收益率曲线平缓上升，表明市场预期未来短期利率既不会大幅度提高，也不会大幅度降低，基本趋于不变；图7－5（c）中收益率曲线是水平的，表明市场预期未来短期利率轻微下降；图7－5（d）中收益率曲线向下倾斜，表明市场预期未来短期利率急剧下降。

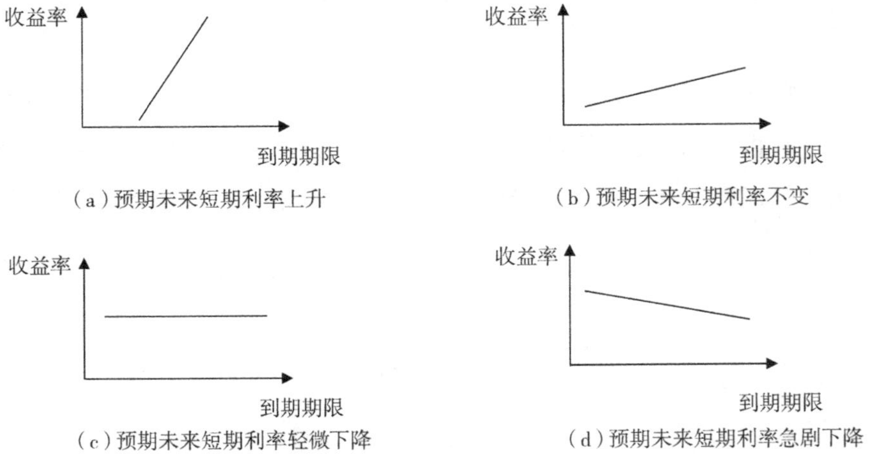

图7－5　收益率曲线与未来短期利率的预期

阅读材料[7－1]

负利率现象

在普通人的认知中，负利率是不可思议的，但这样反常的现象正在我们这个时代出现：目前全球有1/3的债券是负利率债券，日本、瑞典、丹麦等国家的存款利率为负，丹麦甚至出现了负利率贷款。

负利率起源

从历史上来看，负利率的大规模出现是从2012年开始的。欧债危机期间，丹麦央行于2012年7月将其7天定期存单利率下调至－0.2%，首次进入负利率时代。欧洲央行自2014年6月开始实行负利率，下调隔夜存款利率至 -0.1%。2014 年 12 月，瑞士央行将超过上限的隔夜活期存款利率下调至 -0.25%。2015 年 2 月，瑞典央行将 7 天回购利率下调至 -0.1%。2016 年 2 月，日本央行宣布对存放在央行的部分超额准备金实施 -0.1% 的利率，成为亚洲首个实施负利率的国家。

不同国家实施负利率的目标是不同的，主要分为两类：

一是瑞典、欧元区、日本，主要是为了对抗通缩、刺激经济。瑞典央行、欧洲央行、日本央行的目标是达到 2% 的通胀水平。央行希望负利率引导银行将其储备以较低的利率借出去，打破信贷收缩的循环，破除银行的惜贷倾向，更多的贷款会刺激商品和服务的消费，从而导致更高的产出和向上的通胀压力。

二是丹麦和瑞士，主要是为了避免资本大量流入、稳定汇率。丹麦和瑞士是欧洲的小型经济体，并没有加入欧元区。在欧债危机期间，丹麦克朗和瑞士法郎被视为避险货币，大量资本的流入使得这两个币种面临很大的升值压力。丹麦央行的利率政策主要为了遏制资本流入，保持汇率的稳定，防止本币的升值。瑞士央行的货币政策目标主要是保持欧元对瑞士法郎 1∶1.2 的下限，达成 2% 的中长期目标通胀水平。

负利率贷款与存款

丹麦第三大银行日德兰银行推出的世界首例负利率按揭贷款，利率是 -0.5%。负利率意味着，银行借钱给贷款人使用，贷款人还的钱比借的钱还少。其实，即使名义利率是负的，日德兰银行的贷款者最后偿还的金额还是会比贷款金额高一些，因为要向银行支付交易服务费作为补偿。日德兰银行之所以能够给客户提供负利率按揭贷款是因为它能以负利率从货币市场和机构投资人那里借到钱，现在只不过是将这种负利率的借款方式也提供给了它的客户。

瑞士银行告诉它的超富客户，如果他们的存款超过 50 万欧元，要被收取0.6%的年费；对于200万瑞士法郎以上的存款，年费率将上升到0.75%。早些时候，瑞士第二大银行瑞信银行（Credit Suisse）也宣布对100万欧元以上的存款征收0.4%的年费。

负收益率债券

在负利率政策的推动下，相应国家的国债也进入了负收益率时代。瑞士、德国、丹麦、荷兰和瑞典这5个国家从2年到30年期所有期限国债的收益率都是负的。奥地利、芬兰、法国、比利时和日本等国，绝大部分期限国债的收益率是负的，只有30年期国债的收益率是正的。

政府债券的超低利率会对其他市场产生溢出效应。自2014年6月欧洲央行推出负利率以来，负收益率债券成为市场上的常客。自2018年10月起，负收益率债券的规模快速攀升，在2019年3月超过了10万亿美元，又分别于5月、6月、7月超过了11万亿美元、12万亿美元、14万亿美元。

为什么债券的收益率都为负了，投资者还会选择它们进行投资呢？首先，对于追求低风险收益而非股票、房产等风险收益的机构来说，“把钱藏在床垫底下”，即持有现金显然不是一个合适的选项，而把钱存在银行实际上也不可行：一是欧洲很多银行对机构和公司客户的存款是收取年费的；二是因为超过一定额度的存款不受存款保险的保护，而银行有倒闭的风险；三是定期存款的流动性不佳。因此，很多机构的大量资金无处可去，只能选择购买债券。其次，一些投资者买入高价格，也即负收益率债券后，并不打算持有到期。他们期望利率会继续下降、债券的价格在未来会上升得更高，到时再卖出、挣得利润。

总　结

2008年金融危机及随后的欧债危机，对世界各国的经济造成了冲击。为了应对这种冲击，各发达经济体纷纷实行了如零利率和量化宽松等非传统货币政策。但这些极度宽松的货币政策的效果并不尽如人意，为了对抗通缩和本币升值的风险，丹麦、欧元区、瑞士、瑞典和日本等央行先后实施了负利率政策。

就实施效果来看，负利率有一定的拉动通胀和稳定汇率作用，但这种作用需要较长时间才能体现出来。负利率仅在瑞典实现了对抗通缩和在丹麦实现了防止本币升值的预定政策目标，欧元区、瑞士、日本的通胀率都有一定幅度的上升，但未达到2%的政策目标，而瑞士法郎对欧元也有较大幅度的升值。负利率还增加了银行的成本，降低了银行的利润，抬高了不良贷款率。因为银行可以以负利率融资，它们开始为客户提供负利率贷款。但蔓延的负利率还在逐步挤压商业银行的盈利空间，为了应对，有银行准备开始对普通存款实行负利率。此外，负利率带来的低成本资金还推高了房产、股票等风险资产的价格。

资料来源：欧阳辉，叶冬艳. 存贷款都负利率了，谁给讲讲是怎么回事［EB/OL］.［2019-09-04］. https://mp.weixin.qq.com/s/LyABADw1MLwziT8IELzzOQ.

本章小结

1. 货币的时间价值主要有两种表现形式，即终值和现值。

2. 净现值是指一个投资项目或一种金融资产在整个经济寿命期内现金流量的总现值与期初投资成本之间的差额。基于净现值的投资法则可以归纳为：NPV 大于 0 的项目或金融资产值得投资；应拒绝净现值小于 0 的项目或金融资产。这个法则称为净现值法则。

3. 内部收益率是使一个投资项目或一种金融资产在整个经济寿命期内净现值为 0 的贴现率。根据内部收益率进行投资决策时遵循的原则为：由于内部收益率显示了项目能承担的最高借款利率，所以当内部收益率 > 实际借款利率时，项目将有收益；反之，项目将没有收益。一种金融资产内部收益率越是高于市场收益率或其他金融资产的内部收益率，其投资价值越高。

4. 实际利率是针对预期价格水平变动调整过的利率，它能够更好地反映实际投资收益率。根据费雪方程式，名义利率等于实际利率加上预期通货膨胀率。

5. 到期收益率是指来自某种金融资产的现金流的现值总和与其当前市场价格相等时的贴现率水平。

6. 债券的价格与到期收益率负相关。如果债券价格上升，到期收益率下降；反之，如果债券价格下降，到期收益率上升。

7. 即期利率是指当前时点上无息债券的到期收益率。远期利率是指未来两个时点之间的利率水平，是从将来某个时点开始的一定期限的利率。

8. 影响债券需求的因素主要有收入或财富、预期利率、预期通货膨胀率、风险和流动性。在每个给定的债券价格（利率）水平上，上述每个因素的变化都会导致债券需求量的变化，从而使债券的需求曲线发生位移。

9. 影响债券供给的因素主要有投资机会的预期盈利能力、预期通货膨胀率以及政府活动等。在每个给定的债券价格（利率）上，上述每个因素的变化都会导致债券供给量的变化，从而使债券供给曲线发生位移。

10. 在均衡利率的决定中，预期通货膨胀率的上升会导致名义利率的上升；同时利率是顺周期波动的，即在经济扩张阶段上升而在经济衰退时期下降。

11. 费雪效应是指名义利率会随着预期通货膨胀率的上升而上升。

12. 收益率曲线也称为利率期限结构，表示了无息债券的到期收益率与到期期限之间的关系，也即收益率曲线描绘的是即期利率与到期期限之间的关系。

13. 为了解释利率期限结构的不同形状，学者提出了纯预期假说、市场分割假说和流动性偏好假说等理论假说。其中流动性偏好假说不仅对收益率曲线在不同时间具有不同形状的原因给出了合理的解释，而且对3个重要的事实也都给出了合理的解释。

关键概念

终值　现值　净现值　内部收益率　名义利率　实际利率　到期收益率　即期利率　远期利率　费雪效应　收益率曲线　利率期限结构　纯预期假说　市场分割假说　流动性偏好假说

习 题

1. 某公司向银行申请了一笔1000万元贷款，计划5年后还清，从现在起每年末等额偿还一笔款项。假设银行贷款利率为10%，则公司每年需要偿还（　　）元。

A. 163.8万　　B. 263.8万

C. 315.5万　　D. 229.6万

2. 若某笔贷款的名义利率是7%，同期的市场通货膨胀率是3%。则该笔贷款的实际利率是（　　）。

A. 3%　　B. 4%

C. 5%　　D. 10%

3. 5年期债券面值为1000元，票面利率为8%，每年支付一次利息，其市价为1050元，则该债券的到期收益率为（　　）。

A. 7.5%　　B. 8.5%

C. 6.8%　　D. 8%

4. 6个月国库券即期利率为5%，1年期国库券即期利率为6%，则6个月到1年期的远期利率为（　　）。

A. 5%　　B. 5.5%

C. 6%　　D. 7%

5. 影响债券需求的因素主要有（　　）。

A. 投资者的收入或财富

B. 预期利率

C. 预期通货膨胀率

D. 债券及其替代资产的风险和流动性

6. 影响债券供给的因素主要有（　　）。

A. 投资者的收入或财富　　B. 投资机会的预期盈利能力

C. 预期通货膨胀率　　D. 政府活动

7. 请分析预期通货膨胀率变动对均衡利率的影响。

8. 请分析经济周期波动对均衡利率的影响。

9. 为什么大多数情形下收益率曲线都是向上倾斜的?

10. 假设1年期和2年期贴现债券面值都是100元，1年期贴现债券价格为94.5元，2年期贴现债券价格为88元，则第二年的远期利率是多少?

11. 1年期面值为100元的贴现债券目前的市价为94.5元，2年期面值为100元的贴现债券目前的市价为85元。你正考虑购买2年期、面值为100元、票面利率为10%的附息债券（每年支付一次利息）。

（1）2年期贴现债券和2年期附息债券的到期收益率分别是多少?

（2）如果纯预期假说是正确的，第一年末2年期附息债券的预期价格是多少?

第八章

投资组合理论

“不要把所有的鸡蛋放在一个篮子里”，投资者往往需要构建包含多种证券的投资组合以分散风险，而对于为何要构建投资组合、应该如何构建投资组合等问题，传统投资理论无法给出合理的答案。1952年，马科维茨研究了投资者在追求自身效用最大化的过程中，在权衡收益与风险的基础上对多种资产进行选择和组合的问题，标志着现代投资组合理论的诞生。后来，沿着逐一放松投资组合理论的经典假设这一路径，经济学家对该理论进行了不断改进，使模型更接近现实。本章将对投资组合理论进行介绍。

学习目标

1. 了解投资组合理论的假设前提

2. 掌握投资收益和风险的度量

3. 掌握投资组合的多元化效应

4. 掌握不允许无风险借贷时投资组合有效集和最优投资组合的构建

5. 掌握允许无风险借贷时投资组合有效集和最优投资组合的构建

第一节　投资组合理论概述

一、投资组合理论的诞生及其意义

在20世纪50年代以前，传统的投资理论仅仅只是一些描述性的经验总结，认为分散化的投资能够降低投资风险，因此它只有一些抽象的格言和谚语，比如“不要把所有的鸡蛋放在一个篮子里”“分散你的风险”等，致使投资者无法据此进行具体的实际操作。

1952年哈里·M. 马科维茨（Harry M. Markowitz）在《金融月刊》上发表了《投资组合选择》一文，最早同时采用以风险资产的期望收益率和以方差（或标准差）为代表的风险来研究资产的选择和组合问题，该文的发表标志着现代投资组合理论的诞生。1990年，马科维茨因其对投资组合理论的卓越贡献，获得诺贝尔经济学奖。

投资组合理论可为各投资主体的投资决策提供严谨、科学的理论基础，并可为实际操作提供精确的定量指导。因此，该理论自诞生之日起就受到了广大投资者的热烈欢迎，并被广泛运用到各类投资领域中。

二、投资组合理论的概念界定

投资组合理论研究的是投资者在追求自身效用最大化的过程中，在权衡收益与风险的基础上对多种资产进行选择和组合的问题。所谓投资组合，是指当投资者把资金同时投资于若干种资产（如股票、债券、外汇、不动产和实业投资等），使各类资产的投资数额占投资者投资总额的一定权重时，这若干种资产就构成了该投资者的一个投资组合。投资者构建投资组合就是为了在既定的风险水平下能够获得最高的收益率，或者是在既定的收益率水平上所冒风险水平最低。

投资组合理论有时也被称作证券组合理论。这主要是因为：第一，证券是各种风险资产的最典型的代表；第二，公开交易证券（特别是普通股票）的收益和风险数据容易获得，许多理论的研究和验证都是建立在证券市场的基础之上的，因此投资组合理论最主要的应用之一就是证券（股票）投资；第三，以证券为例讨论的投资组合理论同样也适用于包含其他资产的投资组合。

三、投资组合理论成立的假设前提

马科维茨投资组合理论是建立在一系列严格的假设前提基础之上的：

（1）市场是有效的。该市场是一个信息完全公开、完全传递、完全解读并无时滞的市场。

（2）所有投资者处于同一单期投资期，在此期间投资者对所有证券的期望收益率和方差具有相同的期望。所谓单期投资期，是指投资者的投资决策不需要随时间不断地做出调整，这就决定了马科维茨投资组合理论是一种静态的分析理论。同时，由于市场是有效的，所有证券的各种信息披露充分，投资者可以通过各种渠道及时了解这些信息，因此对于处于同一单期投资期的投资者来说，他们将对所有证券的期望收益率和方差具有相同的期望值。

（3）资产收益率的概率分布服从正态分布。正态分布的特征在于随机变量的变化规律通过两个参数就可以完全确定，即在资产收益率服从正态分布的假设下，投资者投资于该资产的预期收益率和风险可以通过期望值和方差加以描述。

（4）投资者是理性的，厌恶风险，影响其投资决策的变量是期望收益率和风险，投资者追求期望效用最大化。投资者是理性的，厌恶风险，说明风险给投资者会带来负效用，而收益给投资者带来的是正效用。当追求期望效用最大化的风险厌恶型投资者以期望收益率和方差作为决策的基础时，其遵循的决策准则是：在各种既定的风险水平下，投资者总是选择具有最高期望收益率的投资组合；而在各种既定的期望收益率水平上，投资者总是选择具有最小风险的投资组合。

（5）风险资产具有完全的流动性和无限可分性。风险资产具有供给的无限弹性，从而投资组合的购买和销售将不影响市场的价格和期望收益率，并且资产可以无限细分。

第二节　马科维茨均值方差模型

马科维茨投资组合理论的最大开创性成果就在于他成功地引进了两个概念：均值和方差。用资产历史收益率的算术平均值来估计资产在未来的期望收益率，用历史收益率对其均值的偏离程度，也就是方差来度量投资该种资产的风险或者不确定性。由于使用均值和方差来研究投资组合的选择，所以马科维茨模型也被称为均值方差模型（mean - variance model）。

一、投资收益和风险的度量

（一）单个资产的期望收益率

人们投资一种资产获得的收益主要包含两个部分：股利收入（或利息收入）和资本利得，因此，一种资产在一定时期的历史收益率可以表示为：

$$r_t = \frac{P_t - P_{t-1} + D_t}{P_{t-1}} = \frac{P_t - P_{t-1}}{P_{t-1}} + \frac{D_t}{P_{t-1}} \quad (8-1)$$

其中：r_t 表示该资产在第 t 期的收益率；P_t 表示该资产在第 t 期的市场价格；P_{t-1}表示该资产在第 $t-1$ 期的市场价格；D_t 表示该资产在第 t 期得到的收益（股息、利息等）。

式（8－1）中，$\frac{P_t - P_{t-1}}{P_{t-1}}$ 表示该资产的资本利得收益率，即因资产增值而产生的收益率；$\frac{D_t}{P_{t-1}}$ 表示该资产的股利（利息）收益率，即因资产支付现金股利或利息而产生的收益率。

【例 8－1】假设某投资者在期初购买了市价为 50 元的一只股票，这只股票的价格在期末涨至 55 元，并且在本期内，公司支付了每股 5 元的现金股利，那么在本期该股票的收益率为 20%（$=\frac{55-50+5}{50}$），其中资本利得收益率为 10%（$=\frac{55-50}{50}$），股利收益率为 10%（$=\frac{5}{50}$）。

由于投资者在进行投资决策时，无法确切地知晓某种资产在未来的收益率，因此只能通过对各种可能的收益率按其出现的概率进行加权平均计算，以得出该资产的期望收益率。然而，在实际操作中，预测资产可能的收益率，并准确地估计其发生的概率是非常困难的，因此，通常我们用该资产的历史收益率为参考，计算其均值，以表示该资产的期望收益率。

$$E(r) = \sum_{i=1}^{n} P_i r_i = \frac{\sum_{t=1}^{T} r_t}{T} \quad (8-2)$$

其中：$E(r)$ 表示该资产的期望收益率；P_i 表示第 i 种情况出现的概率；r_i 表示第 i 种情况出现时该资产的收益率；n 表示可能出现的情况的个数；T 表示总期数；r_t表示该资产在第 t 期的历史收益率。

（二）单个资产的风险

风险是指未来收益的不确定性，不确定性的程度越高，风险越大。马科维茨用资产实际收益率与预期收益率的偏离程度，即资产收益率的方差或标准差来度量资产的投资风险。同样，由于人们进行投资决策时无法准确知道未来的实际收益率，因此通常用该资产的历史收益率为参考，计算其投资风险。

$$\sigma^2 = \sum_{i=1}^{n} [r_i - E(r)]^2 P_i = \frac{\sum_{t=1}^{T} [r_t - E(r)]^2}{T} \quad (8-3)$$

$$\sigma = \sqrt{\sigma^2} \quad (8-4)$$

其中：σ^2 表示该资产收益率的方差；σ 表示该资产收益率的标准差。

σ^2或 σ 越大，说明该资产的收益率波动越大，投资风险越大。

【例 8-2】假设某种资产过去 5 年间的历史收益率如表 8-1 所示，以其历史收益率为参考，计算该资产的期望收益率和风险。

表 8-1　单个资产的期望收益率和风险

时期	收益率 r_t(%)	离差 $[r_t - E(r)]$(%)	离差的平方 $[r_t - E(r)]^2$
1	10	0	0
2	5	-5	0.0025
3	15	5	0.0025
4	15	5	0.0025
5	5	-5	0.0025

续表

时期	收益率 r_t(%)	离差 $[r_t - E(r)]$(%)	离差的平方 $[r_t - E(r)]^2$
期望收益率 $E(r) = \frac{\sum_{t=1}^{T} r_t}{T} = 10\%$			
方差 $\sigma^2 = \frac{\sum_{t=1}^{T} [r_t - E(r)]^2}{T} = 0.0020$			
标准差 $\sigma = \sqrt{\sigma^2} = 0.0447$			

（三）投资组合的期望收益率

一个投资组合是由其成分资产及各成分资产的投资权重确定的。

我们先来看一个最简单的情形，假设一个投资组合仅含有 A、B 两种资产，其投资权重分别为w_A、w_B，满足 $w_A + w_B = 1$，那么，这一投资组合的期望收益率 $E(r_p)$ 是 A、B 两种资产期望收益率以各自投资权重计算的加权平均数。

$$E(r_p) = E(w_A r_A + w_B r_B) = w_A E(r_A) + w_B E(r_B) \tag{8-5}$$

由此，可以推广至包含多种资产的投资组合，其期望收益率同样可由构成该组合的各成分资产的期望收益率的加权平均数计算。

$$E(r_p) = \sum_{i=1}^{n} w_i E(r_i)\text{，且} \sum_{i=1}^{n} w_i = 1 \tag{8-6}$$

其中：$E(r_p)$ 表示投资组合的期望收益率；w_i 表示投资组合中成分资产 i 的投资权重；$E(r_i)$ 表示投资组合中成分资产 i 的期望收益率；n 为投资组合中成分资产的个数。

（四）协方差及相关系数

投资组合内两种资产收益率之间的相关关系可用收益率的协方差或相关系数来进行度量。若 σ_{AB} 为资产 A 和资产 B 收益率的协方差，则

$$\sigma_{AB} = \mathrm{Cov}(r_A, r_B) = E\{[r_{Ai} - E(r_A)][r_{Bi} - E(r_B)]\}$$

$$= \sum_{i=1}^{n} [r_{Ai} - E(r_A)][r_{Bi} - E(r_B)] P_i = \frac{\sum_{t=1}^{T} [r_{At} - E(r_A)][r_{Bt} - E(r_B)]}{T} \tag{8-7}$$

其中：σ_{AB}为资产 A 和资产 B 收益率的协方差。

根据式（8－7），可得：

$$\sigma_{AB} = \sigma_{BA} \tag{8-8}$$

正的协方差表明资产 A 和资产 B 的收益率朝同一方向变动，负的协方差表明资产 A 和资产 B 的收益率向相反方向变动。为了便于解释，可以将协方差进行标准化处理，用两资产收益率的协方差除以两者标准差的乘积，达到去量纲的效果，所计算出的值便是这两种资产收益率的相关系数ρ_{AB}，其计算公式如下：

$$\rho_{AB} = \frac{\sigma_{AB}}{\sigma_A \sigma_B} \tag{8-9}$$

其中：ρ_{AB}为资产 A 和资产 B 收益率的相关系数。

相关系数介于－1 到 1 之间。与协方差相似，相关系数大于 0，表示资产 A 和资产 B 的收益率朝相同方向变动；相关系数小于 0，表示资产 A 和资产 B 的收益率朝相反方向变动。相关系数越大，表明两种资产收益率的相关程度越高；相关系数越小，表明两种资产收益率的相关程度越低。特别地，当相关系数为－1 时，表示两种资产的收益率完全负相关；当相关系数为 0 时，表示两种资产的收益率不相关；当相关系数为 1 时，表示两种资产的收益率完全正相关。

（五）投资组合的风险

投资组合的风险可以用其方差或标准差表示。同样，我们先假设一个投资组合仅有 A、B 两种证券，投资权重分别为w_A、w_B，满足$w_A + w_B = 1$，那么，该投资组合的方差为：

$$\begin{aligned}\sigma_P^2 &= \mathrm{Var}(w_A r_A + w_B r_B) = w_A^2 \sigma_A^2 + w_B^2 \sigma_B^2 + 2 w_A w_B \sigma_{AB} \\ &= w_A^2 \sigma_A^2 + w_B^2 \sigma_B^2 + 2 w_A w_B \rho_{AB} \sigma_A \sigma_B \end{aligned} \tag{8-10}$$

该投资组合的标准差为：

$$\sigma_P = \sqrt{\sigma_P^2} \tag{8-11}$$

由此可以看出，投资组合的风险取决于组合中各成分资产的方差和权重以及成分资产之间的协方差。因此，在构建投资组合的过程中，成分资产收益率之间的相关程度越低，越有利于降低投资组合的风险水平。

进一步地，我们可以计算包含多种资产的投资组合的风险水平，其同样由组合中各成分资产的方差、投资权重以及成分资产之间的协方差决定，计算公式如下：

$$\sigma_P^2 = \sum_{i=1}^{n}\sum_{j=1}^{n} w_i w_j \sigma_{ij} = \sum_{i=1}^{n} w_i^2 \sigma_i^2 + \sum_{i=1}^{n}\sum_{j=1,i\neq j}^{n} w_i w_j \sigma_{ij} \quad (8-12)$$

【例 8-3】 有两只股票 A 和 B，收益预期如表 8-2 所示。

表 8-2 股票收益预期及发生概率

单位：%

分类	熊市	牛市	正常
A	-10	20	10
B	-15	25	15
发生概率	20	20	60

计算：(1) 这两只股票的期望收益率、方差、标准差和协方差。

(2) 若有一投资组合 $w_A = 0.6$、$w_B = 0.4$，求该投资组合的期望收益率和方差。

股票的期望收益率：

$$E(r_A) = -10\% \times 0.2 + 20\% \times 0.2 + 10\% \times 0.6 = 8\%$$

$$E(r_B) = -15\% \times 0.2 + 25\% \times 0.2 + 15\% \times 0.6 = 11\%$$

股票的方差及标准差：

$$\sigma_A^2 = (-10\% - 8\%)^2 \times 0.2 + (20\% - 8\%)^2 \times 0.2 + (10\% - 8\%)^2 \times 0.6 = 0.0096$$

$$\sigma_B^2 = (-15\% - 11\%)^2 \times 0.2 + (25\% - 11\%)^2 \times 0.2 + (15\% - 11\%)^2 \times 0.6 = 0.0184$$

$$\sigma_A = \sqrt{0.0096} = 0.0980$$

$$\sigma_B = \sqrt{0.0184} = 0.1356$$

股票收益率的协方差：

$\sigma_{AB}=(-10\%-8\%)\times(-15\%-11\%)\times0.2+(20\%-8\%)\times(25\%-11\%)\times0.2+(10\%-8\%)\times(15\%-11\%)\times0.6=0.0132$

组合的期望收益率：

$E(r_p)=8\%\times0.6+11\%\times0.4=9.2\%$

组合的方差：

$$\sigma_P^2=0.6^2\times0.0096+0.4^2\times0.0184+2\times0.6\times0.4\times0.0132$$
$$=0.0127$$

投资组合的期望收益率和方差还可以通过矩阵计算得出，若某投资组合成分资产的期望收益率用 n 维列向量 $E(r)$ 表示，投资权重用 n 维行向量 w 表示：

$$E(r)=\begin{pmatrix} r_1 \\ r_2 \\ \vdots \\ r_n \end{pmatrix} \tag{8-13}$$

$$w=(w_1,w_2,\cdots,w_n) \tag{8-14}$$

则该投资组合的期望收益率为：

$$E(r_p)=wE(r) \tag{8-15}$$

若投资组合的协方差矩阵用 n 阶对称矩阵 $V_{n\times n}$ 表示：

$$V_{n\times n}=\begin{pmatrix} \sigma_1^2 & \sigma_{12} & \cdots & \sigma_{1n} \\ \sigma_{21} & \sigma_2^2 & \cdots & \sigma_{2n} \\ \vdots & \vdots & \ddots & \vdots \\ \sigma_{n1} & \sigma_{n2} & \cdots & \sigma_n^2 \end{pmatrix} \tag{8-16}$$

上述协方差矩阵中共包含 n^2 个元素，其中包含 n 个成分资产收益率的方差；$\frac{n^2-n}{2}$ 对成分资产收益率之间的协方差。

则该投资组合的方差为：

$$\sigma_P^2 = wVw' \tag{8-17}$$

二、投资组合的多元化效应

投资组合的多元化效应是指在一个由多种资产构成的组合中，只要组合中两两资产收益率之间的相关系数不全为1，则组合的标准差就一定小于组合中各成分资产标准差的加权平均数。也就是说，投资组合的多元化效应描述了分散投资可以降低投资组合的风险这一现象。

现代投资组合理论的提出使学者们能够利用量化手段检验投资组合的多元化效应，因此在20世纪60—70年代，很多学者利用马科维茨的均值方差模型对本国的证券市场进行了实证研究，取得了丰富的成果。其中具有代表性的是韦恩·瓦格纳和谢拉·老（Wayne Wagner & Sheila Lau）对美国不同分散程度股票组合的收益与标准差进行的实证研究，该研究根据1960年7月标准普尔公司的股票质量分级标准将在纽约证券交易所上市的200只股票分为6组，质量最高的为第一组，质量次高的为第二组，依次类推。从每一组中随机抽取1~20只股票构成投资组合，计算每一组合从1960年7月至1970年5月之间的月平均收益率、标准差以及与市场的相关系数，重复10次；然后再对10次的结果再平均。表8-3为A^+质量等级（质量最好）组股票组合的风险和分散效果。

表8-3　A^+质量等级组股票组合的风险和分散效果

组合中股票数量（只）	月平均收益率（%）	标准差（%）	与市场的相关系数（R）	可决系数（R^2）
1	0.88	7.0	0.54	0.29
2	0.69	5.0	0.63	0.40
3	0.74	4.8	0.75	0.56
4	0.65	4.6	0.79	0.62
5	0.71	4.6	0.79	0.62

续表

组合中股票数量（只）	月平均收益率（%）	标准差（%）	与市场的相关系数（R）	可决系数（R^2）
10	0.68	4.2	0.85	0.72
15	0.69	4.0	0.88	0.77
20	0.67	3.9	0.89	0.80

表 8-3 中可决系数（R^2）是相关系数的平方，取值范围在 0 到 1 之间，衡量了证券收益率的变动归因于市场收益变动的比例，R^2 越大说明该组合的风险与市场风险的相关性越高。从实证结果中我们可知：

（1）投资组合的月平均收益率与股票的个数无关。

（2）投资组合的标准差随着股票数量的增加明显下降，当持有 20 只股票构成的投资组合时，大约可消除单只股票 40% 的风险。

（3）风险下降的趋势是先快后慢，特别是当持有的股票超过 10 只时，再增加股票持有数，风险降低的效果变得微乎其微，说明投资组合降低风险的边际效果是递减的。

（4）随着组合中股票数量的增加，投资组合与市场的相关系数以及可决系数都在增加，投资组合与整个市场的相关程度不断提高。当持有由 20 只股票构成的投资组合时，该投资组合 80% 的收益变动可归因于市场收益的变动，证明此时该投资组合的风险主要来源于市场波动所带来的风险。

投资组合的多元化效应同样可以通过数学推导的方式加以证明。假设存在一个包含 n 种资产的投资组合，在这一投资组合中每种资产的投资权重相同，并且各资产收益率之间并不是完全不相关，即

$$\rho_{ij} \neq 0, i \neq j, i, j = 1, 2, \cdots, n \text{ 且 } w_1 = w_2 = \cdots = w_n = \frac{1}{n}$$

则此时

$$\sigma_P^2 = \sum_{i=1}^{n} w_i^2 \sigma_i^2 + \sum_{i=1}^{n} \sum_{j=1, i \neq j}^{n} w_i w_j \sigma_{ij} = \sum_{i=1}^{n} \frac{\sigma_i^2}{n^2} + \sum_{i=1}^{n} \sum_{j=1, i \neq j}^{n} \frac{\sigma_{ij}}{n^2}$$

$$= \frac{1}{n}\sum_{i=1}^{n}\frac{\sigma_i^2}{n} + \frac{n-1}{n}\sum_{i=1}^{n}\sum_{j=1,i\neq j}^{n}\frac{\sigma_{ij}}{n(n-1)} = \frac{1}{n}\overline{\sigma_i^2} + \frac{n-1}{n}\overline{\sigma_{ij}}$$

其中，$\overline{\sigma_i^2}$ 表示组合中成分资产方差的平均数，$\overline{\sigma_{ij}}$ 表示组合中两两资产协方差的平均数。

当组合中成分资产方差的平均数有界，且成分资产的个数趋向无穷大时，投资组合的风险为：

$$\lim_{n\to\infty}\sigma_p^2 = \lim_{n\to\infty}\frac{1}{n}\overline{\sigma_i^2} + \lim_{n\to\infty}\frac{n-1}{n}\overline{\sigma_{ij}} = \overline{\sigma_{ij}}$$

这表明，若金融市场上存在着数目充分多且两两并不完全不相关的资产时，若等比例投资于这些资产，单个资产的风险对组合风险的贡献将趋近于零，但协方差对组合风险的贡献将趋近于协方差的平均值。也就是说，通过投资组合，可分散掉单个资产的风险，但协方差对总风险的贡献不可能被分散掉。

三、系统风险和非系统风险

投资组合的多元化效应表明，随着组合中成分资产个数的增加，投资组合的风险会降低，一部分风险会被分散掉。根据风险是否能够通过多元化投资加以分散，投资风险可分为系统风险和非系统风险。

系统风险也称不可分散风险，是指由于国内外政治、经济及社会环境变动而对所有投资行为造成的风险。包括政治风险、政策风险、市场风险、利率风险、通货膨胀风险以及自然因素导致的社会风险等。系统风险无法通过多元化投资加以分散。

非系统风险也称可分散风险、特有风险，是指由于市场、行业以及企业本身等因素导致个别投资行为的风险。包括企业经营风险、违约风险、破产风险、流动性风险、财务风险、操作风险等。非系统风险可以通过多元化投资加以分散。

图 8－1 显示了总风险、系统风险和非系统风险之间的关系。

事实上，很多学者的实证研究都表明，当组合中资产个数为 10 种

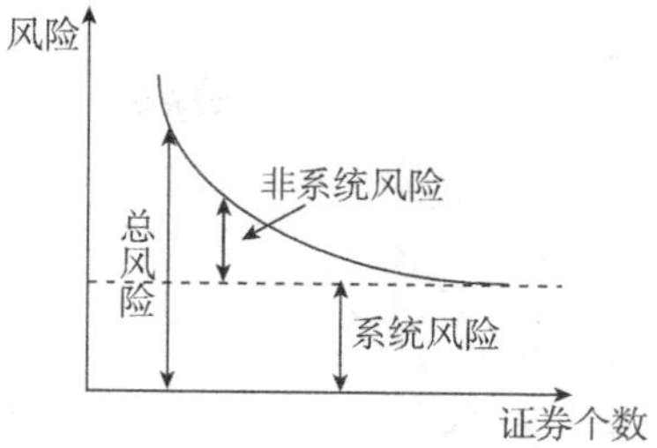

图 8－1　总风险、系统风险与非系统风险

左右时，组合的非系统风险就能显著地下降到可忽略不计的程度，此时，组合的总风险几乎等同于它的系统风险。

四、可行集

在研究有效组合和最优投资组合之前，需要先分析市场上的投资者在现有资产基础上，可以构建出哪些可能的投资组合，这些可能的投资组合的集合便是可行集，所有可能的投资组合都位于可行集的内部或边界上。

我们假设投资者只能利用两种资产构建投资组合，其中资产 *A* 的期望收益率高于资产 *B*，因此，资产 *A* 的标准差也将高于资产 *B*，两种资产的相关系数在 －1 到 1 之间。投资者可以通过改变资产 *A* 和资产 *B* 的投资权重来构建一系列的投资组合，图 8－2 显示了在不同相关系数情形下，由 *A*、*B* 两种资产构成的投资组合的可行集。

图 8－2 显示，两种资产的相关系数不同，构成的投资组合的可行集也会发生改变，但是都会包含 *A* 点（所有资金都用于购买资产 *A*）和 *B* 点（所有资金都用于购买资产 *B*）。特殊地，当两种资产的相关系数等于 1 时，它们构成的可行集是以 *A* 点和 *B* 点为端点的一条线段，不仅投资组合的收益率为两成分资产收益率的加权平均数，投资组合的标准差也是两成分资产标准差的加权平均数，此时不存在组合的多元化效应。当两种资产的相关系数等于 －1 时，两种资产的收益率变化呈完全负相关关系，此时甚至可以利用这两种资产构建出一个不存在任何风险

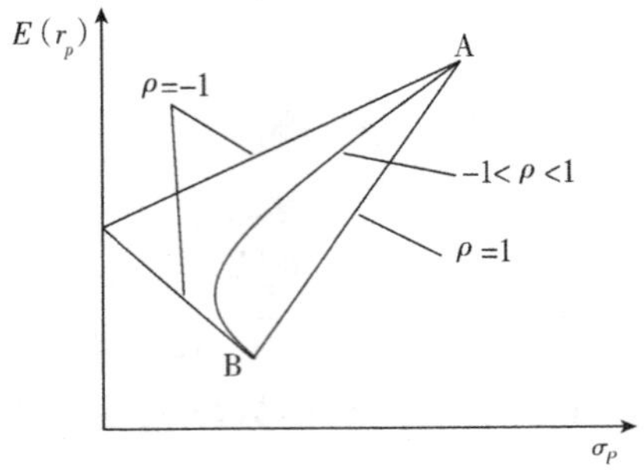

图 8－2　两种资产构成的投资组合的可行集

但有正的期望收益率的投资组合，这时两种资产构成的投资组合的可行集为两条以 A 点和 B 点为端点，相交于纵轴的线段。由于两种资产的相关系数一般在 -1 到 1 之间，因此在绝大多数情况下，由两种资产构成的投资组合的可行集是一条以 A 点和 B 点为端点的弓形曲线，且相关程度越低，曲线越弯曲，即资产间的相关系数越小，越能通过组合分散风险。

现实中，投资者往往可以利用多种资产构建投资组合，这时所有可能的组合都将位于图 8－3 所示的区域中，对于给定的资产，任何投资者都不能得到一个期望收益率超过给定区域的投资组合，或是一个标准差低于给定区域的投资组合。

图 8－3　多种资产构成的投资组合的可行集

五、有效组合和有效边界

马科维茨投资组合理论假设投资者是厌恶风险的，并且追求期望效用最大化，即投资者在构建一个资产组合时，总是期望在既定的收益水平上，所冒风险水平最低，或者是在既定的风险水平下，得到的收益最大。我们将满足这个条件的组合称为有效组合。由所有有效组合形成的集合就是有效边界或者有效集，它是理性投资者决策的机会集。显然一个有效组合首先必须是一个可能的组合，也就是说，可行集一定包含有效集。我们可以建立如下模型来求解有效组合：

给定收益，风险最小：

$$\min\sigma_P^2 = \sum_{i=1}^{n}\sum_{j=1}^{n} w_i w_j \sigma_{ij} \tag{8-18}$$

$$\text{s. t. } E(r_p) = \sum_{i=1}^{n} w_i E(r_i)$$

$$\sum_{i=1}^{n} w_i = 1$$

$$w_i \geqslant 0$$

或者给定风险，收益最大：

$$\max E(r_p) = \sum_{i=1}^{n} w_i E(r_i) \tag{8-19}$$

$$\text{s. t. } \sigma_P^2 = \sum_{i=1}^{n}\sum_{j=1}^{n} w_i w_j \sigma_{ij}$$

$$\sum_{i=1}^{n} w_i = 1$$

$$w_i \geqslant 0$$

其中：成分资产投资权重 $w_i \geqslant 0$ 表示市场存在卖空限制。

式（8－18）的求解目标是非线性的（二次的），而其限制条件是线性的（一次的）等式或不等式，这是一个二次规划问题的求解，可运用相关计量软件如 Matlab 软件计算。

有效集是可行集的一个子集，因此，我们也可以从可行集的形状入手来推导投资组合的有效集。

首先，考虑有效组合的第一个条件：在既定的收益水平上，所冒风险水平最低。在图 8－4 中，我们发现组合 A、B、C、D 满足这一条件，即位于 A、B 之间可行集左边界上的组合满足在既定的收益水平上，所冒风险水平最低的条件，我们把这条边界称为最小方差边界。如图 8－4中组合 C 和组合 E，收益相同，但组合 E 的风险要高于组合 C。

其次，考虑有效组合的第二个条件：在既定的风险水平下，得到的收益最大。我们发现并不是所有位于最小方差边界上的组合都满足这一条件，例如组合 B 和组合 D 都位于最小方差边界上，而且风险水平相同，但组合 B 的期望收益率要小于组合 D，所以组合 B 不是有效组合。因此，为了更好地从最小方差边界中筛选出有效组合，我们需要找出最小方差组合，在图 8－4 中为组合 C，可以看出，组合 C 是最小方差边界上风险最小的组合。所以，投资组合的有效边界为可行集中最小方差组合上方的左边边界，即连接 C、A 之间的左边边界，它是一条弓形曲线。

因此，根据式（8－18）得到的最小方差边界还不是有效边界，我们需要在此边界上找到最小方差组合，只有最小方差组合上方的弓形曲线才是真正的有效边界。

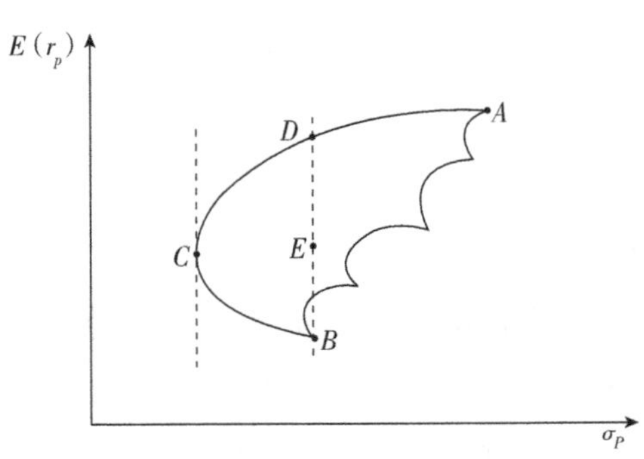

图 8－4　投资组合的有效边界

显然，有效边界具有以下特点：第一，有效边界是一条向右上方倾斜的曲线，满足“高风险、高收益”的原则；第二，有效边界是一条上凸的曲线；第三，有效边界上不能有凹陷的地方。

六、无差异曲线与效用函数

投资者构建投资组合的目的是追求期望效用最大化，为了分析投资者的效用水平，我们引入无差异曲线，这时投资者的效用水平取决于投资者对投资组合期望收益率和风险的权衡。对于一个风险厌恶型的投资者而言，期望收益率越高，获得的效用水平越高；承担的风险越大，获得的效用水平越低。在同一条无差异曲线上的组合尽管具有不同的风险收益特征，但是它们都能给投资者带来相同的效用水平，因此对投资者而言是无差异的。风险厌恶型投资者的无差异曲线通常具有以下特征：

（1）无差异曲线的斜率是正的，曲线向上倾斜。由于收益给投资者带来的是正效用，而风险带来的是负效用，所以当投资者承担更多风险时，为了使其效用水平不变，必须给予他更高的收益补偿，因此无差异曲线的斜率是正的，曲线向上倾斜。

（2）无差异曲线是下凸的，满足边际效用递减规律。由于边际效用递减，所以要使投资者多冒等量的风险并保持效用水平不变，必须要有越来越高的收益进行补偿才能满足，因此无差异曲线呈现下凸的形状。

（3）每位投资者都拥有无数条不同的无差异曲线。这些曲线分别代表着不同的效用水平，由于投资者对收益的不满足和对风险的厌恶，因此越靠近左上角的无差异曲线所代表的效用水平越高，投资者会尽可能选择位于左上角无差异曲线上的组合进行投资。

（4）和消费者的无差异曲线类似，同一投资者在同一时间的任意两条无差异曲线不能相交。

所以，风险厌恶型投资者的无差异曲线如图 8－5 所示。

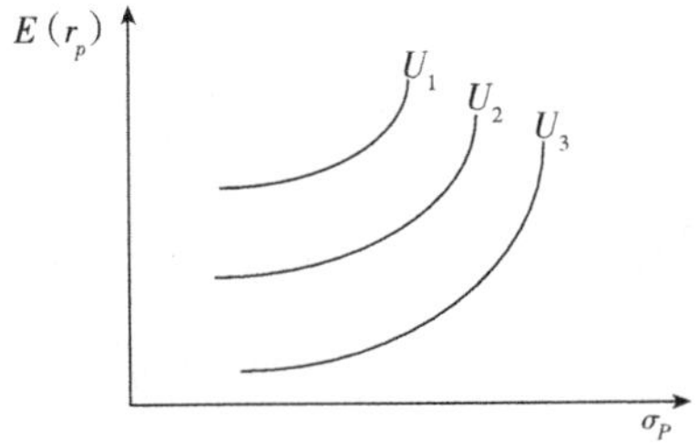

图 8-5　投资者的无差异曲线

如图 8-5 所示，投资者的三条无差异曲线中，效用水平 $U_1 > U_2 > U_3$，左上角的无差异曲线 U_1代表的效用水平最高。

另外，对于风险厌恶程度不同的投资者，他们的无差异曲线的斜率不同。假设存在两位投资者，其中一位投资者比另一位投资者风险厌恶程度更高，因此若要让这位投资者多承担等量的风险，他会要求获取比另一位投资者更多的收益补偿，才能使其效用水平保持不变，因此该投资者的无差异曲线的斜率要更大，无差异曲线会更陡峭。换言之，无差异曲线的斜率越大，曲线越陡峭，代表投资者的风险厌恶程度越高。

图 8-6（a）代表风险厌恶程度高的投资者的无差异曲线，图 8-6（b）代表风险厌恶程度低的投资者的无差异曲线，图 8-6 中效用水平 $U_1 > U_2 > U_3$。

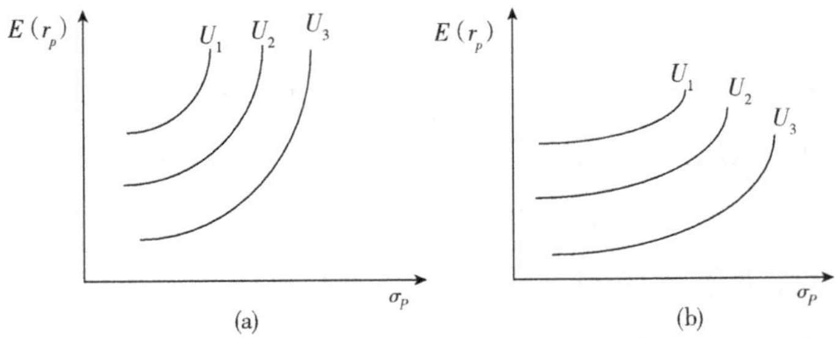

图 8-6　不同风险厌恶程度投资者的无差异曲线

拓展知识[8-1]

风险中性型与风险偏好型投资者的无差异曲线

对于风险中性型投资者而言，其效用水平仅与投资组合的期望收益率正相关，而与组合的风险无关，因此其无差异曲线为水平直线，越靠近上方的无差异曲线代表的效用水平越高。而对于风险偏好型投资者而言，其效用水平与期望收益率和风险都正相关，因此其无差异曲线是向下倾斜的，越靠近右上角的无差异曲线代表的效用水平越高。图 8－7（a）代表风险中性型投资者的无差异曲线，图 8－7（b）代表风险偏好型投资者的无差异曲线，图 8－7 中效用水平 $U_1 > U_2 > U_3$。

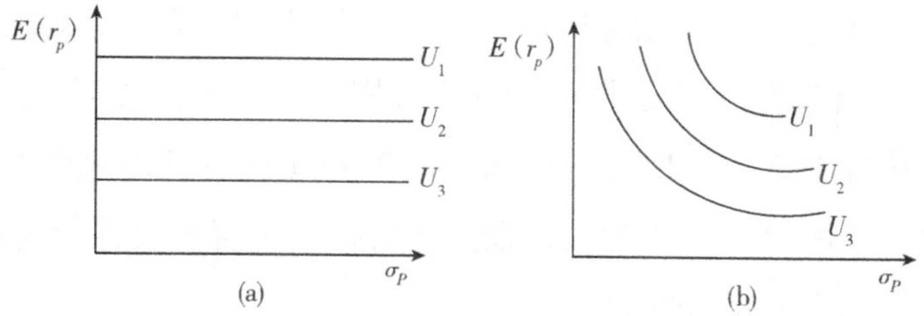

图 8－7　风险中性型与风险偏好型投资者的无差异曲线

对于风险厌恶型投资者，由于收益为其带来的是正效用，而风险为其带来的是负效用，当我们用效用函数来度量投资者的效用水平时，可以用如下一个简化的效用函数来进行，式（8－20）是目前金融投资界广泛使用的一个效用函数。

$$U = E(r) - 0.5A\sigma^2 \qquad (8-20)$$

其中：A 是投资者的风险厌恶系数，A 越大表明投资者风险厌恶程度越高。对于大多数风险厌恶型投资者，$A>0$，且通常位于 2 至 4 之间；对于风险中性型投资者，$A=0$；对于风险偏好型投资者，$A<0$。

七、最优投资组合

当我们知道了以现有资产构建组合的有效边界以及投资者的无差异曲线后，就可以找到投资者的最优投资组合。最优投资组合是指在一切有效组合中能够为投资者带来最高效用水平的组合。

由于投资者的无差异曲线是无数条斜率为正、下凸且互不相交的曲线，并且越靠近左上角的无差异曲线所代表的效用水平越高，而投资组合的有效边界是一条斜率为正、上凸且没有凹陷的曲线，因此，在有效组合中能够给投资者带来最大效用的组合，即最优投资组合就是有效边界与无差异曲线的切点所代表的组合。

如图 8－8 所示，点 A、B、C 分别代表 3 个投资组合，点 A 和点 B 位于有效边界上，是有效组合，并且点 A 能够为投资者带来更高的效用水平，点 C 能够为投资者带来最高的效用水平，但点 C 所代表的组合位于有效边界上方，是现有资产构建的组合无法达到的风险收益特征，是无效组合。所以，点 A 为最优投资组合，它是有效边界与投资者的无差异曲线的切点所代表的组合。

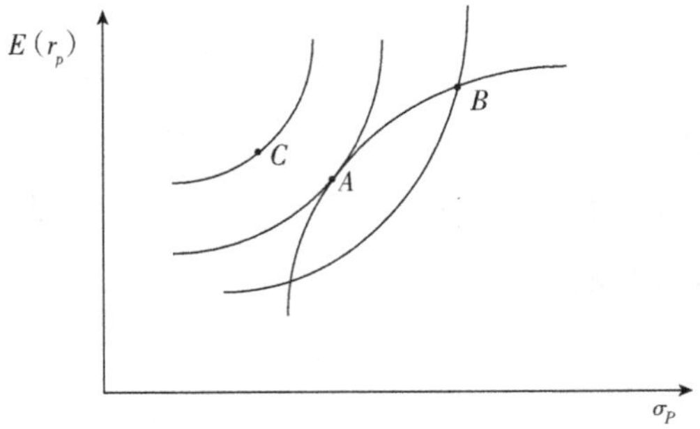

图 8－8　最优投资组合（不包含无风险资产）

第三节　允许无风险借贷情形下的最优投资组合

在上一节关于最优投资组合的讨论中，投资者的投资对象仅限于风险资产，而实际上无风险资产对于投资者而言同样重要。因此，本节将分析在允许无风险借贷时，投资组合的可行集、有效集以及最优投资组合将发生怎样的变化。

一、无风险借贷的含义

与风险资产相比，无风险资产具有以下特性：首先，无风险资产的期望收益率等于其实际收益率，即其收益率的方差为0，因此不存在风险；其次，无风险资产的收益率与任何风险资产的收益率不相关。在资本市场中，我们常常将政府发行的短期国债视为无风险资产，无风险资产的收益率称为无风险利率。

在允许无风险借贷的资本市场中，投资者以无风险利率贷出可理解为投资者投资于无风险资产；而以无风险利率借入可理解为投资者以无风险利率借入资金并将其投资于风险资产。

二、允许无风险借贷情形下的可行集

在允许无风险借贷后，投资者可以将无风险资产与风险资产组合相结合构建新的投资组合，新的投资组合的可行集与风险资产组合的可行集相比，由于投资范围扩大，呈现出了新的特征。

假设无风险资产的收益率（无风险利率）为r_f，标准差为σ_f，且$\sigma_f=0$；风险资产组合T，期望收益率为$E(r_T)$，标准差为σ_T；在新的投资组合中，假设无风险资产所占的权重为w。则新投资组合的期望收益率为：

$$E(r_p) = w r_f + (1-w)E(r_T) \tag{8-21}$$

新投资组合的方差为：

$$\sigma_P^2 = w^2\sigma_f^2 + (1-w)^2\sigma_T^2 + 2w(1-w)\sigma_{fT} \tag{8-22}$$

$$\sigma_P^2 = (1-w)^2\sigma_T^2 \tag{8-23}$$

可见，新投资组合的收益率取决于无风险资产与风险资产组合的收益率以及各自的投资权重；而新投资组合的风险则取决于风险资产组合的风险及其投资权重。

为了表示出新投资组合收益与风险之间的关系，我们将式（8－23）进行变形，得到：

$$w = 1 - \frac{\sigma_P}{\sigma_T} \tag{8-24}$$

将式（8－24）代入式（8－21），可得：

$$E(r_p) = r_f + \frac{E(r_T) - r_f}{\sigma_T}\sigma_P \tag{8-25}$$

可以看出，由无风险资产和风险资产组合 T 构建的新投资组合的风险收益特征可用一条经过（0，r_f）和（σ_T，E（r_T））两点的射线来表示。结合风险资产组合的可行集，我们可以看出，在允许无风险借贷后，新投资组合的可行集是端点在 P_0（0，r_f），且经过风险资产组合可行集内的点的一簇射线，见图 8－9。较原可行集而言，允许无风险借贷后投资组合的可行集的范围更广。

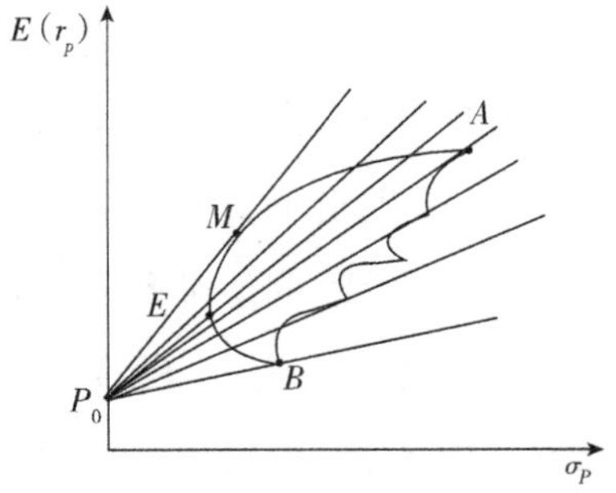

图 8－9　允许无风险借贷时的可行集

三、允许无风险借贷情形下的有效边界

（一）有效边界

允许无风险借贷后的有效组合同样需要满足条件：在既定的收益水平上，所冒风险水平最低，或在既定的风险水平下，得到的收益最大。我们发现在允许无风险借贷后的可行集中，与风险资产组合的有效边界——弓形曲线 EA 相切的射线P_0M 上的组合满足上述两个条件，因此射线P_0M 表示了在允许无风险借贷时，投资者面临的有效边界，这条射线代表了由无风险资产与风险资产组合 M 共同构建的投资组合的风险收益特征。因为在由无风险资产和所有可能的风险资产组合构成的新的投资组合中，在既定的收益水平上，只有无风险资产和风险资产组合 M 构建的投资组合的风险最低，或在既定的风险水平下，只有无风险资产和风险资产组合 M 构建的投资组合的收益最大。

图 8 -9 显示，有效边界P_0M 是可行集的所有射线中斜率最大的射线，因此当允许无风险借贷时，可建立如下模型来求解有效组合：

$$\max \mathrm{tg}\,\theta = \frac{E(r_T) - r_f}{\sigma_T} \tag{8-26}$$

$$\mathrm{s.t.} \sum_{i=1}^{n} w_i = 1$$

（二）资本市场线

由前面的分析可知，当允许无风险借贷后，投资者面临的有效边界将发生变化，有效组合将落在从P_0（0，r_f）出发，与原风险资产组合的有效边界相切的射线上，切点为 M（σ_m，r_m）。这条射线反映了由无风险资产和风险资产组合 M 构成的有效组合的风险收益特征，通常我们将它称为资本市场线（Capital Market Line，CML），见图 8 -10。

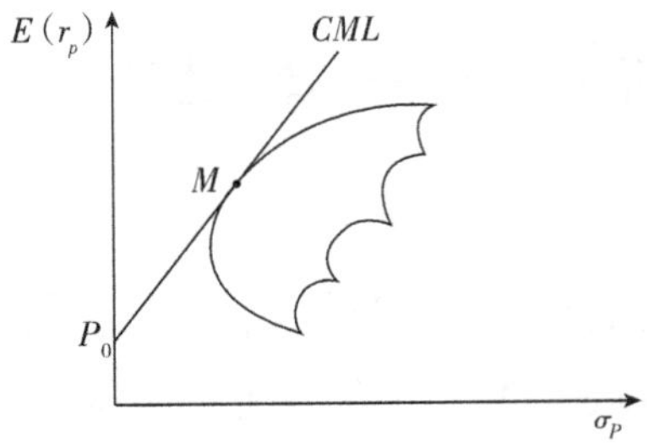

图 8－10　允许无风险借贷时的有效边界

资本市场线的直线方程为：

$$E(r_p)=r_f+\frac{E(r_m)-r_f}{\sigma_m}\sigma_P \tag{8－27}$$

可以看出，资本市场线的截距为无风险收益率 r_f，代表投资者推迟消费的报酬，即时间的价格；斜率为 $\frac{E(r_m)-r_f}{\sigma_m}$，表示风险的价格，反映了投资者每增加承担一单位风险时，增加的风险报酬。因此，资本市场线还可以表示为：

有效组合的期望收益率＝时间的价格＋风险的价格×风险数量　　(8－28)

总之，资本市场线描述了当市场达到均衡状态时，有效组合的期望收益率和风险之间的数量关系，并且当有效组合的风险以标准差来衡量时，这种数量关系是一种线性关系。对于单个风险资产而言，由于其不是有效组合，所以单个风险资产只能位于资本市场线的下方。

四、允许无风险借贷情形下的最优投资组合

（一）最优投资组合

当允许无风险借贷后，最优投资组合是投资者的无差异曲线与有效边界——射线P_0M 的切点所代表的组合，它是所有有效组合中能够为投资者带来最高效用水平的组合。图 8－11 显示了允许无风险借贷时，风险厌恶程度不同投资者的最优投资组合。

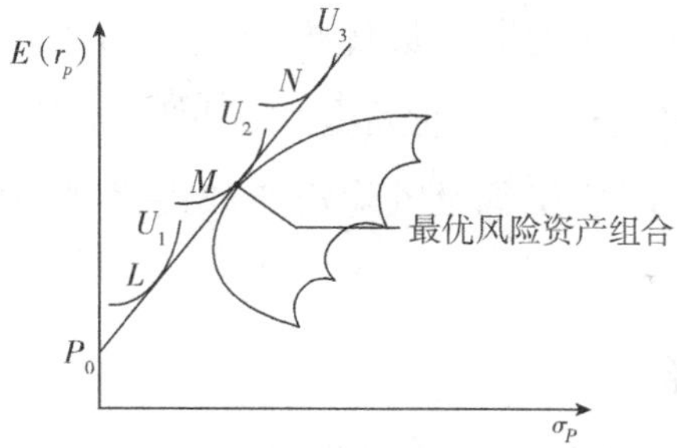

图 8－11　允许无风险借贷时的最优投资组合

如图 8－11 所示，在允许无风险借贷时，所有投资者都将持有无风险资产和风险资产组合 M 构成的组合，唯一的区别是在资本配置决策上存在差异：风险厌恶程度高的投资者将多投资于无风险资产，其最优投资组合在射线 P_0M 上更靠近 P_0 点，如 L 点表示的情形；而风险厌恶程度低的投资者将多投资于风险资产组合 M，其最优投资组合在射线 P_0M 上更远离 P_0 点，如 N 点表示的情形。值得注意的是，以 M 点为界，若最优投资组合低于 M 点，表示投资者同时持有无风险资产和风险资产组合 M；若最优投资组合高于 M 点，表示投资者以无风险利率借入资金购买风险资产组合 M，在承担更高风险的同时获取更高的收益；若最优投资组合位于 M 点，表示投资者仅持有风险资产组合 M。这里的风险资产组合 M 被称为最优风险资产组合。

（二）分离定理

由上述分析我们可以得出：在允许无风险借贷时，当投资者面对同样的资产来构建组合时，不管投资者的风险厌恶程度如何，其最优风险资产组合都是一样的，各种风险资产的投资权重都是一样的，因此，最优风险资产组合与投资者的风险厌恶程度无关，投资者之间的差异仅仅体现在无风险资产和最优风险资产组合配置比例的差异上，这就是分离定理。

如图 8－11 所示，风险厌恶程度较高的投资者的无差异曲线 U_1，与有效边界相切于 L 点，该点代表了该投资者最优投资组合的风险收益特征；风险厌恶程度较低的投资者的无差异曲线 U_3，与有效边界相切

于 N 点，该点代表了该投资者最优投资组合的风险收益特征。这两个最优投资组合虽然位置不同，但都是由无风险资产和相同的最优风险资产组合 M 构成，不同的仅是无风险资产和最优风险资产组合 M 的投资权重。

（三）市场组合

根据分离定理，允许无风险借贷时，在每个投资者的最优投资组合中，最优风险资产组合 M 都是相同的，与投资者的风险厌恶程度无关。由于投资者都拥有相同的最优风险资产组合 M，因此这一组合应该是市场组合，即包含了市场上全部风险资产，并且每一资产所占权重等于其市场价值占所有风险资产总市值的比重。这是因为如果每位投资者都要购买最优风险资产组合 M，而 M 又不包括市场上的所有风险资产的话，那么，那些没有被包含在最优风险资产组合 M 中的风险资产就没有人投资，这些资产的价格将会下降，收益率将会上升，又会吸引投资者增加对其的需求，最终使它们包含在最优风险资产组合 M 中。所以，当所有风险资产的供需平衡，价格达到均衡状态时，这时的最优风险资产组合 M 就是市场组合。

理论上，市场组合将会包括所有的风险资产，既包括股票、债券、期货、期权等金融资产，也包括不动产、黄金、艺术品、古董等实物资产。然而，由于难以计算这一市场组合的收益率和风险，因此，在实践中我们通常用包含许多典型成份股的综合股价指数或成份股价指数来代表市场组合。

阅读材料[8-1]

行为投资组合理论

马科维茨投资组合理论用资产收益率的均值和方差分别衡量资产的期望收益率和风险水平，建立了均值方差模型的基本框架，为定量分析投资组合的多元化效应以及最优投资组合的构造打下了基础。在这之后的近 70 年中，投资组合理论得到了进一步的发展，行为投资组合理论（Behavioral Portfolio Theory，BPT）就是代表性成果之一。

行为金融学的研究指出以均值方差模型为核心的经典投资组合理论存在三方面的问题：一是理性人假设的局限性，现实中，投资者并非总是理性的，投资者的认知偏差会很大程度上影响其投资决策；二是投资者对待风险态度假设的局限性，现实中，投资者对风险的态度是会变化的；三是风险度量的局限性，均值方差模型以相同的权重处理正负离差，然而现实中，损失和盈利对风险的贡献度有所不同，当投资者面临同样的收益和损失时，受到损失会更令人难以接受。基于此，Hersh Shefrin 和 Meir Statman 于 2000 年首次提出了行为投资组合理论，它针对均值方差模型以及以其为基础的投资决策行为分析理论的缺陷，从投资人的最优投资决策实际上是不确定条件下的心理选择的事实出发，确立了以 E（W）和 $Prob\ \{W \leq A\} \leq \alpha$（其中 E（W）为预期财富，A 代表财富期望值，α 为某一预先确定的概率）来进行组合与投资选择的方法，以此来研究投资者的最优投资决策行为。

行为投资组合理论可分为两种分析模型：单一账户行为组合理论（single mental account BPT，BPT - SA）和多重账户行为组合理论（multiple mental account BPT，BPT - MA）。前者指投资者通过考虑协方差而将所有证券组合放入一个心理账户；后者指投资者将证券组合归入不同的心理账户，但忽略账户之间的相关性。

单一账户行为组合理论的选择思想和均值方差模型的选择思想有点类似，但是突破了其投资者风险态度假设的局限性，更符合现实中投资者只将投资出现亏损视为风险的现实决策过程。表 8 - 4 显示了经典投资组合理论与单一账户行为组合理论的比较。

表 8－4　均值方差模型和单一账户行为组合模型的对比

差别	均值方差模型	单一账户行为组合模型
有效边界平面	$(E(r_p),\sigma)$	$(E(W),Prob\{W\leqslant A\})$
有效组合	在一定的 σ 下 $E(r_P)$ 最大的组合或在一定的 $E(r_p)$ 上 σ 最小的组合	在一定的 $Prob\{W\leqslant A\}$ 下 $E(W)$ 最大的组合或在一定的 $E(W)$ 上 $Prob\{W\leqslant A\}$ 最小的组合
有效边界模型	以在一定的 σ 下 $E(r_p)$ 最大的组合为例： $\max E(r_p)=\sum_{i=1}^{n}X_iE(r_i)$ $\text{s.t. } \sigma_P^2=\sum_{i=1}^{n}\sum_{i=1}^{n}X_iX_j\sigma_{ij}$	以在一定的 $Prob\{W\leqslant A\}$ 下 $E(W)$ 最大的组合为例： $\max E(W)=\sum_{i=1}^{n}X_iW_i$ $\text{s.t. } Prob\{W\leqslant A\}\leqslant\alpha$ $\sum_{i=1}^{n}v_iW_i\leqslant W_0$
最优投资组合	通过沿有效边界最大化效用函数 $U(E(r_p),\sigma)$ 来选择最优投资组合	通过沿有效边界最大化效用函数 $U(E(W),D(A))$ 来选择最优投资组合

在单一账户行为组合模型中，W_0 为投资者在时期 0 的财富，$\sum v_iW_i\leqslant W_0$ 为预算限制条件，$D(A)=Prob\{W\geqslant A\}$ 是对安全的度量，也可代表风险。

多重账户行为组合理论认为投资者具有两个心理账户，分别对应高、低两个期望值，代表投资者既想避免贫困，又希望变得富有的愿望。高、低期望值兼而有之的投资组合常常被描述为分层的金字塔，投资者在底层和顶层之间分配财富，底层的财富是为了避免贫困，顶层的财富是为了变得富有。投资者的目标是将现有财富 W_0 在两个账户之间进行分配以达到总效用水平最大化。

假设低期望账户的效用函数为 Cobb－Douglas 函数：

$$U_s=P_s^{1-\gamma}E(W_s)^{\gamma}$$

其中：P_s 代表达不到低期望水平 A_s 的概率；W_s 代表财富；γ 是一个非负的权重参数。

类似地，高期望账户的效用函数为：

$$U_r = P_r^{1-\beta} E(W_r)^{\beta}$$

各参数含义与低期望账户类似。

总效用函数为：

$$U = \{1 + K_{dr}[P_r^{1-\beta} E(W_r)^{\beta}]\} K_{ds}[P_s^{1-\gamma} E(W_s)^{\gamma}]$$

这一效用函数忽略了两个心理账户的协方差。从函数可以看出，当低期望账户的效用为0时，投资者的效用也为0，而当高期望账户的效用为0时，投资者的效用不为0，这表明财富中的一部分先分配给了低期望账户。因此，在多重账户行为组合里，关键是心理账户和目标相匹配。低期望账户中的组合偏向于无风险债券，而高期望账户中的组合偏向于风险证券。

BPT与经典投资组合理论的分析框架是相似的，都是在风险与收益平面内构造有效边界，并根据效用函数判断最优投资组合。但二者也存在较大差异，体现在风险度量与未来收益的确定方面，这种差异主要源于对投资者心理与行为理解的不同。

经典投资组合理论中的投资者对未来各种不同情景出现的概率以及相应的期望值能够进行客观公正的估计，而且因为投资者均是理性人，他们的估计也无差异，其直接结果便是所有投资者面临的有效边界都是相同的。但BPT中的投资者是正常人，他对未来的估计会受到害怕、希望、期望等感情因素的影响，而且对不同的投资者其影响程度有所不同。这种差异体现在对未来财富期望均值估值上的不同，悲观者会使之偏低，而乐观者会使之偏高，与此对应的是每位投资者都有属于自己的有效边界。

经典投资组合理论中投资者均是风险厌恶者，对待风险的态度始终不变，其差别只是厌恶程度不同。而BPT假设投资者是损失厌恶者，他们一方面寻求安全保证，另一方面又追求高风险以期望获取高收益。由于假定投资者对待风险的态度不同，因而两个理论对风险的度量也有所不同。经典投资组合理论以σ或σ^2度量风险，而BPT以发生损失的概率$Prob\{W \leqslant A\}$度量风险。

资料来源：根据相关资料整理。

本章小结

1. 马科维茨用资产历史收益率的算术平均值来估计资产在未来的期望收益率，用历史收益率对其均值的偏离程度，也就是方差来度量投资该种资产的风险或者不确定性。由于使用均值和方差来研究投资组合的选择，所以马科维茨模型也被称为均值方差模型。

2. 投资组合的多元化效应是指在一个由多种资产构成的组合中，只要组合中两两资产收益率之间的相关系数不全为1，则组合的标准差就一定小于组合中各成分资产标准差的加权平均数。也就是说，投资组合的多元化效应描述了分散投资可以降低投资组合的风险这一现象。

3. 根据风险是否能够通过多元化投资加以分散，投资风险可分为系统风险和非系统风险。

4. 系统风险也称不可分散风险，是指由于国内外政治、经济及社会环境变动而对所有投资行为造成的风险。包括政治风险、政策风险、市场风险、利率风险、通货膨胀风险以及自然因素导致的社会风险等。系统风险无法通过多元化投资加以分散。

5. 非系统风险也称可分散风险、特有风险，是指由于市场、行业以及企业本身等因素导致个别投资行为的风险。包括企业经营风险、违约风险、破产风险、流动性风险、财务风险、操作风险等。非系统风险可以通过多元化投资加以分散。

6. 可行集是指在现有资产基础上，投资者可以构建的所有可能投资组合的集合，所有可能的投资组合都位于可行集的内部或边界上。

7. 马科维茨投资组合理论假设投资者厌恶风险，所以投资者在构建一个投资组合时，总是期望在既定的收益水平上，所冒风险水平最低，或者是在既定的风险水平下，得到的收益最大。满足这个条件的组合被称为有效组合。

8. 有效组合形成的集合称为有效边界或者有效集，它是投资者决策的机会集。不允许无风险借贷时，有效边界为可行集中最小方差组合上方的左边边界。

9. 投资者构建投资组合的目的是追求期望效用最大化。投资者的效用水平用无差异曲线来表示。投资者的无差异曲线通常具有以下特征：无差异曲线的斜率是正的，曲线向上倾斜；无差异曲线是下凸的，满足边际效用递减规律；每位投资者都拥有无数条不同的无差异曲线；和消费者的无差异曲线类似，同一投资者在同一时间的任意两条无差异曲线不能相交。

10. 最优投资组合是在一切有效组合中能够为投资者带来最高效用水平的组合，是有效边界与无差异曲线的切点所代表的组合。

11. 当允许无风险借贷后，投资者面临的有效边界发生了变化，有效组合将落在从点（0，r_f）出发，与风险资产组合的有效边界相切的射线上，切点为 M（σ_m，r_m）。这条射线反映了由无风险资产和风险资产组合 M 构成的有效组合的风险收益特征，通常我们将它称为资本市场线。

12. 允许无风险借贷时，当投资者面对同样的资产来构建组合时，不管投资者的风险厌恶程度如何，其最优风险资产组合 M 都是一样的，各种风险资产的投资权重都是一样的，因此，最优风险资产组合与风险厌恶程度无关，投资者之间的差异体现在无风险资产和最优风险资产组合配置比例的差异上，这就是分离定理。

13. 允许无风险借贷时，投资者都拥有相同的最优风险资产组合 M，这一组合被称为市场组合，其包含了市场上的全部风险资产，并且每一资产所占权重等于其市场价值占所有风险资产总市值的比重，在实践中我们通常用包含许多典型成分股的综合股价指数或成分股价指数来代表。

关键概念

投资组合的多元化效应　系统风险　非系统风险　可行集　有效组合　有效边界　无差异曲线　最优投资组合　无风险资产　无风险借贷　资本市场线　分离定理　市场组合

习　题

1. 1952 年，（　　）发表了《投资组合选择》一文，建立了均值方差模型的基本框架，为定量分析投资组合的多元化效应以及最优投资组合的构造打下了基础。

A. 马科维茨　　B. 罗斯

C. 斯科尔斯　　D. 布莱克

2. 用来测度两项风险资产的收益是否同向变动的统计量是（　　）。

A. 协方差和相关系数　　B. 方差

C. 标准差　　D. 期望

3. 在均值—标准差坐标系中，风险厌恶型投资者的无差异曲线的斜率为（　　）。

A. 无穷大　　B. 正

C. 负　　D. 0

4. 在均值—标准差坐标系中，有关风险厌恶型投资者的无差异曲线的描述，正确的是（　　）。

A. 它是有相同预期收益率和不同标准差的投资组合的轨迹

B. 它是有相同标准差和不同收益率的投资组合的轨迹

C. 它是收益和标准差提供了递增效用的投资组合的轨迹

D. 它是收益和标准差提供了相同效用的投资组合的轨迹

5. 现有一个风险资产组合，其预期收益率为20%，标准差为20%，它在一条给定的无差异曲线上，风险收益特征为（　　）的组合可能在相同的无差异曲线上。

A. $E(r)=20\%$，$\sigma=25\%$

B. $E(r)=20\%$，$\sigma=10\%$

C. $E(r)=15\%$，$\sigma=15\%$

D. $E(r)=15\%$，$\sigma=20\%$

6. 风险资产构成的投资组合的有效边界是（　　）。

A. 可行集的左边界

B. 可行集中最小方差组合上方的左边边界

C. 具有零标准差的投资机会

D. 从点（0，r_f）出发，与风险资产组合的有效边界相切的射线

7. 最优资产组合是（　　）。

A. 可行集与资本市场线的切点

B. 有效边界与资本市场线的切点

C. 无差异曲线上收益方差比最高的点

D. 无差异曲线和有效边界的切点

8. 非系统风险包括（　　）。

A. 财务风险　　B. 流动性风险

C. 利率风险　　D. 违约风险

9. 风险厌恶型投资者的无差异曲线通常具有（　　）特征。

A. 无差异曲线的斜率为正

B. 无差异曲线是上凸的

C. 越靠近左上方的无差异曲线所代表的效用水平越高

D. 投资者在同一时间的任意两条无差异曲线都不能相交

10. 简述系统风险和非系统风险的区别。

11. 允许无风险借贷后投资者面临的有效边界发生了什么变化？

12. 假设投资者的效用函数为：$U = E(r) - 0.5A\sigma^2$，现投资者有两种投资工具可供选择：一种是风险资产组合，其预期收益率为10%，标准差为20%；另一种是无风险资产，其收益率为5%。要使投资者更偏好风险资产组合，其风险厌恶系数不能超过多少？

第九章

资产定价理论

资产定价理论是金融学最重要的理论之一。以资本资产定价模型、套利定价理论为代表的现代资产定价理论从理性个人的最优决策出发，以市场均衡为基本前提，揭示了金融资产的均衡定价机制。本章将逐一介绍资本资产定价模型、因素模型和套利定价理论。

学习目标

1. 了解资本资产定价模型的假设条件和推导过程
2. 掌握证券市场线的含义和应用以及其与资本市场线的区别
3. 掌握单因素模型、单指数模型以及多因素模型的定价原理
4. 了解套利定价理论的假设前提和推导过程
5. 掌握套利定价模型与资本资产定价模型的联系与区别

第一节 资本资产定价模型

20 世纪 60 年代，美国经济学家夏普（Sharpe，1964）、林特纳（Linter，1965）和莫辛（Mossin，1966）在马科维茨投资组合理论的基础上，分别独立推导出了资本资产定价模型（Capital Asset Pricing Model，CAPM）。资本资产定价模型描述了当资本市场达到均衡状态时，一种资产（组合）的期望收益率与风险之间的关系。资本资产定价模型在现代投资理论中占有十分重要的地位，已经成为现代资产定价理论的支柱，并自提出以来就被广泛应用于投资决策和公司金融等领域。

一、资本资产定价模型的假设条件

资本资产定价模型是建立在马科维茨投资组合理论基础之上的，因此，马科维茨投资组合理论的假设前提同样也适用于资本资产定价模型。资本资产定价模型的假设条件主要有：

（1）存在无风险资产。所有投资者均可按相同的无风险利率r_f无限制地借入或贷出资金。

（2）投资者具有相同的预期。所有投资者对各种资产的期望收益率、标准差和资产收益率之间的协方差具有相同的预期，因而市场上的

有效边界只有一条。

(3) 所有投资者处于同一单期投资期。所有投资者均在同一单期投资期内规划自己的投资行为。

(4) 市场是无摩擦的，没有税负，没有交易成本，信息充分，不存在卖空限制，并且资产可无限分割，投资者可以购买任一小量的资产。

上述假设表明，投资者是理性的，严格按照马科维茨投资组合理论进行多元化的投资，并将从有效边界上选择投资组合。资本市场是完全有效的市场，没有任何摩擦阻碍投资。

二、资本资产定价模型的推导过程

(一) 资本资产定价模型的推导

为了推导资本资产定价模型，假设投资者面临如下两种投资策略：

第一种投资策略：

假设投资者原先是将全部资金投资于市场组合，现在以无风险利率r_f借入一小量资金δ，并将其投入市场组合，因此，投资者现在拥有如下投资组合：收益为r_m的原有市场组合头寸；收益为$-\delta r_f$的无风险资产空头头寸；收益为δr_m的新增市场组合多头头寸。

这时，投资者所拥有的投资组合的收益率为：$r_m + \delta(r_m - r_f)$

新增的期望收益率为：$\Delta E(r) = \delta[E(r_m) - r_f]$

投资组合的风险为：$\sigma^2 = (1+\delta)^2 \sigma_m^2 = \sigma_m^2 + (2\delta + \delta^2)\sigma_m^2$

新增的方差为：$\Delta\sigma^2 = (2\delta + \delta^2)\sigma_m^2 \approx 2\delta\sigma_m^2$

如果我们将新增的期望收益率与新增的方差之比称为风险的价格，则市场组合的风险价格为：

$$\frac{\Delta E(r)}{\Delta\sigma^2} = \frac{\delta[E(r_m) - r_f]}{2\delta\sigma_m^2} = \frac{E(r_m) - r_f}{2\sigma_m^2} \tag{9-1}$$

第二种投资策略：

假设投资者将以无风险利率r_f借入的一小量资金δ投入某种资产，则此时投资者拥有如下投资组合：收益为r_m的原有市场组合头寸；收益为$-\delta r_f$的无风险资产空头头寸；收益为δr_i的新增资产多头头寸。

这时，投资者所拥有的投资组合的收益率为：$r_m + \delta(r_i - r_f)$

新增的期望收益率为：$\Delta E(r) = \delta[E(r_i) - r_f]$

投资组合的风险为：$\sigma^2 = \sigma_m^2 + \delta^2 \sigma_i^2 + 2\delta \sigma_{im}$

新增的方差为：$\Delta \sigma^2 = \delta^2 \sigma_i^2 + 2\delta \sigma_{im} \approx 2\delta \sigma_{im}$

该资产的风险价格为：

$$\frac{\Delta E(r)}{\Delta \sigma^2} = \frac{\delta[E(r_i) - r_f]}{2\delta \sigma_{im}} = \frac{E(r_i) - r_f}{2\sigma_{im}} \tag{9-2}$$

当市场达到均衡状态时，该资产的风险价格一定与市场组合的风险价格相等，否则投资者就会调整投资结构。如果前者大于后者，投资者就会增加组合中对该资产的投资，直至该资产的风险价格与市场组合的风险价格相等时为止。反之则反是。

所以，当市场达到均衡状态时：

$$\frac{E(r_m) - r_f}{2\sigma_m^2} = \frac{E(r_i) - r_f}{2\sigma_{im}} \tag{9-3}$$

$$E(r_i) = r_f + \frac{E(r_m) - r_f}{\sigma_m^2}\sigma_{im}$$

$$令\beta_i = \frac{\sigma_{im}}{\sigma_m^2} \tag{9-4}$$

$$则\ E(r_i) = r_f + \beta_i[E(r_m) - r_f] \tag{9-5}$$

式（9-5）即为标准的资本资产定价模型。

（二）资本资产定价模型的内涵

根据资本资产定价模型，任意资产的收益可分为两个部分：无风险收益率r_f和风险收益。

无风险收益率 r_f 即资本的时间价格，由于短期国库券的违约风险极低，因此通常用其利率来表示无风险收益率。

风险收益 $\beta_i[E(r_m)-r_f]$，即资本的风险报酬，或投资者因承担风险而获取的收益补偿。其中，β 系数测度了由于市场收益变动引起的资产收益变动的程度，因而被称为市场敏感系数，通常用它来度量系统风险的大小，所以资本资产定价模型表明只有承担了系统风险才能获得收益补偿。由于

$$\beta_m=\frac{\sigma_{mm}}{\sigma_m^2}=1 \tag{9-6}$$

所以，当 $\beta_i=1$ 时，说明该资产的风险与市场平均风险相等；当 $\beta_i>1$ 时，说明该资产的风险高于市场平均风险；当 $\beta_i<1$ 时，说明该资产的风险低于市场平均风险。

根据标准的资本资产定价模型，我们可以推导出组合的资本资产定价模型。

对于任一资产组合，如果其 n 种成分资产的投资权重为 w_i（$i=1, 2, \cdots, n$），那么，由于

$$w_1E(r_1)=w_1r_f+w_1\beta_1[E(r_m)-r_f]$$

$$w_2E(r_2)=w_2r_f+w_2\beta_2[E(r_m)-r_f]$$

$$\vdots$$

$$w_nE(r_n)=w_nr_f+w_n\beta_n[E(r_m)-r_f]$$

令

$$\beta_P=\sum_{i=1}^{n}w_i\beta_i \tag{9-7}$$

则

$$E(r_P)=r_f+\beta_P[E(r_m)-r_f] \tag{9-8}$$

式（9-8）即为组合的资本资产定价模型。式（9-8）说明，投资组合的 β 系数是它的各成分资产 β 系数的加权平均数，而权重即为各成分资产的投资比例。

式（9-5）及式（9-8）说明，当市场达到均衡状态时，资产或组合的期望收益率与系统风险呈线性关系。

三、证券市场线

（一）证券市场线的含义

实际上，证券市场线（Security Market Line，SML）是资本资产定价模型的几何表达，它是一条经过（0，r_f）、（1，$E(r_m)$）两点的射线（见图9-1）。证券市场线的截距为r_f，斜率为［$E(r_m)-r_f$］。

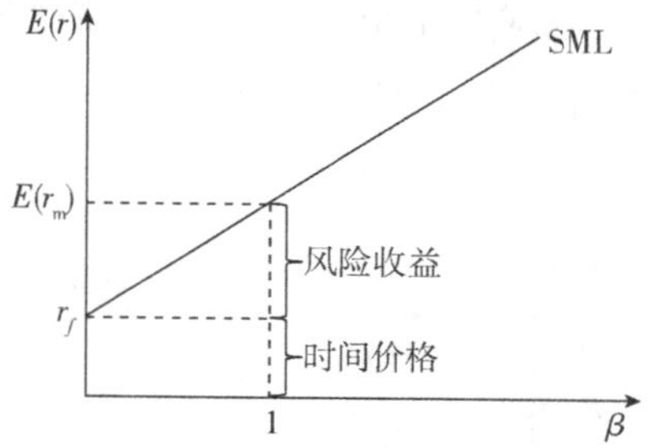

图9-1 证券市场线

在点（0，r_f）上，资产或组合不存在系统风险，因此它没有风险收益，其期望收益率就等于无风险利率r_f，因此，点（0，r_f）表示了无风险资产的风险收益特征，而点（1，$E(r_m)$）表示了市场组合的风险收益特征。

从图9-1中可以看出，当β系数上升时，该资产或组合的市场敏感度增加，系统风险增加，因此投资者将会要求更高的期望收益率。

（二）证券市场线的应用

1. 判断资产定价是否合理

只要知道了资产的β系数，根据证券市场线，我们就可以知道投资者投资于该资产所要求的期望收益率。

因为公平定价的资产一定位于证券市场线上，只有这样，资产的收益与风险才相匹配。换句话说，在均衡市场中，所有资产均位于证券市场线上，如果某资产收益率暂时高于或低于证券市场线上的点，说明该资产当前定价不合理。

如图 9－2 所示，B 点代表的资产位于证券市场线上，其风险收益特征符合资本资产定价模型，说明该资产收益率处于均衡状态；A 点代表的资产位于证券市场线的上方，表示在相同的系统风险水平下，该资产收益率高于均衡收益率，说明目前该资产价格被低估，未来其收益率可能下降，资产价格可能上涨；C 点代表的资产位于证券市场线的下方，表示在相同的系统风险水平下，该资产收益率低于均衡状态，说明目前该资产价格被高估，未来其收益率可能会上升，资产价格可能下跌。

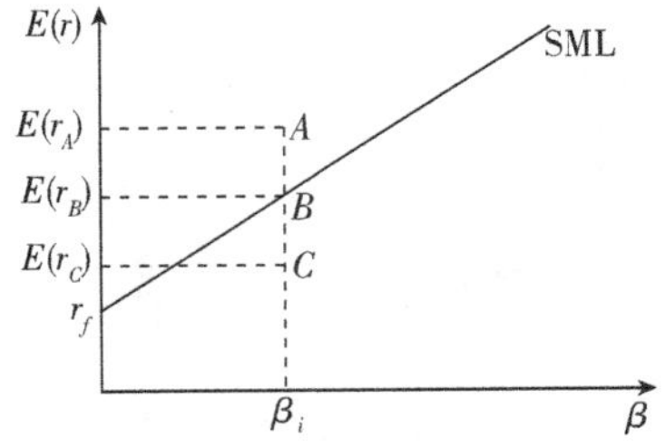

图 9－2　预测资产的收益率

2. 优化资产配置

不同的资产具有不同的风险收益特征。

如若某股票的 $\beta>1$，比如 $\beta=2$，当市场收益率上涨 1% 时，这类股票收益率预计平均会上涨 2%；但是当市场收益率下降 1% 时，这类股票收益率预计平均会下跌 2%，因此，这类股票的风险高于市场平均风险，我们将这类股票称为进攻型股票（aggressive stock）。若某股票的 $\beta<1$，比如 $\beta=0.5$，当市场收益率上涨 1% 时，这类股票收益率预计平均会上涨 0.5%；但是当市场收益率下降 1% 时，这类股票收益率预计平均会下跌 0.5%，因此，这类股票的风险低于市场平均风险。这类股票可以使投资者免于遭受较大的损失，但也使投资者无法获得较大的

收益，我们将这类股票称为防御型股票（defensive stock）。而若某股票的$\beta=1$，表示该股票的波动性和市场波动性趋于一致，我们将这类股票称为中性股票（neutral stock）。所以，对于投资者来说，当市场处于牛市时，可增加高β值股票的持有量，反之，增加低β值股票的持有量，通过投资组合管理，来优化资产配置。

3. 评估公司或项目的权益资本成本

若一个公司或项目的资本来源于权益资本投资，在确定公司或项目的β系数后，可利用资本资产定价模型来评估公司或项目的权益资本成本。若公司或项目的资本还有一部分来源于债务资本，则可通过计算该项目的权益资本成本和债务资本成本的加权平均数来评估公司或项目的资本成本。

四、证券市场线与资本市场线的比较

资本市场线（CML）和证券市场线（SML）都表示了资产或组合收益与风险之间的关系，但两者之间存在着明显差别，表9－1从3个方面对资本市场线和证券市场线进行了比较。

表9－1　资本市场线与证券市场线的比较

差别	资本市场线（CML）	证券市场线（SML）
代数表达	$E(r_p)=r_f+\frac{E(r_m)-r_f}{\sigma_m}\sigma_P$	$E(r_i)=r_f+\beta_i[E(r_m)-r_f]$ $E(r_p)=r_f+\beta_P[E(r_m)-r_f]$
组合是否有效	资本市场线是由无风险资产和市场组合构成的有效组合形成的集合，所以资本市场线上的每一个点都代表一个有效组合，非有效组合将位于资本市场线的下方	证券市场线表示了当市场达到均衡状态时，单个资产或任意组合的收益与风险之间的关系，它所代表的组合可能是有效组合，也可能是非有效组合，但无论是有效组合还是非有效组合，当市场处于均衡状态时，所有的资产或组合都位于证券市场线上
风险衡量办法	资本市场线反映的是有效组合收益与总风险之间的关系，风险用标准差来衡量	证券市场线表示了当市场达到均衡时，单个资产或任意组合的收益与系统风险之间的关系，风险用β系数来衡量

五、资本资产定价模型的实证检验

自资本资产定价模型提出后，国内外许多学者都对其进行了实证检验。

（一）实证检验内容

资本资产定价模型实证检验的内容主要集中于两个方面：

（1）检验风险资产的历史β系数可否用于预测其未来的β系数。在资本资产定价模型中，β系数是衡量资产或组合系统风险的主要指标，由于我们仅能根据过去的数据估计历史β系数，因此，除非β系数具有相对稳定性，否则它就无法作为证券市场未来系统风险的无偏估计，因此其稳定性非常重要。

（2）实际数据能否验证证券市场线方程，这包括两个方面的内容：一是资产收益率和β系数之间是否存在显著的正相关关系；二是资产收益率和β系数之间是否存在线性关系。

（二）实证检验的结果

1. 有关β系数稳定性的检验结果

国内外许多学者均对β系数的稳定性做过一系列实证研究，研究结果普遍表明：单一股票的β系数是不稳定的，但股票组合β系数的稳定性会显著提高，且组合规模越大，β系数越稳定；估计β系数的时间周期越长，其稳定性越高；高β值组合的β系数会随着时间的推移不断减小并趋向于1，而低β值组合的β系数会随着时间的推移不断增大并趋向于1。

2. 有关证券市场线方程的检验结果

学者根据资本资产定价模型建立回归模型进行检验得出的结果是：

（1）已实现的收益率和用β系数衡量的系统风险之间存在显著的

正相关关系，β 系数是影响资产收益率的重要因素之一。

（2）虽然资产收益率与系统风险之间存在正相关关系，但并不是资本资产定价模型所认为的线性关系，而且 β 系数并不具有对收益的完全解释能力，还有其他风险因素在资产定价中起着不可否认的作用。

上述结果表明，实证检验结果没有完全支持资本资产定价模型。

第二节　因素模型

因素模型又称指数模型，是建立在证券收益率对各种因素或指数变动敏感这一假设之上的。因素模型试图提取那些系统地影响证券价格的主要经济因素。根据对这些影响因素的界定，因素模型可分为单因素模型、单指数模型和多因素模型。

一、单因素模型

单因素模型认为对证券收益率有决定性影响的因素只有一个，可以将这个因素看作是宏观经济因素，其对市场上所有证券的定价都存在影响，因此可以建立如下单因素模型：

$$r_{it} = a_i + \beta_i F_t + e_{it} \tag{9-9}$$

其中：r_{it} 表示证券 i 在 t 时期的收益率；F_t 表示某宏观经济因素在 t 时期的值；a_i 是常数，表示宏观经济因素值为 0 时证券 i 的预期收益率；β_i 表示证券 i 对宏观经济因素变化的敏感性；e_{it} 表示证券 i 的收益率在 t 时期的随机误差项，可以把它看作是证券发行公司特有因素发生变化时对收益率的影响，其均值为 0，与宏观经济因素变化的协方差为 0，且两种证券的随机误差项之间的协方差也为 0。

根据式（9-9），可进一步推导出：

证券 i 的期望收益率为：

$$E(r_i) = a_i + \beta_i E(F) \tag{9-10}$$

证券 i 收益率的方差为：

$$\sigma_i^2 = \beta_i^2 \sigma_F^2 + \sigma_{ei}^2 \tag{9-11}$$

证券 i 与证券 j 的收益率的协方差为：

$$\sigma_{ij} = \beta_i \beta_j \sigma_F^2 \tag{9-12}$$

在单因素模型中，投资组合的期望收益率为：

$$E(r_p) = a_i + \beta_P E(F) \tag{9-13}$$

投资组合的方差为：

$$\sigma_P^2 = \beta_P^2 \sigma_F^2 + \sigma_{ep}^2 \tag{9-14}$$

其中：$\beta_P = \sum_{i=1}^{n} w_i \beta_i$；$\sigma_{ep}^2 = \sum_{i=1}^{n} w_i^2 \sigma_{ei}^2$。

二、单指数模型

（一）单指数模型的推导

单因素模型可以大大减少马科维茨均值方差模型在构建有效边界时的计算量，但是由于模型中宏观经济因素的具体含义以及如何测度很难界定，使得它缺乏实际运用价值。面对这一问题，夏普（Sharpe，1963）、马歇尔（Marshell，1971）等后来又提出了简化的单指数模型。

夏普等提出可用一个代表市场整体情况的股价指数，如美国的标准普尔 500 指数来代替单因素模型中的宏观经济影响因素。这是因为宏观经济影响因素对股票市场的影响表现为股价指数的上升或下跌，而且他们还发现所有股票都会受到市场整体运行的影响。

这说明各种股票的收益率与股价指数的收益率之间存在着一种函数关系。夏普和马歇尔利用纽约证券交易所上市股票的收益数据对这种函数关系进行了实证分析，得到一个一元线性回归方程：

$$r_{it} = a_i + \beta_i r_{mt} + e_{it} \tag{9-15}$$

其中：r_{it} 表示股票 i 在 t 时期的实际收益率；r_{mt} 表示股价指数在 t 时

期的收益率；β_i 表示股票收益率对股价指数收益率变动的敏感程度；a_i 表示当股价指数收益率为 0 时股票的收益率；e_{it} 表示随机性（random）收益率或残值（residual）收益率，$E(e_i)=0$，$Cov(r_m, e_i)=0$，$Cov(e_i, e_j)=0$。

所以，股票 i 的实际期望收益率为：

$$E(r_i)=a_i+\beta_i E(r_m) \quad (9-16)$$

根据资本资产定价模型，当资本市场达到均衡状态时，股票的均衡期望收益率为：

$$E(r_i)=r_f+\beta_i[E(r_m)-r_f]$$

由于实际市场可能处于均衡状态也可能处于非均衡状态，所以股票的实际期望收益率与其均衡期望收益率之间可能存在差别，我们用 α 系数表示这两种期望收益率之间的差别。

$$\alpha_i=a_i+\beta_i E(r_m)-\{r_f+\beta_i[E(r_m)-r_f]\}=a_i-r_f(1-\beta_i) \quad (9-17)$$

对于股票的 α 系数，我们可以根据其大小来判断目前股票的定价是否合理。

$\alpha_i>0$，说明股票位于证券市场线上方，目前股票价格被低估。

$\alpha_i<0$，说明股票位于证券市场线下方，目前股票价格被高估。

$\alpha_i=0$，说明股票位于证券市场线上，目前股票价格定价合理。

由式（9-17）得：$a_i=\alpha_i+r_f(1-\beta_i)$

将其代入式（9-15），可得：

$$r_{it}=\alpha_i+r_f(1-\beta_i)+\beta_i r_{mt}+e_{it}$$

$$r_{it}-r_f=\alpha_i+\beta_i(r_{mt}-r_f)+e_{it}$$

令 $R_{it}=r_{it}-r_f$，$R_{mt}=r_{mt}-r_f$，则

$$R_{it}=\alpha_i+\beta_i R_{mt}+e_{it} \quad (9-18)$$

式（9-18）就是单指数模型（Single Index Model，SIM）。

其中：R_{it} 表示股票 i 的超额收益率；R_{mt} 表示市场的超额收益率；α_i

表示当市场超额收益率为0时股票 i 的超额收益率；β_i 表示股票 i 的超额收益率对市场超额收益率变化的敏感度；e_{it} 表示残值收益率。$E(e_i)=0$，$\mathrm{Cov}(R_m,e_i)=0$，$\mathrm{Cov}(e_i,e_j)=0$。

根据式（9－18），可进一步推导出：

股票 i 的期望超额收益率为：

$$E(R_i)=\alpha_i+\beta_i E(R_m) \tag{9-19}$$

股票 i 超额收益率的方差为：

$$\sigma_i^2=\beta_i^2\sigma_m^2+\sigma_{ei}^2 \tag{9-20}$$

股票 i 与股票 j 的超额收益率的协方差为：

$$\sigma_{ij}=\beta_i\beta_j\sigma_m^2 \tag{9-21}$$

在单指数模型中，投资组合的期望超额收益率为：

$$E(R_P)=\alpha_P+\beta_P E(R_m) \tag{9-22}$$

投资组合的方差为：

$$\sigma_P^2=\beta_P^2\sigma_m^2+\sigma_{ep}^2 \tag{9-23}$$

其中：$\beta_P=\sum_{i=1}^{n}w_i\beta_i$；$\sigma_{ep}^2=\sum_{i=1}^{n}w_i^2\sigma_{ei}^2$。

（二）证券特征线

如果用横轴表示市场的超额收益率，纵轴表示股票的超额收益率，依据两者的历史数据也可以拟合出一条直线，我们将其称为证券特征线（Security Characteristic Line，SCL），如图9－3所示。

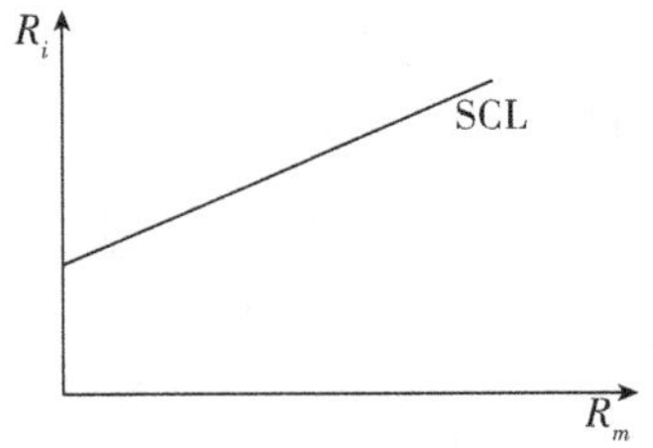

图9－3　证券特征线

证券特征线的截距为α_i，斜率为β_i。

显然，证券特征线与证券市场线的区别是：证券市场线表示当资本市场达到均衡状态时，资产（组合）的期望收益率与系统风险之间的关系，而证券特征线表示了无论资本市场处于均衡状态还是非均衡状态，一种资产的实际超额收益率与市场的实际超额收益率之间的关系。

（三）单指数模型与资本资产定价模型的关系

（1）单指数模型中的β系数与资本资产定价模型中的β系数的含义是完全相同的。

单指数模型中股票i的超额收益率与市场超额收益率之间的协方差为：

$$\begin{aligned}\mathrm{Cov}(R_i,R_m) &= \mathrm{Cov}(\alpha_i+\beta_i R_m+e_i,R_m)\\ &= \beta_i\mathrm{Cov}(R_m,R_m)+\mathrm{Cov}(e_i,R_m)=\beta_i\sigma_m^2\end{aligned}$$

$$\beta_i=\frac{\mathrm{Cov}(R_i,R_m)}{\sigma_m^2}=\frac{\mathrm{Cov}(r_i,r_m)}{\sigma_m^2}$$

可见，单指数模型中的β系数等于资本资产定价模型中的β系数。

（2）资本资产定价模型是α系数为0时的单指数模型。资本资产定价模型是单指数模型的一个特例。

由 CAPM，$E(r_i)=r_f+\beta_i[E(r_m)-r_f]$

由 SIM，$r_{it}-r_f=\alpha_i+\beta_i(r_{mt}-r_f)+e_{it}$

$$E(r_i)-r_f=\alpha_i+\beta_i[E(r_m)-r_f]$$

比较两式可见，对于单指数模型，当$\alpha_i=0$时就是资本资产定价模型，而α系数为0，表示股票的定价是合理的，股票价格为其均衡价格。

三、多因素模型

单指数模型将所有的系统风险都归结为一个因素——市场风险。但实际上，系统风险还包括其他一些因素，这些因素都会对股票收益产生影响，如经济周期的变化、通货膨胀的变化、利率水平的波动等，而且这些因素对不同股票收益的影响程度是不同的。因此，要分析这些因素对股票收益的影响，提高模型对收益率的解释能力，就应该建立多因素模型。当模型中的解释变量有两个或两个以上时，我们称这个模型为多因素模型。

$$r_{it} = \alpha_i + \beta_{i1} F_{1t} + \beta_{i2} F_{2t} + \cdots + \beta_{in} F_{nt} + \varepsilon_{it} \quad (9-24)$$

其中：r_{it} 表示股票 i 在 t 时期的收益率；F_{jt} 表示影响股票收益率的第 j 种系统因素在 t 时期的值；β_{ij} 表示股票 i 的收益率对第 j 种系统因素变化的敏感性；ε_{it} 表示随机误差项。$E(\varepsilon_i)=0$；$\mathrm{Cov}(\varepsilon_i,F_j)=0$；$\mathrm{Cov}(\varepsilon_i,\varepsilon_j)=0$。

一直以来，国内外众多学者试图找出影响股票定价的重要因素，以利用多因素模型进行更加精确的定价，例如：

Fama 和 French（1993）提出了三因素模型：

$$r_{it} = \alpha_i + \beta_{i,m} R_{mt} + \beta_{i,SMB} SMB_t + \beta_{i,HML} HML_t + \varepsilon_{it} \quad (9-25)$$

其中：R_m 表示股票指数收益率；SMB 表示公司的规模；HML 表示公司账面价值/市值比。

Chen、Roll 和 Ross（1986）提出了五因素模型：

$$r_{it} = \alpha_i + \beta_{i,IP} IP_t + \beta_{i,EI} EI_t + \beta_{i,UI} UI_t + \beta_{i,CG} CG_t + \beta_{i,GB} GB_t + \varepsilon_{it} \quad (9-26)$$

其中：IP 表示行业生产增长率；EI 表示预期的通货膨胀率；UI 表示非预期的通货膨胀率；CG 表示长期公司债券对长期政府债券的超额收益率；GB 表示长期政府债券对短期国债的超额收益率。

第三节　套利定价理论

1976 年斯蒂芬·A. 罗斯（Stephen A. Ross）利用套利原理提出了一种新的资产定价理论——套利定价理论（Arbitrage Pricing Theory,

APT)，从另一个视角探讨了资产定价问题，与夏普等的资本资产定价模型相比，套利定价理论的假设条件减少了许多，市场组合在套利定价理论中也不起重要作用，因此套利定价理论比资本资产定价模型更容易检验。套利定价理论本质上是一个多因素模型。

一、套利的含义

套利是指投资者为了达到盈利的目的，同时或几乎同时卖空和买进某些风险相同但收益率不同的资产，来赚取无风险收益的行为。它可以发生在同一资本市场，也可发生在不同的资本市场。

正是由于套利者的存在，当资本市场达到均衡时，它将遵循“一价法则”：同种资产不能卖不同的价格；风险相同的资产，其收益率应相同。

当一个市场存在套利机会时，意味着市场处于非均衡状态，此时投资者的套利行为将最终消除套利机会，使市场恢复均衡，这一状态下的市场称为无套利均衡市场，此时资产提供的收益率称为无套利均衡收益率。

二、套利定价理论的假设前提

套利定价理论主要建立在以下假设前提之上：

（1）市场是完全竞争的、无摩擦的，且允许卖空，这保证了套利的可实施性。

（2）投资者是非满足的，当投资者具有套利机会时，他们就会构造套利组合来增加自己的财富。

（3）任何资产的收益率都满足因素模型。当市场处于无套利均衡市场状态时，具有相同因素敏感性的资产（组合）应提供相同的无套利均衡收益率。

（4）市场上的资产种类远大于因素数目，可以保证有足够多的资产来分散掉风险。

可见，套利定价理论的假设前提要比资本资产定价模型的假设前提宽松。

三、套利组合

投资者是通过构建套利组合来进行套利的。一个套利组合需要符合以下条件：

条件一： 投资者构建套利组合时不需要投入额外的资金。投资者套利组合中对一种资产购买所需的资金是由卖空别的资产之所得来提供的。所以，若套利组合中有 n 种资产，每种资产的权重为 x_i，则

$$\sum_{i=1}^{n} x_i = 0 \qquad (9-27)$$

条件二： 套利组合不承担任何系统风险，即套利组合对任何系统因素的敏感性为0，即

$$\beta_{Pj} = 0 \quad (j = 1, 2, \cdots, k) \qquad (9-28)$$

式（9－28）是一个方程组，由 k 个方程构成：

$$\begin{cases} \beta_{P1} = x_1\beta_{11} + x_2\beta_{21} + \cdots + x_n\beta_{n1} = 0 \\ \beta_{P2} = x_1\beta_{12} + x_2\beta_{22} + \cdots + x_n\beta_{n2} = 0 \\ \vdots \\ \beta_{Pk} = x_1\beta_{1k} + x_2\beta_{2k} + \cdots + x_n\beta_{nk} = 0 \end{cases}$$

严格地讲，套利组合还应该不承担任何的非系统风险，但套利定价理论认为，非系统风险非常小，可以忽略不计。

可以看出，由式（9－27）和式（9－28）联立的方程组，当 $n \geqslant k+1$ 时，我们可以求出一个组合，但这个组合是不是真的套利组合，需要看其是否满足条件三。

条件三： 套利组合能够为投资者带来正的期望收益率。

$$\sum_{i=1}^{n} x_i E(r_i) > 0 \qquad (9-29)$$

当一个组合满足这3个性质时，便成为一个套利组合，显然套利组合不是唯一的。

【例9-1】 假设某投资者拥有一个由3只股票构成的投资组合，这3只股票的市值均为100万元，投资组合的总价值为300万元。若这3只股票的收益率满足单因素模型，期望收益率分别为20%、15%和10%，3只股票对该因素的敏感度分别为1、3和2，请问投资者能否适当修改该组合，以便在不增加风险的情况下提高预期收益率。

设3只股票市值比例变化分别为x_1、x_2和x_3。

根据式（9-27）和式（9-28）可得：

$$\begin{cases} x_1 + x_2 + x_3 = 0 \\ x_1 + 3x_2 + 2x_3 = 0 \end{cases}$$

上述方程组未知数的个数大于方程的个数，因此会有多组解，在此，我们令$x_1 = 0.1$，则可解出$x_2 = 0.1$，$x_3 = -0.2$。最后我们需要验证此组合是不是套利组合：

$$0.1 \times 20\% + 0.1 \times 15\% + (-0.2) \times 10\% = 1.5\%$$

因此该投资者可以通过构建套利组合，在不增加风险的情况下提高预期收益率。

四、套利定价模型

由于套利者的套利行为，当资本市场达到均衡状态时，套利机会将不复存在，此时必然满足：$\sum_{i=1}^{n} x_i E(r_i) = 0$。

根据线性代数的有关结论，当向量x与单位向量e正交：$\sum x_i = 0$，且向量x与向量β_j正交：$x\beta_j = 0$；若向量x与向量$E(r)$正交：$xE(r) = 0$，则$E(r)$必定能由β_j和e线性表示。即由Farkas引理，存在$k+1$个常数$\lambda_0, \lambda_1, \cdots, \lambda_k$，使得

$$E(r_i) = \lambda_0 + \lambda_1 \beta_{i1} + \lambda_2 \beta_{i2} + \cdots + \lambda_k \beta_{ik} \quad (i = 1, 2, \cdots, n) \tag{9-30}$$

式（9－30）就是套利定价模型，表示当市场达到均衡状态时，资产的期望收益率与因素敏感系数存在线性关系。

下面，我们来考察式（9－30）中系数 λ 的含义。

由于无风险资产对任何因素的敏感系数为 0，根据式（9－30）可得

$$r_f = \lambda_0 \tag{9-31}$$

将式（9－31）代入式（9－30）可以得到：

$$E(r_i) = r_f + \lambda_1 \beta_{i1} + \lambda_2 \beta_{i2} + \cdots + \lambda_k \beta_{ik} \tag{9-32}$$

为了考察其他 λ 系数的含义，考虑一投资组合，其期望收益率为 $E(r_j)$，其对系统因素 F_j 有单位敏感性，即 $\beta_j = 1$，而对其他系统因素无敏感性，即 $\beta_i = 0$（$i \neq j$），我们称这样的组合为纯因素组合。根据式（9－32）可得：

$$E(r_j) = r_f + \lambda_j$$

$$\lambda_j = E(r_j) - r_f \tag{9-33}$$

式（9－33）表明 λ_j 表示的是对系统因素 F_j 有单位敏感性的纯因素组合的期望超额收益率，也被称为因素的风险溢价。将式（9－33）代入式（9－32），则套利定价模型又可表示为：

$$E(r_i) = r_f + \beta_{i1}[E(r_1) - r_f] + \beta_{i2}[E(r_2) - r_f] + \cdots + \beta_{ik}[E(r_k) - r_f] \tag{9-34}$$

五、套利定价模型与资本资产定价模型的比较

套利定价模型与资本资产定价模型都是均衡资产定价模型，两者之间既有相似之处，也有明显的区别。

（1）资本资产定价模型是套利定价模型的一个特例。比较套利定价模型和资本资产定价模型可以发现，两个模型存在相似性。实际上，套利定价模型是比资本资产定价模型更一般的资产定价模型，主要体现在套利定价模型是多因素模型，它假设均衡市场中的资产收益率取决于

多个系统风险因素；而资本资产定价模型的资产收益率只取决于一个系统风险因素，即市场风险。

当我们考虑影响资产收益率的系统风险因素只有一个，并且就是市场风险时，套利定价模型为：

$$E(r_i) = r_f + \beta_{im}[E(r_m) - r_f]$$

很明显，此时的套利定价模型与资本资产定价模型相同。所以说，资本资产定价模型是套利定价模型的一个特例。

（2）套利定价模型是建立在无套利均衡分析基础上的，它不依赖市场组合的存在，也没有像资本资产定价模型假设投资者是风险厌恶型投资者，它的假设条件要比资本资产定价模型宽松很多，这使得它的普适性更强。

（3）套利定价模型假设资产收益率由因素模型生成，但是没有明确指出影响资产收益率的具体风险因素是哪些，有关风险因素的种类、数量及其含义问题使得该模型在提出后一直存在争议。

阅读材料[9-1]

行为资产定价模型（BAPM）

1994 年 Shefrin 和 Statman 提出的行为资产定价模型（BAPM）是对传统资本资产定价模型（CAPM）的拓展，它描述了理性交易者（信息交易者）和非理性交易者（噪声交易者）互动情况下的资产定价方式。BAPM 中的投资者被分为两类：理性交易者和非理性交易者。理性交易者即 CAPM 中的投资者，他们从不犯认知错误，严格按 CAPM 行事，具有相同的风险偏好，不会出现系统偏差。而非理性交易者则是那些处于 CAPM 框架之外的投资者，他们不按 CAPM 行事，会犯各种认知偏差错误且具有不同的风险偏好。将理性交易者和非理性交易者以及两者在市场上的交互作用同时纳入资产定价理论分析框架是 BAPM 的一大贡献。

由于BAPM模型是对CAPM模型的拓展，所以沿用了CAPM模型的均值方差模型，BAPM模型为：

$$E(r_i) = r_f + \beta^B[E(r_{Bm}) - r_f]$$

其中：$E(r_i)$ 为风险资产 i 的期望收益率；r_f 为无风险收益率；$E(r_{Bm})$ 为行为市场组合期望收益率；β^B 为风险资产 i 对行为市场组合收益率变化的敏感系数。

包含噪声交易者的行为市场组合的构建是行为资产定价模型首先要解决的问题。在CAPM中常用股票市场指数代替市场组合。在一个存在噪声交易者的市场上，交易量可以衡量投资者的情绪。BAPM认为，过度自信、信息不对称以及交易者的认知偏差等，会增加市场交易量，因此，可以通过构建一个反映投资者情绪的指数，即动量指数（Dynamic Volume Index，DVI）来捕获这些噪声交易者的非理性行为。

为了得到动量指数，先计算股票的平均交易量，然后根据交易量对股票进行排序，直至构建出一个由所有超过平均交易量的股票组成的行为市场组合。动量指数计算公式为：

$$DVI_t = \frac{\sum S_{it} P_{it}}{\sum S_{i0} P_{i0}} \times I_0$$

其中：S_{it}、S_{i0} 分别为按交易量入选的股票 i 在 t 时期和0时期流通在外的股数；P_{it}、P_{i0} 分别为按交易量入选的股票 i 在 t 时期和0时期的价格；I_0 为调整乘数。

利用DVI的收益率来计算 β^B。因为BAPM考虑了噪声交易者带来的风险，且在DVI的计算中去除了这种风险，所以相对于用股票市场指数收益率计算的CAPM中的 β^C，BAPM的风险更低。

也就是说，在混杂了噪声交易者的市场之中，理性交易者除了要承担基本的系统风险 β^B 外，还要承担由噪声交易者所带来的风险。噪声交易者的投资行为取决于他们的情绪，但由于噪声交易者的情绪是随机的，理性交易者对此很难预测。因而，尽管他们可能意识到噪声交易者带来的风险，但他们无法对其进行定量分析，最后他们只能在实际的基础风险上加上一个溢价风险。因此，CAPM 中的系统风险 β^C 由两部分组成：一部分是基本的系统风险 β^B；另一部分是溢价风险，是因噪声交易者存在所承担的额外风险即噪声交易者风险（NTR）。所以，β^C、β^B 以及 NTR 之间的关系可以表示为：

$$\beta^C = \beta^B + NTR$$

$$NTR = \beta^C - \beta^B$$

其中：β^C 为 CAPM 中的 β 系数；β^B 为 BAPM 中的 β 系数。

资料来源：根据相关资料整理。

本章小结

1. 资本资产定价模型表示当市场达到均衡状态时，资产或组合的期望收益率与其系统风险呈线性关系。资本资产定价模型可以表示为：$E(r_i) = r_f + [E(r_m) - r_f]\beta_i$。证券市场线是资本资产定价模型的几何表达。

2. 因素模型又称指数模型，是建立在资产收益率对各种因素或指数变动敏感这一假设之上的。因素模型分为单因素模型、单指数模型和多因素模型。

3. 证券特征线是单指数模型的几何表达，表示了无论资本市场是均衡的还是非均衡的，一种资产的实际超额收益率。

4. 对于单指数模型中的 α 系数，当 $\alpha>0$ 时，说明股票价格被低估；当 $\alpha<0$ 时，说明股票价格被高估；当 $\alpha=0$ 时，说明股票价格定价合理。

5. 单指数模型中的 β 系数与资本资产定价模型中的 β 系数的含义是完全相同的。资本资产定价模型是 α 系数为 0 时的单指数模型。资本资产定价模型是单指数模型的一个特例。

6. 套利是指投资者为了达到盈利的目的，同时或几乎同时卖空和买进某些风险相同但收益率不同的资产，来赚取无风险收益的行为。它可以发生在同一资本市场，也可以发生在不同的资本市场。

7. 套利组合需要符合以下条件：构建套利组合时投资者不需投入额外的资金，套利组合中各成分资产投资权重之和为0；套利组合不承担任何系统风险，即套利组合对任何系统因素的敏感性为0；套利组合有正的期望收益率。

8. 套利定价模型认为，市场达到均衡状态时，一种资产的收益率等于无风险收益率加上 k 个纯因素组合的风险溢价乘以对应的因素敏感系数。因此，套利定价模型为：$E(r_i) = r_f + \beta_{i1}[E(r_1) - r_f] + \beta_{i2}[E(r_2) - r_f] + \cdots + \beta_{ik}[E(r_k) - r_f]$

9. 当影响资产收益的系统风险因素只有一个，并且就是市场风险时，套利定价模型就是资本资产定价模型，所以资本资产定价模型是套利定价模型的一个特例。

关键概念

β 系数　资本资产定价模型　证券市场线　因素模型　单因素模型　单指数模型　证券特征线　多因素模型　套利　套利组合　套利定价模型

习　题

1. 假设无风险收益率为5%，市场组合的期望收益率为10%，标准差为20%，则证券市场线的斜率是（　　）。

A. 0.475　　B. 0.05

C. 0.08　　D. 0.1

2. 市场组合的 β 值等于（　　）。

A. 1　　B. －1

C. 0　　D. 不确定

3. 现有某股票的收益率为10%，β 值为0.8，无风险收益率为5%，市场期望收益率为8%，根据资本资产定价模型，这只股票的定价（　　）。

A. 无法判断　　B. 偏低

C. 偏高　　D. 合理

4. 已知某投资组合的期望收益率为20%，市场组合的平均收益率为15%，无风险收益率为5%，则该组合的 β 系数为（　　）。

A. 1.5　　B. 2

C. 1.4　　D. 0.8

5. 按照资本资产定价模型，影响特定资产期望收益率的因素包括（　　）。

A. 市场组合的 β 系数　　B. 无风险收益率

C. 市场组合的期望收益率　　D. 特定资产的 β 系数

6. 一个套利组合需要符合（　　）。

A. 套利组合中各成分资产投资权重之和为0

B. 套利组合中各成分资产有相似的风险特征

C. 套利组合不承担任何系统风险，即套利组合对任何系统因素的敏感性为0

D. 套利组合有正的期望收益率

7. 简述资本资产定价模型的假设条件。

8. 简述证券市场线与资本市场线的区别。

9. 说明套利定价模型与资本资产定价模型的联系与区别。

10. 某公司股票有关的数据如下：

市场收益的方差＝0.04，该公司股票收益与市场收益的协方差＝0.05，市场的风险溢价＝9%，无风险收益率＝4.9%

请用资本资产定价模型计算该股票的均衡收益率。

11. 已知如下表所示数据，利用资本资产定价模型，分析证券A与B的投资策略。

证券类型	$E(r)$ (%)	ρ_{im}	σ_i (%)
证券A	15	0.8	20
证券B	9	0.9	10
市场组合	12	1	15
无风险资产	5	0	0

12. 假设影响股票收益率的因素只有一个，某投资者拥有一个由3只股票构成的投资组合，成分股股票的特征如下表所示。

股票	因素敏感性	比例	期望收益率 (%)
A	0.8	0.2	19
B	1.2	0.4	12
C	2	0.4	14

该投资者决定增加持有股票A的比例0.2来构造一个套利组合，则：

(1) 在套利组合中其他两只股票的投资权重是多少?

(2) 该套利组合的期望收益率是多少?

(3) 新组合对因素的敏感性怎样?

第十章

主要金融工具投资价值分析

对金融工具价值进行评估是金融投资决策的基础环节之一。本章主要介绍债券、股票、期货和期权等主要金融工具的内在价值决定方式以及相应的定价模型。

学习目标

1. 掌握债券价值评估方法
2. 掌握债券定价的 5 个基本定理
3. 了解债券的久期、凸度与免疫
4. 掌握不同类型的股利贴现模型和市盈率模型
5. 掌握期货合约均衡价格的形成与一般表达形式
6. 掌握二项式期权定价模型
7. 掌握看涨期权与看跌期权的平价关系
8. 掌握 Black - Scholes 期权定价模型

第一节　债券价值分析

本书第三章对债券的种类进行了详细的介绍，本节利用收入资本化定价方法对不同种类债券的价值进行分析。

一、收入的资本化

由于证券对投资者而言，代表着在一定时期内获得未来收入的权利，一种证券价值的大小便取决于它能带来的现金收入流量的大小。但是，由于这些现金收入流量是预期在将来获得的，在用证券未来收入流量对证券价值进行估计的过程中，必须用一个贴现率对未来收入流量进行调整以反映现金收入流量的时间价值和风险价值，这就是收入的资本化过程。

按收入资本化定价方法，证券价值等于证券所有未来现金收入流量的现值之和。用公式表示即为：

$$V = \frac{CF_1}{1+k} + \frac{CF_2}{(1+k)^2} + \cdots + \frac{CF_n}{(1+k)^n} = \sum_{t=1}^{n} \frac{CF_t}{(1+k)^t} \quad (10-1)$$

其中：V 表示证券的内在价值；CF_t 表示证券在时间 t 的预期现金收入流量；k 是经过风险调整后的贴现率或到期收益率；n 是证券存续的时期数，它可以是一个确定的时期数，如债券，也可以代表无穷，如股票。

二、收入资本化定价方法在债券上的应用

由于债券的现金流是由利息 C_t 和到期面值 M 构成，如果用收入资本化定价方法来确定债券的内在价值，则债券的内在价值为：

$$V = \sum_{t=1}^{n} \frac{CF_t}{(1+k)^t} = \frac{C_1}{1+k} + \frac{C_2}{(1+k)^2} + \cdots + \frac{C_n}{(1+k)^n} + \frac{M}{(1+k)^n} \quad (10-2)$$

其中：C_t 为债券在第 t 期的利息流；k 为合理的到期收益率；M 为债券的面值；n 为债券的期限。

债券按照利息支付方式的不同，可以分为附息债券、一次性还本付息债券和贴现债券，其中附息债券也称息票债券，一次性还本付息债券和贴现债券由于在债券存续期间不定期支付利息，所以也称零息债券或无息债券。由于未来现金收入流特征不同，按照收入资本化定价方法，不同类型债券内在价值的评估方法必然存在差异。

（一）附息债券的内在价值

由于附息债券的投资者在未来可以获得每期固定的利息以及期末归还的本金这两部分现金流收入，因此，附息债券的内在价值为：

$$V = \sum_{t=1}^{n} \frac{C}{(1+k)^t} + \frac{M}{(1+k)^n} \quad (10-3)$$

其中：C 为债券每期支付的固定利息；M 为债券的面值；k 为合理

的到期收益率；n 为债券的期限。

【例 10－1】 假设某附息债券的面值为 1000 元，票面利率为 10%，合理的到期收益率为 15%，期限为 3 年，债券利息每年支付一次，到期还本，那么该附息债券的内在价值应该是多少？

由于附息债券的面值为 1000 元，票面利率为 10%，每年支付一次利息，每次支付 100（＝1000×10%）元，所以该债券未来的现金流如表 10－1 所示。

表 10－1　附息债券的未来现金流　　单位：元

分类	第 1 年	第 2 年	第 3 年
现金流	100	100	100＋1000

$$V = \frac{100}{(1+15\%)} + \frac{100}{(1+15\%)^2} + \frac{1000}{(1+15\%)^2} = 918.71(\text{元})$$

（二）一次性还本付息债券的内在价值

由于一次性还本付息债券的投资者在债券到期日可以收到债券发行人一次性支付的本金和利息，因此，一次性还本付息债券的内在价值为：

$$V = \frac{M(1+r)^n}{(1+k)^m} \qquad (10-4)$$

其中：M 为债券的面值；r 为债券的票面利率；k 为合理的到期收益率；n 为债券期限；m 为债券从买入日至到期日所余期数。

（三）贴现债券的内在价值

由于贴现债券的投资者在债券到期时只收到债券本金一笔现金流，所以贴现债券的内在价值为：

$$V = \frac{M}{(1+k)^m} \qquad (10-5)$$

其中：M 为债券的面值；k 为合理的到期收益率；m 为债券从买入日至到期日所余期数。

【例 10－2】某贴现债券的面值为 1000 元，期限为 10 年，该债券合理的到期收益率为 10%，那么该贴现债券的内在价值应该为多少？

$$V = \frac{1000}{(1+10\%)^{10}} = 385.54(\text{元})$$

拓展知识[10－1]

统一公债

统一公债是一种由政府发行的永久债券，它没有到期日，并且定期发放固定金额的债券利息。按照收入的资本化定价方法，统一公债的估价公式如下：

$$V = \frac{C}{(1+k)} + \frac{C}{(1+k)^2} + \frac{C}{(1+k)^3} + \cdots = \frac{C}{k}$$

其中：C 为固定利息；k 为合理的到期收益率。

最典型的统一公债是英格兰银行发行的英国统一公债（English Consols），英国政府于 1751 年开始发行该公债。当时英国统一公债的年息为 3%，至 1888 年改为年息 2.75%，1903 年再将利息降为 2.5%。英格兰银行保证对该公债的投资者永久支付固定利息。

三、债券定价定理

1962 年伯顿·G. 马尔基尔（Burton G. Malkiel）最早系统地提出了债券定价的 5 个定理。

定理一： 债券的价格与债券的收益率呈反比关系。即当债券价格上涨时，债券的收益率下降；反之，当债券价格下降时，债券的收益率上升。

【例 10－3】某 3 年期的债券，面值为 1000 元，票面利率为 10%，利息每年支付一次，即每次支付 100 元。如果现在的市场价格为 1000

元，其到期收益率为多少？如果价格上升为1100元，或价格下降为900元，其到期收益率又各为多少？

如果债券现在的市场价格为1000元，该债券的到期收益率为10%，与票面利率相等。如果债券的市场价格上升到1100元，它的到期收益率将下降为6.24%，低于票面利率；反之，当债券的市场价格下降到900元时，它的到期收益率将上升为14.33%，高于票面利率。具体计算过程如下：

$$1000=\frac{100}{1+10\%}+\frac{100}{(1+10\%)^2}+\frac{100}{(1+10\%)^3}+\frac{1000}{(1+10\%)^3}$$

$$1100=\frac{100}{1+6.24\%}+\frac{100}{(1+6.24\%)^2}+\frac{100}{(1+6.24\%)^3}+\frac{1000}{(1+6.24\%)^3}$$

$$900=\frac{100}{1+14.33\%}+\frac{100}{(1+14.33\%)^2}+\frac{100}{(1+14.33\%)^3}+\frac{1000}{(1+14.33\%)^3}$$

由上述计算可以看出，债券的价格与债券的收益率呈反比关系。

定理二：若债券的收益率在其寿命期内保持不变，债券距到期日的时间越长，债券价格的升水或贴水幅度越大。

【例10-4】某5年期债券，面值为1000元，票面利率为6%，如果它的发行价格为883.31元，则它的到期收益率为9%，高于票面利率。如果1年后，该债券的收益率维持在9%水平不变，此时它的市场价格为902.81元。具体计算如下：

$$883.31=\frac{60}{1+9\%}+\frac{60}{(1+9\%)^2}+\cdots+\frac{60}{(1+9\%)^5}+\frac{1000}{(1+9\%)^5}$$

$$902.81=\frac{60}{1+9\%}+\frac{60}{(1+9\%)^2}+\cdots+\frac{60}{(1+9\%)^4}+\frac{1000}{(1+9\%)^4}$$

可以看出，在债券的收益率保持不变时，随着债券到期时间的临近，债券价格的贴水额从116.69（=1000-883.31）元下降到97.19（=1000-902.81）元，两者的差额为19.5元，占面值的1.95%。

定理三：若债券的收益率在其寿命期内保持不变，随着债券到期日的临近，债券价格的升水或贴水幅度减小，且以递增的速度减小。

【例 10-5】 对于【例 10-4】中的债券，假定两年后，债券的收益率仍然为 9%，此时，它的市场价格为 924.06 元，具体计算如下：

$$924.06=\frac{60}{1+9\%}+\frac{60}{(1+9\%)^2}+\frac{60}{(1+9\%)^3}+\frac{1000}{(1+9\%)^3}$$

此时，债券价格的贴水额为 75.94（=1000-924.06）元，与【例 10-4】中的 97.19 元相比，两者的差额为 21.25 元，占面值的 2.125%。所以，随着债券到期日的临近，债券的贴水额在下降，并且是以递增的速度在下降。

定理四： 对于期限既定的债券，债券收益率的下降会引起债券价格的上升，且上升的幅度要超过债券收益率以同样比率上升引起的债券价格下降的幅度。

【例 10-6】 某 3 年期的债券面值为 1000 元，票面利率为 10%。如果该债券目前的市场价格等于面值，那么该债券的到期收益率等于票面利率 10%。若该债券的到期收益率上升到 11% 时，则该债券的价格下降到 975.56 元，价格波动幅度为 24.44（=1000-975.56）元；反之，若该债券的到期收益率下降 1 个百分点，为 9% 时，该债券的价格将上升到 1025.31 元，价格波动幅度为 25.31（=1025.31-1000）元。具体计算过程如下：

$$1000=\frac{100}{1+10\%}+\frac{100}{(1+10\%)^2}+\frac{100}{(1+10\%)^3}+\frac{1000}{(1+10\%)^3}$$

$$975.56=\frac{100}{1+11\%}+\frac{100}{(1+11\%)^2}+\frac{100}{(1+11\%)^3}+\frac{1000}{(1+11\%)^3}$$

$$1025.31=\frac{100}{1+9\%}+\frac{100}{(1+9\%)^2}+\frac{100}{(1+9\%)^3}+\frac{1000}{(1+9\%)^3}$$

由此可以看出，债券的到期收益率下降 1% 导致的债券价格上升幅度（25.31 元）大于到期收益率上升 1% 导致的债券价格下降幅度（24.44 元）。

定理五： 除一年期和永久债券外，对给定的收益率变动幅度，债券的票面利率与债券价格的波动幅度呈反比关系。即票面利率越高，债券价格的波动幅度越小。

【例 10－7】 有 3 年期的 A、B 两种债券，面值都为 1000 元。其中，债券 A 的票面利率为 8%，债券 B 的票面利率为 10%。如果债券 A 和债券 B 的到期收益率都为 8%，那么债券 A 和债券 B 的价格分别为 1000 元和 1051.54 元。具体计算如下：

$$P_A=\frac{80}{1+8\%}+\frac{80}{(1+8\%)^2}+\frac{80}{(1+8\%)^3}+\frac{1000}{(1+8\%)^3}=1000(\text{元})$$

$$P_B=\frac{100}{1+8\%}+\frac{100}{(1+8\%)^2}+\frac{100}{(1+8\%)^3}+\frac{1000}{(1+8\%)^3}=1051.54(\text{元})$$

如果两种债券的到期收益率上升 1 个百分点至 9%，两者的价格分别为 974.59 元和 1025.31 元。具体计算如下：

$$P_A=\frac{80}{1+9\%}+\frac{80}{(1+9\%)^2}+\frac{80}{(1+9\%)^3}+\frac{1000}{(1+9\%)^3}=974.59(\text{元})$$

$$P_B=\frac{100}{1+9\%}+\frac{100}{(1+9\%)^2}+\frac{100}{(1+9\%)^3}+\frac{1000}{(1+9\%)^3}=1025.31(\text{元})$$

由上面的计算可以看出，当债券的到期收益率都提高到 9% 时，债券 A 的价格下降了 25.41（＝1000－974.59）元，下降了 2.541%（＝25.41/1000）；而债券 B 的价格下降了 26.23（＝1051.54－1025.31）元，下降了 2.494%（＝26.23/1051.54）。由此可以看出，在相同的到期收益率变动幅度下，票面利率较高的债券 B 的价格波动幅度较小。

四、债券的久期、凸性与免疫

本部分讨论与债券定价定理有关的两个债券特性：久期和凸度，以及它们在债券免疫管理中的运用。

（一）债券的久期（duration）

1. 久期的含义

债券久期的概念最早是由 F. R. 马考勒（F. R. Macaulay）在 1938

年提出的。久期也称为债券的平均期限，是债券本息支付的所有现金流到期期限的加权平均数，是一种度量投资者平均投资回收期的方法。久期的计算公式如下：

$$D = \frac{\sum_{t=1}^{n} PV(C_t)t}{P_0} \tag{10-6}$$

$$P_0 = \sum_{t=1}^{n} PV(C_t) \tag{10-7}$$

其中：D 为债券的久期；P_0 为债券当前的市场价格；$PV(C_t)$ 为债券未来第 t 期现金流的现值；n 为债券的到期时间。

【例 10－8】 某 3 年期债券面值为 1000 元，票面利率为 10%，到期收益率为 12%，利息每年支付一次，到期偿还本金，该债券久期的计算过程如表 10－2 所示。

表 10－2 债券久期的计算 单位：年，元

现金流支付时间 (1)	现金流 (2)	现值系数 (3)	现金流现值 (4)	(1)×(4)
1	100	0.8929	89.29	89.29
2	100	0.7972	79.72	159.44
3	1100	0.7118	782.98	2348.94
加总			951.99	2597.67

$$D = \frac{2597.67}{951.99} = 2.73(\text{年})$$

将式（10－6）进行变形，可得到：

$$D = \sum_{t=1}^{n} \frac{PV(C_t)}{P_0} t = \sum_{t=1}^{n} w_t t \tag{10-8}$$

$$\text{s.t.} \quad \sum_{t=1}^{n} w_t = 1$$

其中：w_t 为久期的权重，等于每期现金流的贴现值与债券当前市场价格之比。

2. 久期的性质

关于久期与债券的期限之间的关系，存在以下5个定理。

定理一：零息债券的久期等于其到期时间。

定理二：息票债券的名义期限越长久期越长，即在票面利率、到期收益率相同的条件下，久期随名义期限的增加而延长，特别是，大多数息票债券的久期小于它们的名义期限。

定理三：在名义期限、到期收益率相同的条件下，票面利率越高，久期越短。

在名义期限、到期收益率相同的条件下，票面利率越高，早期支付的现金流的权重越大，加权平均的到期时间即久期自然就越短。

定理四：在其他因素相同的条件下，到期收益率越低，久期越长。

这是因为到期收益率越低，远期支付的现金流价值相对越大，其在债券总价值中占的权重越大，所以久期越长。

定理五：债券投资组合的久期是各个成分债券久期的加权平均数，权重为各个成分债券市场价值与债券组合市场价值之比。即

$$D = \sum_{i=1}^{n} w_i D_i \text{，且 } w_i = MV_i/MV \qquad (10-9)$$

其中：MV_i为成分债券i的市场价值；MV为债券组合的市场价值；D_i为成分债券i的久期；D为债券投资组合的久期。

3. 久期与债券价格变动的关系

为了得出久期与债券价格变动的关系，我们进行如下推导：

首先，根据式（10-7），求债券价格对债券到期收益率的一阶导数，得：

$$\frac{\mathrm{d}P}{\mathrm{d}y} = -\frac{1}{1+y}\sum_{t=1}^{n}\frac{tC_t}{(1+y)^t}$$

其次，在等式两边同除以债券价格P，得：

$$\frac{1}{P}\frac{\mathrm{d}P}{\mathrm{d}y}=-\frac{\frac{1}{1+y}\sum_{t=1}^{n}\frac{tC_t}{(1+y)^t}}{P}=-\frac{1}{1+y}D$$

上式可以进一步变形为：

$$\frac{\Delta P}{P}=-\frac{\Delta y}{1+y}D \tag{10-10}$$

式（10－10）表明，对于给定的收益率变动幅度，久期越长，债券价格的波动幅度越大，而且债券价格变动率与收益率变动之间呈线性关系，即当收益率上升或下跌相同幅度时，债券价格下跌或上升的幅度是一样的，这显然与事实不符。在现实生活中，债券价格变动率与收益率变动之间不是呈线性关系，而是非线性的关系。

（二）债券的凸性（convexity）

1. 凸性的含义

根据债券定价定理一和定理四，债券的价格与债券的收益率呈反比关系，而且这一反比关系是非线性的，凸向原点，这就是债券的凸性。如图 10－1 所示：当债券到期收益率从 y_0 下降到 y_1 时，债券价格从 P_0 提高到 P_1；而当债券到期收益率从 y_0 提高到 y_2 时，债券价格从 P_0 下降到 P_2。很明显，当债券到期收益率变化相同幅度时，其带来的债券价格上升的幅度要大于债券价格下降的幅度。

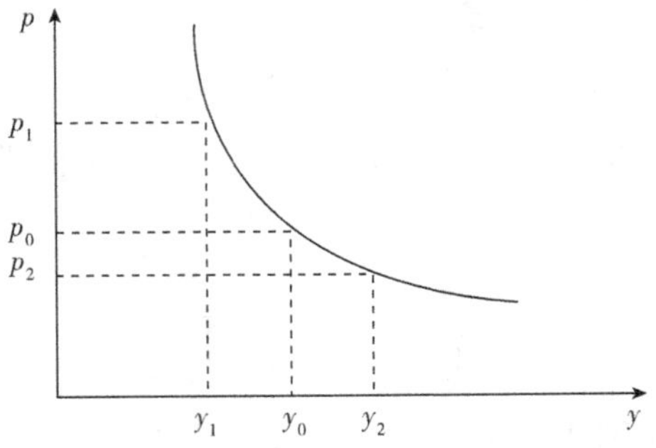

图 10－1　债券的凸性

2. 凸度与债券价格变动的关系

债券的凸度是指债券价格变动率与收益率变动关系曲线的曲度，可以通过计算债券价格对收益率的二阶导数再除以债券的价格得到：

$$C = \frac{1}{P}\frac{\mathrm{d}^2 P}{\mathrm{d}y^2} = \frac{1}{P}\frac{1}{(1+y)^2}\sum_{t=1}^{n}\frac{t(1+t)C_t}{(1+y)^t}$$

对债券价格的变化进行泰勒二阶展开，有

$$P(y) \approx P(y_0) + \frac{\mathrm{d}P}{\mathrm{d}y}(y - y_0) + \frac{1}{2}\frac{\mathrm{d}^2 P}{\mathrm{d}y^2}(y - y_0)^2$$

将债券价格对收益率的一阶导数和二阶导数代入上式，有

$$P(y) \approx P(y_0) - \frac{1}{1+y}\sum_{t=1}^{n}\frac{tC_t}{(1+y)^t}(y - y_0) + \frac{1}{2(1+y)^2}\sum_{t=1}^{n}\frac{t(1+t)C_t}{(1+y)^t}(y - y_0)^2$$

令 $\Delta P = P(y) - P(y_0)$，$\Delta y = y - y_0$，$D^* = \frac{D}{1+y}$，并考虑凸度后，有

$$\frac{\Delta P}{P} \approx -D^*\Delta y + \frac{1}{2}C(\Delta y)^2 \quad (10-11)$$

从实际使用效果看，式（10－11）所得出的近似估计与实际值的差别是可以忽略不计的。

（三）债券的免疫（immunization）

债券的免疫技术是指债券的投资者通过调整债券组合的久期来规避利率风险的策略。

债券的投资者面临着价格风险和再投资风险这两种利率风险。当利率提高时，债券价格下降，投资者的资本会遭受损失，但同时，投资者的再投资收入会增加。这两种影响可以通过选择合适的债券组合久期来相互抵消，即当投资者的持有期限与债券组合久期相等时，价格风险和再投资风险可以完全抵消，利率变动对投资者最终收入的影响可忽略不

计。由此我们可得出结论：久期匹配，可以规避利率风险。

需要指出的是，免疫技术只能对一定范围的利率波动提供保护。在较严重的通货膨胀情况下，免疫技术是无能为力的。因为尽管恰当的免疫安排可以确保最终收入额的获得，但不能保证足额的货币具有相同的购买力。也就是说，免疫可规避利率变动的风险，但不能规避通货膨胀风险。

第二节　股票价值分析

按照收入资本化定价方法，股票内在价值是由其给投资者带来的未来现金流量的现值决定的。投资者在股票市场上进行投资时，总希望能找到一些价格被低估的股票，以期在其价格向价值回归过程中获得收益。本节我们介绍如何利用股利贴现模型和市盈率模型评估股票内在价值，以便为投资者的投资决策提供依据。

一、股利贴现模型

对于普通股来说，如果用收入资本化定价方法来确定其内在价值，就是股利的资本化过程，这种通过股利资本化方法所建立的评估股票内在价值的模型被称为股利贴现模型（Dividend Discount Models，DDMs）。用数学公式表示为：

$$V=\frac{D_1}{1+k}+\frac{D_2}{(1+k)^2}+\cdots=\sum_{t=1}^{\infty}\frac{D_t}{(1+k)^t} \qquad (10-12)$$

其中：V 表示股票的内在价值，D_t 表示股票在第 t 期的预期股利收益，k 表示必要收益率。

股利贴现模型在评估股票内在价值时，具有严谨的理论基础，但是其在具体实践运用时，却会碰到巨大的障碍，毕竟无限期准确预测一个公司在未来给投资者分配的股利是一件十分困难的事情。因此，为了提高股利贴现模型的运用价值，人们对公司发放的股利进行了一些情景假设。

（一）零增长模型

在零增长模型中，假设股利的增长率等于零，即股利是固定不变的。若 g_t 表示股利在第 t 期的增长率，则

$$g_t = \frac{D_t - D_{t-1}}{D_{t-1}} = 0 \tag{10-13}$$

$$D_0 = D_1 = D_2 = \cdots = D_\infty \tag{10-14}$$

将式（10－14）代入式（10－12），得到在股利零增长的情况下，股票的内在价值为：

$$V = \sum_{t=1}^{\infty} \frac{D_t}{(1+k)^t} = D_0 \sum_{t=1}^{\infty} \frac{1}{(1+k)^t}$$

当 $k>0$ 时，上式的极限值为：

$$V = \frac{D_0}{k} \tag{10-15}$$

由于零增长模型中无限期支付固定股利的假设条件过于苛刻，因而限制了其在现实中的应用。零增长模型多用于对优先股的估值。

【**例 10－9**】某公司每年向其优先股股东支付 2 元固定股利，投资者的必要收益率为 10%，那么，该公司优先股的内在价值为多少？

$$V = \frac{2}{1+10\%} + \frac{2}{(1+10\%)^2} + \frac{2}{(1+10\%)^3} + \cdots = \frac{2}{10\%} = 20(\text{元})$$

如果目前该公司优先股的市场价格为 15 元，说明该公司优先股的市场价格被低估了 5 元，这时投资者可以考虑买入该公司的优先股。

（二）常数增长模型

在常数增长模型中，假设股利的增长率是一个常数 g，因此每期股利的一般形式是：

$$D_t = D_0(1+g)^t \quad (10-16)$$

将式（10－16）代入式（10－12），得到常数增长条件下的股利贴现模型为：

$$V = \sum_{t=1}^{\infty} \frac{D_0(1+g)^t}{(1+k)^t}$$

如果进一步假设 $k > g$，即必要收益率大于股利增长率，并对上式求极限，可得到：

$$V = \frac{D_0(1+g)}{k-g} = \frac{D_1}{k-g} \quad (k > g) \quad (10-17)$$

【例 10－10】某公司去年支付的股利为每股 3 元。假设该公司股票未来的股利增长率恒为 4%，必要收益率为 10%。那么，该公司股票的内在价值为多少？

$$V = \frac{3 \times (1+4\%)}{10\% - 4\%} = 52(\text{元})$$

如果该公司股票目前的市场价格为 60 元，说明目前该股票的市场价格被高估了，投资者可以考虑卖出该公司股票。

（三）多元增长模型

在常数增长模型中，假设股利增长率是不变的，但事实上，大多数公司在不同的发展阶段，其成长速度不同，相应地，股利增长率也在发生变化。多元增长模型假设公司股利在一定时期（T 期）内没有固定的增长率，而 T 期之后会保持一个固定的增长率。显然，这一假设使该模型更接近实际。

由上述的假设可知，在多元增长模型中，股票的价值可分为两部分：第一部分包括直到第 T 期（包括第 T 期）的所有预期股利流量的现值，用 V_{T-} 表示：

$$V_{T-} = \sum_{t=1}^{T} \frac{D_t}{(1+k)^t}$$

第二部分包括第 T 期以后所有预期股利流量的现值，运用常数增长模型，得：

$$V_{T+} = \frac{D_{T+1}}{(k-g)(1+k)^T}$$

将两部分现金流量现值加总，就得到了多元增长条件下的股利贴现模型：

$$V = V_{T-} + V_{T+} = \sum_{t=1}^{T} \frac{D_t}{(1+k)^t} + \frac{D_{T+1}}{(k-g)(1+k)^T} \quad (k > g)$$

(10－18)

【例 10－11】 某公司上一年支付的每股股利为 0.45 元，本年预期每股支付 0.6 元股利，第二年支付 0.3 元，此后预期该公司的股利将按照 5% 的比例逐年无限增长下去，如果该公司的必要收益率为 8%，则该公司股票的内在价值为多少？

$$V = \frac{0.6}{1+8\%} + \frac{0.3}{(1+8\%)^2} + \frac{0.3 \times (1+5\%)}{(8\%-5\%)(1+8\%)^2} = 9.82(\text{元})$$

在上述多元增长模型中，假设在一定时期（T 期）内股利没有固定的增长率，因此必须逐一预测 T 期（包括第 T 期）内每年的股利，这一过程较为烦琐，因此，后来又出现了两阶段股利贴现模型、三阶段股利贴现模型和 H 模型来解决这一问题。

1. 两阶段股利贴现模型

两阶段股利贴现模型将增长过程分为两个阶段，如图 10－2 所示，在第一阶段 T 期前（包括第 T 期），公司股利以较高的固定增长率 g_1 增长，在第二阶段 T 期后以较低的固定增长率 g_2 增长，因为任何一个公司都无法永远保持一个较高的固定股利增长率。

在第一阶段，所有预期股利流量的现值为：

$$V_1 = \sum_{t=1}^{T} \frac{D_0(1+g_1)^t}{(1+k)^t} = D_0 \frac{1+g_1}{k-g_1}\left[1 - \left(\frac{1+g_1}{1+k}\right)^T\right]$$

$$= \frac{D_1}{k-g_1}\left[1 - \left(\frac{1+g_1}{1+k}\right)^T\right]$$

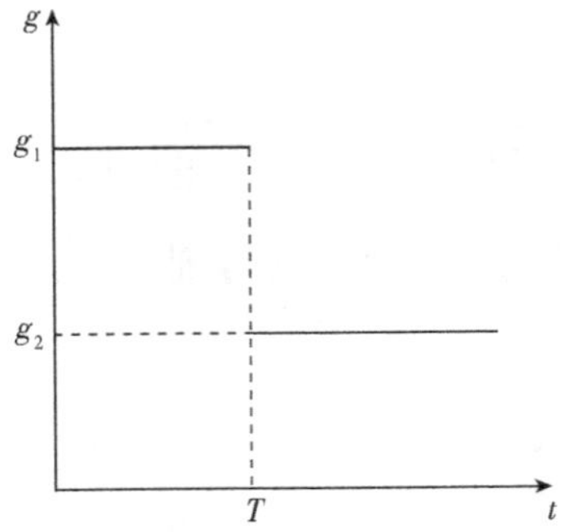

图 10－2　两阶段股利贴现模型

在第二阶段，所有预期股利流量的现值为：

$$V_2 = \frac{D_{T+1}}{(k-g_2)(1+k)^T} = \frac{D_0(1+g_1)^T(1+g_2)}{(k-g_2)(1+k)^T}$$

将两部分现金流量现值加总，就得到了两阶段增长条件下的股利贴现模型：

$$V = V_1 + V_2 = \frac{D_1}{k-g_1}\left[1-\left(\frac{1+g_1}{1+k}\right)^T\right] + \frac{D_0(1+g_1)^T(1+g_2)}{(k-g_2)(1+k)^T}(k>g_1, k>g_2) \quad (10-19)$$

【例 10－12】 某公司去年每股股利为 0.90 元，预计在未来 5 年内会超常增长，该阶段公司的必要收益率为 15%，股利增长率为 12%，以后会稳定增长。在稳定增长阶段，公司的必要收益率为 13%，股利增长率为 6%，请计算该公司股票的内在价值。若目前该公司股票的市场价格是 25 元，问投资者是否值得购买该股票？

应用两阶段股利贴现模型计算该公司股票的内在价值：

$$V_1 = \frac{0.90\times(1+12\%)}{15\%-12\%}\left[1-\left(\frac{1+12\%}{1+15\%}\right)^5\right] = 4.16(\text{元})$$

$$V_2 = \frac{0.90\times(1+12\%)^5(1+6\%)}{(13\%-6\%)(1+15\%)^5} = 11.94(\text{元})$$

$$V = V_1 + V_2 = 16.1(\text{元})$$

公司股票的内在价值为16.1元，若公司股票的市场价格为25元，说明股价偏高，投资者目前不宜购买。

2. 三阶段股利贴现模型

三阶段股利贴现模型将增长过程分为3个不同的阶段，在第一阶段 T_1 期（包括第 T_1 期）以前和第三阶段 T_2 期之后，股利增长率不变，均为常数，分别记为 g_1 和 g_2，在第二阶段 T_1 到 T_2 期（包括第 T_2 期）之间，股利增长率以线性的方式从 g_1 变化到 g_2，用 g_t 表示第二阶段的增长速度。g_1 可以大于 g_2，也可以小于 g_2。图10－3显示了 $g_1>g_2$ 情形的三阶段股利贴现模型。

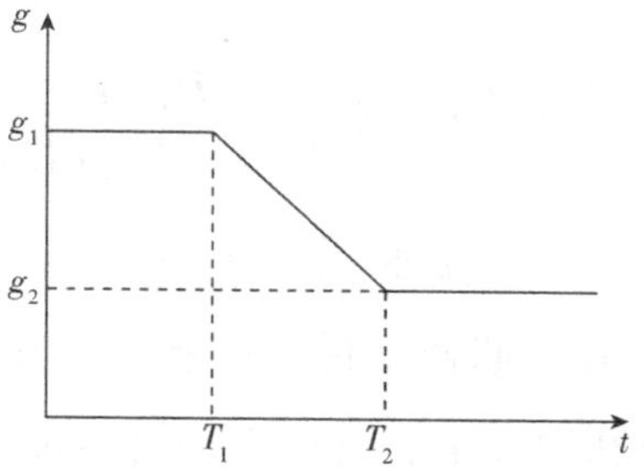

图10－3　三阶段股利贴现模型（$g_1>g_2$）

在第二阶段，可以用线性插值法得到股利增长率：

$$g_t = g_1 + (g_2 - g_1)\frac{t - T_1}{T_2 - T_1} \qquad (10-20)$$

在满足三阶段增长模型假设的条件下，如果已知 g_1 和 g_2，T_1 和 T_2 以及期初的股息水平 D_0，就可以计算出3个阶段的股利，然后计算股票的内在价值。

在第一阶段，所有预期股利流量的现值为：

$$V_1 = \sum_{t=1}^{T_1}\frac{D_0(1+g_1)^t}{(1+k)^t} = D_0\frac{1+g_1}{k-g_1}\left[1-\left(\frac{1+g_1}{1+k}\right)^{T_1}\right]$$

$$= \frac{D_1}{k-g_1}\left[1-\left(\frac{1+g_1}{1+k}\right)^{T_1}\right]$$

在第二阶段，所有预期股利流量的现值为：

$$V_2 = \sum_{t=T_1+1}^{T_2} \frac{D_t}{(1+k)^t} = \sum_{t=T_1+1}^{T_2} \frac{D_{t-1}(1+g_t)}{(1+k)^t}$$

在第三阶段，所有预期股利流量的现值为：

$$V_3 = \frac{D_{T_2}(1+g_2)}{(k-g_2)(1+k)^{T_2}}$$

将三部分现金流量现值加总，就得到了三阶段增长条件下的股利贴现模型：

$$V = V_1 + V_2 + V_3 = \frac{D_1}{k-g_1}\left[1-\left(\frac{1+g_1}{1+k}\right)^{T_1}\right] + \sum_{t=T_1+1}^{T_2} \frac{D_{t-1}(1+g_t)}{(1+k)^t} + \frac{D_{T_2}(1+g_2)}{(k-g_2)(1+k)^{T_2}}$$

$$(k > g_1, k > g_2) \qquad (10-21)$$

【例 10-13】 某股票期初支付的股利为 1 元/股，在今后两年的股利增长率为 6%，股利增长率从第三年开始递减，从第六年开始每年保持 3% 的增长速度。公司的必要收益率为 8%，请计算该公司股票的内在价值。

应用三阶段股利贴现模型计算该公司股票的内在价值：

$$g_3 = 6\% - \frac{3-2}{6-2} \times (6\% - 3\%) = 5.25\%$$

$$g_4 = 6\% - \frac{4-2}{6-2} \times (6\% - 3\%) = 4.5\%$$

$$g_5 = 6\% - \frac{5-2}{6-2} \times (6\% - 3\%) = 3.75\%$$

$$D_3 = 1 \times (1+6\%)^2(1+5.25\%) = 1.18(\text{元/股})$$

$$D_4 = 1.18 \times (1+4.5\%) = 1.23(\text{元/股})$$

$$D_5 = 1.23 \times (1+3.75\%) = 1.28(\text{元/股})$$

$$D_6 = 1.28 \times (1+3\%) = 1.32(\text{元/股})$$

$$V = \frac{1 \times (1 + 6\%)}{8\% - 6\%}\left[1 - \left(\frac{1 + 6\%}{1 + 8\%}\right)^2\right] +$$

$$\sum_{t=3}^{6} \frac{D_t}{(1 + 8\%)^t} + \frac{1.32 \times (1 + 3\%)}{(8\% - 3\%)(1 + 8\%)^6} = 22.6(\text{元})$$

3. H 模型

由于三阶段股利贴现模型中，转折期的现金流贴现计算很复杂，为此，R. J. 福勒（R. J. Fuller）和 C. C. 夏（C. C. Hsia）于 1984 年在三阶段股利贴现模型的基础上提出了 H 模型，大大简化了现金流贴现的计算过程。

福勒和夏的 H 模型假设：股利的初始增长率为 g_1，然后以线性的方式递增或递减，从第 $2H$ 期以后，股利的增长率变为常数 g_2。当 $g_1 > g_2$时，在 $2H$ 点之前的股利增长率为递减。在 H 点的增长率等于 g_1和 g_2的平均数，即

$$g_H = \frac{1}{2}(g_1 + g_2) \tag{10-22}$$

在满足上述假设条件的情况下，福勒和夏证明了 H 模型的股票内在价值为：

$$V = \frac{D_0}{k - g_2}[1 + g_2 + H(g_1 - g_2)] \tag{10-23}$$

图 10－4 反映了 H 模型与三阶段股利贴现模型的关系。

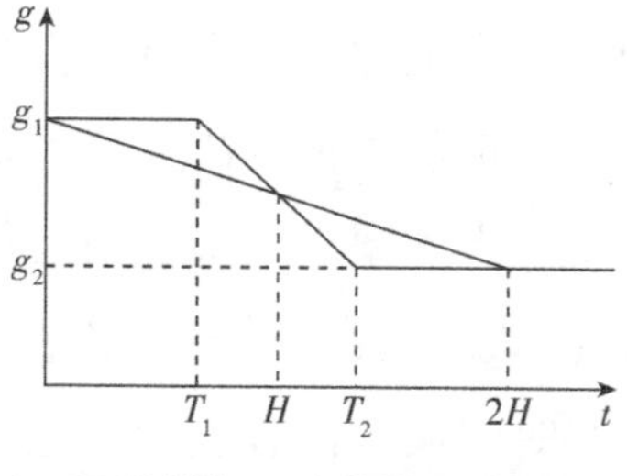

图 10－4 H 模型与三阶段股利贴现模型的关系

对于 H 模型，其具有以下特点：

（1）在考虑了股利增长率变动的情况下，大大简化了计算过程。

（2）在假定 H 位于三阶段股利贴现模型转折期的中点（H 位于股利增长率从 g_1 变化到 g_2 的时间的中点）时，H 模型与三阶段股利贴现模型的结论非常接近。

【例 10－14】 沿用三阶段股利贴现模型的例子，已知：

$$D_0 = 1 \text{ 元}，g_1 = 6\%，g_2 = 3\%，T_1 = 2，T_2 = 6，k = 8\%$$

根据 H 模型，$H = (2 + 6) / 2 = 4$，代入式（10－23），有

$$V = \frac{1}{8\% - 3\%}[1 + 3\% + 4(6\% - 3\%)] = 23(\text{元})$$

与三阶段股利贴现模型得到的 22.6 元的股票内在价值非常接近。

（3）当 $g_1 = g_2$ 时，式（10－23）与式（10－17）相同，所以，常数增长模型是 H 模型的一个特例。

（4）如果将式（10－23）改写为：

$$V = \frac{D_0(1 + g_2)}{k - g_2} + \frac{D_0 H(g_1 - g_2)}{k - g_2} \qquad (10-24)$$

可以发现，股票的内在价值由两部分组成：式（10－24）第一部分是根据长期的正常的股利增长率 g_2 决定的现金流贴现价值；第二部分是由超常股利增长率（$g_1 - g_2$）决定的现金流贴现价值，并且这部分价值与 H 呈正比例关系。

二、市盈率估价法

除了股利贴现模型，许多证券分析人员还喜欢使用另一种方法来对股票内在价值进行评估——市盈率估价法。这主要是因为市盈率估价法具有如下优点：第一，由于市盈率是股票价格与每股收益的比率，表示每单位收益的价格，因此，在比较不同收益水平的股票价格时可以直接使用；第二，对于在某些时间段内没有股利支付的股票来说，股利贴现模型不再适用，而市盈率估价法可以适用；第三，在变量预测方面，市盈率估价法比股利贴现模型更为简单。

在运用市盈率估价法时，投资者先确定一个合理的市盈率 V/E，然

后将股票的实际市盈率 P/E 与合理的市盈率进行比较，若 $V/E > P/E$，则说明股票市场价格被低估；若 $V/E < P/E$，则说明股票市场价格被高估。

通常，每股收益 E_t、每股股利 D_t 以及公司派息率 b_t 之间存在如下关系：

$$D_t = E_t b_t \tag{10-25}$$

（一）零增长市盈率估价法

零增长模型中假设每股股利永远不变，出现这种情况最大的可能是因为公司每股收益固定不变并且将每股收益全部以股利的方式支付给了股东，派息率 b 为 100%。即

$$b = 1$$

$$g_{Et} = 0, E_0 = E_1 = E_2 = \cdots = E_\infty$$

$$g_t = 0, D_0 = D_1 = D_2 = \cdots = D_\infty = E_0 = E_1 = E_2 = \cdots = E_\infty$$

根据上述假定条件可以得到零增长市盈率模型的表达式：

$$\frac{V}{E_0} = \frac{D_0/k}{E_0} = \frac{1}{k} \tag{10-26}$$

【例 10-15】 某公司每股股利为 0.5 元且增长率为 0，公司股票市价为每股 20 元，必要收益率为 5%。请问该公司股票目前市场价格定价是否合理？

因为公司股利增长率为 0，可假设公司派息率为 100%，即 $E_0 = 0.5$。其合理的市盈率为 20（=1/0.05），而实际市盈率为 40（=20/0.5）。因为 $\frac{V}{E_0} < \frac{P}{E_0}$，说明该公司当前股票价格被高估了。

（二）常数增长市盈率估价法

常数增长模型假设股利增长率在未来所有年份内都是一样的，出现这种情况最大的可能是因为公司每股收益增长率 g_E 在未来所有年份内都固定不变，且保持固定的派息水平。由于每股收益增长率 g_E 和派息

率都为常数，固定不变，所以公司的股利增长率 g 和每股收益增长率 g_E 必然相等，即

$$g = g_E$$

$$V = \frac{D_0(1+g)}{k-g} = b\,E_0\frac{1+g_E}{k-g_E}$$

则公司合理的市盈率为：

$$\frac{V}{E_0} = b\frac{1+g_E}{k-g_E} \quad (k > g_E) \qquad (10-27)$$

【例 10－16】 某公司去年每股收益为 48 元，每股股利为 16 元，公司收益和股利的长期预期增长率为 6%，公司必要收益率为 12%，若该公司当前市场价格为 250 元，请问其当前股价是否合理?

根据常数增长市盈率估价法，该公司的合理市盈率为：

$$\frac{V}{E_0} = \frac{16}{48} \times \frac{1+6\%}{12\% - 6\%} = 5.89$$

该公司目前的实际市盈率为：

$$\frac{P}{E_0} = \frac{250}{48} = 5.21$$

可见，因为 $\frac{V}{E_0} > \frac{P}{E_0}$，说明该公司当前股票市场价格被低估了。

（三）多元增长市盈率估价法

与多元增长股利贴现模型一样，多元增长市盈率估价法假设在某一时点 T 之前每股收益增长率和派息率都是变化的，但在时点 T 之后每股收益增长率和派息率分别为常数 g_E 和 b。

根据股利、派息率和每股收益三者之间的关系，可以知道

$$E_t = E_0(1+g_{E1})(1+g_{E2})\cdots(1+g_{Et})$$

$$D_t = b_t\,E_t = b_tE_0(1+g_{E1})(1+g_{E2})\cdots(1+g_{Et})$$

$$= D_0(1+g_1)(1+g_2)\cdots(1+g_t)$$

其中：E_t是第 t 期的每股收益，D_t是第 t 期的每股股利，b_t是第 t 期

的派息率，g_t是第 t 期的股利增长率。并且在时刻 T 后，$g_t = g_{Et} = g_E$，此时 g_E和派息率 b 都是常数。由多元增长股利贴现模型可得：

$$V = \sum_{t=1}^{T} \frac{D_t}{(1+k)^t} + \frac{D_{T+1}}{(k-g)(1+k)^T} =$$

$$\sum_{t=1}^{T} \frac{b_t E_0 (1+g_{E1})(1+g_{E2})\cdots(1+g_{Et})}{(1+k)^t} +$$

$$\frac{b E_0 (1+g_{E1})(1+g_{E2})\cdots(1+g_{ET})(1+g_E)}{(k-g_E)(1+k)^T}$$

则公司合理的市盈率为：

$$\frac{V}{E_0} = \sum_{t=1}^{T} \frac{b_t (1+g_{E1})(1+g_{E2})\cdots(1+g_{Et})}{(1+k)^t} +$$

$$\frac{b(1+g_{E1})(1+g_{E2})\cdots(1+g_{ET})(1+g_E)}{(k-g_E)(1+k)^T} \qquad (10-28)$$

式（10－28）表明，在多元增长市盈率估价法中，合理的市盈率决定因素包括必要收益率、派息率和每股收益增长率。

【例 10－17】某公司股票当前的市场价格为 55 元，期初的每股收益和每股股利分别为 3 元和 0.75 元，预计该公司未来第一年的每股收益和每股股利分别为 5 元和 2 元，第二年的每股收益和每股股利分别为 6 元和 3 元，从第二年年末开始公司每年的每股收益增长率和股利增长率都等于 10%，派息率恒等于 0.50，公司的必要收益率为 15%，请判断该公司股票目前的市场价格是否合理？

$$b_1 = \frac{2}{5} = 0.4 \qquad g_{E1} = \frac{5-3}{3} = 0.67$$

$$b_2 = \frac{3}{6} = 0.5 \qquad g_{E2} = \frac{6-5}{5} = 0.20$$

$$\frac{V}{E_0} = \frac{0.4 \times (1+0.67)}{1+15\%} + \frac{0.5 \times (1+0.67)(1+0.20)}{(1+15\%)^2} +$$

$$\frac{0.5 \times (1+0.67)(1+0.20)(1+0.10)}{(0.15-0.10)(1+15\%)^2} = 18.01$$

$$\frac{P}{E_0}=\frac{55}{3}=18.33$$

由于公司合理的市盈率$\frac{V}{E_0}$和实际的市盈率$\frac{P}{E_0}$比较接近，所以，该股票目前的市场价格处于比较合理的水平。

第三节 期货合约价值分析

本节重点介绍期货合约的均衡价格是怎样形成的以及其扩展形式。

一、期货合约均衡价格的形成

与一般商品一样，当期货合约的市场供求达到均衡状态时，期货合约就形成了其均衡价格。为了说明期货合约均衡价格的形成过程，我们举一个例子来进行说明。

假设资产 A 目前在现货市场上的价格为 3000 元，资产 A 为其所有者带来的年收益率为 6%，每季度的收益率就是 1.5%，现行的 3 个月期的借贷利率为 1%，资产 A 的期货合约 3 个月后到期交割，不考虑交易的手续费、期货合约的保证金等费用。

有一投资者想在现货市场、货币市场及期货市场上通过构建套利组合来获取无风险收益，我们来看在如下几种情形下，他将如何操作：

（一）期货合约的价格为 3200 元

当 3 个月后交割的资产 A 的期货合约的价格为 3200 元时，该投资者会构建一个如下的套利组合：

（1）做期货合约的空头交易，以 3200 元出售期货合约；

（2）在货币市场上借入期限为 3 个月、利率为 1% 的资金 3000 元；

（3）以借入的 3000 元资金在现货市场上购买资产 A。

可以看出，在构建这个套利组合时，投资者没有投入任何自有资金，3 个月后，该投资者用现货资产 A 交割期货合约的空头头寸，并用期货合约的交割款来偿还货币市场的贷款，投资者在各个市场上的收益情况如表 10-3 所示。

表 10-3 期货空头交易策略投资结果（$P=3200$ 元）

市场	3 个月后的投资结果	投资收益（元）
期货市场	获得期货合约交割款	3200
货币市场	偿还本金及利息	-3030
现货市场	获取收益	45

通过该套利组合，投资者在不承担任何风险的情况下，获得了 215（=3200-3030+45）元的收益。

（二）期货合约的价格为 2800 元

当 3 个月后交割的资产 A 的期货合约的价格为 2800 元时，该投资者会构建一个如下的套利组合：

（1）做期货合约的多头交易，以 2800 元购买期货合约；

（2）在现货市场上卖空资产 A 获得 3000 元；

（3）将卖空收入 3000 元在货币市场上以 1% 的利率贷出 3 个月。

可以看出，在构建这个套利组合时，投资者也没有投入任何自有资金，3 个月后，该投资者在货币市场上收回贷款，支付期货合约的交割款，并用期货交易所获得的资产 A 对冲现货市场的卖空头寸，投资者在各个市场上的收益情况如表 10-4 所示。

表 10-4 期货多头交易策略投资结果（$P=2800$ 元）

市场市场	3 个月后的投资结果	投资收益（元）
期货市场	支付期货合约交割款	-2800
货币市场	获得本金及利息	3030
现货市场	支付借入 3 个月资产的利息	-45

通过该套利组合，投资者在不承担任何风险的情况下，获得了 185

（=－2800+3030－45）元收益。

3. 期货合约的价格为2985元

当3个月后交割的资产A的期货合约的价格为2985元时，若投资者选择在期货市场做空，则该投资者会构建一个如下的套利组合：

（1）做期货合约的空头交易，以2985元出售期货合约；

（2）在货币市场上借入期限为3个月、利率为1%的资金3000元；

（3）以借入的3000元资金在现货市场上购买资产A。

可以看出，在构建这个套利组合时，投资者没有投入任何自有资金，3个月后，该投资者用现货资产A交割期货合约的空头头寸，并用期货合约的交割款偿还货币市场的贷款，投资者在各个市场上的收益情况如表10－5所示。

表10－5 期货空头交易策略投资结果（$P=2985$元）

市场	3个月后的投资结果	投资收益（元）
期货市场	获得期货合约交割款	2985
货币市场	偿还本金及利息	－3030
现货市场	获取收益	45

通过该套利组合，投资者获得了0（=2985－3030+45）元无风险收益。

若投资者选择在期货市场做多，则该投资者会构建一个如下的套利组合：

（1）做期货合约的多头交易，以2985元购买期货合约；

（2）在现货市场上卖空资产A获得3000元；

（3）将3000元在货币市场上以1%的利率贷出3个月。

可以看出，在构建这个套利组合时，投资者也没有投入任何自有资金，3个月后，该投资者在货币市场上收回贷款，支付期货合约的交割款，并用期货交易所获得的资产A对冲现货市场的卖空头寸，投资者在各个市场上的收益情况如表10－6所示。

表 10-6 期货多头交易策略投资结果（$P=2985$ 元）

市场	3 个月后的投资结果	投资收益（元）
期货市场	支付期货合约交割款	-2985
货币市场	获得本金及利息	3030
现货市场	支付借入 3 个月资产的利息	-45

通过该套利组合，投资者获得了 0（= -2985 + 3030 - 45）元无风险收益。

可见，当 3 个月后交割的资产 A 的期货合约的价格为 2985 元时，投资者无论选择多头还是空头交易策略都无法获取无风险收益，所以 3 个月后交割的资产 A 的期货合约的均衡价格为 2985 元。

从上例中，我们可以得出如下结论：

（1）当期货合约的价格 >2985 元时，投资者可通过在期货市场上做空而套取无风险收益，这会刺激其他投资者也入市套利，做空者的增加会促使期货合约价格下降。

（2）当期货合约的价格 <2985 元时，投资者可通过在期货市场上做多而套取无风险收益，这会刺激其他投资者也入市套利，做多者的增加会促使期货合约价格上升。

（3）当期货合约的价格 =2985 元时，投资者在期货市场上无论选择做多还是做空，都无法套取无风险收益，所以 2985 元是期货合约的均衡价格。

二、期货合约均衡价格的一般表达

根据上面的例子，我们可以推导出期货合约均衡价格的一般表达形式。首先，我们定义下列符号：

r：到交割日期间的借贷利率（%）；

y：到交割日期间的资产收益率（%）；

P：现货市场上资产的价格（元）；

F：期货合约价格（元）。

投资者可以在期货市场上采取做多和做空两种策略，通过在现货市场、货币市场及期货市场构建套利组合获取无风险收益。

（一）投资者在期货市场上做多

当投资者在期货市场上选择做多策略时，其在期货市场买入期货合约，在现货市场卖空资产，并在货币市场贷出资金，在构建这个套利组合时，投资者无须投入任何自有资金。到期后，投资者在货币市场上收回贷款，支付期货合约的交割款，并用期货交易所获得的资产对冲现货市场的卖空头寸，通过构建这样一个套利组合来获取无风险收益。此时投资者在各个市场上的收益情况如表10－7所示。

表10－7　期货多头交易策略投资结果一般表达

市场	投资策略	投资结果	投资收益
期货市场	买入期货合约	支付合约交割款	$-F$
货币市场	贷出资金	获得本金、利息	$P+rP$
现货市场	卖空资产	支付收益	$-yP$

最终投资者获取的无风险收益为：$P+rP-(F+yP)$

（二）投资者在期货市场上做空

当投资者在期货市场上选择做空策略时，其在期货市场上卖出期货合约，在货币市场上借入资金 P，并在现货市场上购买现货资产，在构建这个套利组合时，投资者无须投入任何自有资金。到期后，投资者用现货资产交割期货合约的空头头寸，并用期货合约的交割款来偿还货币市场的贷款，通过构建这样一个套利组合来获取无风险收益。此时投资者在各个市场上的收益情况如表10－8所示。

表10－8　期货空头交易策略投资结果一般表达

市场	投资策略	投资结果	投资收益
期货市场	卖出期货合约	获得合约交割款	F
货币市场	借入资金	偿还本金、利息	$-P-rP$
现货市场	购买资产	获取收益	yP

最终投资者获取的无风险收益为：$F+yP-(P+rP)$

当市场达到均衡状态时，投资者在期货市场上无论做多还是做空，其无风险收益都应为0，即：

$$P+rP=F+yP$$

整理可得：

$$F=P+P(r-y)=P(1+r-y) \tag{10-29}$$

其中：F 为期货合约的均衡价格。

从式（10－29）中可以看出（$r-y$）的大小决定了均衡期货价格与现货资产价格的关系。该项的含义是借贷利率与资产收益率之差，被称为持仓成本或净融资成本。一方面，如果投资者现在购买现货资产，需要立即支付现金，损失其时间价值，成本为 r；另一方面，投资者会获得资产收益，收益率为 y。因此，相对于购买期货合约，投资者的持仓成本为（$r-y$），这部分成本会被期货与现货的价差所抵消。当 $F=P(1+r-y)$ 时，价差正好冲销了持仓成本。

在交割日，均衡期货价格一定等于现货资产价格。因为在交割日借贷利率与资产收益率均为0，持仓成本等于0，所以期货均衡价格 F 一定等于现货资产价格 P。

在上例中 $P=3000$ 元，$r=1\%$，$y=1.5\%$，所以均衡期货价格为：

$$F=3000\times(1+1\%-1.5\%)=2985\text{（元）}$$

三、期货合约均衡价格的扩展

一般地，投资者进行期货交易是为了实现套期保值。如果套期保值是完全的，那么由期货合约与其他资产所构成的组合即是无风险的，而该组合所获得的收益率也应与无风险投资所获得的收益率（无风险收益率）相同，否则就会存在套利机会。

假设某投资者以 S_0 的投资额（股票组合的现价）投资于一指数基金，持有期为1年。为了规避市场指数波动的风险，该投资者进行套期保值，同时卖出该指数期货合约，并假设该期货合约在年底的交割价格为 F_0。假设指数基金在年底时一次性向投资者支付股利为 D。这样，该组合（由指数基金和股指期货合约构成）的总投资 S_0 到期末时的价值为 F_0+D。该组合的收益率为：

$$完全套期保值组合的收益率 = \frac{(F_0+D)-S_0}{S_0}$$

由于实现了完全的套期保值，因此该组合的收益率应等于无风险收益率，否则就会存在套利机会，而套利行为必将使二者相等。因此有

$$\frac{(F_0+D)-S_0}{S_0} = r_f$$

对该式进行整理，可得：

$$F_0 = S_0(1+r_f) - D = S_0(1+r_f-d) \qquad (10-30)$$

其中，$d=D/S_0$，代表股票组合的股利率；r_f 为相应时期的无风险收益率。式（10－30）被称为现货—期货平价定理（spot－futures parity theorem）。式（10－30）与式（10－29）所代表的平价关系是等价的。这里的无风险收益率相当于式（10－29）中的借贷利率，而这里的股利率就是式（10－29）的资产收益率。

现货与期货的平价关系可以推广到多期情形。由于期货合约到期日越长，持仓成本越高，所以现货与期货间的价差越大。假设期货合约有效期为 T，则现货—期货平价关系为：

$$F_0 = S_0(1+r_f-d)^T \qquad (10-31)$$

因此，若 T_1 时交割的期货价格为 $F(T_1)$，T_2 时交割的期货价格为 $F(T_2)$，则

$$F(T_1) = S_0(1+r_f-d)^{T_1}$$

$$F(T_2) = S_0(1+r_f-d)^{T_2}$$

$$F(T_2)/F(T_1) = (1+r_f-d)^{T_2-T_1}$$

对该式进行整理，可得：

$$F(T_2)=F(T_1)(1+r_f-d)^{T_2-T_1} \tag{10-32}$$

式（10－32）表示了不同到期日期货合约之间的平价关系。

【例 10－18】 某投资者以 13000 元投资于某指数基金，在 1 年持有期内可获得股利 200 元，无风险收益率为 5%。为了规避风险，该投资者同时卖出该指数期货合约，进行套期保值。请计算该指数期货合约的均衡价格。如果无风险利率下降为 4%，而期货合约的价格还维持在上述“均衡”价格，该投资者应如何操作？

由于 $S_0=13000$ 元，$D=200$ 元，$r_f=5\%$，所以指数期货合约的均衡价格为：

$$F_0=13000(1+5\%)-200=13450\text{（元）}$$

当无风险利率下降为 4% 时，该指数期货合约的均衡价格应为：

$$F_1=13000(1+4\%)-200=13320\text{（元）}$$

由于该期货合约的实际价格还维持在 13450 元，比均衡价格高出 130 元，市场出现了套利机会，投资者可构建这样一个投资组合：以 4% 的利率借入 13000 元买入指数基金，同时卖出该指数期货合约。

1 年后，借入的 13000 元还本付息，收益为 －13520（＝－13000×1.04）元；以该借款买入指数基金，一年中获得股利 200 元，若 1 年后指数基金的市价为 S，则 1 年后的收益为（$S+200$）元；按照期货合约的实际价格做期货空头，1 年后的收益为（$13450-S$）元。总的收益为：$-13520+(S+200)+(13450-S)=130$ 元。

可见，投资者在构建组合时的期初投资为零（借入 13000 元并将其投资于指数基金，期初净现金流为零），而 1 年后却获得了正的无风险收益，所以，这就是一个套利行为。但是这一状态是无法持续的，当所有投资者都采取同样策略进行套利时，期货合约的实际价格将恢复为其均衡价格。

拓展知识[10-2]

2020年中国银行“原油宝”事件

“原油宝”是中国银行面向个人客户发行的挂钩境外原油期货合约的交易产品，按照报价参考对象不同，其产品分为美国原油产品和英国原油产品。其中美国原油对应的基准标的为“WTI原油期货合约”，英国原油对应的基准标的为“布伦特原油期货合约”，并均以美元（USD）和人民币（CNY）计价。中国银行作为做市商提供报价并进行风险管理。中国银行在综合考虑全球相关原油市场价格走势、国内人民币汇率走势、市场流动性等因素的基础上向客户提供交易报价，并根据市场情况对交易报价进行调整。个人客户在中国银行开立相应综合保证金账户，签订协议，并存入足额保证金后，可进行做多与做空双向选择的原油交易。

原油宝产品按期次发布合约，合约采取“交易品种+交易货币+年份两位数字+月份两位数字”组合方式命名。

从2020年1月开始，美国原油期货的价格一路从60美元的高价，下跌到了3月的20美元。在油价暴跌背景下，不少投资者选择抄底，中国银行的原油宝产品规模也因此快速扩大。

北京时间2020年4月21日凌晨2：30，芝加哥商品交易所（CME）集团旗下纽约商业交易所（NYMEX）美国西得克萨斯轻质低硫原油WTI原油期货2005合约（2020年4月22日到期摘牌），在到期交割前两个交易日结算价报-37.63美元/桶，最低价为-40.73美元，下跌55.90美元，跌幅305.97%，这是芝加哥商品交易所集团WTI原油期货合约上市以来第一个负值结算价。虽然WTI原油期货2005合约在4月21日上涨恢复至正的价格，但“负油价”的出现仍对市场带来了深远影响。受负油价的影响，中国银行于北京时间4月21日发布公告称原油宝产品美国原油合约暂停交易，并在4月22日发布公告称原油宝美国原油5月合约将参考 CME 官方结算价进行结算或移仓。受此影响，原油宝美国原油产品的多头持仓客户“穿仓”且损失巨大（“穿仓”一般指衍生品的保证金账户亏空且产生欠款）。

因为期货合约都有到期日，期货投资者了结手中期货头寸的方式，只有平仓或者进行期货交割。通常只有拥有现货背景的投资者才能参与商品期货交割，而个人投资者是不能参与的，因此临近到期日，如果不想了结期货头寸，就可以进行移仓操作。所谓“移仓换月”，就是把手中临近交割月的原有期货合约平仓，同时再买卖交割月为后面月份的新的期货合约。一般情况下移仓换月都是保持同样数量合约，保持同样买卖方向。

“晚移仓”曾被当作是中国银行产品的一个优势所在，相比之下，工商银行和建设银行原油合约转期较早，中国银行选择交割前一日才移仓，可能是基于降低移仓成本损失的考量，因为期货合约报价越临近交割日，则越贴近现货价格。理论上，这种设计更贴合国际油价市场。在风险控制上，中国银行的产品设计未考虑到“负油价”这样的极端情况，在芝加哥商品交易所公告后也没有提前规避风险，拖至交割前一日才进行移仓操作，所以才造成了这样的局面。

总之，原油宝产品在合约设计、结算价设计、移仓设计等方面的漏洞和问题值得被归纳总结，并引以为鉴。

第四节 期权合约价值分析

目前，世界上应用最广泛的期权定价模型有两种，这两种模型之间的区别主要就是对股票价格随时间发生变化的假设不同。一种模型假设股票价格的变化率满足二项式分布，因而该模型被称为二项式期权定价模型；另一种模型假设股票价格的变化率满足对数正态分布，因其由美国经济学家费希尔·布莱克（Fischer Black）和迈伦·斯科尔斯（Myron Scholes）提出，所以被称为 Black – Scholes 期权定价模型。

一、二项式期权定价模型

二项式期权定价模型（Binomial Option Pricing Model，BOPM）认为在期权合约到期前，其对应的股票价格所发生的变化呈现非连续的要么上升要么下降的二项式分布的特征。二项式期权定价模型可对看涨期权也可对看跌期权进行定价。

（一）二项式期权定价模型的假设

二项式期权定价模型的假设主要包括：

（1）不存在交易成本，即市场是无摩擦的。

（2）投资者是价格的接受者，即任何投资者的交易行为都不能显著地影响价格。

（3）可以以无风险利率借入和贷出资金。

（4）未来股票的价格只有列出的两种可能性。

（5）允许完全使用卖空所得资金。卖空意味着卖出并不拥有的股票，在将来必须补进同等数量的股票。

（二）单周期看涨期权定价

为了确定一般情形下看涨期权的价格，首先，我们定义以下参数的含义：

S_0：$t=0$ 时股票的价格；

E：看涨期权的执行价格；

$u = 1 +$ 股票价格上升幅度；

$d = 1 -$ 股票价格下跌幅度；

C：看涨期权的价格；

a：保值匹配率，每一份期权对应的买卖股票的数量；

C_u：股票价格上升时看涨期权的价值，$C_u = \max\{0, uS_0 - E\}$；

C_d：股票价格下跌时看涨期权的价值，$C_d = \max\{0, dS_0 - E\}$；

T：距到期日的年限，以占一年的几分之几表示；

$R = (1+r)^T$（r 为无风险年利率）或 $R = e^{rT}$（r 为无风险连续年复利）。

其次，我们构建一个由看涨期权和相应股票组成的组合。表 10－9 显示了该组合在期初和看涨期权到期时的现金流量变化情况。

表 10－9　无借贷情形下看涨期权投资组合的现金流量

组合	$t=0$	$t=1$	
		$S_d = dS_0$	$S_u = uS_0$
出售一份看涨期权	C	$-C_d$	$-C_u$
购买 a 股股票	$-aS_0$	adS_0	auS_0
净现金流量		$adS_0 - C_d$	$auS_0 - C_u$

该投资组合由看涨期权的空头头寸和相应股票的多头头寸构成。在期初（$t=0$）时，出售一份看涨期权，会有相当于看涨期权价格 C 的现金流入，购买 a 股相应股票，会有现金流出 aS_0。在看涨期权到期（$t=1$）时，一份看涨期权空头的现金流为 $-C_d$ 或 $-C_u$，同时出售 a 股股票将获得现金流入 adS_0 或 auS_0。

为了使上述组合成为一个保值组合，期末时股票价格无论上涨还是下跌，都应有

$$adS_0 - C_d = auS_0 - C_u$$

解得：

$$a = \frac{C_u - C_d}{S_0(u-d)} \tag{10-33}$$

由上述过程可知，比例 a 可以使组合在期末时无论股票价格上涨还是下跌，净现金流量都相等，使组合成为了无风险组合，所以，a 也可以表示为了得到无风险组合，每一份期权对应的买卖股票的数量。

为了使该组合在 $t=1$ 时的净现金流量为 0，我们可在 $t=0$ 时借入资金，在 $t=1$ 时偿还，而且偿还的数量正好为 $adS_0 - C_d$ 或 $auS_0 - C_u$。

而此数量在 $t=0$ 时的现值为 $\frac{adS_0 - C_d}{R}$ 或 $\frac{auS_0 - C_u}{R}$。

此时，新组合的现金流量变化情况如表 10－10 所示。

表 10－10　有借贷情形下看涨期权投资组合的现金流量

组合	$t=0$	$t=1$	
		$S_d = dS_0$	$S_u = uS_0$
出售一份看涨期权	C	$-C_d$	$-C_u$
购买 a 股股票	$-aS_0$	adS_0	auS_0
借入资金	$\frac{adS_0 - C_d}{R}$ 或 $\frac{auS_0 - C_u}{R}$	$C_d - adS_0$	$C_u - auS_0$
净现金流量	$C - aS_0 + \frac{adS_0 - C_d}{R}$ 或 $C - aS_0 + \frac{auS_0 - C_u}{R}$	0	0

在期末时，该投资组合无论股票价格上涨还是下跌，净现金流量都为 0，不会给投资者带来遭受损失的风险，这意味着该投资组合在期初的净现金流量也应为 0，否则就会存在套利机会。所以

$$C - aS_0 + \frac{adS_0 - C_d}{R} = 0$$

$$C = \frac{aRS_0 - adS_0 + C_d}{R}$$

将式（10－33）代入上式，可得

$$C = \frac{C_u \frac{R-d}{u-d} + C_d \frac{u-R}{u-d}}{R}$$

令

$$h = \frac{R-d}{u-d} \qquad (10-34)$$

则

$$C = \frac{C_u h + C_d(1-h)}{R} \qquad (10-35)$$

式中，$h(u, d, R)$ 与风险偏好无关，所以被称为风险中性概率。

式（10－35）即是二项式期权定价模型的看涨期权定价的一般形式。以同样的思路，我们也可以对看跌期权进行定价。二项式期权定价模型所解得的期权价值是一种均衡价值，期权价格对该价值的任何偏离，都会导致无风险套利机会的出现，从而最终使期权价格恢复到均衡价格。

（三）多周期看涨期权定价

在前面推导过程中，我们只考虑了股票价格从 $t=0$ 到 $t=1$ 一个周期的变化情况，因而这一模型被称为单周期定价模型。这一模型在简单的同时也丧失了精确性，因为投资者从购买期权到期权到期这一段时间内，股票价格可能发生了不止一次的变化，这时就要用到多周期定价模型。

当将股票价格变化从期初（$t=0$）到期末（$t=1$）分为两个周期时，图 10－5 和图 10－6 分别表示了股票价格的变化情况以及对应的看涨期权价格。

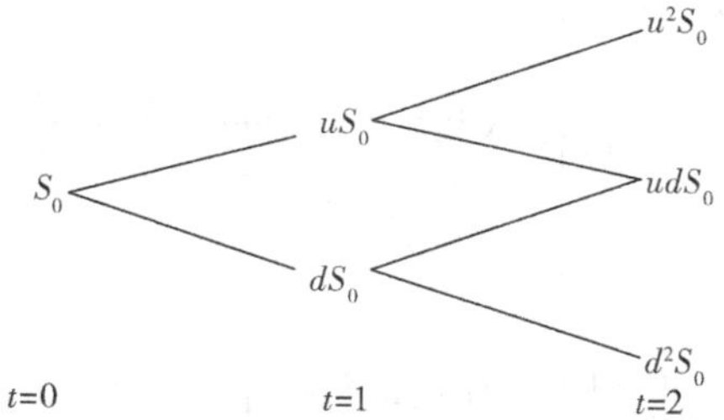

图 10－5　两周期股票价格变化情况

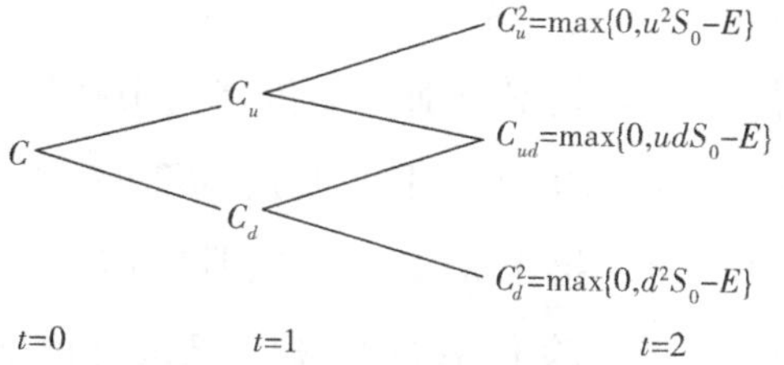

图 10－6　两周期看涨期权价格

当 $t=1$ 时，如果股票价格为 uS_0，应用单周期定价模型，此时看涨期权的价格 C_u 为：

$$C_u = \frac{C_u^2 h + C_{ud}(1-h)}{R}$$

当 $t=1$ 时，如果股票价格为 dS_0，应用单周期定价模型，此时看涨期权的价格 C_d 为：

$$C_d = \frac{C_{ud} h + C_d^2(1-h)}{R}$$

而当 $t=0$ 时，应用单周期定价模型，此时看涨期权的价格 C 为：

$$C = \frac{C_u h + C_d(1-h)}{R} = \frac{h^2 C_u^2 + 2h(1-h)C_{ud} + (1-h)^2 C_d^2}{R^2} \tag{10-36}$$

式（10－36）即是两周期定价模型。

根据同样的方法，我们还可以推导出三周期、四周期以至 n 周期的期权定价公式。如果在期权到期前，股票价格发生了 n 次变化，则看涨期权价格公式的一般表达式为：

$$C = \frac{\sum_{j=0}^{n} \frac{n!}{j!(n-j)!} h^j (1-h)^{n-j} \max\{0, u^j d^{n-j} S_0 - E\}}{R^n} \tag{10-37}$$

实际上，我们在对多周期看涨期权进行定价时，只需记住单周期定价模型，可用倒推的方法，从后向前，层层推进，直至求出期初时看涨期权的价格 C。

【例 10－19】 某公司股票目前市场价格为 100 元，1 年后该公司股票市场价格可能上升到 120 元（上升幅度为 20%），也可能下降到 90 元（下降幅度为 10%），接下来 1 年，该股票市场价格仍可能会上升 20% 或下跌 10%，若无风险利率为 10%，求执行价格为 100 元的该股票看涨期权的价格。

由题意可得，$u=1.2$，$d=0.9$，$R=1.1$，$C_u^2=44$，$C_{ud}=8$，$C_d^2=0$，应用单周期定价模型：

$$h=\frac{1.1-0.9}{1.2-0.9}=\frac{2}{3}$$

$$C_u=\frac{44\times 2/3+8\times 1/3}{1.1}=29.09$$

$$C_d=\frac{8\times 2/3+0}{1.1}=4.85$$

$$C=\frac{29.09\times 2/3+4.85\times 1/3}{1.1}=19.1(\text{元})$$

也可直接应用两周期定价模型：

$$C=\frac{44\times(2/3)^2+2\times(2/3)\times(1/3)\times 8+0}{1.1^2}=19.1(\text{元})$$

（四）看涨期权与看跌期权的平价关系

为了考察看涨期权与看跌期权价格之间的关系，我们对下面两种不同的期权投资策略进行比较：

策略 A：购买一份看跌期权的同时购买一股对应的股票。

策略 B：购买一份与上述看跌期权拥有相同标的资产、执行价格、到期日的看涨期权，同时贷出一笔与期权执行价格现值相同的资金。

这两种投资策略的收益情况如表 10－11 所示。

表 10－11 看涨期权与看跌期权的平价关系

投资策略	投资组合	$t=1$ 时组合的收益	
		$S_1\leqslant E$	$S_1>E$
策略 A	购买一份看跌期权	$E-S_1$	0
	购买一股股票	S_1	S_1
	合计	E	S_1
策略 B	购买一份看涨期权	0	S_1-E
	贷出资金 $\frac{E}{R}$ （$R=(1+r)^T$ 或 $R=e^{rT}$）	E	E
	合计	E	S_1

可以看出到期时无论股票价格如何变化，这两种投资策略的收益都是相同的。由于两种策略的回报特征相同，所以，在资本市场均衡时，它们在期初时的投入成本也必须相同，否则就会存在套利的机会，通过卖空定价偏高的组合同时买入定价偏低的组合而获得无风险收益。因此

$$P + S_0 = C + \frac{E}{R} \tag{10-38}$$

其中：P 为看跌期权的价格。

式（10－38）即为看涨—看跌平价定理（call－put parity theorem）。

由式（10－38）可得

$$P = C + \frac{E}{R} - S_0 \tag{10-39}$$

所以，对于看跌期权的价格，我们既可以通过二项式期权定价模型计算，也可以在已知看涨期权价格的条件下，通过看涨—看跌平价定理计算。

二、Black－Scholes 期权定价模型

若假设股票价格是连续性变化的，且股票价格变化率满足对数正态分布，则可用 Black－Scholes 期权定价模型（Black－Scholes Option Pricing Model，BSOPM）对期权进行定价。

（一）模型的假设

Black－Scholes 期权定价模型的假设主要包括：

（1）不存在交易成本，即市场上不存在税收、交易佣金等。

（2）投资者是价格的接受者。单个投资者的交易不能显著地影响价格。

（3）投资者能够以无风险利率借入和贷出资金。

（4）证券价格的变动符合几何布朗运动，即证券价格的波动是连续的、不停止的，且在一段极短的时间内只有极微小的变动，也即排除

了跳空上涨或下跌的可能性。

(5) 允许完全使用卖空所得资金，投资者不受卖空所得资金使用限制方面的约束。

(6) 期权是欧式期权，即期权在到期前不可执行。标的证券在期权有效期内不支付任何股息。

(二) Black - Scholes 期权定价公式

1973 年，布莱克和斯科尔斯推导出了欧式看涨期权和看跌期权价格的计算公式。一个不支付股利的欧式看涨期权的定价公式为：

$$C = S_0N(d_1) - \frac{E}{e^{rT}}N(d_2) \quad (10-40)$$

其中：

$$d_1 = \frac{\ln\left(\frac{S_0}{E}\right) + (r + 0.5\sigma^2)T}{\sigma\sqrt{T}} \quad (10-41)$$

$$d_2 = \frac{\ln\left(\frac{S_0}{E}\right) + (r - 0.5\sigma^2)T}{\sigma\sqrt{T}} = d_1 - \sigma\sqrt{T} \quad (10-42)$$

其中，S_0 为标的股票当前的市场价格；E 为期权的执行价格；r 为无风险连续年复利；T 为距到期日时间，以占一年的几分之几表示；σ 为标的股票的波动率，用标的股票年回报率的标准差来度量；$N(X)$ 为标准正态分布变量的累积概率分布函数，$N(-X) = 1 - N(X)$。

【例 10 - 20】 一个执行价格为 40 元，3 个月后到期的看涨期权，其标的股票的市场价格与波动率分别为 36 元和 50%，无风险连续年复利为 5%，求该看涨期权的价格。

由题意可得，$E = 40$，$T = 0.25$，$S_0 = 36$，$\sigma = 0.5$，$r = 0.05$

$$d_1 = \frac{\ln\left(\frac{36}{40}\right) + (0.05 + 0.5 \times 0.5^2) \times 0.25}{0.5\sqrt{0.25}} = -0.25$$

$$d_2 = -0.25 - 0.5\sqrt{0.25} = -0.5$$

$$N(d_1) = N(-0.25) = 0.4013$$

$$N(d_2) = N(-0.5) = 0.3085$$

$$C = 36 \times 0.4013 - \frac{40}{e^{0.05 \times 0.25}} \times 0.3085 = 2.26(\text{元})$$

根据看涨—看跌平价定理，一个不支付股息的欧式看跌期权的定价公式为：

$$P = C + \frac{E}{e^{rT}} - S_0 = \frac{E}{e^{rT}}N(-d_2) - S_0N(-d_1) \qquad (10-43)$$

【例10-21】 沿用【例10-20】，与该看涨期权对应的看跌期权的价格为：

$$N(-d_1) = 1 - 0.4013 = 0.5987$$

$$N(-d_2) = 1 - 0.3085 = 0.6915$$

所以，看跌期权的价格为：

$$P = \frac{40}{e^{0.05 \times 0.25}} \times 0.6915 - 36 \times 0.5987 = 5.76(\text{元})$$

若标的股票在期权有效期内支付了股息，这时，只需用 S 代替式（10-40）和式（10-43）中的 S_0，就可得到支付股息的欧式看涨期权和欧式看跌期权的定价公式。

$$S = S_0 - I \qquad (10-44)$$

其中：

$$I = \frac{D}{e^{r(T-t)}} \qquad (10-45)$$

其中：I 为支付的股息的现值；t 为股息支付日至期权到期日的年限，用一年的几分之几表示。

三、美式期权的均衡价格分析

对于不支付股息的美式看涨期权来说，持有期权比执行它更有价值。因为执行期权，投资者只能得到期权的内在价值，而持有期权的话，在期权的价值中，除了立即执行得到的内在价值以外，还有一部分就是期权的时间溢价。所以，此时的美式看涨期权就相当于是不能提前执行的欧式看涨期权，可用欧式看涨期权的定价公式对其进行定价。

如果美式看涨期权的标的股票支付了股息，标的股票的市场价格就会下降，使看涨期权内在价值下降，看涨期权有了提前执行的可能。支付股息的美式看涨期权的定价较为复杂，布莱克提出了一种近似处理方法。若 t 表示股息支付日至期权到期日的年限或提前执行的年限，此时可分别计算在（$T-t$）时刻到期的欧式看涨期权（即提前执行的美式看涨期权）的价格和 T 时刻到期的支付股息的欧式看涨期权的价格，然后将两者之中的较大者作为支付股息的美式看涨期权的价格。在大多数情况下，这种近似效果都不错。

由于美式看涨期权与看跌期权之间不存在精确的平价关系，所以美式看跌期权没有精确的定价公式，可以用二项式期权定价模型、蒙特卡洛模拟分析方法求出。

本章小结

1. 按收入资本化定价方法，证券价值等于证券所有未来现金收入流量的现值之和。

2. 1962 年马尔基尔最早系统地提出了债券定价的 5 个定理。即债券的价格与债券的收益率呈反比关系；若债券的收益率在其寿命期内保持不变，债券距到期日的时间越长，债券价格的升水或贴水幅度越大；若债券的收益率在其寿命期内保持不变，随着债券到期日的临近，债券价格的升水或贴水幅度减小，且以递增的速度减小；对于期限既定的债券，债券收益率的下降会引起债券价格的上升，且上升的幅度要超过债券收益率以同样比率上升引起的债券价格下降的幅度；除一年期和永久债券外，对给定的收益率变动幅度，债券的票面利率与债券价格的波动幅度呈反比关系。

3. 久期也称债券的平均期限，是债券本息支付的所有现金流到期期限的加权平均数，是一种度量投资者平均投资回收期的方法。

4. 债券的价格与债券的收益率呈反比关系，而且这一反比关系是非线性的，凸向原点，这就是债券的凸性。

5. 债券的免疫技术是指债券的投资者通过调整债券组合的久期来规避利率风险的策略。

6. 对于普通股来说，如果用收入资本化定价方法来确定其内在价值，就是股利的资本化过程，这种通过股利资本化方法所建立的评估股票内在价值的模型被称为股利贴现模型。根据对公司发放股利的不同假设，股利贴现模型可分为零增长模型、常数增长模型和多元增长模型。

7. 市盈率估价法有零增长市盈率估价法、常数增长市盈率估价法和多元增长市盈率估价法。

8. 当市场达到均衡状态时，期货合约均衡价格与现货资产价格存在如下关系：$F_0 = S_0(1 + r_f - d)$，此式被称为现货—期货平价定理。

9. 二项式期权定价模型认为在期权合约到期前，其对应的股票价格所发生的变化呈现非连续的要么上升要么下降的二项式分布的特征。

10. 单周期二项式期权定价模型为 $C = \dfrac{C_u h + C_d(1 - h)}{R}$，实际上，在对多周期看涨期权进行定价时，只需记住单周期定价模型，可用倒推的方法，从后向前，层层推进，直至求出期初时看涨期权的价格 C。

11. 看涨—看跌平价定理可以表述为：$P + S_0 = C + \dfrac{E}{R}$。

12. 若假设股票价格是连续性变化的，且股票价格变化率满足对数正态分布，则可用 Black - Scholes 期权定价模型对期权进行定价。

13. 不支付股息的欧式看涨期权的定价公式为：$C = S_0N(d_1) - \dfrac{E}{e^{rT}}N(d_2)$，不支付股息的欧式看跌期权的定价公式为：$P = \dfrac{E}{e^{rT}}N(-d_2) -$

$S_0N(-d_1)$。

14. 对于不支付股息的美式看涨期权，可以把它看作是欧式看涨期权，支付股息的美式看涨期权的定价较为复杂，在美式看涨期权与看跌期权之间不存在精确的平价关系。

关键概念

收入资本化定价方法　久期　债券的凸性　债券的免疫　股利贴现模型　零增长模型　常数增长模型　多元增长模型　市盈率估价法　现货—期货平价定理　二项式期权定价模型　看涨—看跌平价定理　Black - Scholes 期权定价模型

习　题

1. 某公司发行面额为1000元，票面利率为5%，期限为3年的债券，债券利息每年支付一次，到期还本，如果债券合理的到期收益率为8%，则该债券的价值为（　　）元。

A. 924　　B. 922.69

C. 832.76　　D. 1000

2. 在计算债券内在价值时，贴现率是（　　）。

A. 票面利率　　B. 国债利率

C. 合理的到期收益率　　D. 股利支付率

3. 利用债券的免疫技术，可以规避债券投资的（　　）。

A. 利率风险　　B. 通货膨胀风险

C. 信用风险　　D. 汇率风险

4. 假设未来股利不变，其支付过程呈永续年金形式的股利贴现模型是（　　）。

A. 零增长模型　　B. 常数增长模型

C. 多元增长模型　　D. H 模型

5. 某股票目前的市场价格为 15 元，预计下一期的股利是每股 0.8 元，该股利将以大约 5% 的速度持续增长，则该股票的期望收益率为（　　）。

A. 9.66%　　B. 8.57%

C. 11%　　D. 10.33%

6. 债券价值的影响因素包括（　　）。

A. 面值　　B. 票面利率

C. 到期收益率　　D. 到期时间

7. 某公司股票现在市场价格为 100 元，若 6 个月后该公司的股票价格可能上升到 111.8 元（上升幅度为 11.8%），也可能下跌到 89.44 元（下跌幅度为 10.56%），接下来的 6 个月，该股票价格仍会继续上升 11.8% 或下跌 10.56%，无风险年利率为 8%，求执行价格为 100 元的看涨期权的价格。

8. 某公司股票的现行市价为 110 元。以该种股票为标的资产的欧式看涨期权的执行价格为 105 元，期权合约的期限为 9 个月。已知该种股票的价格年波动率为 25%，无风险连续年复利为 8%，求该种股票欧式看涨期权的价格。

9. 简述债券定价定理。

10. 简述久期的性质。

11. 与股利贴现模型相比，市盈率估价法有何优点？

12. Black－Scholes 期权定价模型的假设条件有哪些？

13. 为什么可以把不支付股息的美式看涨期权看作是欧式看涨期权？

第十一章

有效市场假说

有效市场假说是现代金融学的基础理论之一，它与投资组合理论、资产定价理论有着紧密的联系。有效市场假说探讨了证券价格对相关信息的反映程度和反应速度。在一个有效的市场中，将不存在超额收益，也即投资者的收益水平将无法超过市场平均收益水平。所以，市场的有效性将直接决定投资者投资策略的选择和投资收益水平的高低。

学习目标

1. 掌握有效市场假说的定义及假设条件
2. 掌握有效市场3种形式之间的关系
3. 了解有效市场的检验方法

第一节　有效市场假说的定义及假设条件

有效市场假说的产生是从股价的随机游走现象开始的。1900年法国数学家路易斯·巴舍利耶（Louis Bachelier）从随机过程角度研究了布朗运动以及股价变化的随机性。后来也有不少经济学家证实了股票价格的时间序列符合随机游走模型。就在人们无法对股票价格波动呈现布朗运动现象进行合理的经济学解释时，1965年保罗·A. 萨缪尔森（Paul A. Samuelson）认为金融市场中价格随机波动正说明金融市场是一个有效率的市场。与此同时，尤金·法玛（Eugene Fama）等开始从信息与股票市场价格波动的关系研究市场有效性问题。法玛在1970年系统性地提出了有效市场假说（Efficient Market Hypothesis，EMH），并因此获得了2013年诺贝尔经济学奖。

一、有效市场的定义

有效市场的正式定义是由法玛于1970年在总结前人研究的基础上提出的。法玛认为，如果在一个证券市场中，价格完全反映了所有可以获得的信息，那么就称这样的市场为有效市场。1992年伯顿·G. 马尔基尔（Burton G. Malkiel）给出了更明确的定义：如果一个资本市场在确定证券价格时充分、正确地反映了所有的相关信息，这个资本市场就是有效的。规范地说，如果将该信息披露给所有参与者时，证券价格不受影响的话，该市场就被称为相对于某个信息集是有效的。更进一步说，相对于某个信息集有效，意味着根据该信息集进行交易不可能赚取超额收益。

所以，有效市场假说探讨了证券价格对相关信息的反映程度和反应速度。如果相关信息能够立即并充分地反映在证券价格中，那么该市场就是有效的。市场效率越高，证券价格对信息的反应速度也越快。所以，在一个完全有效的市场中，一切相关信息已经及时、准确、充分地反映在证券价格中了，所有证券的价格都将等于它们的内在价值。换言之，既没有价格被高估的证券，也没有价格被低估的证券，在这些信息集的基础上，任何投资者都将无法获得超额收益率，投资收益率必然等于证券供求相等时的均衡收益率。

二、有效市场假说的假设条件

有效市场假说是建立在 3 个逐渐弱化的假设条件之上的。

假设一：投资者是理性的，可以理性地评估证券的价值。

这个假设是最强的假设。投资者是理性的，他们认为每种证券的价值等于其内在价值。而证券的内在价值等于证券未来的现金流按能反映其风险特征的贴现率贴现后的净现值。当投资者获得有关证券内在价值的信息时，他们会迅速做出反应，买进价格低于内在价值的证券，卖出价格高于内在价值的证券，从而使证券价格迅速调整到与新的内在价值相等的水平。投资者理性意味着，在同风险条件下，任何人都不能赚取超额收益率。因此，由完全理性的投资者构成的竞争市场必然是有效市场。

假设二：虽然部分投资者是非理性的，但他们的交易是随机的，这些交易会相互抵消，因此不会影响价格。

这是一个较弱的假设。有效市场假说的支持者认为，投资者非理性并不能否定有效市场的存在。因为非理性投资者的投资策略互不相关，只要非理性的投资者是随机交易的，这些投资者数量很多，那么非理性的交易就可以互相抵消，从而不会影响市场效率。因此，即使投资者是非理性的，在很多情况下市场仍可能是理性的，投资者非理性并不能作为否定有效市场的证据。

假设三：虽然非理性投资者的交易行为具有相关性，但理性套利者的套利行为可以消除这些非理性投资者对价格的影响。

这是最弱的假设。

套利是指当某种实物资产或金融资产（在同一市场或不同市场）拥有不同价格的情况下，投资者在价低的市场上买进的同时，在价高的市场上卖出，从而获取无风险收益的行为。

当非理性的投资者连续买进某种证券，使该证券的价格高于其内在价值时，套利者就可以卖出甚至卖空该证券，同时买进其他相似的证券以对冲风险。在此过程中，套利者无须投入额外的资本，也不会承担额外的风险，同时还能赚取无风险利润。套利活动将使各种证券的价格迅速回归其内在价值。

三、有效市场的必要条件

从上述假设条件不难看出，有效市场需具备如下必要条件：

（1）存在以利润最大化为目标的理性套利者，他们可以根据现有信息对证券价值形成合理判断。

（2）存在大量的证券，以便每种证券都有“本质上相似”的替代证券，这些替代证券不但在价格上不能与被替代品一样同时被高估或低估，而且在数量上要足以将被替代品的价格拉回到其内在价值的水平。

（3）市场允许卖空。

（4）不存在交易成本和税收。

第二节　有效市场的分类

有效市场假说认为，证券价格已经充分反映了所有相关的信息，资本市场相对于这个信息集是有效的，任何人根据这个信息集进行交易都无法获得超额收益。这里的有效是指价格对信息的反映具有高效率，这种高效率不仅指价格对信息反应的速度，而且指价格对信息反映的充分性和准确性。同时，有效是一个相对概念，问题的关键并非一个市场是否有效，而是一个市场在多大程度上有效。根据证券价格对信息反映程度的不同，可以将有效市场分为 3 种依次渐强的形式：弱式有效市场、半强式有效市场以及强式有效市场，如图 11 - 1 所示。

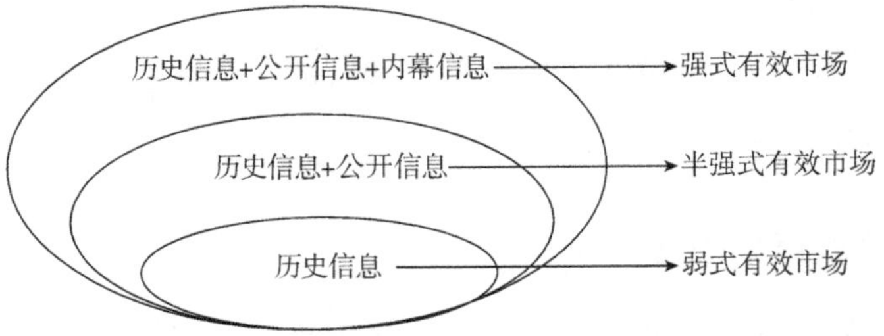

图 11 - 1　有效市场的分类

一、弱式有效市场

弱式有效市场是有效市场的最低层次。在弱式有效市场中，证券价格充分反映了全部历史信息，这些信息包括历史成交价、成交量、收益率和其他一些市场信息。由于所有的历史信息已经全部反映在价格中了，基于历史信息对未来价格趋势进行预测将是无效的，也就是说，依照历史信息所进行的技术分析将无法使投资者获取超额收益。由于证券价格的变动同其历史行为方式是相互独立的，证券价格变动的历史时间序列数据会呈现出随机游走的形态。

二、半强式有效市场

如果市场中的证券价格不仅充分反映了其历史信息，而且还反映了所有影响公司未来价值的公开信息，则市场达到了半强式有效。公开信息包括公司公布的财务报表、股利分配方案、融资信息和其他影响其未来价值的公开信息。由于所有的历史信息和公开信息已经全部反映在价格中了，在半强式有效市场中，技术分析和基本分析都会失去作用，只有内幕信息可能帮助投资者获取超额收益。

三、强式有效市场

如果市场中的证券价格反映了所有的信息，包括历史信息、公开信息和内幕信息，那么市场就达到了强式有效。在强式有效市场中，只要有人得知了内幕信息，他就会立即行动，从而使证券价格迅速达到该内幕信息所反映的合理水平，此时，任何针对信息的收集和处理工作都是徒劳的，都无法使投资者获取超额收益。所以，在强式有效市场中，没有任何方法能帮助投资者获得超额收益，即使投资基金和有内幕信息者也一样。

四、三类有效市场的关系

首先，从证券价格对信息的反映程度来看，当信息集从最小达到最大时，证券市场也就从最弱形式达到了最强形式。正因如此，强式有效包含着半强式有效，半强式有效包含着弱式有效。

其次，从证券价格对信息的反应速度来看，如果市场是有效的，则证券价格能够迅速对所有相关信息做出完全反应；如果市场是相对无效的，则证券价格不能及时反映信息的变化，投资者要花费一定时间进行分析才能做出正确反应，所以一开始可能反应过度或反应不足。

图 11－2 反映了证券价格在收到信息后的 3 种反应形式。假设在所考察时期内只有一条相关新信息，该新信息是利好消息，在 t 时刻到达市场。图 11－2 中实线显示了在一个完全有效市场中，证券价格对新信息的反应，而虚线和点划线则显示了相对无效市场中证券价格对新信息的反应：反应不足或过度。

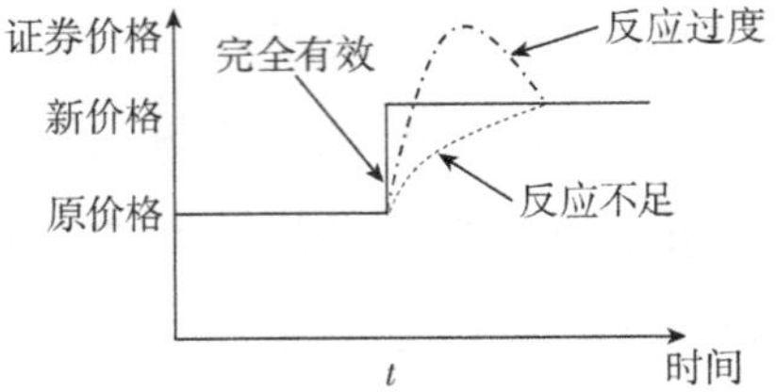

图 11－2　证券价格对新信息的反应

第三节　有效市场假说的实证检验

有效市场假说认为，在一个完全有效的市场中，技术分析法、基础分析法以及内幕信息都无法为投资者带来超额收益；反之，如果市场非完全有效，那么借助这些分析寻找价格被高估和低估的证券，将可以为投资者赢得超常的收益。所以，可以通过检验在一定信息范围内股票收益的可预测性和超额收益的可获得性，来检验市场的有效性。例如：使用股票价格的历史资料，检验弱式有效市场；使用公司财务资料、国民经济资料等公开信息，检验半强式有效市场；使用包括内幕信息在内的所有信息，检验强式有效市场。

一、弱式有效市场的检验

（一）检验股票价格之间的相关性

如果股票价格之间存在统计上显著的系列相关性，说明股票价格过去的升降变化对未来的价格变化存在着某种影响，也就是说，可从股票价格的历史变化中发现未来股票价格的变化规律，这时市场还未达到弱式有效；反之，则不能否认市场已经达到弱式有效。

对股票价格时间序列建立如下的 m 阶自回归模型（AR 模型）：

$$P_t = \alpha + \beta_1 P_{t-1} + \beta_2 P_{t-2} + \cdots + \beta_m P_{t-m} + \varepsilon_t \qquad (11-1)$$

其中：参数 β 表示股票价格变化的滞后影响。

如果市场是弱式有效的，股票的未来价格与历史价格不存在相关性，则模型的参数 β 与 0 相比，不会有统计意义上的显著性。否则，表明股票的历史价格会影响股票的未来价格，市场还未达到弱式有效。

（二）检验股票价格变化的随机性

1965 年法玛指出，检验某一时间序列是否遵循随机游走的最直接方法是测试变量的序列相关性。如果股票价格是随机游走的，那么，股票在不同时期的收益率互不相关。从统计检验的角度来看，如果股票价格变化不具有统计上显著的随机性，则投资人有可能利用该非随机特性获取超额收益，说明市场还未达到弱式有效；反之，则不能否认市场已经达到弱式有效。在实际应用中，可采用以下两种方法进行检验：

1. 自相关检验

计算股票收益率的自相关系数：

$$\rho(k) = \frac{\mathrm{cov}(r_t, r_{t-k})}{\sqrt{\mathrm{var}(r_t)}\sqrt{\mathrm{var}(r_{t-k})}} \qquad (11-2)$$

其中：$\rho(k)$ 为股票收益率时间序列 r_t 的自相关系数；k 为滞后的阶数。

根据自相关系数判断：如果相关性强，说明市场是无效的；如果不相关，说明市场是有效的。

2. 单位根检验

$$P_t = P_{t-1} + \varepsilon \text{，} \{\varepsilon\} \text{为一平稳序列} \qquad (11-3)$$

如果股票市场弱式有效，股票价格序列 $\{P_t\}$ 将呈随机游走特征，经过一次差分后，$\{\Delta P_t\}$ 为一阶平稳过程，说明股票价格序列 $\{P_t\}$ 为一阶单整过程。因此，对股票市场的检验可以通过对股票价格序列 $\{P_t\}$ 进行单位根检验，确定其单整阶数来进行。

常用的单位根检验方法有：ADF 检验、PP 检验、NP 检验等。

（三）检验各种股票技术分析方法的有效性

对股票市场有效性进行检验，学者大多采用了所谓的“过滤法则”，即选择一个与股票价格变化有关的指标，然后按照这一指标的指示进行股票的买卖。如果这种操作在扣除风险和交易成本等因素后能比一般的投资者获得更高的收益，则股票市场弱式有效不成立；反之，则股票市场弱式有效。

二、半强式有效市场的检验

对于半强式有效市场，主要检验股票价格对公开发布信息的反映程度，信息集是所有公开的信息。这些公开信息包括公司规模、股票拆细、盈利报告公布、资产重组、股利分配和增发新股等内容。如果股票价格能迅速充分地反映任何公开信息，那么投资者不仅无法从历史信息中获取超额收益，而且无法通过分析当前的公开信息获得超额收益，股票市场半强式有效成立；反之，市场未达到半强式有效。

检验半强式有效市场一般采用事件研究法，即研究某一具体事件对股票收益产生的影响。事件研究以一段时间为时间窗口长度，将这段时间内的股票累计超额收益和一些会计指标作为观察值，来确定该事件是否引起投资者对企业未来现金流量的期望值发生改变，从而引起股票价格的显著变动。具体的事件研究法的步骤为：

（1）定义事件。确定研究的事件，锁定事件窗口，即事件发生日，通常为 1 天。

（2）选择事件区间。在研究某一事件对股票价格或收益的影响时，一般选择事件发生前后的一段时间作为研究对象。

(3) 计算正常收益率。正常收益率是指如果没有该事件发生所期望的收益率，用 $E(r_{it} \mid \Phi_t)$ 表示。Φ_t 是 t 时刻的信息集。正常收益率可以用市场模型、常数均值模型和资本资产定价模型来估计。

市场模型的理论基础在于市场中任何股票的收益率与市场组合的收益率存在很强的相关性。

$$E(r_{it} \mid \Phi_t) = \alpha + \beta r_{mt} + \varepsilon_t \qquad t \in [T_1 + 1, T_2] \tag{11-4}$$

其中：r_{it} 、r_{mt} 分别为 t 时刻股票 i 和市场指数的收益率。

常数均值模型假定股票在事件窗口内正常收益率为常数。利用估计窗口期 $[T_0, T_1]$ 内实际收益率的平均值作为事件窗口期 $[T_1 + 1, T_2]$ 的正常收益率。

$$\mu_i = \frac{1}{T_1 - T_0}\sum_{t=T_0}^{T_1} r_{it} \qquad t \in [T_0, T_1] \tag{11-5}$$

$$E(r_{it} \mid \Phi_t) = \mu_i \qquad t \in [T_1 + 1, T_2] \tag{11-6}$$

资本资产定价模型表示了市场达到均衡状态时，一种证券的期望收益率与该证券的系统风险正相关。

$$E(r_{it} \mid \Phi_t) = r_f + [E(r_{mt}) - r_f]\beta_i \tag{11-7}$$

(4) 计算超额收益率。超额收益率是指事件期间股票的实际收益率减去该期间的正常收益率，计算公式为：

$$AR_{it} = r_{it} - E(r_{it} \mid \Phi_t) \qquad t \in [T_1 + 1, T_2] \tag{11-8}$$

其中：AR_{it} 为超额收益率；r_{it} 为股票的实际收益率。

(5) 计算平均超额收益率和累计超额收益率。

N 家公司的平均超额收益率为：

$$\overline{AR_t} = \frac{1}{N}\sum_{i=1}^{N} AR_{it} \tag{11-9}$$

累计超额收益率的计算公式为：

$$\overline{CAR_t} = \sum_{t=T_1+1}^{T_2} \overline{AR_t} \tag{11-10}$$

（6）检验假设。给出原假设，通常假定 $\overline{AR_t}=0$，$\overline{CAR_t}=0$，即该事件对股票收益没有影响。

计算出结果后，再对平均超额收益率和累计超额收益率是否显著为零的假设进行检验。如果检验结果为两个收益率均显著不为零，就意味着事件的发生能够带来超额收益，说明事件包含的信息不能及时充分地反映到股票的价格中，市场没有达到半强式有效。

三、强式有效市场的检验

对于强式有效市场，主要研究投资者或者机构是否拥有垄断力量，是否垄断了与价格形成相关的信息，信息集除了所有公开的信息，还有尚未完全反映在市场价格中的内幕信息。检验的对象是专业投资者或内幕人士的收益率。如果发现某一专业投资者具有重复的超常表现，则表明专业投资者有预测能力，内幕信息帮助专业投资者获取了超额收益，市场未达到强式有效，否则就说明投资者即使拥有内幕信息也无法获得超额利润，市场达到了强式有效。

目前，对有效市场假说的实证检验还远没有形成一致的结论。对于成熟资本市场国家，一般认同的观点是其市场已经基本达到了弱式有效，而半强式有效、强式有效还需要进行进一步的验证。

拓展知识[11-1]

对有效市场理论提出挑战的市场异常

学者在市场有效性的检验中发现了很多“异常现象”。“异常现象”的存在是对市场弱有效或半强有效的一种否定，同时也是投资者利用可获得信息能够获取超额收益的证明。

1. 市盈率效应（P/E effect）。1983 年 Basu 发现低 P/E 的资产组合比高 P/E 的资产组合具有更高的利润。

2. 小公司效应（small firm effect）。1981 年 Benz 发现小规模公

司股票的收益率要高于大规模公司股票的收益率。

3. 一月效应（January effect）。实证研究发现，在大多数的证券市场中存在某个或某些特定月份的平均收益率年复一年显著地异于其他各月平均收益率的现象，这种市场异象被称作“月份效应”。在美国的股票市场表现为“一月效应”，即一月份的平均收益率显著高于其他月份的平均收益率。该现象最早由 Wachtel 于 1942 年发现，但直到 1976 年 Rozef 和 Kinney 才系统地将这一异象揭示出来。

4. 账面/市值比效应（B/M effect）。1992 年 Fama 和 French 发现根据公司资产净值账面价值与市场价值的比率可以预测公司股票的收益率水平，公司资产净值账面值/市值比与公司股票收益率正相关 。

5. 周末效应。周末效应也称星期效应，是指股票收益率在周末前后出现有规律的异常变化的现象。Cross（1973）在对 1953 年到 1970 年期间标准普尔 500 指数的研究中，发现星期五的平均收益率最高，而星期一的平均收益率最低，并且明显为负值。后来，周末效应被证明在几乎所有的发达国家证券市场上都存在。

这些异常现象不仅仅存在于弱式有效市场，而且在半强式有效市场中也经常出现，特别是它们的出现或存在往往是持续性或反复性的，这不仅引发了对有效市场假说的重大争论和冲击，而且导致了行为金融学的产生和发展。

阅读材料[11–1]

巴菲特和博格尔的共通之处

沃伦·巴菲特和约翰·博格尔是我们这个时代对金融投资行业产生巨大影响的传奇人物。从他们各自提倡的投资哲学来说，两个人可谓大相径庭。

巴菲特是主动投资的代表，价值投资哲学的代言人。从 1965 年算起，到 2019 年，巴菲特管理的伯克希尔·哈撒韦，其股价上涨的幅度为每年 20.3%，而同期的标普 500 指数每年平均上涨 10%。基于其提倡的价值投资理念，巴菲特对“有效市场假说”有很多质疑。多年以来，巴菲特不断地用自己的例子，以及他认识的一些其他成功价值投资者的例子，来持续反驳“有效市场假说”，指出即使市场在大部分时间有效，即股票价格正确反映了所有信息，也未必代表市场在每时每刻都有效。巴菲特自己的投资业绩，就是一个活生生的例子，证明如果长期坚持价值投资，那么投资者有可能找到市场的无效之处，并获得比平均回报更好的投资回报。

约翰·博格尔在 1974 年创立了先锋集团，并在 1976 年发行了第一只供散户投资者购买的标普 500 指数基金。博格尔提倡广大个人投资者购买指数基金，其理论基石恰恰是被巴菲特诟病的“有效市场假说”。博格尔认为，如果市场在大部分时间都是有效的，那么股票的价格，已经消化了所有关于股票的公开和非公开信息，其价格不高也不低，恰恰好。个人投资者没必要去花精力做各种个股研究，也几乎不可能战胜市场，所以对于他们来说，更好的方法是购买低成本的指数基金，满足于获得市场平均回报。

那么，巴菲特和博格尔，一个代表主动投资，寻找市场的无效之处；而另一个则代表被动投资，接受市场的有效性。他们俩分明代表的是完全相反的一对矛盾，哪有什么共通之处？

其实两人的共通之处，恰恰在于他们反复强调的投资原则：牢记自己的能力圈。

举例来说，巴菲特对于消费行业研究得比较透。他选择长期持有的几只股票，比如美国运通、可口可乐、吉列等，都是在他特别了解的行业中精挑细选出来的佼佼者。巴菲特一般只会选那些商业模式相对比较清晰，创造现金流能力比较强的公司，而对于那些他看不懂的商业模式，比如科技股票，他几乎都不碰一下。最近几年买入的苹果股票，是少见的例外，但该股票同时也带有强烈的消费品股票属性。

明确自己的能力圈，在自己有优势的地方主动出击，集中下注；而在自己没有优势的地方，主动承认自己的弱点，并通过低成本的方法满足于获取平均回报，这是巴菲特和博格尔共通的智慧结晶。在伯克希尔·哈撒韦股东信中，巴菲特多次提到，希望自己的家族基金，分配90%的权重来购买低成本的先锋标普500指数基金。在巴菲特看来，像他那样的投资奇才，天下少之又少。因此，他宁愿自己的家族后代，通过多元分散、长期持有的方式，获得市场的平均回报，而他首选的投资工具，恰恰就是博格尔创办的先锋集团管理的低成本指数基金。

因此，对于任何一个散户投资者来说，一方面，在那些自己熟悉的行业或者投资领域，可以大胆地做一些主动型集中投资。这些投资的特点是高度集中、高风险和潜在高回报。另一方面，不要在自己不熟悉的领域瞎投资。博格尔提倡的低成本指数基金，可以让我们以最低的成本和最低的风险，获得大部分人都无法战胜的市场平均回报。将巴菲特和博格尔两种哲学结合起来，也就是主动和被动投资相结合，一张一弛，双管齐下，通过长期投资，就可以逐步提高自己家庭的财富水平。

资料来源：伍志坚．巴菲特和博格尔的共通之处［EB/OL］．［2020-03-11］．https://mp.weixin.qq.com/s/rKksaG80qRS6j2Czlbt10g.

本章小结

1. 法玛认为，如果在一个证券市场中，价格完全反映了所有可以获得的信息，那么就称这样的市场为有效市场。

2. 有效市场假说探讨了证券价格对相关信息的反映程度和反应速度。如果相关信息能够立即并充分地反映在证券价格中，那么该市场就是有效的。市场效率越高，证券价格对信息的反应速度也越快。

3. 在一个完全有效的市场中，一切相关信息已经及时、准确、充分地反映在证券价格中了，所有证券的价格都将等于它们的内在价值。换言之，既没有价格被高估的证券，也没有价格被低估的证券，在这些信息集的基础上，任何投资者都将无法获得超额收益率，投资收益率必然等于证券供求相等时的均衡收益率。

4. 根据证券价格对信息反映程度的不同，可以将有效市场分为3种依次渐强的形式：弱式有效市场、半强式有效市场以及强式有效市场。

5. 在弱式有效市场中，依照历史信息所进行的技术分析将无法使投资者获取超额收益。在半强式有效市场中，技术分析和基本分析都会失去作用，只有内幕信息可能帮助投资者获取超额收益。在强式有效市场中，没有任何方法能帮助投资者获得超额收益。

6. 对于有效市场假说的检验，可以通过检验在一定信息范围内股票收益的可预测性和超额收益的可获得性，来检验市场的有效性。例如：使用股票价格的历史资料，检验弱式有效市场；使用公司财务资料、国民经济资料等公开信息，检验半强式有效市场；使用包括内幕信息在内的所有信息，检验强式有效市场。

关键概念

有效市场　弱式有效市场　半强式有效市场　强式有效市场

习　题

1. 有效市场假说的假设条件是怎样的？
2. 有效市场体现为哪几个层次？每个层次间的关系是怎样的？
3. 有哪些方法可以检验弱式有效市场？
4. 用什么方法可以检验半强式有效市场？

第十二章

金融市场监管

金融市场作为市场经济体系的重要组成部分，保证其高效有序运行对于推动经济持续健康发展有着重要的意义。然而，由于市场失灵以及金融体系中常常存在的垄断和信息不对称等问题，容易导致金融产品和金融服务的价格信息扭曲以及社会资金配置效率低下，形成金融市场风险。因此，为防范金融市场风险，金融市场的监管不可或缺。

学习目标

1. 掌握金融市场监管的含义、目标、原则和金融市场监管模式
2. 掌握金融市场监管的理论基础
3. 了解我国金融市场监管体系的演进与发展

第一节 金融市场监管概述

市场经济通常表现为竞争加剧与效率提升，但市场并不总是有效的，市场失灵存在于各种领域，而其在金融领域常表现为：垄断、信息不对称、外部性、过度竞争带来的不稳定性以及分配的不公平性，以上都会导致金融产品和金融服务的价格信息扭曲以及社会资金配置的低效率。因此，政府需要通过金融市场监管来避免、消除或部分消除由市场机制本身所引起的金融产品和金融服务价格信息的扭曲，实现社会资金的有效配置。

一、金融市场监管的含义

金融市场监管是金融市场监督和金融市场管理的复合词，是指一国的货币当局或该国政府依法设定的金融监管部门和有关自律性组织机构，对金融市场的各类参与者及它们的融资、交易活动所做出的各种规定以及对市场运行进行组织、协调和监督的措施及方法。

金融市场监管包含两个层次的监督和管理：一是政府通过中央银行、证券监督管理委员会等特定的金融监管机构，对各类金融机构和交易活动实施的全面性、经常性的检查和督促，以保证金融市场依法稳健运行和发展，其本质是政府规制行为；二是金融市场上各类金融机构及行业组织（如证券交易所、证券业协会等）进行的自律性管理。前者

为外部管理，后者则称内部自律。

二、金融市场监管的目标

有效的金融市场监管不仅有利于维持金融市场运行的秩序，最大限度地降低金融市场风险，保障存款人和投资者的利益，还有助于防止欺诈活动或者不恰当的风险转嫁，促进金融和经济的健康发展。就其目标而言，可以简要地概括为确保金融安全、提高金融效率以及保障金融公平。

（1）确保金融安全。金融安全是金融市场监管的首要目标，金融作为现代经济的核心，金融安全对金融机构乃至整个宏观经济安全健康运行的重要性不言而喻。

（2）提高金融效率。金融效率是指以经济的方式对有限的金融资源进行配置，即以尽可能低的成本对金融资源进行优化配置，从而实现金融资源的最大化利用，而限制垄断、维护合理的充分竞争是实现金融效率目标的根本保证。

（3）保障金融公平。消除因金融市场和金融产品本身给市场参与者带来的信息收集和处理能力上的不对称性，以避免因信息不对称造成交易的不公平性，在机会均等的竞争环境下形成有序的金融秩序，实现金融资源配置的社会福利最大化。

三、金融市场监管的原则

金融市场监管的原则是金融监管当局在金融市场监管活动中，始终应当遵循的价值追求和最低行为准则。金融市场监管应坚持以下原则：

（1）合法性原则。合法性原则又称依法监管原则，是指金融市场监管必须依据相关法律、法规进行。监管主体的职责权限、监管措施等均由相关金融监管法律、法规规定，监管活动应依法进行。合法性原则不仅要求金融监管当局必须依据相关的法律法规进行监管，保护市场参与者的合法权益，还要求金融市场参与者要在国家法律、法规允许的范围内活动。

（2）公开、公平、公正原则。金融市场监管活动应最大限度地提高透明度，同时金融监管当局应公正执法、平等对待所有金融市场参与者，做到实体公正和程序公正。其中，公开原则是指金融监管当局要督促参与金融市场交易活动的各方及时、完整、真实、准确地披露要求披露的各种信息和资料，营建一个信息透明的交易环境。公平原则是指以社会公众为主体的市场参与者在参与金融活动的过程中具有平等的法律地位、交易机会，各市场参与者公平竞争，并且交易各方的合法权益都能得到公平的保障。公正原则是指金融监管当局在公开、公平原则的基础上，对被监管对象予以公正对待，既不袒护市场中的违法行为，也不凌驾于法律法规之上，做到立法公正、执法公正、仲裁公正。

（3）适度性原则。该原则要求金融监管当局必须遵循金融市场调节的基本规律，适度监管。适度监管既能维护金融市场的安全与稳定，又能保持金融市场的竞争与活力，既不能放任不管，也不能矫枉过正。监管过松会滋生金融风险，可能进一步导致金融危机；而监管过严会使金融市场失去活力与效率，抑制金融业的创新与发展。

（4）协调性原则。各金融监管主体之间应相互协调，形成职责分明、分工合理、相互配合的监管体系，以节约监管成本、提高监管效率。

四、金融市场监管模式

按是否对金融业内不同行业分业监管，金融市场监管模式可分为3种，即分业监管模式、统一监管模式以及不完全统一监管模式。

（一）分业监管模式

分业监管模式是指根据金融业内不同的机构主体及其业务范围的划分而分别进行监管的体制。在分业监管模式下，通常由多个金融监管机构共同承担监管责任，即在银行、保险、证券行业分别设立一个专职的监管机构，负责各行业的审慎监管和业务监管。目前，印度采取的就是分业监管模式。

分业监管模式的优势主要体现在以下两个方面：一是监管专业化，由于各个监管机构负责各自领域，不仅职责明确，分工细致，还有利于提高监管效率。二是有监管竞争优势。虽然不同的监管机构有不同的监管对象，但是不同监管机构之间依然存在着一定的竞争，分业监管有利于发挥各监管机构的优势。

但是，分业监管模式也存在缺点：一是各个监管机构之间协调性较差，可能存在相互推诿的现象，使得被监管对象可能通过利用多重监管中的监管真空来逃避监管或进行监管套利。二是分业监管成本较高，且不能享受规模经济带来的好处。三是分业监管模式不能适应混业经营发展的需要，不能有效监管混业经营的金融控股公司或金融集团。

（二）统一监管模式

统一监管模式是指对不同金融机构和金融业务，无论是审慎监管还是业务监管都由一个统一的监管机构来负责。也就是说，由单一机构对银行、保险、证券行业进行全面监管。监管主体可以是中央银行，也可以是其他机构或监管当局。采用该模式的主要代表国家有韩国与日本。

统一监管模式的优势主要体现在以下几点：一是降低监管成本。统一监管可以节约技术与人力的投入，降低信息获取成本，获得规模效益。二是改善监管环境。统一监管模式不仅可以避免监管重复、监管分歧和信息要求上的不一致，还可以使普通投资者在其利益受到损害时，方便进行投诉。三是适应性强。现代金融市场金融业务的创新层出不穷，经营多种业务的金融机构更加普遍。统一监管模式能够更加高效地适应新业务，避免监管真空，有效降低金融创新带来的新的系统性金融风险。四是责任明确。在统一监管模式下，只有一个监管机构，便于监管责任的分配，具有监管责任明确的优势。

统一监管模式的缺点主要表现为：一是金融业的不同子行业具有不同的特点与风险，例如投资银行与商业银行面临的风险存在很大的不同，而统一监管并未对其进行细致的区分，监管效果可能不理想。二是缺乏监管竞争，可能会降低监管效率。

（三）不完全统一监管模式

不完全统一监管模式属于中间类型的监管模式，它吸取了分业监管模式与统一监管模式两者的优点，并加以改进。按监管机构不完全统一和监管目标不完全统一，这种监管模式的具体形式有：

（1）牵头监管模式。牵头监管模式是指在实行分业监管的同时，随着金融业混业经营的发展，一些业务可能存在监管真空或监管交叉重复的情况，为此几个主要监管机构建立及时磋商协调机制来相互交换信息，为了防止监管机构之间发生冲突，指定某一监管机构为主或作为牵头监管机构，负责协调工作。巴西是比较典型的采用牵头监管模式的国家，国家货币委员会是牵头监管者，负责在中央银行、证券和保险等监管机构间进行磋商和协调。

（2）“双峰式”监管模式。“双峰式”监管模式是指根据金融监管目标设置两类监管机构，一类负责对所有的金融机构进行审慎监管，控制金融体系的系统性风险；另一类专门对不同金融业务的经营进行监管，从而达到双重“保险”作用，所以该模式被称为“双峰式”模式。澳大利亚自 1998 年开始进行不完全统一监管模式的改革，成立澳大利亚审慎监管局，负责所有金融机构的审慎监管，证券投资委员会负责对证券业、银行业、保险业的业务经营进行监管。

（3）“伞式 + 功能”监管模式。由“伞式”监管机构负责金融控股公司的综合监管，金融控股公司又按其所经营业务的种类接受不同行业主要功能监管人的监管。美国就属于此类监管模式。

不完全统一监管模式兼顾了分业监管模式与统一监管模式两者的优

点。首先，相比于分业监管模式，不完全统一监管模式不仅可以使监管机构之间相互协调的成本与难度更低，还可以减少监管真空、监管交叉重复的现象。其次，与统一监管模式相比，不完全统一监管模式可以调动内部各个监管部门的积极性，促进监管机构之间的良性竞争关系，发挥各个监管机构的优势。

值得注意的是，金融监管模式并非必须与金融经营体制一一对应，实行混业经营的国家可能实行分业监管模式，而实行分业经营的国家，也有可能采取统一监管模式。由于3种模式各有利弊，世界各国需要根据本国金融市场的发展情况选择适合的金融市场监管模式。

第二节　金融市场监管理论的演化

一、金融市场监管的理论基础

金融市场监管理论是在政府管制理论的基础上，结合金融行业的特殊性分析而发展完善起来的，而公共利益论、俘获论和监管经济学为金融市场监管提供了理论基础。

（一）公共利益论

公共利益论源于20世纪30年代的美国经济危机，当时人们迫切要求政府通过金融市场监管来改善金融市场和金融机构的低效率及不稳定状态，以恢复公众对存款机构和货币体系的信心。该理论认为，金融市场监管的基本出发点就是要维护社会公众的利益，由于社会公众的利益高度分化，因此只能由国家授权的机构来履行这一职责。

公共利益论认为，由于市场并不总是有效的，自由竞争的市场机制不仅不能完全保证资源的最优配置，有时还会造成资源浪费和社会福利损失。当某经济主体的经济活动存在着某种外部效益时，其所追求的利益目标就有可能与公共利益目标发生冲突，这时就需要由代表公共利益的政府对其活动进行必要的干预，使其行为尽量符合社会公众的利益。

简单概括公共利益论的观点，即由于市场缺陷的存在，需要由代表社会公众利益的政府一定程度上介入经济生活，通过管制来矫正市场缺陷，提高社会资源配置效率并且降低社会福利损失。而针对金融市场监管带来的负效应，例如可能降低金融体系的运行效率，该理论认为，只要监管适度，就可以在提高社会公众整体利益的同时，将管制成本最小化，实现两者之间的平衡。

（二）俘获论

俘获论是与公共利益论观点相反的另一种监管理论，它从实证的角度探讨了公共利益论的现实性。俘获论认为，在监管机构成立初期，监管机构能独立运用权力公平监管，但是随着时间的推移，监管机构逐渐被监管对象通过各种手段和方法所俘虏，监管者会越来越迁就被监管者的利益而非保护所谓的公共利益，监管机构最终会被产业所控制，为少数利益集团谋求超额利润，使真正的守法者损失利益，结果使被监管行业更加不公平，降低整体效率。有的经济学家甚至认为，有些监管机构的产生本身就是某些利益集团活动的结果，认为这些利益集团为了逃避市场竞争和保护自己的利益，而要求政府提供监管。

俘获论建立了一个生命周期模型，它将监管过程分为 4 个阶段：产生期、初期、成熟期和老化期。在产生期，由于出现损害公共利益的行为，结果在社会各方支持下建立了新的监管机构，此时的监管机构虽然经验不足，但是很有信心。到了第二阶段，被监管者开始通过各种手段来限制监管机构的权力，并对其施加影响，而公众对新监管机构的支持力度也逐渐变弱，因此，监管机构开始变得孤立起来。当进入成熟期后，监管机构与被监管者的对立和冲突开始淡化，合作成为主流，监管机构开始安于现状，行为也趋于保守，不再以公共利益为重。当进入最后的老化期后，监管机构已严重老化，反应迟钝，不再关心公共利益，越来越趋向于保护被监管者的利益。

（三）监管经济学

监管经济学是基于公共利益论和俘获论而发展起来的一种新的监管理论，它保留了公共利益论关于市场失灵的假设，同时又利用了俘获论关于监管需求原因的观点。监管经济学认为，监管是一种商品，并且这种商品的分配同样受供求关系的支配。监管的供给来自千方百计谋求当选的政治家，因为他们需要选票；而监管的需求，则来自那些希望通过监管能使自己的经济地位得到改善的利益集团，监管就是在这种供求关系的相互作用下产生的。监管经济学还分析了监管作为商品的生产成本，该理论认为，监管的成本除了维持监管机构的行政费用外，还有 4 种看不见的成本：道德风险、合规成本、社会经济福利的损失和动态成本。监管经济学认为，既然监管是市场中由政府提供的一种产品，那么也不可避免地会出现监管失灵的现象，其中主要的失灵就是因监管带来的高额成本和对竞争条件的破坏，该理论被称为政府失灵。由此，监管经济学得出结论：因为存在政府失灵，所以政府监管无法解决一切由市场失灵带来的问题。

二、金融市场监管理论的演化

金融市场监管的理论依据是金融市场的不完全性，市场失灵导致政府必须对金融机构和市场体系进行外部监管。20 世纪以来，金融市场监管理论的演化经历了以下几个阶段：

（一）20 世纪 30 年代以前的金融监管理论

政府对金融活动的监管最早可以追溯到 1720 年 6 月英国颁布旨在防止过度证券投机的《泡沫法》。《泡沫法》标志着世界金融史上政府实施金融监管的正式开始，它的许多重要原则一直持续影响到今天。不过，《泡沫法》所代表的政府金融监管并非完全现代意义上的金融监管，它主要是指政府针对证券市场的不稳定性而采取的干预措施，而这只是现代意义金融监管的一部分内容而已。政府金融监管的广泛开展，是与中央银行制度的产生和发展直接相联系的，中央银行制度的普遍确立是现代金融监管的起点，有关的金融监管理论也从此发端。

众所周知，古典经济学和新古典经济学历来是反对政府干预的，“看不见的手”的信条在理论上与中央银行的金融监管职能相悖。根据亚当·斯密的“真实票据”理论，只要银行主要投资于体现实际生产的短期商业票据，就不会引发通货膨胀或紧缩，“看不见的手”仍然能够发挥作用，并不需要中央银行专门来管理货币。对此，亨利·桑顿在1797—1825年的“金块论战”中指出，真实票据的不断贴现过程，将会导致信用链条的延长和信用规模的成倍扩张，故而真实票据原则并不能保证银行有足够的流动性或货币供给弹性，从而避免银行遭到挤兑以及引发通货膨胀或紧缩。因此，依据真实票据原则发行银行券存在发行过度的危险，应该受到集中的监管。在随后半个多世纪的争论中，桑顿的观点得到实践的支持，统一货币发行的中央银行纷纷建立。因此，中央银行制度最初建立的目的在于统一管理发行货币，而不是监管整个金融体系，更不涉及金融机构的微观行为。

总的来看，20世纪30年代以前的金融监管理论主要集中在货币监管和防止银行挤兑方面，讨论的焦点问题在于要不要建立以中央银行为主体的官方安全网上，对于金融机构经营行为的具体干预则很少论及。这种状况与当时自由资本主义正处于鼎盛时期有关，更受到金本位逐渐崩溃导致的货币混乱的影响。主流的新古典经济学顽固地坚持“看不见的手”的信条，但现实经济金融的发展却越来越表明市场的不完全性是客观存在的，20世纪30年代的大危机最终扭转了金融监管理论关注的方向。

（二）20世纪30—70年代的金融监管理论

20世纪30年代的大危机表明金融市场具有很强的不完全性，“看不见的手”无所不能只是一种神话，金融监管理论也从此建立在对市场不完全性的确认基础上。

在金融市场上，由于市场信息的不完全和金融体系的本身特点，市场的运作有时也会失灵。在20世纪30年代大危机中，大批银行及其他金融机构的倒闭，给西方市场经济国家的金融和经济体系带来了极大的冲击，甚至影响到了资本主义的发展制度基础。大危机后，立足于市场不完全、主张国家干预和重视财政政策的凯恩斯主义取得了经济学的主流地位，这也是当时金融监管理论快速发展的大的历史背景。在这一时期，金融监管理论以维护金融体系安全、弥补金融市场的不完全性为研究的出发点和主要内容。主张政府干预以弥补市场缺陷的宏观政策理论，以及市场失灵理论和信息经济学的发展进一步推动了强化金融监管的理论主张。

这一时期金融监管理论主要是顺应了凯恩斯主义经济学对“看不见的手”的自动调节机制的怀疑，为20世纪30年代开始的严格而广泛的政府金融监管提供了坚实的理论基础，并成为第二次世界大战后西方主要发达国家对金融领域进一步加强管制的主要论据。在凯恩斯主义宏观经济理论的影响下，传统上中央银行的货币管理职能已经转化为制定和执行货币政策并服务于宏观经济政策目标，金融监管更加倾向于政府的直接管制，并放弃自由银行制度。从法律法规和监管重点上，对金融机构的具体经营范围和方式进行规制和干预逐渐成为这一时期金融监管的主要内容。

（三）20世纪70年代至80年代末的金融监管理论

20世纪70年代，困扰发达国家长达10年之久的滞胀宣告了凯恩斯主义宏观经济政策的破产，以新古典宏观经济学和货币主义、供给学派为代表的自由主义理论和思想开始复兴。在金融监管理论方面，金融自由化理论逐渐发展起来并在学术理论界和实际金融部门不断扩大其影响力。

金融自由化理论主要从两个方面对20世纪30年代以后的金融监管

理论提出了挑战。一方面，金融自由化理论认为政府严格、广泛的金融监管，使金融机构和金融体系的效率下降，压制了金融业的发展，从而最终导致了金融监管的效果与促进经济发展的目标不相符合；另一方面，金融监管作为一种政府行为，其实际效果也受到政府解决金融领域市场不完全性问题的能力的限制，比如，政府只是在理论上代表全民利益，实际上它的政策也往往受到政治斗争的影响，这样就不可能保证政府金融监管总是能够保证全民利益。又如，市场机制中存在的信息不完备和不对称现象，在政府金融监管过程中同样会遇到，而且可能更为严重。金融自由化理论以“金融压抑”和“金融深化”理论为代表，主张放松对金融机构过度严格的管制，特别是解除金融机构在利率水平、业务范围和经营的地域选择等方面受到的限制，恢复金融业的竞争状态，以提高金融业的效率。

可见，如果说20世纪30—70年代金融监管理论的核心是金融体系安全优先的话，金融自由化理论则尊崇效率优先的原则。20世纪30年代以前基本不受管制的金融体系在20世纪30年代的大危机中崩溃，导致金融体系的安全成为人们优先考虑的目标，20世纪30年代到70年代日益广泛、深入的金融监管，特别是那些直接的价格性限制和对具体经营行为的行政性管制，束缚了金融机构经营和发展的手脚，而在存款保险制度充分发挥稳定作用、银行挤兑现象已经大为减少的情况下，金融机构的效率、效益要求就凸显出来，并超越了安全性目标的重要性。所以，金融自由化理论不是对政府金融监管的全面否认和摒弃，而是要求政府金融监管做出适合于效率要求的调整。

（四）20世纪90年代以来的金融监管理论

自由主义经济理论并没有否定市场的固有缺陷，它与政府干预论的差异主要体现在干预的范围、手段和方式等方面。因此，无论是在发达国家还是在发展中国家，金融自由化的步伐一直没有停止，在20世纪80年代后半期和90年代初，金融自由化达到了高潮，很多国家纷纷放松了对金融市场、金融商品价格等方面的管制，一个全球化、开放式的统一金融市场初现雏形。然而，从20世纪90年代初开始，一系列区域性金融危机的相继爆发，迫使人们重新开始关注金融体系的安全性及其系统性风险，金融危机的传染与反传染一度成为金融监管理论的研究重点。

20世纪90年代的金融危机浪潮推动金融监管理论逐步转向如何协调安全稳定与效率的关系问题的研究。与以往的金融监管理论有较大不同的是，现在的金融监管理论除了继续以市场的不完全性为出发点研究金融监管问题之外，也开始越来越注重金融业自身的独特性对金融监管的要求和影响。这些理论的出现和发展，不断推动金融监管理论向着管理金融活动和防范金融体系中的风险方向转变。鉴于风险和效益之间存在替代性效应，金融监管理论这种演变的结果，既不同于效率优先的金融自由化理论，也不同于20世纪30—70年代安全稳定优先的金融监管理论，而是二者的新的融合与均衡。

第三节　我国金融市场监管体系的演进与发展

自新中国成立以来，我国金融业经历了从混业经营到分业经营再到混业经营趋势日渐显著的发展过程。与此对应，我国金融市场的监管体系也经历了从统一监管发展到分业监管再发展到现在的为适应混业经营趋势而建立金融监管新框架的演进历程。

一、统一监管阶段

自新中国成立至1992年，我国金融业处于混业经营、统一监管时期。

新中国成立初期至改革开放前，我国实行的是高度集中的计划经济体制，金融业实行的也是高度集中的金融管理体系。在这一时期，只有单一的金融市场结构与金融业务，即除中国人民银行之外基本不存在其他的金融机构；除了银行信用模式之外几乎没有其他的信用形式，作为国家机关的中国人民银行从事所有的银行业务。

改革开放以后，我国开始恢复四大专业银行、保险公司，设立信托投资公司等金融机构，结束了大一统的央行经营管理体制。这一时期，我国金融业开始尝试混业经营，即银行可以办理证券和信托业务；信托公司可以兼营银行业务；证券公司可以参与短期融资；金融企业可以从事非金融业务；非金融部门可以通过各种方式介入金融业务。对应当时的混业经营，中国采取了统一监管的制度模式。

1983 年 9 月，国务院决定由中国人民银行专门行使中央银行职能，主要负责制定相关金融政策与法规，制定金融规章制度，管理金融机构与金融市场，全面管理股票与债券。同时中国人民银行作为国家证券主管机构，负责证券发行、上市的审批。保险监管职能也由中国人民银行兼任。总体来看，这一时期的中国人民银行既是国家的中央银行，执行央行的特殊职能，又是国务院下属的负责全国范围内所有金融事业的国家机关，担负着实行全面监管的职责。

二、分业监管阶段

1993 年颁布的《国务院关于金融体制改革的决定》明确提出了实行银行、信托、证券、保险分业经营的要求，规定证券公司不得从事证券投资之外的投资，其自营业务与代理业务在内部要严格分离。1995 年 7 月和 10 月分别颁布的《中华人民共和国商业银行法》和《中华人民共和国保险法》，以及 1998 年颁布的《中华人民共和国证券法》以法律形式对银行业、保险业以及证券业的业务范围做出了限制，由此中国金融业开始实施分业经营模式。与此同时，中国金融市场的监管也进入分业监管的阶段。

1992 年 10 月，国务院决定成立国务院证券委员会（以下简称证券委）和中国证券监督管理委员会（以下简称中国证监会）。证券委作为证券业的主管机构，主要负责证券市场的宏观政策制定，而中国证监会是证券委的执行机构，它对证券业、证券市场实施全过程、全方位的监管。1998 年，国务院决定撤销证券委，其职能全部交由中国证监会承担，并让其对地方证券管理部门拥有垂直领导权，同时，中国人民银行对证券机构的审批监管工作也交由证监会承担，这样就形成了以中国证监会为主和集中统一的证券监管体系。1998 年 11 月，中国保险监督管理委员会（以下简称中国保监会）的成立使得保险业的监督职能彻底从中国人民银行分离出来，2002 年修正的《保险法》从法律上进一步确立了这一体制。2003 年 3 月 4 日召开的全国人大会议审议批准了国务院机构改革方案，中国银行业监督管理委员会（以下简称中国银监会）成立并接替中国人民银行成为银行业的官方监督机构，同年 12 月制定的《银行业监督管理法》从法律上对这一体制进行了确认。

至此，中国分业经营、分业监管制度最终确立，中国证监会、中国保监会、中国银监会分别对证券业、保险业、银行业履行监督职能，“一行三会”构成了中国金融业分业监管的总体格局。从体制上看，这一时期我国的金融监管体制属于“一元多头”，即金融监管权力集中于中央政府，由中央政府设立的金融主管机关和相关机关分别履行金融监管职能，即银监会、证监会、保监会分别监管银行、证券、保险机构及市场。在这种分业监管体制中，中国人民银行处于核心地位，是全国金融业的最高主管机关，它不仅负责银行业和信托业的监管，还要从宏观上对证券业和保险业的监管予以指导，以保证整个金融业的健康发展；银监会负责对银行业的监管；证监会作为国务院证券监督机构对全国证券市场实行集中统一的监督管理；保监会负责对全国保险业和保险市场的统一监管。同时，我国法律还规定金融业的自律监管以及社会监管作为辅助监管。自律监管包括金融机构自我监管和行业自律监管，社会监管主要是指中介机构的监管。

三、新金融监管框架的确立

随着科技与金融创新的飞速发展，我国金融市场运行开始出现一些新的特征，金融业混业经营趋势日益明显，表现为：一是随着金融机构跨业经营范围逐步扩大，金融业务多元化趋势增强；二是不同形式的金融控股公司逐步形成；三是银行、证券和信托机构发行的各类理财产品规模逐渐增加，使得以理财产品为代表的各类交叉性金融产品蓬勃发展起来；四是互联网金融的快速发展强化了金融机构综合经营的动机，以大数据、云计算等为代表的信息技术的蓬勃发展，使得各金融机构业务的相互交叉和融合更为便捷。混业经营的趋势对中国的分业监管制度提出了新的挑战：原有的监管体系已不再适应新的金融环境，存在大量的监管空心区和监管重叠区。

为了加强金融监管协调、补齐监管短板，2017 年 11 月 8 日，经党中央、国务院批准，国务院金融稳定发展委员会正式成立。2018 年 3 月 17 日，十三届全国人大一次会议表决通过了《国务院机构改革方案》，将中国银监会和中国保监会合并为“银保监会”，统一监管银行业与保险业。至此，“一委一行两会”（即国务院金融稳定发展委员会、中国人民银行、中国银保监会和中国证监会）金融监管框架正式确立。此次金融监管制度的改革强化了央行宏观审慎管理和系统性风险防范职责，货币政策、宏观审慎监管和微观审慎监管的协调性显著加强。

“一委一行两会”的金融监管制度运行 5 年后，2023 年 3 月 16 日，中共中央、国务院印发了《党和国家机构改革方案》，改革方案的正式出炉，意味着我国的金融监管制度又迎来新的变革。

根据方案，金融监管体系的改革措施主要包括：一是组建中央金融委员会。加强党中央对金融工作的集中统一领导，负责金融稳定和发展的顶层设计、统筹协调、整体推进、督促落实，研究审议金融领域重大政策、重大问题等，作为党中央决策议事协调机构。设立中央金融委员会办公室，作为中央金融委员会的办事机构。不再保留国务院金融稳定发展委员会及其办事机构。将国务院金融稳定发展委员会办公室职责划入中央金融委员会办公室。二是组建中央金融工作委员会。统一领导金融系统党的工作，指导金融系统党的政治建设、思想建设、组织建设、作风建设、纪律建设等，同中央金融委员会办公室合署办公。三是组建国家金融监督管理总局。统一负责除证券业之外的金融业监管，强化机构监管、行为监管、功能监管、穿透式监管、持续监管，统筹负责金融消费者权益保护，加强风险管理和防范处置，依法查处违法违规行为。国家金融监督管理总局在中国银保监会基础上组建，将中国人民银行对金融控股公司等金融集团的日常监管职责、有关金融消费者保护职责，中国证监会的投资者保护职责划入国家金融监督管理总局。不再保留中国银保监会。四是深化地方金融监管体制改革，建立以中央金融管理部门地方派出机构为主的地方金融监管体制。五是强化中国证监会资本市场监管职责，划入国家发展改革委的企业债券发行审核职责，由中国证监会统一负责公司（企业）债券发行审核工作。六是统筹推进中国人民银行分支机构改革。七是完善国有金融资本管理体制。按照国有金融资本出资人相关管理规定，将中央金融管理部门管理的市场经营类机构剥离，相关国有金融资产划入国有金融资本受托管理机构，由其根据国务院授权统一履行出资人职责。

至此，我国形成由中央金融委员会和中央金融工作委员会集中统一领导，中国人民银行、国家金融监督管理总局、中国证监会、外汇管理局等部门共同构建的全新金融监管框架。在此框架下，中国人民银行专注货币政策和宏观审慎监管，国家金融监督管理总局集机构监管与行为监管于一身，中国证监会则专司资本市场监管。

总之，新的金融监管框架是我国为适应金融业混业经营的发展趋势，防范化解重大金融风险和系统性风险而进行的改革，有助于我国金融监管的统筹协调，避免出现监管空白区域，防止交叉监管和监管过度，将进一步提高我国金融市场的监管效率。

拓展知识[12–1]

宏观审慎监管与微观审慎监管

由于意识到过去金融监管过分关注个体金融机构的安全而忽视保障整个金融系统的稳定这一更为重要的目标，20 世纪 70 年代末，国际清算银行（BIS）提出了“宏观审慎”的概念，以此概括一种关注防范系统性金融风险的监管理念。20 世纪 80 年代，宏观审慎监管的概念正式出现在 BIS 的报告中，但由于微观审慎监管仍然是当时理论研究与政策实践中的焦点，直到 21 世纪初，宏观审慎监管的定义才得到较为清晰的界定。宏观审慎监管是为了维护金融体系的稳定，防止金融系统对经济体系的负外部溢出而采取的一种自上而下的监管模式。

宏观审慎监管与微观审慎监管的区别主要体现在监管目标、监管内容、监管对象以及监管工具的着眼点和具体运用上。

在监管目标上，宏观审慎监管的目标是防范系统性风险，维护金融体系的整体稳定，防止经济增长（如 GDP）受影响；而微观审慎监管的目标在于控制个体金融机构或行业的风险，保护投资者利益。

在监管内容上，宏观审慎监管侧重对金融机构的整体行为以及金融机构之间相互影响力的监管上，考虑不同机构间相互影响导致的系统性风险，通过加强对具有系统重要性的金融机构监管、改进对交易对手的风险计量和控制方式等来维护金融体系的整体稳定。也就是说，宏观审慎监管关注“给定时点上风险跨机构之间的分布及整个系统中风险的跨时间分布”，即横向与时间两个维度。其中，横向维度关注因金融机构之间的相关性与同质性而产生的共同风险敞口问题，而共同风险敞口被认为是危机时期大量金融机构相继破产的重要原因；时间维度方面则关注如何抑制金融体系内在的顺周期特征。而微观审慎监管侧重于对金融机构的个体行为和风险偏好的监管。

在监管对象上，宏观审慎监管更关注具有系统重要性金融机构（如银行和金融集团）的行为，金融市场整体趋势及其与宏观经济的相互影响；而微观审慎监管则更关注具体金融机构的合规与风险暴露情况，避免使投资者和储户等个体遭受不应有的损失等事件。

在监管工具上，宏观审慎监管与微观审慎监管所使用的政策工具并无本质区别，如都会用资本监管、贷款损失准备、审慎信贷标准、流动性风险指标和其他风险管理要求等监管工具，但监管工具的着眼点和具体运用则有所区别。比如，宏观审慎监管会考虑提出针对系统性的随经济周期变动的逆周期资本要求，也会根据系统重要性机构对系统性风险的贡献度而提出差异性的资本要求，而微观审慎监管会在整个经济周期中对所有机构运用同样的资本监管标准；宏观审慎监管会因考虑在整个经济周期的平均损失而采用动态拨备方法，而微观审慎监管的贷款损失准备只监管个体金融机构当期的贷款损失；宏观审慎监管会从系统流动性风险的角度来设计流动性风险指标，而微观审慎监管只会考虑个体金融机构流动性风险状况并设计流动性风险监管指标。

因此，良好的宏观与微观审慎监管可以相互促进，增强彼此的监管效果。

阅读材料[12-1]

包商银行事件

2019 年 5 月 24 日，中国人民银行、中国银保监会联合公告声明，鉴于包商银行已产生严重信用风险，为保护存款人以及其他客户合法权益，将接管包商银行。这一事件是近 20 年来金融监管机构再度出手整治问题商业银行。2021 年 2 月 7 日，北京市第一中级人民法院裁定包商银行破产。

和国内其他中小银行一样，包商银行的主要业务对象为小微企业。小微企业因为经营规模小、可供抵押的资产少等特点，使得其从商业银行获得贷款的条件受到极大制约。在小微企业客户日益发挥重要作用的大环境下，银行小微信贷风险管理水平，不仅直接制约银行的经营绩效以及竞争能力，还直接关系到中小银行资产的安全甚至企业存亡。根据公开资料，自2017年开始，包商银行的不良资产率已经超过同期全国中小银行不良资产率的平均水平；同时在拨备覆盖率以及不良贷款拨备覆盖率上，已经低于监管要求，表明其风险抵御能力不足，需要继续补充一级资本。实际上，包商银行报表中逾期贷款及不良贷款有关的统计口径仅仅限于贷款及发放垫款这些数字，并未包括其他应收款类投资1786亿元，这个数字接近贷款规模的80%，因此包商银行实际的不良资产规模十分惊人。

究其原因，明天集团股权问题是此次包商银行事件爆发的主要原因。按照监管机构披露的相关信息，明天集团合计持有包商银行89%的投票性股权，同时包商银行大量资金被内部大股东违规占用，从而形成逾期，造成包商银行产生严重的信用风险。此外，从已知相关信息确认，自2017年初开始，包商银行资本充足率便低于监管要求。在包商银行事件中，不断累积的信用风险以及资产质量压力不断侵蚀利润，使得银行难以实施内源性资本补充。由于包商银行只是一家非上市城商行，同时主要股东均为控股股东明天集团关联公司，随着股东集中出现问题，包商银行的外源性资本补充难度加大，资本充足率不足将从各方面显著影响银行的经营。

包商银行事件的暴露固然具有其特殊性，但也集中反映了我国部分中小银行发展中面临的共性问题。随着近年来我国金融严监管的趋势日益明显，部分中小银行原有的发展模式蕴藏的相关风险逐步暴露，使得市场对其发展前景甚为忧虑。尤其是2016年以来，我国中小银行盈利能力开始出现明显分化，银行资产质量压力陡增，同时资本补充难度明显加大。

包商银行事件打破了原有的银行刚兑预期。银保监会对包商银行个人客户和5000万元存款以下的对公或者同业客户存款本息实现全额保障，但是对于5000万元以上的存款本息，平均保障比例为90%，打破了市场刚性兑付预期。包商银行事件作为一个特殊个案，尽管其体量与规模无法影响到整个银行系统的根基，但包商银行事件已经对我国银行业敲响了警钟：商业银行作为信用主体并不是永远可以刚兑，同时我国要借鉴美国中小银行市场化退出的监管经验，探索我国中小银行救助机制。

资料来源：陈游．美国中小银行救助机制对我国的启示：对包商银行事件的思考［J］．西南金融，2020（12）：44－54.

本章小结

1. 金融市场监管是金融市场监督和金融市场管理的复合词，是指一国的货币当局或该国政府依法设定的金融监管部门和有关自律性组织机构，对金融市场的各类参与者及它们的融资、交易活动所做出的各种规定以及对市场运行进行组织、协调和监督的措施及方法。

2. 金融市场监管包含两个层次的监督和管理：一是政府通过中央银行、证券监督管理委员会等特定的金融监管机构，对各类金融机构和交易活动实施的全面性、经常性的检查和督促，以保证金融市场依法稳健运行和发展，其本质是政府规制行为；二是金融市场上各类金融机构及行业组织（如证券交易所、证券业协会等）进行的自律性管理。前者为外部管理，后者则称内部自律。

3. 金融市场监管的目标可以简要地概括为确保金融安全、提高金融效率以及保障金融公平这三方面。

4. 金融市场监管的原则主要包括合法性原则，公开、公平、公正原则，适度性原则，协调性原则。

5. 按是否对金融业内不同行业分业监管，金融市场监管模式可分为3种，即分业监管模式、统一监管模式以及不完全统一监管模式。3种模式各有利弊，世界各国需要根据本国金融市场的发展情况选择适合的金融市场监管模式。

6. 金融市场监管的理论基础主要有公共利益论、俘获论和监管经济学。

关键概念

金融市场监管　分业监管模式　统一监管模式　不完全统一监管模式　公共利益论　俘获论

习　题

1. 金融市场监管的首要目标是（　　）。

A. 保障金融公平　　B. 提高金融效率

C. 确保金融安全　　D. 提高金融收益

2. 金融市场监管必须有充分的法律依据和法律保障，是指金融市场监管的（　　）原则。

A. 协调性　　B. 合法性

C. 公开、公平、公正　　D. 适度性

3. 对金融市场的不同行业建立不同的监管机构，对应的金融市场监管模式为（　　）。

A. 分业监管模式　　B. 集合监管模式

C. 统一监管模式　　D. 不完全统一监管模式

4. 金融市场监管的目标有（　　）。

A. 确保金融安全　　B. 提高金融效率

C. 保障金融公平　　D. 提高金融收益

5. 金融市场监管的原则包括（　　）。

A. 安全性原则　　B. 合法性原则

C. 公开、公平、公正原则　　D. 适度性原则

6. 分析和比较3种不同的金融市场监管模式的利弊。

参考文献

[1]米什金,埃金斯．金融市场与金融机构:第9版[M]．丁宁,等,译．北京:机械工业出版社,2021.

[2]张亦春,郑振龙,林海．金融市场学:第6版[M]．北京:高等教育出版社,2020.

[3]张亦春．现代金融市场学:第4版[M]．北京:中国金融出版社,2019.

[4]韩国文,张彻．金融市场学:第2版[M]．北京:机械工业出版社,2020.

[5]杜金富．金融市场学:第3版[M]．北京:中国金融出版社,2018.

[6]许文新．金融市场学[M]．北京:高等教育出版社,2015.

[7]夏德仁,王振山．金融市场学[M]．大连:东北财经大学出版社,2002.

[8]李心丹．金融市场与金融机构[M]．北京:中国人民大学出版社,2013.

[9]期货从业资格考试命题研究组．期货及衍生品基础[M]．成都:西南财经大学出版社,2020.

[10]马晓军．投资银行学:理论与案例:第3版[M]．北京:机械工业出版社,2020.

[11]刘园,周杨．国际金融学:第2版[M]．北京:机械工业出版社,2016.

[12]张金林,李志生．金融工程学[M]．北京:高等教育出版社,2015.

[13]格利茨. 金融工程学[M]. 北京:经济科学出版社,2003.

[14]周玉江. 金融工程:理论·实务·案例[M]. 北京:机械工业出版社,2016.

[15]博迪,凯恩,马库斯. 投资学:第10版[M]. 汪昌云,张永骥,等,译. 北京:机械工业出版社,2017.

[16]夏普,亚历山大,贝利. 投资学:第5版[M]. 赵锡军,等,译. 北京:中国人民大学出版社,2018.

[17]朱宝宪. 投资学[M]. 北京:清华大学出版社,2002.

[18]马君潞,李雪峰. 投资学:第2版[M]. 北京:科学出版社,2015.

[19]吴晓求. 证券投资分析[M]. 北京:中国人民大学出版社,2001.

[20]黄达,张杰. 金融学:第5版[M]. 北京:中国人民大学出版社,2020.

[21]马广奇. 金融理论与政策[M]. 上海:复旦大学出版社,2021.

[22]吴晓求,王广谦. 金融理论与政策[M]. 北京:中国人民大学出版社,2013.